HELSINKI UND SÜDFINNLAND

Ein Buch wie dieses nimmt man gern in die Hand und legt es ungern wieder weg. Denn selten bekommt man heutzutage einen Reiseführer zu Gesicht, der **handwerklich** derart **sauber zusammengestellt** ist. Eine gelungene Arbeit, zu der man ... gern gratuliert ... Ein Reiseführer, den man **rundherum empfehlen kann** - auch denen, die da meinen, Helsinki bereits gut zu kennen. Autor und Autorin haben vieles entdeckt, was nur wenigen bekannt ist. **Vertrauen** kann man auch ihrer Restaurantwahl, und die Tatsache, dass ... Waschsalons erwähnt sind, zeigt: Die beiden ... sind also durch eine selbst gewählte harte Schule gegangen ...

Finnland-Autor Reinhold Dey
zur Erstauflage

... eigentlich nichts zu meckern und der Edition Elch ... sei Dank, dass sie sich die Herausgabe eines so sorgfältig und **sach-/ortskundig recherchierten** und geschriebenen Reiseführers leistet ...

Finnland-Autor Wolfgang Albrecht in Nordlicht zur Erstauflage

Der Autor: Heiner Labonde lebte und arbeitete zwei Jahre lang in Helsinki. Jetzt ist er im eigenen auf Nordeuropa spezialisierten Verlag und Mediakontor tätig und gehört dem Chefredaktionsteam der Deutsch-Finnischen Rundschau an.

Die Autorin: Jessika Kuehn-Velten arbeitet als Psychotherapeutin in einer Kinderschutzambulanz und in freier Praxis. Schriftstellerische Ideen lebt sie in einer Autorengruppe und diversen Veröffentlichungen.

Autorin und Autor leben gemeinsam in Grevenbroich. Von dort aus sind sie aktiv in der Deutsch-Finnischen Gesellschaft – und brechen, von Fernweh geplagt, regelmäßig nach Finnland auf.

Dank den Menschen, denen wir in Finnland und wegen Finnland begegnen durften, ein Stück gemeinsamen Weges gingen und gehen. Dank den Orten und Plätzen, die uns immer wieder Ruhe und Kraft schenken.

Dieses Buch entstand mit freundlicher **Unterstützung** der Deutsch-Finnischen Gesellschaft e.V., der Autoren und Verlag an dieser Stelle ganz besonders danken möchten.

Heiner Labonde & Jessika Kuehn-Velten

HELSINKI

& Südfinnland

Edition Elch

Autor und Autorin dieses Reiseführers haben die zusammengetragenen Angaben nach bestem Wissen erstellt, die Redaktion hat sie mit größtmöglicher Sorgfalt überprüft. Trotzdem sind inhaltliche Fehler nicht vollständig auszuschließen. Daher besteht auf die Angaben keine Garantie seitens des Verlages oder des Autors und der Autorin. Im Fall von inhaltlichen Abweichungen übernehmen weder der Verlag noch Autor und Autorin dafür die Verantwortung und Haftung; dies gilt auch im Hinblick auf mögliche Unfälle, zum Beispiel im Rahmen von sportlichen und anderen Aktivitäten.

LESERTIPPS

Schreiben Sie uns bitte, sofern Sie vor Ort Änderungen erlebt oder falls Sie Ergänzungsvorschläge haben. Wird Ihr Tipp in der nächsten überarbeiteten Ausgabe verwendet, bedanken wir uns mit einem Freiexemplar. Verlag und Autoren freuen sich über jede Wortmeldung:

Edition Elch
Stichwort: Helsinki
Hamburger Straße 70
D – 63073 Offenbach am Main
E-mail: info@edition-elch.de
Internet : www.edition-elch.de

Dritte, vollständig aktualisierte Auflage 7/2004

Elch-Logo: © *Petra Gran*
Fotos: *siehe Bildnachweis auf Seite 302*
Redaktion und Satz: *Pelle Lindholm*
Karten und S/W-Scans: *monthi., Konstanz*
Produktionsleitung: *PPPP, Marburg-Marbach*

Inhalt

UNTERWEGS IN HELSINKI

Helsinkier ABC

Zur Einstimmung ein paar Mosaiksteinchen, nicht um sie allzu ernst zu nehmen, sondern um dieses Buch und den Ausflug nach Helsinki (auch) mit einem Lächeln zu beginnen.

AUSLÄNDER

Als Ausländer hat man in Finnland eine privilegierte Stellung, denn so viele gibt es davon nicht. Darum ist Helsinki mit einem Bevölkerungsanteil von 5 % Ausländern (landesweit sind es 1,9 %) hochgradig multikulturell. Ja, das Straßenbild ist in den letzten Jahren immer bunter geworden, lebendiger. Nicht, dass die Finnen bisher etwas gegen Ausländer hatten. Es war eher Unsicherheit in der Frage: Was suchen die im kalten Norden? Aus einer Phase abwartenden Neugier ist ein wachsendes Vergnügen an der neuen Vielfalt geworden. Den ethnischen Flickenteppich in der Kultur- und Gastroszene jedenfalls möchten die Helsinkier gar nicht mehr missen. Sie besinnen sich auf die eigene Geschichte: Denn ohne Engel, Fazer, Stockmann, Sinebrychoff wäre Helsinki nicht, was es heutzutage ist: offen, tolerant, neugierig. Willkommen!

BINGO

Das so harmlos wirkende Zahlen-Glücksspiel kann in den Bingohallen ungeahnte Leidenschaften entfesseln. Warum sonst wählt der Held in Kaurismäkis Film »Schatten im Paradies« eine Bingohalle als Platz seines ersten Rendezvous' mit der Angebeteten? Zu gewinnen sind bei richtiger Zahlenkombination Geld- oder Sachpreise. Da es für das Glücksspiel einer staatlichen Lizenz bedarf, treffen sich bingowütige Gruppen entweder in den speziellen Bingohallen oder bei entsprechenden Veranstaltungen von Sportvereinen. Konkurrenz für Bingo bei den spielbegeisterten Finnen sind das kollektive wöchentliche Lotto-Spiel und ihr Faible für Rubbellose.

CHARAKTER

Der finnische Charakter ist – jedenfalls anders: eine gewisse Schwermütigkeit, aber weniger abgründig als die osteuropäische. Eine gewisse Beharrlichkeit – aber individueller als die deutsche. Eine gewisse Langsamkeit – aber überdauernder und gewachsener als die unter südlicher Hitze. Eine gewisse Lebendigkeit – aber weniger spritzig als die mediterrane. Und dies alles zusammen. Man redet nur, hat man was zu sagen – oder auf Distanz, wie am Handy. Manchmal werden Ihnen die Finnen merkwürdig, sprunghaft, schweigsam vorkommen – aber auch immer liebenswert. Und die Helsinkier, die Südländer unter ihnen, ganz gewiss.

DREI SCHMIEDE

Die bekannte Skulptur markiert einen beliebten Treffpunkt in der Helsinkier Innenstadt. Neben den überdimensionalen Handwerkern kann man im Sommer Kaffee trinken sowie im Winter heiße Maronen essen. Keine Sorge – diese drei schwingen zwar ihr Werkzeug, zuschlagen aber werden sie nicht. Es sind auch keine echten Schmiede: Die Künstler Mörne, Nuutinen sowie Nylund, der Bildhauer der Skulptur selbst, haben den Figuren ihre Gesichter geliehen.

ERBSEN...

...hülsen säumen ihren Weg. Zumindest im Sommer stehen finnische Augen und Mägen auf Grün. Die Schoten werden aufgebrochen, die knackigen Erbsen ausgepult – tütenweise wandern die kleinen Runden vom Marktstand frisch in den Mund, während die Hülsen achtlos zu Boden fallen und allmählich eine Spur legen. Ein kulinarisches Vergnügen für Jung und Alt!

FESTIVALS

sind in. Angespornt von international bekannten Happenings wie den Opernfestspielen Savonlinnas oder »Pori Jazz«, ist ein regelrechtes Festival-Erfindungs-Fieber ausgebrochen. Kaum eine Stadt, ja kaum ein Dorf will zurückstehen. Die ach so verschlossenen Finnen verschreiben sich dann dem Knoblauch – inklusive entsprechendem Eis – oder bauen eine Festivität um so ernsthafte Wettkämpfe wie das Werfen von Stiefeln oder das Eheweiber-Schleppen. Vor allem im Sommer sticht der Hafer, und der Suchende kann auch im Umkreis der Hauptstadt manch Kurioses aufspüren.

GALLEN-KALLELA

Axel Gallén, mit Künstlernamen Akseli Gallen-Kallela, zählt zu den bekanntesten finnischen Malern. Sein Wahlname verweist auf den besonderen Bezug zum finnischen Nationalepos Kalevala, und einige Verse sind untrennbar mit seinen Bildern, Fresken und sonstigen Werken verbunden. Seine Hauptschaffenszeit liegt um die Jahrhundertwende 19./20. Jh. – ein Goldenes Zeitalter finnischer Kunst, das er und seine Freunde, der Komponist Sibelius und der Maler Järnefelt, entscheidend mit prägten. Den Sinnesfreuden waren sie nicht abgeneigt. Anekdoten über durchzechte Nächte gibt es viele...

HÖLÖKYN KÖLÖKYN

lautet ein Trinkspruch. Womit wir beim Thema wären: Alkohol. Vorweg: Statistisch ist der Finne nur ein gut durchschnittlicher Trinker in Europa. Woher dann der Ruf? Erste Antwort: Da der Finne ihn gezielt pflegt und gerne kolportiert. Zweite Antwort: Liegt schon im Zuprosten, *Kippis* sagt der Finne und *Kipp es* meint er wörtlich, egal ob Bier, Wein oder Koskenkorva, den heimischen Volks-Vodka. Was man intus hat, kann einem keiner mehr nehmen. An dieser

Mentalität ist die Nachwirkung der Prohibition abzulesen und die staatliche Politik des ALKO-Monopols mit der Entmündigung der Konsumenten nicht unschuldig. Inzwischen jedoch die Revolution: Die Mengenbeschränkungen bei der Einfuhr von Alkohol sind auf EU-Niveau angekommen und gleichzeitig die Spritpreise erheblich moderater geworden. Jetzt kann sich der Finne darin üben, auch langsamer zu trinken.

INSELN

Allein um Helsinki herum sind mehr als 300 von ihnen ins Meer gesprenkelt, kahle Felsrücken oder bewaldete Eilande. Einige befinden sich in Privatbesitz. Und wer dort sein Paradies hat, denkt nicht daran, den Platz zu räumen. Flaggenmast und qualmender Saunaofen signalisieren: Besetzt! Zum Glück bleiben genug Inseln übrig, die man betreten darf, die man erobern kann, wo man sich den Badefreuden hingibt und von sich als Robinson träumen mag.

JUHANNUS

Ob Juhannus, ob Johannisnacht, ob Mittsommer – immer geht es um den längsten Tag und die kürzeste Nacht des Jahres, um den Beginn und freudigen Empfang des Sommers. In Finnland, in dieser nördlichen Zone dunkler Wintertage, sind die Freude und die Dankbarkeit über Wärme und Licht, über nicht enden wollende Sommertage, die kaum versinkende Sonne besonders groß. Juhannus ist demgemäß ein wichtiges und lebensprühendes Fest. Zu Mittsommer gehört *Kokko*, das Juhannusfeuer, der kleine Mitspieler der Sonne, gehören die gemeinsam gesungenen Lieder und Tänze, gehören Grillen, Essen, Trinken, Spiele und Spaß. Wer Ende Juni in Finnland ist, wird diesem Rausch kaum entgehen mögen – wie viele Einheimische dem Vollrausch nicht entgehen können.

KARDAMOM

heißt das Geheimnis im Hefeteig, *Pulla* die Verführung, der wir uns immer wieder gerne hingeben. Am liebsten natürlich zu einer oder zwei Tassen finnischem Kaffee. Der ist hervorragend, bekömmlicher geröstet als der unsrige. Kaffee im Übrigen ist das Nationalgetränk der Finnen (nicht Schnaps), im Verbrauch pro Kopf sind sie Weltmeister (was auch die Schweden von sich behaupten).

Oder wir nehmen einen *Munkki*, einen Mönch, der ein Berliner ist und meist mit pinkfarbenem Zuckerguß überzogen. Noch ein Tipp: Lassen Sie sich doch eine *Korvapuusti*, eine Ohrfeige verpassen, auch so eine leckere süße Versuchung.

LENINGRAD COWBOYS

oder: Wie man Spaß haben kann, kultig wird und als schlechteste Rock n' Roll-Gruppe der Welt (Eigenwerbung) Kohle einfährt. Seit die bunte Truppe in Aki Kaurismäkis Roadmovie Nordamerika unsicher machte, garantieren die Herren mit Riesen-Schnabelschuhen und Riesen-Tollen für Budenzauber, verstärkt von zwei Damen mit Zwiebelturmhaaren auf dem Kopf. Die Cowboys sind in der Szene präsent - nicht mehr als aktuelle Chartstürmer, sondern eher als sich immer wieder sympathisch und schräg neu inszenierende Legende. Ihr Geist schwebt über und ihr Geld in verschiedenen Lokalen und Events in Helsinki, von Zetor bis Mockba-Bar.

MÖKKI

ist ein finnisches Zauberwort, das sofort Assoziationen von Natur, Erholung, Ferien (und Mücken) weckt. Solch ein kleines Sommerhäuschen, oft an einem See oder im Wald gelegen, ist aus Holz, einfach eingerichtet, nicht unbedingt ans Stromnetz oder die Wasserversorgung angeschlossen – und der finnischen Familie liebster Ort, um einen unbeschwerten und ruhigen Sommer zu genießen. Lange, helle Abende, mit Sauna (erst die Sauna bauen, dann das Haus, so die Tradition!), Grillen überm Feuer oder im Kaminofen, wenn es kühler wird, Bootfahren auf dem See, Angeln, Holz schlagen im Wald, Reparaturen am Haus – dafür verlassen auch die Helsinkier jedes Sommerwochenende in Blechkarawanen ihre Stadt und fahren ins Landesinnere. Denn wenn man nicht gerade ein Kleinod im Familienbesitz hat, sind Mökkis und Grundstücke im Süden oft zu teuer. Ach ja, Sonntagabends kehrt die Karawane zurück.

NATIONALEPOS

Kalevala, finnisches Nationalepos: tragende Säule finnischer Identität und Quelle künstlerischer Kreativität. *Elias Lönnrot* sammelte die alten überlieferten Runengesänge über die Erschaffung der Welt, über den Kampf zwischen Gut und Böse, über Göttliches und Menschliches und verwob sie zu einer Einheit. Erwähnen Sie das Wort einige Male beiläufig, aber respektvoll blickend, und Sie werden punkten. (Fragen Sie jedoch nicht gleich, ob Ihr Gegenüber das Werk auch gelesen hat.) Die Helden und ihre Taten, Begriffe aus den Geschichten finden sich überall. Versicherungsgesellschaften schmücken sich damit, allerlei Gerätschaften sowie Vereine bedienen sich ihrer. Und Sie können in Helsinki über manche Kalevala-inspirierte Plastik stolpern.

OPER

Die finnische Oper ist recht jung – aus dem Jahr 1899 datiert die erste Oper in finnischer Sprache (von *Oskar Merikanto*). Vielleicht liegt es an dieser Frische, dass das finnische Opernleben heute so lebendig ist wie in kaum einem anderen europäischen Land. Es gibt eine Reihe moderner bis postmoderner Opernwerke aus den 1990er und 2000er Jahren, und das finnische Publikum trägt diese Entwicklung durch sein Interesse. Die bekanntesten Opernfestspiele Finnlands kann die Burg in Savonlinna für sich reklamieren – die Finnische Nationaloper jedoch residiert in Helsinki, in einem modernen Bau in herrlicher Lage direkt an der Töölö-Bucht.

PESÄPALLO

Eishockeynarren sind sie, begeisterte Loipenfüchse, aber der eigentliche, gar nicht so heimliche Nationalsport der Finnen ist Pesäpallo. Abgeschaut vom amerikanischen Baseball, verfeinert (Entschuldigung: entscheidend verbessert) in Sachen Schnelligkeit, Spielfluss und damit Attraktivität. Zig-tausende spielen regelmäßig in diversen Ligen oder als Freizeitspaß. So sieht man zum Beispiel auf den Spielflächen im Kaisaniemi-Park hinter dem Bahnhof junge Burschen und Mädchen mit Holzschlägern den kleinen Ball ins Feld schlagen, auf kleine Male zuhechten, registriert unverständliche Kommandos, Lachen und dreckige Hosen. Schauen Sie ruhig zu und feuern Sie die SpielerInnen an!

QUOTENFRAUEN

gibt es in Finnland nicht – das wäre eine Beleidigung für die selbstbewusste Nordländerin. Was wir in Mitteleuropa mühsam über Verordnungen durchsetzen müssen, hat in Finnland sehr viel größere Selbstverständlichkeit.

Allerdings tut sich der Sprachgebrauch noch schwer – hier sind, wie auch wir es kennen, noch viel zu oft Frauen in der männlichen Wortform »mitgemeint«.

Frauen sind im Bildungsgrad weniger benachteiligt, Frauen sind stärker in Erwerbsarbeit eingebunden, Frauen sind auch in Politik und höheren Positionen keine Seltenheit. Vor allem aber bestehen finnische Frauen auch in der Familie auf Gleichberechtigung, reden und entscheiden mit, lassen sich nicht an die zweite Stelle setzen – nur die Männer haben noch zu lernen.

RENTIER

Eigentlich wollen die modernen Finnen weg vom Rentier-Image – aber die sympathischen Verwandten von Elch und Hirsch leben nun mal in Finnland, ziehen den Schlitten des Weihnachtsmannes und helfen ihm, die Geschenke zu bringen, und sind die Lebensgrundlage für viele der im Norden des Landes, in Lappland, lebenden Sámi. Und so ist denn auch das Rentierfell eines der begehrtesten Finnland-Souvenirs.

In Helsinki finden Sie das Rentier leider nur als Bettvorleger, schmackhaft zubereitet auf Ihrem Teller – oder aber im Zoo auf der Insel Korkeasaari.

SAUNA

Eines der wenigen finnischen Worte (von der Idee ganz zu schweigen), die um die Erde gehen, ist Sauna, das Wort für die heißeste Sache der Welt. Bei 80–90°C schwitzen, zur Reinigung, zur Stärkung der Abwehrkräf-

Pesäpallo heißt die finnische Baseball-Variante (oben). – In Helsinki winters auch outdoor möglich: der populäre Sport mit Schläger und Puck. ▶

MTB

te, zum Wohlbefinden, in relativ trockener Luft – das gehört zur finnischen Lebensart. Auch in Helsinki hat nicht nur jedes Ein- oder Mehrfamilienhaus seine Sauna – in der kleinsten Single-Wohnung scheint noch Platz dafür zu sein. Seien Sie stolz, wenn Sie in die Sauna eingeladen werden – Sie genießen ein besonderes Zeichen der Gastfreundschaft.

TEPPICHWASCHEN

Ein Holztisch, eine Bürste, Mäntysuopa (Kiefern-Kernseife) und Ostseewasser – mehr braucht es eigentlich nicht zum Teppichwaschen. An Sommertagen bevölkern Helsinkis Familien die zahlreichen Teppichwaschanlagen der Stadt, kleine, ins Wasser hineingebaute Holzplattformen mit rustikalen Tischen, Bänken, Teppichstangen, auf denen die beliebten bunten Stücke nach der Wäsche in der Sonne trocknen. Das Ritual ist so lebendig wie eh und je – einmal im Jahr ist jeder Teppich hier, der was auf sich hält.

USPENSKI

Die orthodoxe Kathedrale in dem Stadtteil Katajanokka ist die größte außerhalb Russlands. Dank ihrer vielen Türme mit Goldkuppeln ist sie weithin als Symbol der Orthodoxie zu erkennen, als Erinnerung an Finnlands russische Zeit. Auch ihr Name hat russischen Klang: *Uspenije* bezeichnet die Himmelfahrt Mariä. Im Inneren der Kathedrale ist das moderne Helsinki fast vergessen; diese den orthodoxen Kirchenhäusern innewohnende unnachahmliche Feierlichkeit greift Raum, gespeist aus der Pracht der Ausstattung, der Vielzahl der Kerzen, der Stille.

VAPPU

hat einen wichtigen Stellenwert im Kreis der jährlichen Festivitäten. Der finnische 1. Mai ist eine eigenwillige Mischung aus traditioneller Arbeiterdemonstration, der lautstarken Begrüßung des nahenden Frühlings sowie viel Klamauk und Spaß der Studenten, die alle ihre traditionellen weißen Mützen tragen. Auch die ganz alten Semester, die längst ergrauten Akademiker. Ganz Helsinki scheint auf den Beinen. Wichtige Zeremonie: Selbst die fesche Havis Amanda am Südhafen bekommt eine weiße Kopfbedeckung verpasst. Und dann trifft sich alles im Kaivopuisto-Park und feiert bis in die Morgenstunden.

WEIHNACHTSMANN

Der Weihnachtsmann kommt aus Finnland. Das jedenfalls wissen die Finnen und verteidigen ihn gegen ihre schärfsten Konkurrenten, die Norweger. Wer es genau wissen möchte, muss allerdings von Helsinki aus noch eine ganze Strecke nach Norden zurücklegen, und zwar bis hinauf nach Rovaniemi. Dort wohnt der Weihnachtsmann am Korvatunturi, dem Ohrberg, und hört alle Weihnachtswünsche.

Aber *Joulupukki,* so sein original finnischer Name, hat auch eine Post- und eine Internetadresse: Schreiben Sie an das Santa Claus Post Office, FIN- 96930 Arctic Circle, Finland – oder unter www. santaclaus.posti.fi.

XXL

Da arbeiten in Finnland die fähigsten Stoffdesigner, die kreativsten Modemacher – und doch ist der Finnen liebstes Kleidungsstück unverändert der Jogginganzug. Ob zum Einkaufen, zum Spazierengehen, zum kurzen Treff mit Freunden, das gute Stück ist in vielen Situationen dabei, in denen es bei uns in Mitteleuropa nicht salonfähig (bzw. wohnzimmerfähig) wäre.

Der Oberstoff ist in der Regel aus glänzendem Material, die Farben sind bunt bis schrill, die Verbindung mit den geliebten Tennissocken ist eine innige. Zwar zieht selbst der Finne seinen Sportdress nicht fürs Büro oder zur Arbeit an, aber in der Freizeit ist er praktisch unschlagbar. Bei jungen Leuten übrigens scheint die Tendenz abzunehmen.

YLE RADIO

Die finnische Rundfunkanstalt »YLE Radio Finland« bietet mehrmals täglich in englischer Sprache aktuelle Nachrichten und Berichte aus und über Finnland, informiert über Politik, Land und Leute, Alltagsleben. Der beliebte deutsche Dienst wurde mittlerweile leider vermeintlich aus Kostengründen und trotz zahlreicher Proteste eingestellt.

Im Großraum Helsinki ist der Empfang über UKW auf Frequenz 103.7 (YLE Capital FM, auch mit Sendungen der Deutschen Welle) oder auf Frequzenz 97.5 zu empfehlen. Die Nähe zum Studio in Pasila macht's möglich. Die Sendungen sind ebenso per Satellit oder Internet zu empfangen.

ZWEISPRACHIG

Helsinki, als südfinnische Stadt mit finnlandschwedischer Minderheit und als Hauptstadt, ist zweisprachig: Alle offiziellen Bezeichnungen, vom Straßenschild bis zum Amtsformular, sind sowohl in Finnisch als auch in Schwedisch ausgewiesen. In Helsinki ist Schwedisch Pflichtfach für alle Kinder.

Eigentlich müssten also auch in diesem Buch viele Sehenswürdigkeiten, Straßennamen u.a. in beiden Sprachen aufgeführt werden – man mag uns die Beschränkung auf das Finnische bitte nachsehen.

Die Bedeutung der schwedischen Kultur in der Hauptstadt ist weitaus höher, als es der Anteil schwedischsprachiger Bürger vermuten lässt. Das zeigt sich in einer lebendigen Theater- und Kleinkunstszene ebenso wie im Renommee der Hauptstadtzeitung Hufvudstadsbladet.

Stadtportrait

STECKBRIEF HELSINKI

- Gesamtfläche: 686 km^2
- Wasserfläche: 500 km^2
- Landfläche: 186 km^2
- Küstenlinie Festland: 98 km
- Inseln: 315
- Bevölkerungszahl: 565.000
- davon Frauen: 53,5 %
- davon Männer: 46,5 %
- Bev.dichte: 2.999/km^2
- Finnischsprachig: 87,6 %
- Schwedischsprachig: 6,4 %
- Symbolpflanze: Ahorn
- Symboltier: Eichhörnchen

TOCHTER DER OSTSEE

Helsinki, die Landeshauptstadt Finnlands: Stadt am Meer, ihr vorgelagert Hunderte ins Wasser weit hinausreichende Inseln und Schären. Stadt der Parks, Strände, Felsen. Grün und naturnah. Stadt großer Architektur, gerader Straßenzüge, großzügiger Bebauung. Kulturbegeistert, lebendig und weltoffen.

Helsinki trägt den Beinamen »Tochter der Ostsee«. In der Tat ist das Wasser das hier dominierende Element: Wasser und Eis formten den felsigen Untergrund, die Ostsee bestimmte als Handels- und Schifffahrtsweg die Entwicklung der jungen Hauptstadt. Mit den bizarren Formen, die es auf die Landzunge gemalt hat, auf der Helsinki liegt, ist das Wasser Vorbild für so manche Form finnischen Designs mit der typischen Verbindung von Funktionalismus und Ästhetik.

Helsinki verzeichnet von allen europäischen Landeshauptstädten die größte Zuwachsrate an Einwohnern, ist allerdings mit knapp 565.000 Bürgern in gewisser Weise eine kleine Stadt. Ein Moloch wird sie ohnehin nicht, denn die Stadtplaner richten sich zwar auf Zuwachs ein, stellen aber jedes neue Bauprojekt unter das Prinzip einer möglichst EINHEITLICHEN Bebauung. Hochhäuser sind nicht vorgesehen, und die Satelliten-Gebiete sollen genauso am Grün und am Wasser teilhaben wie die zentralen Stadtviertel. So ist und bleibt Helsinki eine Stadt, in der man sich rasch heimisch fühlen kann.

Die Finnen selbst sind FREUNDLICH – allerdings gelten sie als eher schweigsam. Wie schön, dass die Helsinkier die Südländer unter den Finnen sind... Wenn Sie ihnen respektvoll begegnen, in dem Gefühl, dass es nicht selbstverständlich ist, dass kaum ein Nicht-Finne diese schwierige Sprache spricht, aber viele, viele Helsinkier zumindest einige Worte Englisch, oder Deutsch, dann werden Sie schöne Erfahrungen machen – und vielleicht auch einmal zum gemeinsamen Schweigen eingeladen sein.

Blick auf das Stadtviertel Hakaniemi, von der Ostseite des Bahnhofs über die Bucht Eläintarhanlahti hinweg ▶

Geschichte

EIN SCHWIERIGER ANFANG

◎ Die **GRÜNDUNG HELSINKIS** wurde am grünen Tisch beschlossen, war handelspolitisch und strategisch motiviert – und erwies sich zunächst einmal als eine Fehlentscheidung. Am 12. Juni **1550** ereilte die Bewohner der südfinnischen Siedlungen Rauma, Tammisaari, Porvoo und Ulvila der Befehl des schwedischen Herrschers *Gustav I. Vasa*, die Habseligkeiten zu packen, um sich im Mündungsbereich des Flusses Vantaa anzusiedeln, um dort einen neuen HANDELSPLATZ zu gründen; dessen Hafen war als Konkurrenz für die am gegenüberliegenden Ufer des Finnischen Meerbusens liegende Stadt Reval (Tallinn) gedacht, deren blühenden Handel die Hanse kontrollierte. Helsinkis Bedeutung jedoch blieb über ein ganzes Jahrhundert rein regional, teils weil der Hafen dazu neigte zu versanden und verschlicken, teils weil sich die Situation wieder änderte, nachdem die Schweden 1561 Reval unter Kontrolle gebracht hatten.

◎ 1639 beschlossen die Schweden, Helsinki sieben Kilometer näher ans offene Meer zu verlegen. Als **NEUEN STANDORT** bestimmte der Generalgouverneur *Per Brahe* die felsige Halbinsel Vironniemi, das heutige Kruununhaka. Das als Weide- und Jagdland genutzte Gebiet im Besitz der Krone übertrug Königin *Christina* 1643 an Helsinki. Die Einwohner folgten widerwillig, der Umzug dauerte Jahre.

◎ Das neue Helsinki hatte sein **ZENTRUM**, dort wo sich heute der Senatsplatz befindet. Um einen Marktplatz gruppierten sich die wichtigsten Gebäude: Rathaus, Gefängnis, Wache sowie die erste KIRCHE der Stadt, die steinerne Christina-Kirche, die bereits 1654 abbrannte. Die hölzerne Nachfolgerin, die Kirche zum Heiligen Geist, wurde 1713 ein Raub der Flammen. Großfeuer trafen generell für lange Zeit sozusagen stadtplanerische Entscheidungen. Weder von der Ausbreitung her noch im Hinblick auf die Einwohnerzahl machte die Stadt Fortschritte. Nur etwa 1.700 Bürger zählte Helsinki Anfang des 18. Jahrhunderts.

◎ Im GROSSEN NORDISCHEN KRIEG überrollten russische Truppen **1713** Helsinki. Die Einwohner flohen, die Stadt versank in Schutt und Asche. Nach dem Frieden von Uusikaupunki kehrten die Helsinkier zurück, begannen mit dem Wiederaufbau. Auf dem Marktplatz stand schon 1727 die Kirche Ulrika Eleonora und 1730 das neue Rathaus. 1742 wieder für ein Jahr von russischen Truppen besetzt, entging die Stadt diesmal der Zerstörung. Nach dem Frieden von Turku 1743 ging es sogar aufwärts.

◎ Schweden musste seine Verteidigungsstrategie neu überdenken; so plante man eine ganze Reihe von Befestigungsanlagen. Der Bau der **FES-**

TUNG VIAPORI/SVEABORG (heute: Suomenlinna) auf einer Inselgruppe in Sichtweite vor der Stadt war dabei als Eckstein des Gesamtplans konzipiert. Das Kommando hatte *Augustin Ehrensvärd*.

1748 begannen die Bauarbeiten, die Jahrzehnte andauern sollten – ein GLÜCKSFALL für die Stadt: Tausende Arbeiter, Handwerker und Soldaten waren auf Suomenlinna beschäftigt, dazu kamen Familienangehörige. Das bedeutete Kaufkraft, das brachte Geld und Kultur. Die ersten Steinhäuser entstanden: das Sederholmhaus (1756) ist noch heute am Senatsplatz zu besichtigen. *Sederholm*, Finnlandschwede, Händler, Reeder, Politiker repräsentierte die aufstrebende bürgerliche Oberschicht.

GROSSFÜRSTENTUM FINNLAND

◎ Im Frühjahr 1808 begann mit den Napoleonischen Kriegen eine neue Zeitrechnung, Während des erneuten Konfliktes zwischen Schweden und Russland (bis 1809) wurde Helsinki gleich zu Beginn besetzt. Der Festungskommandant übergab Viapori im Mai an die Besatzer, und der Wechsel ging fast ohne Blutvergießen vonstatten; doch die Stadt wurde einmal mehr zerstört. 1809 erhielt Finnland, integriert in das **RUSSISCHE ZARENREICH**, den Status eines autonomen Großfürstentums.

◎ Im März 1809 rief Zar *Alexander I.* dazu die finnischen Stände in Porvoo zusammen. Er bestätigte alte verbriefte Rechte der Finnen, die ihr Rechtssystem, die Religionsfreiheit und damit den lutherischen Glauben sowie die eigene zivile Verwaltung behielten. Finnland, das finnische Volk, sei in den Kreis der Nationen aufgenommen, deklarierte der Zar. So ganz ohne Eigennutz war die weitgehende **AUTONOMIE** nicht: Ziel war ein zufriedenes Finnland als Puffer in Richtung Schweden.

◎ Um die Lösung der immerhin 650-jährigen Bindung an Schweden zu beschleunigen, verlegte der Zar Finnlands **HAUPTSTADT** per Dekret am **8. APRIL 1812** von Turku/Åbo nach Helsinki, das wegen der Seefestung strategisch günstig und außerdem nahe an Russlands junger Hauptstadt St. Petersburg lag. Das fast völlig zerstörte Helsinki bot die Chance eines Neubeginns: Die neue Rolle Finnlands und die Macht und »Großartigkeit des russischen Zaren« sollten sich in dem Stadtbild widerspiegeln.

◎ Fels wurde weggesprengt, Küstenlinien wurden begradigt und flache Buchten aufgeschüttet. *Johan Albrecht Ehrenström* (1762–1847) stand bereit, als Stadtplaner die ehrgeizigen Vorgaben in konkrete **BAUVORHABEN** umzusetzen. Ehrenström, gebürtiger Helsinkier, vormals in Stockholm in Ungnade gefallen und mit dem Tod bedroht, fand in *Carl Ludwig Engel* den kongenialen Partner. Der in Berlin geborene Engel (1778–1840), ein Kommilitone von *Schinkel*, hatte seine architektonischen Sporen in Reval und St. Petersburg verdient. In Helsinki schuf Engel über 30 öffentliche Gebäude, von Kirchen bis zu Kasernen, vom Theater bis zum Krankenhaus. Darüber hinaus entstanden mehr als 600 Wohnhäuser unter der Federführung des Baumeisters.

◎ Ein harmonisches Ganzes sollte es werden. Die beiden visionären Praktiker schufen mit dem **SENATSPLATZ** und den ihn umgebenden administrativ und militärisch genutzten sowie sakralen Gebäuden ein Machtzentrum für Staat, Kirche, Wissenschaft und Kultur. In Anlehnung an das Vorbild St. Petersburg flankierte den Senatsplatz ein Ensemble ganz im Zeichen des NEOKLASSIZISMUS.

In den 1850er Jahren war Ehrenströms Stadtplan in die Tat umgesetzt: Helsinki war großzügig angelegt, hatte jetzt breite Straßen sowie Boulevards samt einer niedrigen Bebauung: Alles war auf Wachstum ausgerichtet, die Bevölkerungszahl auf über 16.000 gestiegen.

◎ Das geistige Leben konzentrierte sich zunehmend auf die junge Hauptstadt, zumal 1828, nach dem Stadtbrand von Turku, die UNIVERSITÄT nach Helsinki verlegt wurde. Die aufblühende Stadt gereichte jedoch nicht nur dem edlen Zaren als Schaustück zur Ehre, sondern entwickelte sich zum Kristallisationspunkt der sich langsam herausbildenden **NATIONALEN IDENTITÄT** der Finnen. Ereignisse in Helsinki beeinflussten immer unmittelbarer das ganze Land.

Schwedisch war noch immer die Sprache der Verwaltung, des Geldes und des Bildungsbürgertums. Doch gab es gerade auch in diesen Schichten der Finnlandschweden Förderer des finnischen Patriotismus.

◎ Ausdruckskraft und Poetik der finnischen Sprache, der Sprache der einfachen Leute, erschienen in einem neuen Licht, als der Arzt *Elias Lönnrot* **1835** die erste Fassung des **KALEVALA** veröffentlichte. Lönnrot (1802–1884), neben bei Volkskundler aus Leidenschaft, unternahm ausgedehnte Reisen nach Karelien und brachte Jahrhunderte alte RUNENGESÄNGE zu Papier, die bis dato nur mündlich tradiert worden waren. Von Lönnrot bearbeitet und geformt, erscheint das Werk gleich berechtigt neben Volksepen wie der Edda oder dem Nibelungenlied.

Kulturelles Bewusstsein und politische Forderungen ergänzten sich. *Johann Vilhelm Snellman* (1806–1881), der Gedankenwelt der Aufklärung verpflichteter Philosoph sowie Politiker, brachte es auf den Punkt: Schweden sind wir nicht, Russen wollen wir nicht werden – lasst uns also Finnen sein!

◎ Noch stand Russland dem nationalen Patriotismus abwartend gegenüber, ja schien ihn gar zu fördern. Nicht von ungefähr steht mitten auf dem Senatsplatz das Denkmal *Alexanders II.* (1818–1881). In seine Amtszeit fallen wichtige Entscheidungen, die die **EIGENSTÄNDIGE ENTWICKLUNG** Finnlands vorantrieben. 1863 stellte man das Finnische der schwedischen Sprache gleich. 1865 erhielt Finnland das Münzrecht und brachte seine eigene Währung heraus, die MARKKA. Schließlich erhielt man mit Einführung der allgemeinen Wehrpflicht eine eigene Armee.

◎ In diesem Klima der Liberalität boomte auch die Wirtschaft. Die Hauptstadt wurde zum **HANDELS- UND INDUSTRIEZENTRUM** des ganzen Landes. Die erste Dampfmaschine kam 1853 zum Einsatz, 1855 die erste Telegrafenverbindung zwischen Helsinki und St. Petersburg. Die EISENBAHN trat 1862 ihren Siegeszug an und verband Helsinki mit Hämeenlinna sowie 1870 sogar mit St. Petersburg.

Die Stadt veränderte ihr Aussehen. Ganze Viertel aus Holz wichen Steinbauten, die sich an der mitteleuropäischen Stadtarchitektur orientierten. Der Bau von Büro- und Geschäftshäusern boomte.

◎ Dann der Umschwung, als Zar *Nikolaus II.* (1868–1918) seine finnischen Untertanen an die kurze Leine nahm – **RUSSIFIZIERUNG** hieß sein Credo. Er strich die tradierten Rechte des finnischen Landtags, schränkte die Selbstverwaltung systematisch ein, besetzte zentrale Positionen in Wirtschaft und Verwaltung mit Russen und ließ nationale und patriotische Bestrebungen zunehmend gewaltsam unterdrücken.

Generalgouverneur *Nikolai Bobrikov*, Russlands Statthalter, personifizierte die Politik der Unterjochung. 1904 erschoss ihn der finnische Verwaltungsbeamte *Eugen Schaumann* auf der Treppe des Senatsgebäudes.

◎ Die Zeiten wurden unübersichtlicher und unruhiger. Ein Generalstreik in St. Petersburg griff auf Helsinki über. Um die Wogen zu glätten, nahm der Zar einige seiner Erlasse zurück, so dass Wahlen zu einem neuen demokratischen Landtag stattfanden. Erstmals in Europa hatten **1906** die **FRAUEN** das gleich berechtigte aktive und passive **WAHLRECHT**.

Die Freiheiten waren von kurzer Dauer. Es begann eine zweite Periode der Unterdrückung. Das Parlament wurde schrittweise entmachtet – schließlich sollten alle wesentlichen Entscheidungen in dem russischen Parlament, der Duma, getroffen werden.

◎ Bei Ausbruch des Ersten Weltkriegs gelang es den Finnen immerhin, ihre Truppen aus den Kämpfen herauszuhalten; der Zar ließ es sich üppig bezahlen. Doch seine Tage waren gezählt; im März **1917** musste er abdanken, und eine provisorische Regierung übernahm in Petrograd die Macht. Sie hob die Finnland knebelnden Gesetze auf, war aber nicht bereit, das Land in die Unabhängigkeit zu entlassen.

Im November 1917 setzten sich die revolutionären BOLSCHEWIKI unter Führung *Lenins* im innerrussischen Machtkampf durch. In Helsinki war das Verhältnis zwischen den politischen Parteien und Lagern hinsichtlich des politischen Kurses verworren.

DIE UNABHÄNGIGKEIT

◎ In dieser Situation erklärte das finnische Parlament am **6.12.1917** Finnland zu einem **SOUVERÄNEN STAAT**. Lenin (der vor der Revolution mehrfach in Finnland Unterschlupf gefunden hatte) nahm die Entscheidung hin, darauf spekulierend, dass die bolschewistische Revolution nicht vor den Toren Helsinkis Halt machen würde.

◎ Er schien Recht zu behalten. Schon hatten sich die Fronten formiert: Rote Garden und Milizen hatten sich gebildet, als Gegenpol die bürgerlichen weißen Schutzkorps. Das Parlament erklärte die weißen Truppen zur regulären Armee und den in der zaristischen Armee ausgebildeten Generalleutnant *Carl Gustaf Mannerheim* zu ihrem Befehlshaber. Im Januar **1918** kam es zu blutigen Auseinandersetzungen, die in einen **BÜRGERKRIEG** mündeten. Die Roten konnten am 27./28. Januar Helsinki besetzen. Die Weißen schlugen ihr Hauptquartier in Vaasa auf, das kurzzeitig als provisorische Hauptstadt fungierte. Nach der Eroberung der Industriestadt und Arbeiter-Hochburg Tampere im März konnte Mannerheim im April in Helsinki einmarschieren. Der rote Widerstand war gebrochen. Im März war ein deutsches Expeditionskorps in Südfinnland angelandet, um auf Seiten der Weißen in die Kämpfe einzugreifen.

Der Bürgerkrieg blieb über Generationen ein NATIONALES TRAUMA. Rund 25.000 Tote waren zu beklagen, Gräueltaten und Terror hatte es auf beiden Seiten gegeben. Von 70.000 nach dem Krieg internierten Rotgardisten starben rund 20.000 an Unterernährung, Schwäche, Krankheit.

◎ Nachdem die Befürworter einer monarchistischen Verfassung, die einen König aus dem deutschen Kaiserhaus inthronisieren wollten, sich nicht hatten durchsetzen können, erhielt Finnland 1919 eine **REPUBLIKANISCHE VERFASSUNG**. Die innenpolitische Situation nach dem Bürgerkrieg blieb für fast zwei Jahrzehnte unruhig. Extreme politische Gruppierungen von links wie rechts agitierten gegeneinander, gegen den Staat, teils in der Legalität, teils illegal.

◎ **1939:** Wiederholt schon hatte *Stalin* zunehmend ultimativ von Finnland einen Gebietsaustausch sowie eine Flottenbasis auf finnischem Territorium verlangt, um Leningrad, das nur 30 Kilometer jenseits der Grenze lag, besser gesichert zu wissen. Entsprechende Verhandlungen blieben ergebnislos. Im *Hitler-Stalin-Pakt* wurden Finnland und das Baltikum in Geheimgesprächen der sowjetischen Interessensphäre zugeschlagen. Am 30. November griff die Rote Armee Finnland an und installierte in Kerijoki eine Marionetten-Regierung, die eine Sozialistische Republik Finnland ausrief. Im sogenannten **WINTERKRIEG** (Talvisota) konnte sich das überrascht sowie schlecht gerüstete Finnland unter Oberbefehlshaber Mannerheim zwar lange gegen die Übermacht der Sowjets behaupten. Das demokratische Ausland zollte Respekt, jedoch stand es sonst nicht weiter bei. Nach einer Großoffensive des Gegners musste Finnland im April 1940 einen bitteren Friedensschluss in Moskau unterzeichnen: Verlust fast ganz Kareliens und der Stadt Viipuri (Viborg), Abtretung strategisch bedeutsamer Inseln, Vermietung der Halbinsel Hanko. 450.000 FLÜCHTLINGE aus den verlorenen Gebieten mussten umgesiedelt werden. Viele fanden im Raum Helsinki einen Zufluchtsort.

◎ Die Furcht vor einem erneuten Angriff blieb; die Annektion der baltischen Staaten war ein warnendes Zeichen. Finnland suchte nach möglichen Verbündeten. Das Land erlaubte der deutschen Wehrmacht, sich in Lappland zu stationieren, um von dort aus ihre Einheiten in Norwegen zu unterstützen. Als Hitlers Truppen im Juni 1941 die Sowjetunion angriffen, überschritten auch finnische Soldaten die Grenze, um verlorenes Terrain in Karelien zurückzuerobern. Von Ende 1941 bis 1944 hielten sich die Finnen in diesem **FORTSETZUNGSKRIEG** in Karelien. Doch nach mehreren Großoffensiven der Roten Armee musste Mannerheim im September 1944 um Frieden nachsuchen. Die Bedingungen: weitere Gebietsabtretungen, Verlust des eisfreien Hafens Petsamo, Vermietung der Halbinsel Porkkala, vor den Toren Helsinkis, als sowjetischer Stützpunkt, hohe Reparationszahlungen, die Vertreibung der deutschen Soldaten aus Lappland durch finnische Truppen. Finnland akzeptierte. Bei ihrem Rückzug nach und durch Norwegen hinterließen die deutschen Truppen Nordskandinavien als verbrannte Erde.

Immerhin hatte Finnland seine SOUVERÄNITÄT, seine demokratische politische und gesellschaftliche Verfassung bewahrt und war die Hauptstadt nicht von fremden Truppen besetzt. Zwar war Helsinki während der Kriege mehrfach bombardiert worden, doch hatten sich bei allem Leid und Elend die Schäden in Grenzen gehalten.

◎ Nach dem Pariser Frieden von 1947 und der Unterzeichnung des Freundschafts- und Beistandspaktes mit der UdSSR 1948 durch Staatspräsident *Paasikivi* begann eine lange Phase der Beruhigung und der Konsolidierung. Innen- sowie wirtschaftspolitisch westlich-demokratisch orientiert, verordnete das Land sich verteidigungs- und außenpolitisch Blockfreiheit und strikte **NEUTRALITÄT**. Diese auch später vom finnischen Urgestein, Staatspräsident *Urho Kekkonen,* verfolgte Politik (widergespiegelt in dem Begriff PAASIKIVI-KEKKONEN-LINIE) trug die überwiegende Mehrheit der Bevölkerung und der politischen Kräfte verschiedener Couleur. Bis in die 1980er Jahre prägte sie Finnlands Balanceakt auf diplomatischem Parkett, neben sich den russischen Bären wissend.

AUF DEM WEG NACH EUROPA

◎ In Helsinki wuchs die Bevölkerung nach dem Krieg rapide. Zehntausende **NEUBÜRGER**, heimkehrende Soldaten und Flüchtlinge aus den abgetretenen finnischen Ostgebieten suchten hier Zuflucht, Arbeit, Wohnraum. Die Stadt expandierte, indem man in großem Stil Nachbarorte in die entstehende Großstadtregion eingemeindete.

◎ **1952** präsentierte sich Helsinki modern, aufstrebend, offen: Die **OLYMPISCHEN SOMMERSPIELE** waren ein großartiger Erfolg und eine Quelle für Selbstbewusstsein.

◎ Die **WIRTSCHAFT** nahm in den 1950er und -60er Jahren einen rapiden AUFSCHWUNG, ermöglichte Aufbau und Finanzierung eines modernen WOHLFAHRTSSTAATES. Helsinki bekam die Auswirkungen der zunehmenden Industrialisierung sowie Automatisierung, verbunden mit einem Rückgang landwirtschaftlicher und allgemein der ländlichen Erwerbszweige, zu spüren. Immer mehr Menschen aus Nord- und Mittelfinnland zog es in den Süden, in die Hauptstadtregion. Langsam begann Helsinki mit den beiden Nachbarn ESPOO und VANTAA zusammenzuwachsen.

◎ **1975** blickte die internationale Staatengemeinschaft einmal wieder auf Helsinki: Nach jahrelanger Vorarbeit wurde in der Finlandia-Halle die Schlussakte der Konferenz über Sicherheit und Zusammenarbeit in Europa (**KSZE**) unterzeichnet. Finnland hatte dank seiner aktiven Neutralitätspolitik einen nicht unerheblichen Anteil daran, dass dieses Dokument, das die ENTSPANNUNGSPOLITIK festschrieb, zustande kam.

◎ *Gorbatschow* ging neue Wege: **GLASNOST UND PERESTROIKA** in der Sowjetunion eröffneten ab der zweiten Hälfte der 1980er Jahre auch für Finnland neue Freiräume in der Wirtschaft und vor allem in der Außenpolitik. Mit Zusammenbruch der Sowjetunion und Bildung der GUS sah Finnland Chance und Notwendigkeit, seine strategische wie politische Ausrichtung neu zu bestimmen. Einschränkungen der finnischen Souveränität, wie sie sich direkt oder indirekt aus den Pariser Friedensverträgen von 1947 sowie dem Abkommen von 1948 über Freundschaft, Zusammenarbeit und Beistand ergaben, wurden für nichtig erklärt. Mit der GUS wurden statt dessen gut nachbarschaftliche Beziehungen vereinbart.

◎ Gleichzeitig mit diesen erfreulichen Ergebnissen als Resultat der Demokratisierungsprozesse in Osteuropa rutschte Finnland jedoch

Anfang der **1990ER JAHRE** in eine schwere **WIRTSCHAFTSKRISE,** teils bedingt durch den Zusammenbruch des Osthandels, teils aus innenpolitischen Gründen, als Folge einer verfehlten Finanz-, Banken- und Kreditpolitik. Augenfälligstes Resultat: die bislang geringe ARBEITSLOSENRATE schnellte bis an die 20-Prozent-Marke, sogar in der Region Helsinki.

Eiserne SPARDISZIPLIN und ein Zweckbündnis zwischen Politik, Gewerkschaft und Arbeitgebern sorgten dafür, dass die Wirtschaftsindikatoren schon Mitte der 1990er Jahre wieder nach oben zeigten und die Arbeitslosenrate allmählich zu sinken begann.

SUOMI nennen die Finnen ihr Land in ihrer Sprache. Die alte Abkürzung SF stand für Suomi/ Finland, zweisprachig Finnisch und Schwedisch. Vor Jahren gab Finnland zu Gunsten internationaler Verständlichkeit nach: Jetzt fahren Autos und Post mit FIN.
Woher stammt der Begriff Suomi für Finnland bzw. Suomalainen für Finne / Finnin? Ganz geklärt ist die Frage nicht. Einiges spricht für eine Ableitung vom Wort »suo« (Sumpf) – immerhin prägen Moor sowie Sumpflandschaften weite Landstriche.

Gegenwart

◎ Zusammen mit Schweden wurde Finnland **1995** Mitglied der **EUROPÄISCHEN UNION**. Nach nur wenigen Jahren Zugehörigkeit bereits erwarb sich das Land im hohen Norden Respekt als konstruktive, vorwärtstreibende Kraft im europäischen Einigungsprozess. Ein Höhepunkt in der gestaltenden Einflussnahme war die EU-RATSPRÄSIDENTSCHAFT in der zweiten Jahreshälfte 1999.

Wer die Entwicklung der letzten zwei Jahrzehnte in Finnland aktiv verfolgt hat, kann nur staunen. Noch in den späten 1980er Jahren wäre zum Beispiel die öffentliche Diskussion über die Aufgabe der finnischen Neutralitätsposition undenkbar gewesen, da waren sich Politiker und Bevölkerung einig. – Die geopolitische Lage hat sich geändert. Heute ist Finnland ein integriertes Mitglied der politischen, ökonomischen und Wertegemeinschaft der westlichen Welt – mit breiter Unterstützung in der Öffentlichkeit.

◎ Im Jahr 2000 feierte Helsinki seinen **450. GEBURTSTAG** und präsentierte sich gleichzeitig als europäische **KULTURSTADT**. Die Stadt hatte sich eifrig auf die Ereignisse vorbereitet, erschien an zahlreichen Stellen im neuen (oder restaurierten) Kleid. Und Helsinki nutzte die Chance, für ein Jahr im Rampenlicht verstärkten internationalen Interesses zu stehen. Die Stadtoberen und vor allem die Einwohner selbst ließen sich Ideen und Events für Kultur, Sport und Freude am Feiern einfallen, deren Schwingungen bis heute nachwirken. Ein dickes Image-Plus für die Tochter der Ostsee.

◎ Helsinki, EINZIGE METROPOLE des Landes, mit Sitz der entscheidenden Institutionen, ist unverändert **PLATTFORM** gesamtgesellschaftlich relevanter Entwicklungen.

Bürger wie Stadtobere haben guten Grund, hoffnungsvoll in die Zukunft zu blicken – trotz gegenwärtig international ungünstiger ökonomischer Bedingungen. Genau wie Deutschland muss sich auch Finnland geänderten weltwirtschaftlichen Gegebenheiten (als Stichwort Globalisierung) anpassen, seine Sozialsysteme neu justieren, um wettbewerbsfähig zu bleiben und sozialstaatlichen Verpflichtungen weiterhin gerecht zu werden. Die finnische Wirtschaft erweist sich als relativ rezessionsresistent, sowohl in Zukunftsbranchen wie der High-Tech-Industrie als auch in traditionellen Zweigen wie Hafenwirtschaft und Güterumschlag. Internationale Studien verweisen auf Finnlands Spitzenpostion in Bereichen der wirtschaftlichen Wettbewerbsfähigkeit und des Know-how im IT-Bereich.

Die viel zitierte PISA-STUDIE belegt, dass man sich um den Bildungsstand der nachwachsenden Generation in Finnland nicht sorgen muss. Dennoch gibt es Probleme genug zu bewältigen. Noch liegt die Arbeitslosigkeit landesweit bei ungefähr 9 %, ist sie überdurchschnittlich hoch bei jungen Menschen.

◎ Helsinki expandiert, ebenso wie die Hauptstadtregion: Vantaa, Espoo und Kauniainen wachsen noch enger mit Helsinki zusammen. Die Einwohnerzahl der Hauptstadt nähert sich der Zahl 570.000, die der Region beträgt über 1,2 Millionen.

Zu beobachten ist eine anhaltende **LANDFLUCHT**: Mehr und mehr junge Leute und Familien suchen im Süden des Landes Job und Wohnung. Bei einer Bevölkerung von nur 5,2 Millionen schafft dies Probleme, inwieweit die INFRASTRUKTUR des Gemeinwesens langfristig aufrecht zu erhalten ist.

Es bedarf erheblicher Investitionen in und um Helsinki, um ausreichend Arbeitsplätze samt neuen Wohnflächen zu schaffen.

◎ In den kommenden Jahren wird die **STADTENTWICKLUNG** deshalb ein Top-Thema sein und bleiben. Die Stadt ist bemüht, alte innerstädtische Industrieareale zu sanieren und als urbanen Lebensraum nutzbar zu machen. Beispielhaft für solche Projekte ist die Entstehung des neuen Stadtteils Ruoholahti. – Gleichzeitig werden am Stadtrand neue Gewerbeflächen für zukunftsfähige Industrien zur Verfügung gestellt.

Das Gebiet Viikki ist dafür ein Musterbeispiel. Dort ist der WISSENSCHAFTSPARK HELSINKI mit Instituten vor allem der Biowissenschaf-

Geballte Ladungen an Infos jeglicher Art über **HELSINKI** finden Surfer **IM INTERNET**, teils in englischen, teils auch deutschsprachigen Versionen:
◎ www.hel.fi – Website der Stadt, von wo es weitergeht zu touristischen Angeboten, zu Verkehrsinfos, Kulturtipps, Restaurants u. weiteren Links;
◎ www.helsinki.fi – gutes Portal von Stadt und Universität, schöne Panoramatour durch die Stadt;
◎ http://virtual.finland.fi – Betreiber ist das Außenministerium: Aktuelles aus Politik, Wirtschaft, Gesellschaft, Links zu Ministerien, Behörden sowie auch Kulturseiten;
◎ www.helsinkithisweek.net – das aktuelle Veranstaltungsprogramm mit Infos zu Museen, Ausgehen und Shopping als Download sowie weiteren Serviceangeboten.

ten und Biotechnologien entstanden; dazu gesellt sich ein Wohngebiet, das streng nach Prinzipien ökologischen Bauens umgesetzt wird. Im alten Industriegebiet von Arabianranta wächst derzeit ein Stadtteil für 10.000 Bewohner. Das größte Wohnbauprojekt wird in Vuosaari, rund 14 km vom Zentrum entfernt, in Angriff genommen: Bis 2010 soll dort für 27.000 Menschen eine neue Heimat geschaffen werden. Möge Helsinki grün bleiben und von all zu großen Bausünden verschont!

Nun, die Finnen sind ja eigentlich wertkonservativ, verlässlich und solide. Zudem steht Helsinki auf festem, felsigem Grund, auf Granit. Und stabil ist auch die politische Lage, im Land und in seiner Hauptstadt. Suomi wird seit 2003 von einer Drei-Parteien-Koalition regiert, gebildet von bäuerlich orientiertem Zentrum (KSK), Sozialdemokraten (SDP) und liberaler Schwedischer Volkspartei (SVP). Ministerpräsident ist der Zentrumspolitiker *Matti Vanhanen.*

Oberster Boss im Lande ist eine Frau: Staatspräsidentin *Tarja Halonen* (SDP). Auch die Landeshauptstadt HELSINKI REGIERT EINE FRAU: Oberbürgermeisterin ist *Eva-Riitta Siitonen* von der gemäßigt konservativen Nationalen Koalitionspartei (KOK).

◎ Helsinki ist eine junge, dynamische Stadt, im 19. Jahrhundert sehr stark geprägt von ausländischen Zuwanderern und fremden Ideen. An diese Mentalität der gedanklichen **OFFENHEIT** knüpft Helsinki wieder an, indem es bewusst seine alte Rolle als **VERMITTLER** zwischen Ost und West wahrnimmt.

Vor der Reise

Information

Wenn es um touristische Informationen über Finnland geht, ist die Finnische Zentrale für Tourismus in Frankfurt die erste Anlaufstelle. Das schriftliche Material, das der Interessent sich schicken lassen kann, ist umfangreich und auch informativ. Für den Überblick und um sich Anregungen zu holen, ist es allemal ausreichend.

◎ **FINNISCHE ZENTRALE FÜR TOURISMUS**, Lessingstraße 5, D – 60325 Frankfurt am Main, Tel. 069 – 500 701 57 und 069 – 719 1980 (Mo–Fr 9–18 Uhr), Fax 724 1725, per E-mail: finnland.info@mek.fi, im Internet: www.mek.fi/de und www.finland-tourism.com/de.

Je präziser Ihre Anfragen und Wünsche, desto genauer in der Regel auch die Antworten. Fragen Sie speziell nach Helsinki, der Hauptstadtregion, nach Hotelinfos oder Kulturdaten, eben nach den Dingen, die Ihnen wichtig erscheinen.

An schriftlichen STANDARDINFORMATIONEN hält die Zentrale die DIN-A-4-Broschüre Finnland (je ein Sommer- und ein Winterkatalog im Jahr) mit allgemeinen Reiseinformationen, Adressen von Reiseveranstaltern und Besonderheiten für die Haupturlaubsregionen Finnlands sowie den Stadtprospekt Helsinki bereit. Beide werden auf Anfrage gratis verschickt. Einige Broschüren stehen auch zum Download zur Verfügung.

◎ **REISEBÜROS**: Es gibt Reisebüros und überregional arbeitende Reiseagenturen, die auf Nordeuropa, teilweise sogar hauptsächlich auf Finnland spezialisiert sind. Sie bieten sowohl Fahrkarten / Flugtickets als auch Pauschalangebote für Anreise, Unterkunft bis hin zu Animation.

◎ **INTERNET**: siehe Seite 27.

Diplomatische Vertretungen

◎ **DEUTSCHLAND**: Finnische Botschaft, Rauchstraße 1, D–10787 Berlin, Tel. 030 – 505 03-0, Fax 030 – 505 03-333, info@finlandemb.de/

◎ **ÖSTERREICH**: Finnische Botschaft, Gonzagagasse 16, A–1010 Wien, Tel. 01 – 5315 90, Fax 5355 703, info@finlandemb.at/

◎ **SCHWEIZ:** Finnische Botschaft, Weltpoststraße 4, CH–3000 Bern 15, Tel. 031 – 351 30 31, Fax 351 30 01, sanomat.brn@formin.fi/

Einreisebestimmungen

◎ **REISEDOKUMENTE:** Für Touristen aus EU-Ländern und aus der Schweiz genügt ein gültiger Personalausweis oder Reisepass. Kinder brauchen einen Kinderausweis, ab 10 Jahren mit Foto, oder einen Eintrag im Pass der Eltern. Seit Schengen gilt: Genauere Kontrollen von EU-Bürgern sind bei der Ankunft mit dem Flugzeug unwahrscheinlich; sofern man mit dem Pkw anreist, ist eine Pass- und Zollkontrolle eher möglich, wenn auch selten.

Wer mit dem eigenen Fahrzeug unterwegs ist, benötigt den nationalen Führerschein, den Fahrzeugschein und ein Landeskennzeichen am Wagen.

◎ **HAUSTIERE:** Seit Sommer 2004 gelten EU-einheitliche Regelungen für die Mitnahme von Haustieren. Herrchens / Frauchens Liebling benötigt einen eigenen Reisepass mit Bild und Angaben über Tier, BesitzerIn sowie Impfungen. Hunde, Katzen und Frettchen müssen zurdem mit einem Mikrochip oder einer deutlich erkennbaren Tätowierung gekennzeichnet sein. Sie werden nach ihrer gültigen Impfbescheinigung gegen Tollwut gefragt; die Impfung muss mindestens 30 Tage und darf höchstens ein Jahr vor Reiseantritt zurückliegen. Wau und Miau benötigen zusätzlich die tierärztliche Bestätigung über eine medikamentöse Behandlung gegen den Fuchsbandwurm. Präzise Informationen erteilt die Veterinär-Abteilung des Finnischen Landwirtschafts- und Forstministeriums, Tel. 00358 – (0)9 – 16052787, www.mmm.fi.

Im Fall einer Anreise via Schweden und / oder Norwegen gelten eigene Regelungen. INFORMIEREN Sie sich rechtzeitig im Voraus.

◎ **ZOLL:** Waren des persönlichen Bedarfs sind nicht meldepflichtig. Dazu zählt auch der Inhalt der Reiseapotheke mit einem gewöhnlichen Vorrat an notwendigen Medikamenten. Bei der Einfuhr von ALKOHOL und Tabak hat sich Finnland den EU-Normen angepasst – für das bisher eher strenge Land eine fast revolutionäre Veränderung. Reisende im Alter ab 18 Jahren dürfen 10 Liter Hochprozentiges, 20 Liter Alkoholisches bis 22 Vol. %, 90 Liter Wein (davon höchstens 60 Liter Schaumwein) und 110 Liter Bier importieren. TABAKWAREN: Reisende ab 17 Jahre dürfen entweder 800 Zigaretten oder 400 Zigarillos oder 200 Zigarren oder 1 kg Tabak mitbringen.

◎ **DUTY-FREE**: Grundsätzlich ist die Duty-Free-Regelung für EU-Bürger aufgehoben. Jedoch: Wenn Sie mit einer Fähre fahren, die für kurze Zeit in Mariehamn auf Åland vor Anker geht (Sonderregelung für die autonome Provinz Finnlands), dürfen auch Sie verbilligt zugreifen. Beachten Sie die Höchstmengen und fragen Sie im Zweifelsfall deshalb im Shop nach.

Klima und Reisezeit

Auch von den klimatischen Einflüssen her liegt Finnland zwischen Osten und Westen. Von Osten her macht sich das kontinentale Klima bemerkbar, das kalte Winter und warme Sommer mit relativ raschen Übergängen mit sich bringt. Für spürbar mildere Wetterlagen sorgt von Westen her der GOLFSTROM. So liegen die Temperaturen in Finnland deutlich über denen anderer Länder vergleichbarer Breitengrade. Gerade Helsinki und Südfinnland profitieren in ihrer unmittelbaren Nähe zur Ostsee von diesen Bedingungen.

An dieser Stelle mag auch gleich mit einem Vorurteil aufgeräumt werden: Keineswegs regnet es ständig in Finnland! Die durchschnittlichen Niederschlagsmengen liegen deutlich unter denen von Norwegen beispielsweise, das Klima – und das wieder dank der östlichen Lage – ist eher TROCKEN. Natürlich sind die Winter kälter und dauern länger als in Deutschland, aber durch die Trockenheit wirken die Temperaturen angenehmer und erträglicher, als es die reale Gradzahl vermuten lässt.

Im Sommer kann es durchaus häufiger 30°C werden – und das nicht nur einen Tag lang, wie es die schönen Sommer der letzten Jahre bewiesen haben. Die Durchschnittstemperatur in Helsinki in der Zeit von Juni bis August liegt zur Mittagszeit um 20°C, im Januar, dem oft kältesten Monat, um –3°C. Im Winter bedeutet das in aller Regel SCHNEEGARANTIE. Anfang Dezember bleibt der erste Schnee liegen, im April tritt er langsam den Rückzug an. Schließlich wird am 1. Mai schon Vappu gefeiert, der Frühling begrüßt...

Die jahreszeitliche Veränderung verdient besonders wegen der Lichtverhältnisse Erwähnung. Am dunkelsten ist es im Januar, wenn erst nach 9 Uhr morgens die Sonne auf- und um 15.30 Uhr schon wieder untergeht. Dafür entschädigen die hellen Sommernächte, wenn das LICHT von 4 Uhr morgens bis kurz vor 23 Uhr das Firmament erhellt.

Der Sommer ist die begehrteste REISEZEIT: Das Leben spielt sich draußen ab, es gibt viele Festivals und Aktivitäten. Doch jede Jahreszeit hat ihren eigenen Reiz. So steht der Herbst für Theater- und Kulturleben, lockt der Winter mit Schnee-Vergnügen, macht das Erwachen des Helsinkier Frühlings die Herzen weit.

Gepäck und Kleidung

Neben der Grundausstattung empfiehlt sich ein leichter REGENSCHUTZ, der auch im Tagesgepäck nicht zur Last wird. Übrigens kann man in Finnland hervorragend Regenkleidung kaufen. Anders als oft in Deutschland, ist Regen für die Finnen, ob Kinder oder Erwachsene, kein Grund, zu Hause zu bleiben. – Ein warmer Pullover schützt vor kühlen Abendstunden und vor dem Seewind, der schon mal frisch werden kann. – Winterurlauber sollten sich auch auf Temperaturen bis zu –10 oder –20°C einrichten.

Für festliche Anlässe wie auch für Restaurantbesuche der Luxusklasse sollte man die entsprechende Garderobe wählen. Dagegen erfordert der normale Theater- oder Lokalbesuch kein besonderes Outfit. Es gilt: Verhalten Sie sich ruhig wie in Ihrem Heimatland auch.

Geld

◎ **WÄHRUNG:** Finnland ist Euro-Land – für EU-Bürger entfällt das lästige Umrechnen und Tauschen. Die Scheine entsprechen denen zu Hause, die Münzen haben national spezifische Rückseiten. Die Umstellung verlief reibungslos – bis auf eine Kleinigkeit: Die finnische Nationalbank hatte nur eine geringe Anzahl 1- und 2-Cent-Münzen geprägt, die rasch in Sammlerhand verschwunden waren, so dass die Bank zum Nachprägen gezwungen war. Finnische Geschäfte RUNDEN EINKAUFSBETRÄGE AUF 5-CENT-BETRÄGE AUF ODER AB.

◎ **KREDITKARTEN**: Die gängigen Karten werden akzeptiert, das Zahlen mit Karte ist den technikversierten Finnen vertraut und viel selbstverständlicher als hierzulande. Der Einkauf im Supermarkt und selbst das Bier in der Kneipe läuft über das Plastik. Mit Kreditkarten bekommen Sie auch an Geldautomaten Bares, freilich gegen stattliche Gebühren.

◎ **GELDAUTOMATEN** finden Sie in Helsinki an jeder zweiten Straßenecke – achten Sie auf die Bezeichnung »Otto«. Der gebildete Bankautomat in Helsinki spricht Englisch. Geld bekommen Sie mit der Maestro (EC)-Karte oder eben mit Ihrer Kreditkarte in dem von Ihrem Institut vereinbarten Rahmen; für die Abhebung mit Maestro (EC)-Karte werden Sie mit ca. € 3 belastet. An den meisten Geräten können Sie auch andere Bankgeschäfte tätigen.

◎ **REISESCHECKS** sind zwar immer noch ein sicherer Geldwert, in Finnland ist diese zusätzliche Absicherung jedoch so nötig nicht.

◎ **BANKEN** und **WECHSELSTUBEN** tummeln sich in der City. Wechselstuben wie »Forex« oder »Thomas Cook« haben außer günstigen Umtauschgebühren den Vorteil längerer, teilweise täglicher ÖFFNUNGSZEITEN – im Flughafen Helsinki-Vantaa sogar mit 24-Stunden-Service.

Gesundheit

◎ Gesetzlich Krankenversicherte haben auch in den finnischen staatlichen Gesundheitszentren (Terveyskeskus) Anspruch auf eine kostenfreie ambulante **BEHANDLUNG**, sofern sie die Reise mit dem EU-FORMULAR 111 (gibt's bei der örtlichen Krankenkasse) antreten. Privat Versicherte sollten die Modalitäten mit ihrer Krankenkasse im Voraus klären.

Bei Krankenhaus- und fachärztlicher Behandlung in freier Praxis muss der Patient mit einer SELBSTBETEILIGUNG in Vorlage treten, für den Arztbesuch mit ab € 8,50 für die stationäre Behandlung mit einem Tagessatz von etwa € 10. Die Kosten erstattet die staatliche Sozialversicherungsanstalt KELA (Kansaneläkelaitos) AUF ANTRAG mit besagtem Formular zu einem festen Prozentsatz zurück.

Ähnliches gilt für Arzneimittel. Wenn Sie keine Gelegenheit haben, die Erstattung in Finnland zu beantragen, können Sie dies innerhalb von sechs Monaten bei Ihrer Krankenkasse zu Hause tun.

Der medizinische STANDARD in Finnland ist ausgesprochen hoch – Sie sind in guten Händen. Bei der Suche nach einem Arzt oder in Fragen der Rückerstattung hilft Ihnen auch das Touristenbüro Helsinki.

Mit der Schweiz besteht kein Behandlungsabkommen wie im Fall der EU-Staaten. Schweizer Bürger sollten die Frage der Versicherung vor der Reise mit ihrer Krankenkasse absprechen.

◎ **IMPFUNGEN** sind für den Aufenthalt in Finnland nicht erforderlich. In einigen Landstrichen auch im Süden des Landes muss man mit Zecken rechnen – wer vorsichtig sein möchte, sollte den Hausarzt auf Vorbeugung hin ansprechen.

◎ Prüfen Sie, ob eine private **ZUSATZVERSICHERUNG** für Sie sinnvoll ist, die alle nachgewiesenen Heilbehandlungskosten und auch Rücktransporte im Krankheitsfall abdeckt. Vielleicht sind Sie für solche Fälle schon besser versichert, als Sie denken, zum Beispiel über den Automobilclub, das Kreditkarteninstitut o.ä.

Körperbehinderte

Die formalen und rechtlichen Voraussetzungen für die Integration von Menschen mit Behinderungen sind in Finnland sehr viel klarer gegeben als hierzulande. Dementsprechend ist die praktische Umsetzung weiter fortgeschritten und selbstverständlicher, wenn es auch noch viel zu tun gibt.

INFORMATION

◎ **KANSAINVÄLISEN HENKILÖVAIHDON KESKUS** (Zentrum für Internationale Mobilität), Postfach 343, FIN-00531 Helsinki, Tel. 00358 – (0)9 – 7747 7033, Fax 77477064, via E-mail: cimoinfo@cimo.fi, Internet: www.cimo.fi/english. Geballte Informationen auch zu den Themen Bildung, Stipendien, Austauschprogramme – ganz integrativ.

◎ **RULLATEN RY**, Pajutie 7, FIN-02770 Espoo, Tel. 00358 – (0)9 – 805 7393, Fax 8552 470, via E-mail: hile.meckelborg@rullaten.fi, im Internet: www.rullaten.fi.

Die Organisation informiert über Reisemöglichkeiten und behindertengerechte Einrichtungen in ganz Finnland. Erhältlich ist eine Broschüre auch auf Deutsch: Einquartieren und Reisen für Bewegungsbehinderte in Finnland. Die Finnische Zentrale für Tourismus vermittelt das Heft auf Anfrage.

◎ **HTTP://ESTEETON.TEHO.NET** – unter dem Titel »Accessible Helsinki« nützliche Informationen u.a. über Zugänglichkeit / Ausstattung von Restaurants, Theatern, Konzertsälen und anderen Attraktionen...

Karten

Legen Sie sich vor Ihrer Reise zu Hause Karte oder Stadtplan zu; achten Sie darauf, dass diese nicht älter als 1–2 Jahre sind, da solche Pläne rasch veralten und gerade in der Großstadtregion rege Bautätigkeit zu verzeichnen ist.

STADTPLÄNE

Im Touristenbüro warten mehrere Gratis-Stadtpläne, primär für den erweiterten Citybereich, die recht zuverlässig und übersichtlich sind und die interessantesten Sehenswürdigkeiten und Ausflugsziele in der näheren Umgebung nennen.

◎ Der **STADTPLAN HELSINKI** von Genimap/Karttakeskus aus Finnland hat eine Legende sowie ein Beiheft auch auf Deutsch. Liegt vor im Maßstab 1 : 10.000. € 11,50. Verkauf s.u.

STRASSENKARTEN

◎ **GT-KARTENSERIE**: mit 18 einzeln erhältlichen Karten im Maßstab 1 : 200.000. Geeignet für alle, die länger in Finnland bleiben und eine umfangreiche Karte bevorzugen. Je Blatt € 13,50.

◎ **STRASSENATLAS FINNLAND**: detailliert mit touristischen Infos & 50 integrierten Stadtplänen, dafür höher im Preis ist GT Tiekartasto im Maßstab 1 : 200.000 – 1 : 400.000. Erhältlich für € 41,50. Verkauf s.u.

VERKAUF

◎ **B & W NORDIS VERSAND**, Nöckersberg 39, 45257 Essen, Tel. 0201 – 848 23 70, Fax 0201 – 848 2355, via E-mail: elch@nordis-versand.de, Internet: www.nordis-versand.de.

◎ **GEOBUCHHANDLUNG KIEL**, Schülperbaum 9, 24103 Kiel, Tel. 0431 – 910 02, Fax 0431 – 942 49, via E-mail: geobuchkiel@t-online.de, im Internet: ww.geobuchhandlung.de.

◎ **NORDLAND VERSAND**, Postfach 5, 49585 Neuenkirchen, Tel. 05465 – 476, Fax 05465 – 834, E-mail: info@nordland-shop.de, im Internet: www.nordland-shop.de.

Anreise

Viele Wege führen nach Finnland. Welcher der richtige ist, hängt von mehreren Faktoren ab, wie der zur Verfügung stehenden Zeit, dem finanziellen Rahmen, dem Reiseziel, dem Anfahrtsweg zum Startpunkt usw. Einige Transportgesellschaften bieten zu festen Zeiten und unter bestimmten Voraussetzungen SPARTARIFE, die oft weit unter den regulären Angeboten liegen, ohne automatisch ein Weniger an Leistung und Service zu bedeuten. Rechtzeitige Information und Buchung sind hier wichtig.

Mit dem Flugzeug

Zweifellos den schnellsten, nicht unbedingt teuersten Sprung über die Ostsee bietet der Ritt über die Wolken. Die Flugzeit Hamburg-Helsinki beträgt knapp zwei Stunden. Für den internationalen Flughafen Helsinki-Vantaa als Ziel gilt:

◎ **FLUGGESELLSCHAFTEN**: Die »Finnair«, die nationale Fuggesellschaft Suomis, bedient derzeit über 80 Verbindungen pro Woche nach Helsinki, darunter Direktflüge u.a. ab Hamburg, Berlin, Düsseldorf, Frankfurt am Main, München, Stuttgart sowie Zürich und Wien. Finnair bietet außerdem Kombipakete mit Hotelbuchungen oder Mietwagen an. Info-Tel. (Deutschland): 01803 – 346 624, Fax 01803 – 346 694, Internet: www.finnair.com.

Die »Deutsche Lufthansa«, Partner von »SAS«, fliegt ebenfalls nonstop nach Helsinki. Startflughäfen: Düsseldorf, Frankfurt am Main und München, ab Frankfurt im Schnitt 1–2 mal. Info-Tel. (rund um die Uhr) 01803 – 803 803, www.lufthansa.com. SAS-Partner in Finnland ist seit 2004 »Blue1«, die frühere Air Botnia. Startflughafen Berlin-Tegel, geplant Hamburg und Düsseldorf. Info-Tel. 01803-234023, www.blue1.com. Interessante Sondertarife.

Andere Fluggesellschaften mit Helsinki im Programm: »Austrian Airlines« (ab Wien), »Swissair« (ab Zürich) sowie »SAS« (ab Kopenhagen und Stockholm).

◎ Erkundigen sollten Sie sich generell nach den aktuellen **SONDERTARIFEN** der Fluggesellschaften. Bei Redaktionsschluss lag der preisgünstigste Sondertarif für den Flug Düsseldorf-Helsinki bei € 185 inklusive Gebühren. Die Bedingungen für die Sonderpreise sind für Urlauber in der Regel kein Problem, etwa 7–14 Tage Vorausbuchung, Aufenthalt über mindestens einen Samstag hinweg. Manchmal spielt auch die Aufenthaltsdauer eine Rolle. Die Auflagen können sich saison- und angebotsbedingt ändern. Kümmern Sie sich frühzeitig um Ihre Tickets, denn da pro Flug nur ein begrenztes Kontingent an verbilligten Plätzen zur Verfügung steht, gilt wer zuerst kommt.

◎ Inzwischen haben auch die **BILLIGFLIEGER** Finnland als Ziel entdeckt. Der Markt ist ständig in Bewegung; Angebote machen die folgenden Anbieter, teilweise schon ab € 29 pro Strecke.

»Germanwings« fliegt von Köln-Bonn nach Helsinki, Tel. 01805–955 855 (täglich 5–24 Uhr), im Internet: www.germanwings.com; »Ryanair« startet in Frankfurt-Hahn nach Tampere, Tel. 0190–170100 (Mo–Fr 8–19 Uhr), www.ryanair.com; »VBird« ist ab Berlin-Schönefeld, München und Niederrheinflughafen Weeze nach Helsinki unterwegs, www.vbird.com.

◎ **FAHRRADTRANSPORT**: Drahtesel können problemlos mitgenommen werden. Der Transport muss mindestens 24 Stunden vor dem Flug angemeldet werden, eine rechtzeitige Reservierung empfiehlt sich, da die Anzahl der Räder pro Flug je nach Airline begrenzt ist.

Das Fahrrad muss nicht verpackt, nur kompakt verschnürt werden; schützen Sie es jedoch hinreichend gegen Transportschäden, montieren Sie die Pedale ab und stellen Sie den Lenker quer. Bei der »Lufthansa« kostet der Drahtesel € 30. »Finnair« und »Germanwings« berechnen pro Rad und Flugstrecke € 25. Nicht alle Billigflieger können die Mitnahme garantieren, da sie vom Flugzeugtyp abhängig ist; deshalb wird man mit dem »Ratschlag« vertröstet, ein paar Tage vor Abflug nachzufragen.

Mit der Eisenbahn

Nach Finnland mit dem Zug zu reisen ist letzten Endes zu umständlich, um empfehlenswert zu sein. (Innerhalb Finnlands jedoch ist Bahnfahren eine angenehme und kostengünstige Art zu reisen.) Was die Fahrtroute anbetrifft, gibt es wenig Alternativen: Sieht man einmal von der Verbindung über das Baltikum ab – sicher ein interessantes Fahrabenteuer, aber wegen der häufigen Zugwechsel, Visafragen für Russland und dem enormen Zeitaufwand für die Reisenden mit üblichem Zeitrahmen eher kein Thema – kommt man am besten über die »Vogelfluglinie« voran. Dabei geht es von Hamburg via Kopenhagen nach Stockholm, ab dort mit der Fähre weiter nach Turku sowie schließlich nach Helsinki (Dauer 25 Stunden).

Wer ein Paket inklusive Schiffspassage buchen möchte, wendet sich am besten an »Ameropa«, die Reiseagentur der Deutschen Bahn (Auskunft im Reisezentrum). Es besteht Reservierungspflicht, Fahrräder werden nicht transportiert.

◎ Besonders wer aus Süden anreist, sollte bei der »Deutschen Bahn« nach **VERGÜNSTIGUNGEN** fragen, zum Beispiel nach »Sparpreis« und »Frühbucherrabatten«. Prüfen Sie, ob der Kauf bzw. Einsatz der »Bahncard« (z.B. € 50 für 25 % Rabatt, Ehepartner und Kinder je € 5) in Ihrem Fall günstig ist; immerhin können Sie diese ein ganzes Jahr nutzen.

◎ **INTER-RAIL-TICKET**: ein Monat gültig, erhältlich für Mann und Frau ohne Altersbeschränkung, im Ausland freie Fahrt auf allen Strecken, in Deutschland 50 % Ermäßigung.

Für zwei Zonen (Deutschland, Österreich, die Schweiz und Dänemark gehören zur Zone C, Norwegen, Schweden und Finnland sind vereint in Zone B) betragen die Kosten für unter 26-Jährige € 285, für Ältere € 402.

◎ Der **SCANRAIL-PASS** eignet sich eher für Urlauber, die gezielte Touren im weiten Norden anvisieren; das Ticket gilt für ganz Skandinavien samt Finnland. In Deutschland gekauft und bezogen auf die 2. Klasse, gelten Preise (abhängig vom Alter der Reisenden und Gültigkeitsdauer) zwischen € 160 (5 Fahrttage, Alter unter 26) und € 358 (21 Fahrttage, Alter zwischen 26 und 60).

◎ **INFORMATIONEN** und Reservierungen: Info-Tel. 11861 (gebührenpflichtig und nicht billig). KNIFFLIGE Fragen beantwortet die Kundenbetreuungsstelle in Hannover: 01805-194195. www.bahn.de (ohne Preisangabe für Auslandsverbindungen).

Mit dem Bus

Direkte Busverbindungen nach Finnland gibt es nicht mehr; aus Kostengründen haben sie alle großen Anbieter aus dem Programm gestrichen. So kommen Sie nur noch bis Schweden. Stockholm mit Umsteigen auf die Fähre bleibt als einzige diskutable Möglichkeit. In Deutschland können Sie in einigen größeren Städten zusteigen. Die Busse starten mehrmals wöchentlich (ab Hamburg zum Beispiel um 23.30 Uhr, mit 15 Stunden bis Stockholm). Hin- und Rückfahrt Hamburg – Stockholm kosten regulär € 166, es gibt verschiedene Ermäßigungen. Fahrräder werden nicht transportiert.

◎ Information und Buchung: **EUROLINES** Deutsche Touring, Am Römerhof 17, 60486 Frankfurt am Main, Tel. 069 – 790350, Fax 069 – 7903219, www.deutsche-touring.com.

Mitfahren

Auch in den Mitfahrzentralen ist Finnland kein übliches Ziel. Hoffen Sie also nicht darauf, kurzfristig fündig zu werden – oder möchten Sie selbst eine Mitfahrgelegenheit anbieten? Einige Zentralen in größeren Städten haben sich zu einem Verbund zusammen geschlossen, zu erreichen unter der einheitlichen Tel.-

Nr. (Vorwahl) –19444 oder (zentral) 01805 – 194444, sowie online: www.citynetz-mitfahrzentrale.de.

Mit dem eigenen Fahrzeug

Ob mit oder ohne fahrbaren Untersatz, die meisten Finnland-Urlauber wählen den Anfahrtweg per Schiff bzw. Fähre. Aus gutem Grund: Vermittelt doch die Überfahrt das erste Urlaubsgefühl, ob beim Spaziergang oder im günstigsten Fall gar Sonnen an Deck, ob beim Hinausträumen auf die weite See, kühles Bier oder dampfenden Kaffee vor der Nase: Die ENTFERNUNG ZUM ALLTAG wird erfahren, spürbar, die Entspannung beginnt.

Der Schiffsweg über die Ostsee führt entweder direkt nach Finnland, oder man wählt mit dem Fahrzeug eine Route über Dänemark und Schweden mit mehreren Fährverbindungen, die aber ALS PAKET GEBUCHT werden können, da die Reedereien kooperieren. Auf den meisten Fährverbindungen werden gute Planer belohnt: Erkundigen Sie sich nach FRÜHBUCHERRABATTEN und anderen Ermäßigungen.

Auch Hund und Katze freuen sich über diesen Reiseweg, dürfen sie doch auf den Direktverbindungen mit tierärztlichem Zeugnis bzw. seit Sommer 2004 Tierpass in der Pfote mitreisen (siehe Kapitel »Vor der Reise«). Auf den Schiffen wird eine allerdings begrenzte Anzahl von »Hundekabinen« bereit gehalten; der Aufpreis bewegt sich um € 150 für Hin- und Rückfahrt. Informieren Sie sich bei der Reederei.

Die PREISBEISPIELE beziehen sich, soweit nicht anders angegeben, auf Hin- und Rückfahrt pro Person in der 2-Personen-Innenkabine (falls nicht angeboten, alternativ Außenkabine). – Die beiden jeweils von uns angegebenen Preise differenzieren Neben- und Hauptsaison (meist von Juni bis August).

DEUTSCHLAND-FINNLAND DIREKT

◎ **TRAVEMÜNDE-HELSINKI**: *Finnlines* fährt mit ihren Schiffen der Extraklasse ab Skandinavienkai täglich in 34 Stunden in die finnische Hauptstadt. Der Unterschied zu anderen Anbietern: Die Kabinenpreise enthalten bereits Vollpension an Bord (und solche Bordpreise fürs leibliche Wohl sind ja gemeinhin nicht gering, wenn man alles extra zahlt). Es gibt nur Außenkabinen. Die Fahrt kostet € 558 in der Nebensaison und € 684 in den Sommermonaten. Kinder von (6–12 Jahre) zahlen die Hälfte, das Auto kostet € 180.

Die preiswertere Alternative bei »Finnlines«, bislang der Passagierfrachter Finnfellow, war bei Redaktionsschluss eingestellt. Finnlines beabsichtigt, ein anderes Schiff auf der

Linie einzusetzen. In der Innenkabine wird die Fahrt etwa € 150 günstiger gegenüber der Extraklasse.

◎ **ROSTOCK-HANKO**: Die griechische Reederei *Superfast Ferries* hat sich einen festen Platz auf der Ostsee erobert. Ganzjährig fahren die schnellen Schiffe 6 mal wöchentlich in nur 21 Stunden von Rostock zur Südspitze Finnlands. Platzangebot und Ausstattung sind modern und großzügig. Der Preis liegt bei € 338/ € 422, für Pkw bei € 198. Eine preiswerte Alternative zur Kabinenübernachtung ist der Ruhesessel: € 124.

ÜBER SCHWEDEN ODER ESTLAND NACH FINNLAND

◎ **ROSTOCK-TALLINN-HELSINKI**: *Silja Line* bedient diese Strecke zweimal wöchentlich nicht als Direktverbindung, sondern mit Umstieg in der estnischen Hauptstadt. Bis Tallinn kommt das legendäre Gasturbinenschiff »GTS Finnjet« zum Einsatz (die ihre Route ab Tallinn nach St. Peterburg fortsetzt). In der Hauptsaison sind Sie mit € 468–558 (je nach Kabinengröße) dabei.

◎ **STOCKHOLM-HELSINKI oder TURKU**: Mit der weiß-blauen *Silja Line,* der mit dem Seelöwenkopf, geht es das ganze Jahr über täglich in 16 Stunden über Mariehamn – Duty-free ist erlaubt – von einer Hauptstadt in die nächste. Alternativ bedient die Strecke auch die *Viking Line,* die weiß-rote Konkurrenz. Preise ab € 85 in der Hauptsaison, Nachtfahrten mit Kabine ab € 155. »Silja Line« und »Viking Line« bedienen alternativ die Route nach Turku.

◎ Mit »Silja Line« und »Viking Line« haben Reedereien Kooperationsvereinbarungen geschlossen, die diese Strecke zwar nicht selbst bedienen, aber Routen von Deutschland nach Schweden anbieten. Auf den **LINIEN NACH SCHWEDEN** gibt es dementsprechend ANGEBOTE für Durchgangstarife und ganz unterschiedliche Fährkombinationen.

So fahren *Scandlines* und *TT-Line* von Rostock nach Trelleborg, fährt *Stena Line* von Kiel nach Göteborg. Mit dem Auto bis Stockholm, dort mit Anschluss nach Finnland. Preiswerter (bei mehr Autokilometern) wird es, wenn die Fähre ab Puttgarden oder Dänemark (Frederikshavn) benutzt wird. Hier locken Familien- und Gruppentarife.

BUCHUNG

Die Preisgestaltung ist auf den ersten Blick nicht immer leicht durchschaubar, wodurch sich der Preisvergleich mitunter schwierig gestaltet. Wem das Studium der Prospekte mit Abfahrt- und Tariftabellen zu aufwändig gerät, lässt sich in einem (auf Nordeuropa spezialisierten) Reisebüro oder von den Reedereien selbst beraten (Tel. meistens Mo–Fr 8.30–17 Uhr).

Nutzen Sie Angebote wie Frühbucherrabatt etc. Als Mitglied der Deutsch-Finnischen Gesellschaft erhalten Sie, neben anderen Vergünstigungen, auf einigen Routen Rabat-

Tochter der Ostsee: Die Fähren gehören zum Stadtbild. ▶

GABRIELLA
VIKING LIN

te; dies gilt zum Teil ebenso für die Schwesterorganisationen in Österreich (ÖFG) und der Schweiz (SVFF).

◎ **FINNLINES**: Finnlines Passagierdienst, Einsiedelstraße 45, 23554 Lübeck, Tel. 0451 – 150 7443, Fax 150 7444, E-mail: passage@finnlines.de/

◎ **SCANDLINES**: Hochhaus am Fährhafen, 18119 Rostock, Tel. 0381 – 54350, Fax 5435 678, E-mail: info@scandlines.de/

◎ **SILJA LINE**: Zeißstr. 6, 23560 Lübeck, Tel. 0451 – 589 9222, Fax 589 9243, info.germany@silja.com/

◎ **STENA LINE**: Schwedenkai 1, 24103 Kiel, Tel. 0431 – 9099, Fax 909 200, info.de@stenaline.com/

◎ **SUPERFAST FERRIES**: Hermann-Lange-Str. 1, 23558 Lübeck, Tel. 0451 – 8800 6166, Fax 8800 6129, E-mail: info.germany@superfast. com/

◎ **VIKING LINE**: Beckergrube 87, 23552 Lübeck-Travemünde, Tel. 0451 – 384 630, Fax 384 399, E-mail: info@vikingline.de/

MIT DEM AUTO IN FINNLAND UNTERWEGS

◎ **ABBLENDLICHT**: innerhalb und außerhalb geschlossener Ortschaften auch tagsüber vorgeschrieben.

◎ **ALKOHOL**: Die viel zitierte Grenze liegt bei 0,5 Promille. Und dann hört der Spaß endgültig auf – für Polizei und Fahrzeugführer. Die Geldstrafen sind DRAKONISCH, Trunkenheit am Steuer kann Sie bis zu anderthalb Monatsgehälter kosten; die Finnen strafen hier in Tagessätzen bezogen auf das Einkommen. Auch der Führerscheinentzug und sogar eine Gefängnisstrafe sind möglich. Ein Test ist nicht angebracht.

◎ **AMPELN** stehen in Finnland nicht nur vor, sondern auch hinter der Kreuzung – und sind damit ohne Verrenkungen sichtbar.

◎ Das **ANSCHNALLEN** ist PFLICHT für Fahrer und Beifahrer, auf Vorder- und auf Rücksitzen.

◎ **BENZIN**: Der Sprit für's Gefährt ist ausnahmslos bleifrei. Es gibt Diesel sowie Benzin mit 95, 98 und 99 Oktan. Der Kraftstoff mit 99 Oktan enthält Zusatzstoffe und eignet sich auch für ältere, nicht auf bleifreien Verbrauch umgerüstete Autos. Die Preise lagen bei Redaktionsschluss für einen Liter Benzin bei € 1,11 für 95 Oktan und bei € 1,16 für 98 Oktan sowie € 0,77 für Diesel.

Öffnungszeiten der Tankstellen: meist 7–21 Uhr, am So kürzer. An fast allen Stationen gilt Selbstbedienung, auch mit Geldscheinautomat bzw. Kartenfunktion.

◎ **GESCHWINDIGKEIT**: Innerorts sind maximal 50 km / h erlaubt, außerhalb geschlossener Ortschaften auf Landstraßen 80 km / h, mit entsprechender Beschilderung maximal 100 km / h, auf Schnellstraßen sowie Autobahnen 120 km / h. Sind Sie mit einem Wohnwagen unterwegs, müssen Sie sich auf 80 km / h beschränken.

◎ **NOTRUF**: Tel. 112, von Telefonzellen aus kostenlos, von Handy ohne PIN-Nummer oder Karte möglich. Polizei-Notruf: 100 22.

◎ **PANNENHILFE**: »Autoliitto« (Automobil und Touring Club von Finnland), Hämeentie 105 A, 00550 Helsinki, Tel. 09-72584400 (Beratung Mo–Fr rund um die Uhr), Fax 7258 4460, im Internet: www.autoliitto.fi. – Bereitschaft am Wochenende (Fr 18 Uhr – So 22 Uhr): Tel. 0200 – 8080. Wer länger unterwegs ist, der/m ist ein Auslandsschutzbrief anzuraten.

◎ **PARKEN** ist in der Innenstadt nur ein Problem, wenn man gratis davonkommen möchte. Parkhäuser und Tiefgaragen gibt es inzwischen reichlich, aber dort hat das Parken seinen Preis. Einen Platz am Straßenrand zu ergattern ist ungleich mühsamer und gelingt eher in den Vororten – von wo es problemlos mit dem öffentlichen Nahverkehr ÖPNV ins Zentrum geht. Übrigens: Illegales Parken kommt auf € 40.

Informationen: Tel. 3104 5855, Mo–Fr 8.30–16 Uhr.

◎ **REIFEN**: Von Dezember bis Februar sind WINTERREIFEN auch für im Ausland zugelassene Pkw VORSCHRIFT. Der Bestimmung entsprechen auch Haftreifen für den ganzjährigen Gebrauch. Spikes sind erlaubt von November bis einschließlich März und bei entsprechenden Wetterverhältnissen. Spikes vermietet u.a. »Isko Oy«, Mertakatu 6, Tel. 765 566, Fax 753 7633.

◎ **SCHADENSFALL**: Ausländer, die mit ihrem Fahrzeug in einen Unfall verwickelt sind, sollten dies unbedingt und umgehend melden. Zuständige Stelle ist die Zentrale der finnischen Autoversicherer (Liikennevakuutuskeskus), Bulevardi 28, 00120 Helsinki, Tel. 680 401, Fax 6804 0368.

◎ **VORFAHRT**: rechts vor links, falls nicht durch Verkehrsampeln oder anderweitig geregelt. Sobald Sie die Innenstadtbereiche verlassen, nimmt die Zahl der Ampeln rapide ab (und glücklicherweise der Verkehr). Seien Sie dennoch wachsam, einige Finnen – natürlich nur Ausnahmen – nehmen es nicht so genau und proklamieren das Recht des Stärkeren, ähnlich wie auf deutschen Straßen. – Gelbes Dreieck mit rotem Rand? Genau: Vorfahrt beachten.

Die Straßenbahn in Helsinki hat prinzipiell Vorfahrt, ebenso Busse bei der Abfahrt von Haltestellen.

◎ **WILDWECHSEL**: Auch wenn Ihnen im Stadtverkehr eher selten ein Elch entgegenkommt: In Vororten und weiter im Grünen kann so ein Brocken schon mal die Straßenseite wechseln. Es bedarf nicht immer des Elches, um erheblichen Schaden anzurichten. Einheimische nehmen die Sache ernst; tun Sie es auch. Bei Schäden mit Wild ist die Polizei zu verständigen.

Ankunft

Orientierung

FLUGHAFEN

◎ **HELSINKI-VANTAAN LENTO-ASEMA**, Info-Telefon 0200 14636 (rund um die Uhr besetzt), www.helsinki-vantaa.fi.

Der Flughafen HELSINKI-VANTAA liegt nicht direkt in Helsinki, sondern etwa 20 Kilometer außerhalb des Stadtzentrums in der benachbarten Stadt Vantaa, die als Folge des Anwachsens der Außenbezirke mit Helsinki wie verschmolzen ist. Der moderne und gastfreundliche Flughafen wurde bereits mehrfach im internationalen Vergleich ausgezeichnet.

◎ **FINNAIR** ist die heimische finnische Fluggesellschaft; Flugplan und Buchungen Tel. 0203 – 140160 (englischsprachiger Service).

»Finnair« unterhält einen SHUTTLEBUS zwischen Flughafen und dem Finnair-Terminal am Hauptbahnhof Helsinki (Asema aukio 3, Tel. 8187 766. Mo–Fr 8–18 Uhr, Sa 9–16 Uhr), mit einem Zwischenstopp beim Air-Terminal Töölönkatu 21 (Rückseite »Hotel Intercontinental«). Der Bus verkehrt alle 20 Minuten in beide Richtungen, Fahrzeit 35 Minuten, Ticket € 4,90. – Eine Alternative sind die Busse des öffentlichen Nahverkehrs: Linie 615, Fahrzeit 40 Minuten, Ticket € 3. – Mit dem Taxi dauert die Fahrt ca. 20 Minuten und kostet gut € 25. Etwas preiswerter ist die Benutzung eines Sammeltaxis.

◎ **SERVICE**: Im Flughafen finden Sie neben der üblichen Information Geschäfte und Restaurants, Postamt, Zimmervermittlung, Bank/Wechselstube (Juni-August im 24-Stunden-Service) sowie mehrere Autovermietungen. – Fundbüro (Löytötavarat): Tel. 818 5324 (bei »Finnair«), geöffnet Mo–Fr 8.15 –15.15 Uhr.

BAHNHOF UND BUSBAHNHOF

◎ **HELSINGIN RAUTATIEASEMA**, Kaivokatu, Info-Tel. für nationale Verbindungen: Tel. 0307 20900 und 0307 20902 (auf Englisch), für internationale Verbindungen: Tel. 0307 23703; täglich 7–22 Uhr bzw. 8.30 – 16.30 Uhr.

Der Bahnhof liegt zentral in der Helsinkier Innenstadt; in unmittelbarer Nähe befindet sich das Geschäftszentrum mit Einkaufsmöglichkeiten, mit Hotels und natürlich Restaurants.

Der Bahnhof Helsinki ist ein KOPFBAHNHOF; ebenerdig durchquert man die große Halle, um zu und von den Gleisen zu gelangen.

◎ **SERVICE**: In der Haupthalle befindet sich die zentrale Zimmervermittlung (siehe unter »Unterkunft«). Für die Gepäckaufbewahrung gibt es Schließfächer und Schalter. Fundbüro: Tel. 0307 – 212 16. Mo–Fr 9 – 13 und 13.30 – 17 Uhr. Ferner sind Geldautomat, Wechselstube, Geschäfte, Restaurants und Zeitungskiosk, WC und Wickelraum vorhanden.

◎ **LINJA-AUTOASEMA** (zentraler Busbahnhof), Simonkatu 3, Info-Tel. 0100 – 111 (für Großraum Helsinki), 0200 – 4000 (Fernstrecken). Mo–Fr 7–20 Uhr, Sa 7–18 Uhr, So 9–18 Uhr.

Ebenfalls im Innenstadtbereich im Stadtteil Kamppi, jenseits der Mannerheimintie hinter dem Lasipalatsi. Das ganze Areal ist bis 2006 eine Großbaustelle; die Haltestellen der Stadt- und Überlandbusse verteilen sich notgedrungen auf die angrenzenden Straßen. – Fundbüro: Mo– Fr 9–17 Uhr im Hauptgebäude.

MIT DEM EIGENEN FAHRZEUG

Zwei Schnellstraßen umlaufen das Zentrum Helsinkis halbkreisförmig: Ring I und Ring III (Kehä I und Kehä III). Die Beschilderung ist übersichtlich und zweisprachig (Finnisch und Schwedisch). – Im Westen Helsinkis gibt es ein erstes Teilstück des künftigen Rings II. Sternförmig verlaufen die Hauptausfallstraßen aus der sowie auch in die Innenstadt.

Nehmen Sie die AUTOFÄHRE nach Helsinki, kommen Sie bereits im Stadtgebiet an. Der schnellste Weg von Turku und Hanko, den anderen Ankunfthäfen, führt über die Autobahn 1 (E 18) bzw. 25.

Zum CAMPINGPLATZ Rastila gelangen Sie am besten über Ring I (ab Turku/Hanko von der Autobahn 1 in Laajalahti / Bredvik auf den Ring fahren) bis Itäkeskus / Östracentrum, ab dort über die Itäväylä hinweg geradeaus auf der Meripellontie bis Rastila.

Information

TOURISTENBÜRO HELSINKI

◎ **HELSINGIN KAUPUNGIN MATKAILUTOIMISTO**, Pohjoisesplanadi 19, Tel. 169 3757, Fax 169 3839, www.hel.fi/tourism. 1.5.–30.9. Mo–Fr 9–20 Uhr, Sa+So 9–18 Uhr, sonst Mo–Fr 9–18 Uhr, Sa+So 10–16 Uhr.

Hier kann man fast alle Fragen loswerden. Kleine Probleme lösen die MitarbeiterInnen augenblicklich – Wunder dauern selbst hier etwas länger, aber meist bekommt man sogar in verzwickten Fällen eine Adresse, an die man sich wenden kann und die schließlich mehr als eine Verlegenheitslösung darstellt.

Zum Mitnehmen gibt es Stadtpläne, allgemeine Informationen, eine Fülle nützlicher und gut aufgemachter Broschüren auf Englisch sowie Deutsch, die Helsinki Card bzw. Tages- und Mehrtagesfahrkarten für den öffentlichen Nahverkehr.

◎ Im selben Raum vermittelt der Tour Shop von **HELSINKI EXPERT** Tickets für Sightseeing-Touren und geführte Ausflüge. Außerdem führt »Helsinki Expert« einen Zimmernachweis, vermittelt Unterkünfte und, auf Anfrage, auch Fremdenführer. Tel. 0600 – 02288, Fax 2288 1599, im Internet: www. helsinkiexpert.fi. 1.6.–31.8. Mo–Fr 9–19 Uhr, Sa+So 9–17 Uhr, sonst Mo–Fr 9–17 Uhr, Sa 10–16 Uhr.

PUBLIKATIONEN

Folgende Hefte und Broschüren finden Sie im Touristenbüro – Sie sollten sie sich auf keinen Fall entgehen lassen:

◎ Es gibt diverse **STADTPLÄNE** für den Innenstadtbereich gratis, separat auch als Werbeträger für Firmen oder in den Broschüren der Stadt.

◎ **HELSINKI THIS WEEK** erscheint nicht, wie es der Titel vermuten lässt, wöchentlich, sondern im Sommer jeden Monat sowie von September bis April alle zwei Monate neu. Das handliche englischsprachige Heft beinhaltet als Herzstück den chronologischen VERANSTALTUNGSKALENDER für jeden Tag, mit Konzerten, Theater, Tanz, Sport und anderem. Hinzu kommen Shopping- und Restaurantadressen, Museen sowie Ausstellungen. »Helsinki this week« finden Sie auch in Hotels und bei der Anreise auf der Fähre. Und im Internet: www.helsinkithisweek.net.

◎ **HELSINKI FÜR SIE** bringt seine Leser in deutscher Sprache einmal jährlich über Sehenswürdigkeiten, Museen, Stadtrundfahrten und Aktivitäten (recht ausführlich) auf den neuesten Stand; geplant sind außerdem die Rubriken Nachtleben, Hotels und Ausflugsziele.

◎ Dagegen beschränken sich die Hefte **EVENTS AND EXHIBITIONS** im Hosentaschen-Format zweimal jährlich auf aktuelle kulturelle Höhepunkte – cool im Sommer, brandheiß im Winter!

◎ Kleine »Spezialitätenführer« sind die unregelmäßig erscheinenden kommerziellen Broschüren mit Titel **B-GUIDED** zu den Themen Design/ Interieur, Shopping, Restaurants. Darin viele interessante Adressen für Freunde gehobenen Lebensstils.

◎ Daneben gibt es eine Fülle spezieller Informationen, die man sich aus den präsentierten **AUSLAGEN** selbst zusammenstellt, sei es der »Shopping Guide«, die Übersicht auf Bahn- und Busverbindungen, Wanderungen und Fahrradwege oder Faltblätter zu Museen.

◎ Gleich beim Tourismusbüro hält der **JUGENDSALI** gute Nachbarschaft. Nicht nur die spektakuläre Innenraumarchitektur ist Anreiz für Besucher; hier gibt es auch Broschüren, die sich eher an die Einheimischen wenden (trotzdem auch englischsprachiges Material): die Inhalte reichen von Sportveranstaltungen bis zur Stadtentwicklung.

◎ Sind Sie an Konzerten, Theater, aktuellen kulturellen Veranstaltungen genauer interessiert, lohnt sich der Abstecher zum nicht weit entfernten **VALKOINEN SALI**, dem Weißen Saal, Aleksanterinkatu 16, wo noch manch zusätzliche(s) Vorankündigung oder Programm zum Mitnehmen ausliegt.

HELSINKI CARD (HC)

Mit der Helsinki Card (Info im Internet: www.helsinkicard.com) haben Sie freien Eintritt zu sehr vielen Museen und Sehenswürdigkeiten; außerdem können Sie kostenlos Metro, Straßenbahnen, Busse und Wasserbusse/ öffentliche Fähren im gesamten Streckennetz der Stadt benutzen, eine vergünstigte, kommentierte Sightseeing-Tour durch Helsinki mit dem Bus unternehmen sowie, im Preis ermäßigt, an geführten Halbtages-Touren in die Umgebung teilnehmen, was sich vor allem für den Nuuksio-Nationalpark empfiehlt.

Die Helsinki Card gilt wahlweise einen, zwei oder drei Tage und kostet für Erwachsene/Kinder (7–16 Jahre) € 25 / 10, € 35 / 13 oder € 45 / 16. Bei der ersten Benutzung der Karte tragen Sie den Gültigkeitsbeginn vor Fahrtantritt in Bus oder Bahn ein, oder sie wird mit Tag und Uhrzeit im Museum gekennzeichnet – ab sofort läuft die Zeit genau 24, 48 oder 72 Stunden. Es geben die Karte unter anderen aus: Helsinki Touristenbüro, die Zimmervermittlung am Bahnhof, der Airpro-Service am Flughafen, die meisten Hotels, die Warenhäuser »Sokos« und »Stockmann« und einige R-Kioski.

Käufer der Karte erhalten ein UMFANGREICHES INFORMATIONSHEFT, in dem Dutzende Angebote mit Öffnungszeiten, regulären Preisen, Verkehrsverbindungen und Lagebezeichnung auf einem Innenstadtplan enthalten sind. Das Heft ist viersprachig – Deutsch inklusive.

Die Helsinki Card lohnt sich auf jeden Fall, wenn man mehrere Museen oder Sehenswürdigkeiten besuchen möchte. Bleiben Sie länger in Helsinki, dann legen Sie Ihre Vorhaben am besten so, dass Sie die HC optimal ausnutzen können. Die Mehrtageskarte (Touristenticket) für die Verkehrsbetriebe ist eher sinnvoll, wenn Sie viel unterwegs sind in der Stadt, ohne unbedingt auf Museumstour zu sein.

Nach der Lektüre dieses Reiseführers werden Sie einen Vorgeschmack darauf bekommen haben, was Sie gern sehen und erleben möchten. Fragen Sie gezielt nach speziellen Informationen zu Festivals, Veranstaltungen, einzelnen Sehenswürdigkeiten oder Events.

◎ **CITY**: Das normalerweise im Zeitungsformat auf Finnisch aufgelegte Lifestyle-Blatt erscheint viermal jährlich in einer kostenlosen englischsprachigen Ausgabe mit Veranstaltungs- und Restauranttipps und allerlei trendy news. Zielgruppe sind junge Leute. Liegt an vielen öffentlichen Stellen aus. Inzwischen hat die Idee mehrere Nachahmer gefunden.

◎ **6° (SIXDEGREES)** wendet sich in erster Linie an AusländerInnen, die in Helsinki leben. Die zeitkritischen Berichte und Kulturtipps bereichern aber auch den touristischen Kulturplan. Es erscheinen 10 Ausgaben im Jahr (in englischer Sprache).

TOURISTENBÜRO FINNLAND

◎ **KOTIMAAN MATKAILUNEUVONTA**, Eteläesplanadi 4, Tel. 4176 9211, Fax 4176 9301, www.finland-tourism.com. Mo–Fr 9–17 Uhr, 1.5.–30.9. zudem Sa+So 11–15 Uhr.

Zuständig für den Blick über Helsinki hinaus: Städteinformationen aus ganz Finnland, darunter auch für weitere Ausflüge im südfinnischen Raum, sowie über Festivals, Theater und Konzerte im übrigen Land bilden nur einen Teil des Informationsangebots.

INFOS FÜR JUGENDLICHE

◎ **KOMPASSI**, Lasipalatsi, Mannerheimintie 22–24, Tel 3108 0080, Fax 3108 0085, http://kompassi.lasipalatsi.fi. Mo,Mi,Do 12–19, Di+Fr 12–16 Uhr.

Das Helsinkier Jugendinformations- und Beratungszentrum ist nicht speziell auf junge Touristen eingestellt, sondern vor allem auch auf Jugendliche aus dem eigenen Land. Das Angebotsspektrum reicht von Information über Reise und Unterkunft, Weiterbildungs- und Arbeitsmöglichkeiten bis hin zu spezieller Beratung in Problemfällen.

NATUR / OUTDOOR

◎ **METSÄHALLITUS** ist das Informationsbüro des Staatlichen Forstamtes. Früher in der Innenstadt, ist es inzwischen nach Vantaa-Tikkurila umgezogen, Vernissankatu 4, 01301 Vantaa, Tel. 020 – 564 120. Mo–Fr 9–16 Uhr. Hier gibt's spezielle Wanderkarten, Angelscheine, entsprechende Informationen.

Broschüren über finnische Nationalparks bekommen Sie aber auch beim Touristenbüro Finnland, und Outdoorfreaks sind für Tipps und Ausrüstung in Helsinki gut aufgehoben beim Töölönlahden Ulkoilukeskus, Mäntymäentie 1, Tel. 4776 9760.

ZIMMERVERMITTLUNG

◎ In der Haupthalle des Bahnhofsgebäudes befindet sich **HOTELLIKESKUS**, die Zentrale für Hotelbuchung/Zimmervermittlung, Telefon 2288 1400, Fax 2288 1499, hotel@helsinkiexpert.fi/ 1.6.–31.8. Mo–Fr 9–19 Uhr, Sa 9–18 Uhr, So 10–18 Uhr, sonst Mo–Fr 9–18 Uhr, Sa 9–17 Uhr.

Hier erhalten Sie Informationen über freie Zimmer und Unterkünfte. Buchungen sind nicht nur innerhalb Helsinkis, sondern ebenso für ganz Finnland möglich.

Hotellikeskus fungiert zudem als Filiale des Touristenbüros (siehe Seite 43).

Transport

Um es vorweg zu sagen: Das System des öffentlichen Nahverkehrs in und um Helsinki verdient sich SPITZENNOTEN. Fast immer gilt: pünktlich, preiswert, sauber. Den eigenen vierrädrigen Blechpartner kann man getrost stehen lassen. Parkplätze in der Innenstadt sind rar und zudem ist das Auto schlicht überflüssig zur Erkundung der Stadt. Sinnvoll eingesetzt werden kann es eher bei Ausflügen in die Umgebung.

Das funktionierende Neben- und Miteinander von Straßenbahn, Metro, Bus und Eisenbahn ergänzt durch die Fortbewegung per pedes oder mit einem (Miet-)Fahrrad, bringt Sie in Helsinki auch in die letzten Winkel – und wieder heraus. Rund 30 kostenfreie Park-and-Ride-Parkplätze machen Sie vollends unabhängig vom eigenen Fahrzeug.

Die lokale zentrale VERKEHRSGESELLSCHAFT nennt sich »Helsingin kaupungin liikennelaitos«, Stadtverkehrsbetriebe Helsinki, erkennbar an der Abkürzung HKL und an dem bunten Logo mit zwei gekrümmten weißen Pfeilen.

Die Verkehrsgesellschaft für die Großstadtregion ist YTV Liikenne, erreichbar über die Fahrplanauskunft HKL 0100111 oder unter www.ytv.fi. Über 210 Mio. Fahrten registrieren die Betreiber allein in Helsinki pro Jahr. Um die Verkehrsströme zu bewältigen, sind jeden Tag 90 Straßenbahnen, 393 Busse sowie 45 Metrowaggons gleichzeitig in Bewegung.

SERVICESTELLEN

◎ **HKL**, Rautatientori Metrostation (am Hauptbahnhof), Tel. 4721 Zentrale, 472 2454 Kundenservice, 0100 111 Fahrplanauskunft, www.hel.fi/hkl. Mo–Do 7.30–19, Fr 7.30–17 Uhr, Sa 10–15 Uhr, im Sommer je 1 Std. kürzer; Zweigstelle im Itäkeskus-Einkaufszentrum (City).

Fahrkarten, Auskünfte, Broschüren und Fahrpläne von Bussen, Straßenbahnen und Nahverkehrszügen. Gratis ist u.a. der Helsinki STRECKENPLAN (auf Englisch und Deutsch) mit einer Karte der Bahn- und Busrouten und grober Übersicht der Verkehrszeiten.

◎ **FAHRPLÄNE** hängen auch an den meisten Haltestellen vor allem im Innenstadtbereich aus. In manchen Bahnen und Bussen gibt's Zettelkästen mit dem Fahrplan der jeweiligen Linie zum Mitnehmen.

◎ **TICKETS** können Sie in mehr als 300 Verkaufsstellen erwerben, bei HKL, in den R-Kiosken u.a. sowie an Automaten. Bus- und Tramfahrer verkaufen nur Einzel- und Familientickets. Schwarzfahren wollen wir doch nicht... und wird teuer: Ticketpreis plus Strafgeld von € 50.

◎ **FUNDSACHEN**: siehe unter »Praktisches A–Z«.

FAHRKARTEN

Besonders für Touristen gibt es einige Angebote, die dem Besucher das Leben leicht machen. Helsinki hat einen Einheitstarif; Zonen müssen nicht beachtet werden.

◎ Die **HELSINKI CARD (HC)** ist eine Art Komplettangebot, eine kombinierte Fahr- und Eintrittskarte (siehe auf Seite 45). Bei der ersten Nutzung werden Datum und Uhrzeit eingetragen. Ab sofort ist die Karte gültig und Sie können beliebig oft, beliebig lang jedes öffentliche Verkehrsmittel der Stadt nutzen. Außer beim Buseinstieg brauchen Sie die Karte unterwegs nicht mehr vorzuzeigen. Besonders wenn man auch Museen sowie Sonderfahrten auf dem Programm stehen hat, ist die Karte sehr schnell ihr Geld wert.

◎ **HELSINKI TOURISTENKARTE**: Das Ticket, gültig entweder 24, 48 oder 72 Stunden, erlaubt die uneingeschränkte Nutzung des innerstädtischen Verkehrsnetzes, beginnend mit der ersten Fahrt (stempeln!).

Auch diese Karte erlaubt bequeme und preisgünstige städtische Expeditionen. Lassen Sie also Tariftabellen und Kartenautomaten links liegen und nutzen Sie das Kleingeld für einen Kaffee oder ein Eis. Tarife: 1 Tag € 5,40 / 2,70, 3 Tage € 10,80 / 5,40, 5 Tage € 16,20 / 8,10.

◎ **REGIONALES TOURISTENTICKET**: Entspricht dem Helsinkier Ticket, ermöglicht aber freie Fahrt im gesamten Regionalnetz, also in Helsinki, Espoo, Kauniainen und Vantaa. Tarife: 1 Tag € 8,50 / 4,30, 3 Tage € 17 / 8,50, 5 Tage € 25,50 / 12,80. Die Familienkarte 2+2 kommt für einen Tag auf € 10.

◎ Das System für **MEHRFAHRTENKARTEN** und Zeitfahrscheine ist sowohl im Stadt- als auch im Regionalverkehr auf wieder aufladbare Chipkarten (Matkakortti) umgestellt worden. An den Lesegeräten in Bussen und Bahnen können Einzelfahrten abgebucht werden (bis zu 31 Fahrten gleichen Typs), ebenso gibt es Karten für Zeiteinheiten ab 14 (verlängerbar bis 366) Tage. Für Touristen kommen die (etwas teureren) übertragbaren Karten in Frage, Helsinkier fahren mit dem persönlichen Ticket noch preiswerter. Die Grundkosten für die Karte betragen einmalig € 7, für Helsinki kommen für die 14-Tage-Karte € 50,60/25,30 und für die Hauptstadtregion € 33,80/17 hinzu. Die Karten sind bei den HKL-Servicestellen erhältlich.

◎ **EINZELFAHRSCHEINE** gibt es auch noch. Sie kosten für Erwachsene € 2 und für Kinder € 1, erhältlich in Bus und Straßenbahn und an den Automaten, die auch Englisch verstehen. Das Umsteigen innerhalb einer Stunde nach Fahrtantritt ist inklusive. Die Fahrt in der Straßenbahn ohne Umsteige-Erlaubnis ist etwas günstiger. Für das Regionalnetz kosten die Einzeltickets € 3 / 1,50. Innerhalb 80 Minuten nach Fahrtbeginn darf man das Verkehrsmittel wechseln. Die Benutzung der Nachtbusse kommt ebenfalls auf € 3.

FAHRRAD IM NAHVERKEHR
In Bussen und Straßenbahnen dürfen keine Fahrräder befördert werden, in der Metro aber ist die Mitnahme sogar gratis möglich. In den Nahverkehrszügen des Großraums Helsinki kann ein Rad außerhalb der Stoßzeiten (Mo–Fr 7–9 Uhr u. 15–18 Uhr) mitgeführt werden: Ticket € 3, eine Stunde Umsteigerecht.

REGELN UND TIPPS
◎ Ein/e Erwachsene/r fährt in Bus und Bahn gratis als Begleitperson für ein Kind im **KINDERWAGEN** mit. An den Mitteltüren befinden sich markierte Türöffner für Kinderwagen-Benutzer; diese Türen bleiben automatisch länger offen.
◎ **HUNDE** und Kleintiere dürfen in öffentlichen Verkehrsmitteln gratis mit, sofern sie angeleint sind bzw. in Tasche oder Käfig transportiert werden. In der Metro sind die für Hunde gesperrten Wagen mit einem durchgestrichenen Vierbeiner markiert.
◎ Disziplin und **RÜCKSICHT** sind beim Ein- und Aussteigen selbstverständlich. Vordrängeln gibt es nicht. In den Bussen ist der Einstieg vorn; in den Straßenbahnen gilt Rechtsverkehr an allen Türen: Ein- wie Aussteigende benutzen die aus ihrer Sicht rechte Türhälfte und kommen sich dadurch nicht ins Gehege – es klappt reibungslos.

Erstaunlich ist, wie die Plätze für ältere und BEHINDERTE MENSCHEN respektiert werden: Oft stehen einheimische Fahrgäste, während die vorderen, gelb markierten Plätze an den Türen frei bleiben...

Unausgesprochen dagegen ist die Gewohnheit, dass Betrunkene oft hinten in Bus oder Waggons sitzen. Wenn es nicht allzu voll ist, halten die anderen Fahrgäste sich weiter vorn auf und damit Abstand.
◎ **HALTESTELLEN** werden nur in den Nahverkehrszügen regelmäßig angesagt. In der fast als Sightseeing-Straßenbahn fungierenden Linie 3T zeigt ein Display die nächste Haltestelle an, im Sommer gleich in vier Sprachen, sogar auf Deutsch, sonst in Finnisch und Schwedisch. Andere Linien folgen langsam diesem Beispiel, allerdings sind Ansage und Bezeichnung des Linienverlaufs nicht in allen Bussen und Bahnen üblich.

Straßenbahn

Außer auf Schusters Rappen für uns die schönste Form der Fortbewegung durch die Stadt. Die Helsinkier lieben ihre Straßenbahn. Das Rattern der traditionell grün-gelben (und neueren grünen) Wagen ist aus Stadtbild und Geräuschkulisse nicht wegzudenken – eine Konstante in der Großstadtsinfonie und vor allem effektives Schienenbahnsystem.

Es begann 1888 mit der Strecke von Suomenlinna zum Marktplatz – über das Eis in von Pferden gezogenen Wagen. An Land ging es zuerst vom Kaivopuisto nach Töölö. 1891 fuhren die Wagen auf Schienen, 1900 elektrifizierte man die Strecken und schickte die Pferde aufs Altenteil.

Elf Straßenbahnlinien verkehren (auf neun Linien) tagsüber mindestens im 10-Minuten-Takt; am Abend werden die Intervalle länger, ab 23 bis 1 Uhr ist in der Regel Schluss; siehe weiter unter »Nachtbusse«.

◎ Sehr schön zu fahren sind die Strecken der **LINIEN** 3 T sowie 7 A, die einen Rundweg vom Senatsplatz über Töölö (an der Bucht vorbei) und Pasila zurück macht – Sie bekommen viel von Helsinki zu sehen, aber ohne nähere Erklärung, die Sie sich anlesen oder anschauen müssen. Die **3 T**, vom Touristenbüro für City-SIGHTSEEING gepriesen, macht es einfacher: Auf ihrem Weg vom Marktplatz über Töölö, Kallio und den schönen Jugendstil-Stadtteil Eira zurück werden Ihnen die Haltestellen und so auch wichtige Sehenswürdigkeiten angezeigt. Zur Rundfahrt der 3 T gibt es ein separates FALTBLATT – fragen Sie bei HKL oder im Touristenbüro.

Bus

Über 60 Buslinien weist das dichte Helsinkier Netz aus. Auch die Außenbezirke sowie Vororte Helsinkis sind durch das Busnetz gut angebunden. Eine zusätzliche Anzahl von Buslinien sorgt für Anschlussfahrten zu und von den Metrostationen. Stadtbusse sind dunkelblau (im Gegensatz zu den oft weißgrundigen Fernbussen).

Stehen nur vereinzelte Personen im Bereich der Bushaltestelle, halten sie beim Herannahen des Busses kurz ihre Fahrkarte hoch – das Signal für den Fahrer anzuhalten. Eingestiegen wird vorn, die Fahrkarte ist unaufgefordert vorzuzeigen oder beim Fahrer zu kaufen und im Bus zu entwerten.

◎ **INFORMATION**: Kampin Linja-autoasema (zentraler Busbahnhof Kamppi), Tel. 0200 4000, Internet: www.ytv.fi (Fahrpläne).

◎ **NACHTBUSSE**: Neun Linien (01 N – 09 N) bedienen in der Nacht nach Betriebsschluss der regulären Linien an Wochenenden ausgewählte Strecken, oft als Rundfahrten. Die Busse fahren am Bahnhofsvorplatz (Rautatientori) ab und bis in die entfernteren Vororte Helsinkis. Jede der Linien verkehrt 4–6 mal in der Nacht, etwa zwischen 2 und 5 Uhr.

Metro

An einigen Haltepunkten in der Innenstadt geht es mit der Rolltreppe mächtig tief hinab in den felsigen Untergrund, bevor der Fahrgast den

Unbeeindruckt vom Verkehrsaufkommen versehen sie stoisch ihren Dienst: zwei der vier Lampenträger an der Granitfassade des Hauptbahnhofs (siehe Seite 213). ▶

Bahnsteig erreicht. Dafür kommt man in Richtung der Außenbezirke wieder ans Tageslicht. Ganz offensichtlich war und ist die Metro ein teures Verkehrsprojekt. Das U-Bahn-Netz umfasst eigentlich nur eine Linie. Im August 1982 in Betrieb genommen, fuhr die Metro zunächst zwischen Ruoholahti über Hauptbahnhof und Itäkeskus im Osten. Jetzt fahren dort die Wagen ein paar Stationen weiter, heißen die Endstationen Mellunmäki bzw. Vuosaari, denn ab dem Ostzentrum gabelt sich der Schienenstrang. Die poppigen, außen wie innen orangefarbenen Metrozüge mit ihrem Plastikinterieur und dem ganz speziellen Anfahrt- und Bremsgeräusch sollten Sie nicht auslassen. Die Metro gilt als zuverlässig und schnell.

◎ Fahrpläne finden Sie an den **HALTESTELLEN**, die Sie auch von weitem am weißen M auf orangerotem Quadrat erkennen.

Nahverkehrszug

Das rote Zeichen VR (Valtion Rautatie, Finnische Staatsbahn) verweist auf die Zugverbindungen von Helsinki aus. Die Nahverkehrslinien sind dabei mit Großbuchstaben gekennzeichnet: Die Linien S, U, L und E fahren über Kauniainen nach Espoo (Haltestelle Espoon keskus), S, U und L weiter nach Kirkkonummi. Nach Vantaa verkehren die Züge I, P, K, N, R, H und T (Haltestelle Tikkurila).

Fahrkarten sind aus Automaten an den Bahnhöfen oder auch in gekennzeichneten Waggons im Zug erhältlich. Als Besitzer von Touristenkarte bzw. Helsinki Card fahren Sie im Stadtbereich gratis.

Die Nahverkehrszüge fahren im Hauptbahnhof im Normalfall auf den Gleisen ganz rechts bzw. ganz links hinten ab; Sie müssen deshalb ziemlich weit durchgehen.

◎ **INFORMATION**: VR, Vilhonkatu 13, Tel. 0307 10, Fax 0307 21500, oder im Hauptbahnhof. Tel. 0600 – 41902, Schalterzeiten täglich 6.30–21.30 Uhr. www.vr.fi.

◎ Wenn Sie in ganz Finnland mit dem Zug unterwegs sein wollen – bequem und relativ preiswert, fragen Sie vor Ort nach dem **FINNRAIL-PASS**, der nicht im Heimatland erhältlich ist; er gilt für 3, 5 oder für 10 Reisetage innerhalb eines Monats: € 118 / 158 / 214. Kinder (6–16 Jahre) zahlen die Hälfte.

Fähre / Wasserbus

◎ Zum städtischen Verkehrsnetz gehören auch Schiffs- bzw. Fährverbindungen. Für Touristen von besonderer Bedeutung ist die Verbindung nach **SUOMENLINNA**. Besitzen Sie eines der unter »Fahrkarten« genannten Billetts, brauchen Sie kein Extraticket. Fahrkarten gibt es auch am Hafen oder auf dem Schiff.

Die Überfahrt nach Suomenlinna dauert 15 Minuten. Da diese Inselgruppe bewohnt ist, verkehrt die Fähre ganzjährig zum Festland, zum Marktplatz im Stadtzentrum, am Südhafen. Im Sommer fährt sie häufiger, aber auch im Winter immerhin noch zwischen 6 und 2 Uhr.

◎ Die meisten **WASSERBUSSE** betreiben private Fährgesellschaften. Sie pendeln zwischen dem Festland und den verschiedenen Ausflugsinseln (etwa Korkeasaari und Pihlajasaari, siehe unter »Helsinkis Inseln«) bzw. den entfernteren, auf Inseln oder Halbinseln gelegenen Stadtgebieten. Auskunft: bei den Betreibern und im Touristenbüro; Fahrpläne hängen an den Ablegestellen aus. Private Schiffslinien sind auch auf Rundfahrten und Sightseeing-Touren spezialisiert. Mehr auf den Seiten 136 ff. in »Praktisches A–Z«.

Mietwagen

Möglichkeiten, einen Wagen zu mieten, gibt es bei weitem nicht nur am FLUGHAFEN. Im ZENTRUM von Helsinki, in großen Kaufhäusern und renommierten Hotels, finden Sie Vertretungen international bekannter Autovermieter.

Voraussetzung für den Vertrag sind, je nach Agentur, ein Mindestalter (19–25 Jahre), ein Jahr Fahrpraxis und gültiger Führerschein.

◎ **AUTOVERMIETUNG** (eine Auswahl): »Avis«, Pohjoinen Rautatiekatu 17, Tel. 441 155. – »Budget«, Malminkatu 24, Tel. 686 6500. – »Hertz«, Mannerheimintie 44, Tel. 020 555 2300. – »Netrent«, Mannerheimintie 67, Tel. 477 2466.

Öffnungszeiten der Stadtbüros Mo–Fr etwa 8–17 Uhr, am Flughafen länger, etwa 7–23 Uhr sowie an den Wochenenden.

◎ **PREISE** für Mietwagen sind im Sommer und an den Wochenenden um 20 –30 % günstiger. Variabel sind Wagentyp, Versicherungsschutz, Agentur, Spezialtarife. Zwei Normaltarif-Preisbeispiele inklusive unbegrenzter Kilometerzahl und Vollkasko: Opel Corsa je Tag € 79, Woche € 335 – Ford Mondeo je Tag € 119, Woche € 495.

Taxi

Taxis in Helsinki sind mit geeichten Taxametern ausgestattet. Und damit sind Sie vor bösen Preisüberraschungen relativ sicher, nicht aber vor kleinen Umwegen. Generell ist das Taxifahren in Helsinki kein billiges Vergnügen.

◎ **TAXISTÄNDE** finden sich an etwa 20 verschiedenen zentralen Stellen in der Stadt, zum Beispiel am Bahnhof, Senatsplatz und Schwedi-

schen Theater. Freie Taxis – zu erkennen am erleuchteten Schild »Taksi« – können auch auf der Straße angehalten oder selbstverständlich telefonisch bestellt werden.
◎ **TAXIUNTERNEHMEN**: Zentraler Taxiruf, Tel. 0100 0700. – Kovanen, Tel. 0200 6060. – Yellow Line Airport Taxi (Sammeltaxi), Tel. 0600-555 555.

Fahrrad

Galt das Fahrradfahren traditionell als Domäne der Schwedisch sprechenden Minderheit, so sind die Finnen jetzt generell auf dem Zweirad-Trip. Seit einigen Jahren ist die Stadt Helsinki eifrig dabei, das RADWEGENETZ auszubauen; dies nicht nur in Randlagen und den grünen Gürteln, sondern auch in der Innenstadt. Es passt zum Konzept, in Helsinkis Zentrum Alternativen zum Auto zu fördern. Angenehm fällt auf, dass Radfahrer, ob jung oder alt, fast ausnahmslos mit Helm fahren (wie auch die zunehmend das sommerliche Straßenbild belebenden Skater). Es macht Spaß, Helsinki mit den vielen Parks und oft begrünten Uferlinien per Rad zu entdecken.
◎ Damit sich auch der Ortsunkundige bei längeren Exkursionen nicht verirrt, hält das Touristenbüro bzw. das Sportamt der Stadt eine hilfreiche aktuelle **FREIZEITKARTE** (Ulkoilukartta) über das WEGENETZ im Großraum Helsinki kostenlos bereit, mit speziellem Zuschnitt auf Radfahrer, Spaziergänger und Jogger.
◎ Eine schöne Einrichtung ist das **CITYFAHRRAD**: Gegen ein Pfand von € 2 können Sie an mehr als 25 verschiedenen Stellen in der Stadt ein grünes Fahrrad ausleihen, sich damit innerhalb des Gebietes zwischen Olympiastadtion und Kaivopuisto frei bewegen – und es an einem der offiziellen Ständer wieder anschließen. Broschüre im Touristenbüro, Helmverleih im Jugendsali, Info-Tel. 0505591999.
◎ **FAHRRADVERMIETUNG**: Zahlreiche Hotels und Herbergen vermieten Fahrräder. Außerdem gibt es Sport- und Fahrradgeschäfte sowie Mietzentralen, die weiterhelfen. Eine Auswahl an ADRESSEN: »Greenbike«, Mannerheimintie 13, Tel. 8502 2850. – »Töölön ulkoilukeskus«, Mäntymäentie 1, Tel. 47 769 760. – »Best-Bike«, Helsinginkatu 9, Tel. 773 1685.

Die Fahrradvermietung ist ein Saisongeschäft. Bestenfalls von Anfang April bis Ende Oktober, oft auch nur von Anfang Mai bis Ende September (abhängig von der Wetterlage) sind gemietete Drahtesel zu haben. Ein paar Preisbeispiele: City-Bike je Tag um € 10, je Woche um € 50. – Ein Mountainbike kommt je Woche auf € 70.

Unterkunft

Seit Beginn der EU-Mitgliedschaft hat sich das finnische Preisniveau in den meisten Bereichen dem mitteleuropäischen Standard angeglichen. Trotzdem hat ein Hotelzimmer in Helsinki immer noch seinen Preis: Für ein preiswertes Doppelzimmer müssen Sie mindestens € 55 veranschlagen, oder rund € 90 im Mittelklasse-Hotel.

Das Gros der Helsinki-Besucher ziehen diese Art von Quartier vor, da viele Hotels im Innenstadtbereich liegen, in FUSSWEGNÄHE zu Shopping-Möglichkeiten, Sehenswürdigkeiten und Lokalen. Auf diese Weise ist es gut möglich, in der Stadt auf das Auto zu verzichten und sich Parkplatzsuche samt Parkgebühren zu ersparen. Wenn Sie den fahrbaren Untersatz dabei haben, fragen Sie bei der Buchung, ob Ihr Hotel über einen Parkplatz oder Parkmöglichkeiten auf der Straße verfügt – in den zentralen Lagen der Stadt ist das keineswegs selbstverständlich.

Die nachfolgenden Hotels stellen eine Auswahl dar, die genannten Preise sind die regulären Tarife. Dabei ist zu beachten, dass viele Hotels an Wochenenden und im Sommer, wenn Ferienzeit ist und auch die Geschäftsreisenden eine Pause einlegen, die Preise senken. Die PREISREDUKTION kann durchaus 30 – 50 % betragen.

Wenn Sie Verbilligungen nutzen wollen, ist eine rechtzeitige Information und Reservierung von Vorteil! Insbesondere wenn Sie am Wochenende der Mittsommerfeier anreisen, ist dies anzuraten, denn viele der kleineren Hotels sind zu diesem Jahreshöhepunkt geschlossen.

ZIMMERVERMITTLUNG

Die zentrale Zimmervermittlung ist kompetenter Ansprechpartner für alle Fragen rund um das Thema: »Wohin kann ich mein müdes Haupt legen?«

◎ **HOTEL BOOKING HOTELLIKESKUS**, Haupthalle Hauptbahnhof, Tel. 2288 1400, Fax 2288 1499, E-mail: hotel@helsinkiexpert.fi/ Im Sommer (1.6.–31.8.) Mo–Fr 9–19 Uhr, Sa 9–18 Uhr, So 10–18 Uhr, sonst Mo–Fr 9–18 Uhr, Sa 9–17 Uhr.

Hotels, Pensionen sowie private Anbieter melden ihre freien Zimmer, Preise und Ermäßigungen an diese Zentrale, wo die Daten registriert und fortlaufend aktualisiert werden.

Eine VERMITTLUNGSGEBÜHR von € 5 für Hotels wird erhoben, und natürlich müssen Sie zum verabredeten Zeitpunkt in der Unterkunft sein, da sonst die Reservierung verfällt. Auch Unterkünfte außerhalb Helsinkis hat die Zentrale im Angebot, hier erhöht sich die Gebühr auf € 8. Je genauer Sie Ihre Wünsche formulieren, desto besser können Sie mit dem Angebot abgeglichen werden. Die Buchung beim Hotellikeskus ist auch im Voraus per Telefon, Fax oder E-mail möglich – dann entfallen die Buchungsgebühren.

In der Buchungszentrale erhalten Sie auch die »Finncheques«: HOTELSCHECKS, die Hotelübernachtungen lukrativer machen; (siehe unten unter »Hotelschecks«).

◎ **TOUR SHOP** im Touristenbüro, Pohjoisesplanadi 19, Telefon 0600 – 02288, Fax 2288 1599. 1.6.–31.8. Mo–Fr 9–19 Uhr, Sa+So 9–17 Uhr, sonst Mo–Fr 9–17 Uhr, Sa 10–16 Uhr.

Hilft auch bei der Zimmersuche; eine Buchung ist aber nur bei persönlichem Vorsprechen möglich.

◎ **KOMPASSI**, Lasipalatsi, Mannerheimintie 22–24, Telefon 3108 0080, Fax 3108 0085.

Im Helsinkier Jugendinformations- und Beratungszentrum finden Jugendliche Rat bei dem Problem unterzukommen. Kompassi ist allerdings keine direkte Zimmervermittlung, sondern hat eher Beratungs- oder praktische Unterstützungsfunktion. Eine Adresse für Notfälle!

◎ Natürlich können Sie Hotels auch **DIREKT** im Voraus per Telefon oder Fax selbst buchen. Dazu sollen Ihnen die Angaben bei der vorgestellten Hotelauswahl helfen. Es ist wichtig, dass Sie schon bei der Buchung Preisermäßigungen, ZAHLUNGSWEISE mit Hotelschecks u.ä. vereinbaren, da die Hotels auf bestimmte Kontingente eingerichtet sind und eine Umbuchung vor Ort nicht möglich ist. Auf die bestätigte Reservierung ist Verlass. Die Vorausbuchung empfiehlt sich in der Hochsaison zumindest für die erste oder ersten beiden Nächte, wenn ein Großereignis oder das Mittsommerfest ansteht. Ansonsten gibt es in Helsinki ausreichend Zimmer, die relativ selten komplett ausgebucht sind, und die Chancen, vor Ort fündig zu werden, sind damit recht gut.

HOTELSCHECKS

Als bequemes Zahlungsmittel in vielen Hotels sowohl in Helsinki als auch im ganzen Land hat sich der FINNCHEQUE bewährt. Diverse Hotelketten und Privathotels sind dem System angeschlossen.

Ein Cheque kostet € 36 / 44 und entspricht dem Gegenwert der Übernachtung einer Person in einem Doppelzimmer inklusive Frühstück und Bedienung (Preiskategorie II/I). Für Einzelzimmer oder Extra-Bett werden Zusatzkosten von € 25 berechnet.

Für die erste Nacht in jedem Hotel kann eine Reservierung vorgenommen werden, wobei die Aufenthaltsdauer dann vor Ort abgesprochen werden muss.

Gültig sind die Cheques von Anfang Juni bis Ende September und das ganze Jahr über an Wochenenden (Fr–So). Sie sind weder an ein bestimmtes Hotel noch an ein Datum gebunden.

◎ INFO-ADRESSE in Deutschland: **FINNISCHE ZENTRALE FÜR TOURISMUS**, Lessingstr. 5, 60325 Frankfurt am Main, Tel. 069 – 5007 0157, Fax 724 1725, finnland.info@ mek.fi/

◎ Info-Büro in Finnland: **SUOMEN HOTELLIVARAUKSET OY**, Korkeavuorenkatu 47 B, 00130 Helsinki, Tel. 686 0330, Fax 6860 3310, E-mail: hvo @suomenhotellivaraukset.fi/

◎ Am schnellsten sind die Finncheques über spezialisierte **REISEBÜROS** zu bekommen, zum Beispiel die »LOMA«-Reiseagentur, Mittelstraße 16, D- 65594 Dehrn, Tel. 06431 – 74 546, Fax 74 852.

◎ Vor Ort können Sie Finncheques im **HOTELLIKESKUS** / Hotel Booking Center erwerben (siehe oben unter »Zimmervermittlung«).

Hotels

In den Hotels ist das Frühstück in der Regel im Übernachtungspreis enthalten, üblicherweise in Form eines Buffets. Die Frühstückszeit ist jedoch bis 10, spätestens 11 Uhr begrenzt; Langschläfer finden bei den kulinarischen Tipps noch Alternativen in der Stadt, die auch ihren Reiz haben.

Die Hotels werden in Preiskategorien vorgestellt; mittelpreisige und preisgünstige Hotels müssen keineswegs schlechter sein, vor allem Service und Freundlichkeit werden in den kleineren, familiären Hotels groß geschrieben. Angegeben sind die ungefähren regulären Preise, ohne Vergünstigungen.

LUXUSKLASSE

Die Zahl der Luxushotels ist für die im internationalen Maßstab doch immer noch recht kleine Metropole Helsinki erstaunlich – und es wird weiter gebaut und geplant. Auch die Luxushotels offerieren Sondertarife, wodurch man an den Wochenenden im Einzelfall kräftig sparen kann! Genannt seien drei Hotels der Premiumklasse:

◎ **HOTEL KÄMP**, Pohjoisesplanadi 29, Tel. 576 111, Fax 576 1122, E-mail: hotelkamp@luxurycollection.com/ EZ und DZ / Nacht von € 296–620 bis zu € 2.624 für die Präsidentensuite. Günstigere Weekendpreise.

Ob Ausstattung, Küche oder Service: alles nur vom Feinsten, davon darf der zahlungskräftige Gast beruhigt ausgehen. Und dazu wird das Gefühl geliefert, in historisch bedeutsamen Mauern zu wohnen: Hier KOMPONIERTE Sibelius, hier tranken und diskutierten mit ihm die wichtigsten Persönlichkeiten aus dem BOHEMEN Leben seiner Zeit, hier wurde Politik gemacht. Eine Legende erlebt ihren zweiten Auftritt...

◎ **HOLIDAY INN CITY CENTER**, Elielinaukio 5, Tel. 54 2550 00, Fax 54 2552 99, via E-mail: helsinki.hihcc@ restel.fi, EZ € 229–256, DZ 254–281.

Helsinkis neuestes, 2003 eröffnetes Luxushotel ist raffiniert in das neu gestaltete Bahnhofsareal integriert, neben Kiasma und Sanomatalo. Sauna, Wellness und moderne Küche verwöhnen den Gast.

◎ **SCANDIC HOTEL MARSKI**, Mannerheimintie 10, Tel. 68061, Fax 642 377, marski@scandic-hotels.com/ Im EZ € 200–220, DZ € 236–255. Reduzierte Preise im Sommer.

Das mit dem KOSENAMEN von Mannerheim bezeichnete Hotel ist ebenfalls eine feste Institution in der Stadt und ihrem Gesellschaftsleben. Für die Schwitzwilligen stehen drei Saunas unter Dampf.

FIRST CLASS

Hotels der Kategorie Eins für stilvolles, gehobenes Wohnen:

◎ **LORDHOTEL**, Lönnrotinkatu 29, Tel. 615 815, Fax 680 1315, reception @lordhotel.fi/ EZ € 120, DZ € 140. Im Sommer und an den Wochenenden preisgünstiger.

Die ansehnliche Jugendstil-Architektur wie die Inneneinrichtung lassen den CHARME vergangener Zeiten lebendig werden – bei hohem Standard an moderner Ausstattung und Funktionalität, eine gelungene Kombination. Das Hotel verfügt über zwei Restaurants und einen stolzen Bankettsaal.

◎ **SOKOS HOTEL KLAUS KURKI**, Bulevardi 2–4, Tel. 618 911, Fax 6189 1234, respa.klauskurki@sok.fi/ Im EZ € 154–172, DZ € 178–198. Sommer- und Wochenendrabatte.

Bulevardi Kaksi (zwei) ist ein beliebter Treffpunkt u.a. für Geschäftsleute – zum Essengehen, für einen Abend in entspannter Atmosphäre. Mehrere Bars und Restaurants stehen zur Wahl. Die Hotelzimmer sind stilvoll eingerichtet, die ZENTRALE LAGE optimal für Wege in die Stadt.

◎ **SOKOS HOTEL TORNI**, Yrjönkatu 26, Tel. 43360, Fax 43367100, per E-mail: sokos.hotels@sok.fi/ Im EZ € 193–211, DZ € 213–231.

Dieses traditionsreiche Hotel, der zum Teil im Jugendstil gebaute erste WOLKENKRATZER in Finnland, liegt ZENTRAL und dennoch RUHIG. Mit Restaurant, Bar, dem irischen Pub »O'Malleys« und der »Ateljé«-Bar mit Terrasse im 14. Stock – mit herrlicher Aussicht über die Stadt.

MITTELKLASSE

◎ **MARTTAHOTELLI**, Uudenmaankatu 24, Tel. 6187 400, Fax 6187 401, E-mail: info@marttahotelli.fi/ EZ € 98, DZ € 120–136.

Hier beziehen wir gern Quartier: ein familiär geführtes, überschaubares Hotel mit zuvorkommendem, hilfs- und auskunftsbereitem Personal. Mit einem eigenen, empfehlenswerten Restaurant. Gelegen in PUNAVUORI, einer Gegend mit vielen Shopping-Adressen und In-Lokalen auch für junge Leute.

◎ **HOTEL ARTHUR**, Vuorikatu 19, Tel. 173 441, Fax 626 880, reception @hotelarthur.fi/ Im EZ 92–125, im DZ € 110–125.

Auch das »Arthur« ist ein gemütliches, freundliches Familienhotel. Die Lage in Bahnhofsnähe und zum grünen Kaisaniemi-Park verspricht gute ZENTRALE Anbindung an Sehenswürdigkeiten und Nachtleben. Das ehemalige Hospiz wird unter deutsch-finnischen Familien gern weiterempfohlen.

◎ **HOTEL ANNA**, Annankatu 1, Tel 616 621, Fax 602 664, E-mail: info@hotelanna.com/ EZ € 110–125, DZ € 150–165.

Netter FRÜHSTÜCKSRAUM mit ebenerdigen Fenstern, gutes Frühstücksbuffet; die Zimmer auf der Rückseite des Hauses sind ruhiger. Nicht weit zur Stadtmitte und zur Johanneskirche mit kleinem Park.

◎ **HOTEL ANTON**, Paasivuorenkatu 1, Telefon 774 900, Fax 701 4527, reception@hotelanton.fi/ EZ € 85, DZ € 105.

Das kleine, freundliche Nichtraucher-Hotel in Familienbesitz ist modern eingerichtet und bietet ein reichhaltiges Frühstücksbuffet. Die Zimmer liegen ruhig, zum Teil zum Innenhof hin. Der Marktplatz HAKANIEMI liegt vor der Tür, und die Bucht Eläintarhanlahti überredet zu einem schönen (Abend-) Spaziergang.

◎ **HOTEL AURORA**, Helsinginkatu 50, Tel. 770 100, Fax 7701 0200, reservations@hotelaurorahelsinki.com/ Im EZ € 109, DZ € 132.

Wen Sport und Fitness ansprechen, ist hier richtig: Schwimmbad, Sauna, FITNESSRAUM und Squash gehören zum Angebot vor Ort.

◎ **HOTEL HELKA**, Pohjoinen Rautatiekatu 23, Tel. 613 580, Fax 441 087, E-mail: reservations@helka.fi/ Im EZ € 98, DZ € 122.

Das Hotel liegt an der Grenze zwischen Kamppi und Töölö; von hier aus ist das Stadtzentrum, aber auch die TÖÖLÖ-Bucht mit ihren Spazierwegen rasch zu erreichen. Die Unterkunft verfügt über Restaurant, Bar, Sauna und Jacuzzi.

PREISWERT

Preiswert ist ein relativer Begriff. Neben den jeweils separat aufgeführten (Sommer-)Hostels und Jugendherbergen sind zu nennen:

◎ **HOTEL AVA**, Karstulantie 6, Tel. 774 751, Fax 730 090, varaukset@ava.fi/ EZ € 50–57, DZ € 63–66.

Das Nichtraucher-Hotel liegt etwas außerhalb der Stadt im schönen Stadtteil VALLILA. Außer den Hotelzimmern sind auch Apartments im Angebot (siehe dort).

◎ **HOTEL FINN**, Kalevankatu 3 B, Tel. 684 4360, Fax 6844 3610, hotelli.finn@kolumbus.fi/ Im EZ € 55–65, DZ € 65–80. Frühstück € 6.

Das KLEINE, RUHIGE Stadthotel stellt sich auf verschiedene Ansprüche ein. Die preiswerteren Zimmer sind nicht mit Dusche ausgestattet. Ein Tipp ist diese Adresse bei längeren Aufenthalten oder für Gruppen, wobei Sonderkonditionen vereinbart werden können.

◎ **FINNAPARTMENTS FENNO**, Franzeninkatu 26, Tel. 774 980, Fax 701 6889, hotelli.fenno@kolumbus.fi/ EZ € 56–72, DZ € 88.

Das nördlich des Zentrums in Torkkelinmäki, der schönsten Kante im Arbeiterviertel Kallio, gelegene

APARTMENTHOTEL hat Zimmer und Apartments für müde Gäste, ebenso eine Sauna und eine Cafeteria. Guter Service zu moderaten Preisen. Die Zimmer verfügen über eine Kochgelegenheit, deshalb die Bezeichnung als Apartmenthotel.

Apartments

Wer auch am Urlaubsort gerne »eigene« vier Wände um sich hat, mag an das Anmieten eines Apartments denken. Die Räumlichkeiten sind voll möbliert und mit notwendigen Haushaltsgerätschaften eingerichtet, der Preis variiert entsprechend der Größe, der Lage und der konkreten Ausstattung. So kann man beispielsweise ein Zwei-Zimmer-Apartment für 2–4 Personen bereits für € 85–95 bekommen.

◎ **HOTEL AVA**, Karstulantie 6, Tel. 774 751, Fax 730 090, varaukset@ava.fi/

Hotelzimmer und Apartmentvermietung unter einem Dach, ein angenehmes Haus.

◎ **CITY APARTMENTS**, Vuorikatu 18, Tel. 612 6990, Fax 6126 9910, ca@cityapartments.fi/

Wenn Sie länger in Helsinki bleiben möchten: Ab sieben Übernachtungen gibt es Vergünstigungen.

◎ **PRIVATEL**, Pursimiehenkatu 15, Tel. 6229950, Fax 62299512, E-mail: privatel@espoon-privatel.fi/

Gemütliche Studios, kürzlich renoviert – noch preiswerter ab sechs Nächten zu mieten.

Hostels / Herbergen

Dem Finnischen Jugendherbergsverband sind in Helsinki mehrere Häuser angeschlossen. Die Herbergen stehen grundsätzlich Personen jeden Alters, Einzelreisenden, Familien und Gruppen offen. Die finnischen Jugendherbergen gelten als gemütlich und sauber, das Personal ist zuvorkommend – Ausnahmen bestätigen die Regel.

Vom Preis her sind die Unterkünfte eine gute Wahl für den schmaleren Geldbeutel, gerade wenn man einen gültigen internationalen Herbergsausweis besitzt bzw. sich vor Ort einen finnischen GASTAUSWEIS ausstellen lässt (Preisreduktion: pro Nacht / Person € 2,50). Die Spannbreite der Preisangaben ergibt sich aus Bettenzahl / Zimmer und Serviceeinrichtungen. BETTWÄSCHE ist vorhanden oder zu mieten.

◎ **GENERELLE INFORMATION**: SRM – Suomen Retkeilymajajärjestö (Finnischer Jugendherbergsverband), Yrjönkatu 38 B 15, Tel. 5657 150, Fax 5657 1510, info@srm.inet.fi, www. srmnet.org.

◎ **HOSTEL EROTTAJANPUISTO**, Uudenmaankatu 9, Tel. 642 169, Fax 680 2757. Ganzjährig rund um die

Uhr geöffnet. Preis je Person € 20–46, Frühstück € 5. Hunde sind mit € 2 dabei.

◎ **EUROHOSTEL**, Linnankatu 9, Tel. 622 0470, Fax 655 044. Ganzjährig 24 Stunden geöffnet. Preis pro Person € 22–36,50, Frühstück € 5,50.

Cafeteria, Mahlzeiten, Kochmöglichkeit, Waschmaschine, Sauna, Familien-Kinderermäßigung.

◎ **KONGRESSIKOTI**, Snellmaninkatu 15, Tel. 135 6839, Fax 728 6947. Preis pro Person € 26–44.

Eine recht kleine, jedoch empfehlenswerte Herberge im Zentrum, in Kruununhaka.

◎ **OMAPOHJA**, Itäinen Teatterikuja 3 A, Tel. 666 211, Fax 6228 0053. Preis pro Person € 32,50–64, Frühstück € 6.

Die älteste bestehende Herberge liegt absolut zentral: nette Atmosphäre, Nichtraucher-Zimmer mit unterschiedlichem Standard, dabei auch EZ mit Dusche.

◎ **STADION HOSTEL**, Pohjoinen Stadiontie 3 B, Tel. 477 8480, Fax 4778 4811. Ganzjährig täglich 8–10 Uhr und 16–2 Uhr. Preis pro Person € 12,50–27,50 (vom Schlafsaal bis EZ), Frühstück € 5,30.

Der Service am Olympiastadion beinhaltet Mahlzeiten, Kochgelegenheit, Waschmaschine und Kinderermäßigung für Familien.

SOMMERHOTELS

Wenn die Studenten die Bücher zuklappen und die Wohnheime sich leeren, werden einige dieser Gebäude für die Sommersaison in preisgünstige Sommerhotels umfunktioniert. In Orientierung an den Semesterferien öffnen sie auf Zeit zwischen dem 1.6. und 31.8.

◎ **ACADEMICA HOSTEL**, Hietaniemenkatu 14, Tel. 1311 4334, Fax 441 201. 1.6.–1.9. rund um die Uhr geöffnet. Preis pro Person € 16–51, Frühstück inklusive.

Das Hostel verfügt über Kochgelegenheit, Waschmaschine und Sauna, zum Zentrum sind es 1,2 Kilometer. Der Park und Sandstrand Hietaniemi sind die großen Pluspunkte an der Lage des Sommerhotels.

◎ **KESÄHOTELLI SATAKUNTA**, Lapinrinne 1 a, Tel. 6958 5231, Fax 685 4245. 1.6.–31.8. rund um die Uhr. Preis pro Person € 16,50–38, Frühstück inklusive.

Es gibt ein eigenes Café, Waschmaschine und Sauna. Familien erhalten Preisnachlass für ihre Kinder. Zentral im Stadtteil Kamppi.

Camping/Caravan

Von den mehr als 350 Campingplätzen in Finnland (mit gut 35.000 Stellplätzen sowie mehr als 6.300 Hütten) bieten sich zwei als Ausgangsbasis für Helsinki-Exkursionen an. Verlangt wird ein gültiger Campingausweis. Entweder Sie haben schon eine entsprechende Karte (»Carnet Camping International«, CCI) mit internationaler Gültigkeitsmarke dabei oder Sie erwerben vor Ort einen finnischen Campingausweis, der ein Jahr lang landesweit gültig ist: Preis € 3,50. Generelle Information:

◎ **FINNISCHER CAMPINGPLATZ-VERBAND** (Valtakunnalinen leirintäalueverkasto), c/o Suomen Matkailuliitto ry, Atomitie 5 C, 00370 Helsinki, Tel. 6226 2823, Fax 654 358, via E-mail: info@camping.fi/

◎ **RASTILA CAMPING**, Karavaanikatu 4, Tel. 321 6551, Fax 344 1578.

Der EINZIGE CAMPINGPLATZ im Stadtgebiet von Helsinki ist ganzjährig geöffnet. Campinggebühren: pro Nacht und Familie € 15–19. Hütte je Tag € 40–95. Neben Zelt- und Caravanplätzen feste Stellplätze sowie Liegeplätze für Boote.

Es wäre ein Wunder, läge der Platz nicht reizvoll mit viel Grün und Wasser. Dennoch sind Sie in nur 17 Minuten in der 13 Kilometer entfernten Innenstadt. Rastila hat seine »eigene« Metrostation, ist also verkehrsgünstig gelegen.

Zu den Pluspunkten der Anlage gehören ferner diverse Angebote zum Saunieren, ein Restaurant vor der Haustür und ein populärer, reizvoller, kleiner Badestrand.

◎ **OITTAA**, Kunnarlantie, 02740 Espoo, Tel. 6138 3210 (im Sommer 863 2585), Fax 713713. Etwa 15.5.–1.9. Camping pro Tag/ Familie um € 18, Hütte je Tag € 44–52 (Reservierung anzuraten).

Beim See Bodom, rund 20 km bis Helsinki. Dieser Platz verfügt über Restaurant/ Café, Spielzimmer für Kinder und – Sie ahnen es sicher – eine Sauna. Akzeptiert werden u.a. »Cottage Cheques«, über spezialisierte Reisebüros erhältlich.

Ferienhäuser

In Helsinki selbst gibt es erwartungsgemäß keine Ferienhäuser, doch in der weiteren Umgebung und in Südfinnland kann dieser Traum eines jeden Finnland-Urlaubers verwirklicht werden. Ferienhäuser und Hütten gibt es in unterschiedlichen Größen, Lagen, Standards.

Informationen bekommen Sie bei folgender Adresse, die ebenso Buchungen vermittelt:

◎ **LOMARENGAS**, Hämeentie 105 D, 00500 Helsinki, Tel. 5766 3350, Fax 5766 3355, sales@lomarengas.fi/ Telefonsprechzeiten: 1.5.–30.9. Mo–Fr 8.30 – 17 Uhr, sonst nur bis 16.30 Uhr.

Kulinarische Entdeckungen

Und besonders in Helsinki haben die Einheimischen eine Vorliebe für Fastfood amerikanischer Prägung entwickelt. Trotzdem lebt die verfeinerte finnische Kochkunst in Helsinki vielerorts – und wird kultiviert.

Die finnische Küche orientiert sich merklich am Wechsel der Jahreszeiten, also daran, was an Gemüse, Pilzen, Fleisch und Fisch frisch zur Verfügung steht, was an warmen, langen Sommertagen an leichterer Kost schmeckt und was an kalten, dunklen Wintertagen der Körper an gehaltvoller Mahlzeit braucht.

EXQUISITE SPEZIALITÄTEN finnischer Kochkunst sind Rentierbraten mit Waldbeeren, frischer Lachs mit Dill gedünstet oder geräuchert und die einzigartigen Multbeeren, orangefarbene »Exoten« aus dem hohen Norden Lapplands.

Als TYPISCH FINNISCH gilt jedoch einfache HAUSMANNSKOST: viele AUFLÄUFE aus Gemüse oder Kartoffeln, Eintöpfe und Suppen, Pasteten. Die Hausmannskost kommt heute vor allem in den Privathaushalten auf den Tisch, während sie in Restaurants seltener geworden ist. Am ehesten wird man in den öffentlichen Kantinen oder den einfachen *baaris,* preiswerten Speiselokalen, fündig. Dafür sind internationale Errungenschaften wie chinesische Küche, Pizza und TexMex auf dem Vormarsch.

Die Mahlzeiten

AAMIAINEN

Das Frühstück in Hotels oder in Jugendherbergen wird in der Regel als BUFFET angeboten. Brötchen, Brot, oft Kekse oder süßes Brot, Marmelade, Käse und Wurst gehören zum Standardangebot, mitunter ergänzt durch Eier, Joghurt oder Dickmilch, Cornflakes, Obst, Saft und Fisch sowie *puuro,* Brei auf Hafer- oder anderer Getreidebasis. Der mild geröstete Kaffee – dazu, auch in Cafés, wahlweise Sahne, *kerma,* oder Milch, *maito* – ist ein Gedicht, der Beuteltee die übliche Katastrophe. Auch finnische Vorstellungen von Saft sind unkonventionell, äußern sich gelegentlich farbenfroh und/oder eher künstlich. Dagegen sind MILCHPRODUKTE lecker und gut.

Hat man das Frühstück in der Unterkunft verpasst (da ab 10 Uhr abgeräumt wird), eröffnen die Cafés in der Stadt Möglichkeiten, zu belegten Brötchen oder Kleingebäck einen Kaffee zu schlürfen. Einige Lokale servieren (vornehmlich sonntags) BRUNCH.

LOUNAS

Viele Lokale servieren mittags, bereits ab 11 oder 12 Uhr, nach einer speziellen Karte oder vom Buffet zu wesentlich GÜNSTIGEREN Preisen, aber von gleicher Qualität wie die Abendmenüs. Selbst hochpreisige Restaurants werben auf diese Weise um Mittagsgäste. Oft informieren Hinweistafeln vor der Tür über Gerichte und Preise. Es ist also durchaus eine Überlegung wert, einmal mittags anstatt abends essen zu gehen, besonders wenn man bei schönem Wetter draußen sitzen kann. Ob Salatteller, kaltes Buffet oder warmes Tellergericht – das Angebot ist reichhaltig. Eine weitere finnische Spezialität in der warmen Zeit ist SOMMERSUPPE, *kesäkeitto,* eine frische Gemüsesuppe mit Milch oder Sahne verfeinert. Und klassisch finnisch ist das FISCHBUFFET mit leicht gesalzenem Lachs sowie Weißfisch, mit Räucherhering und graved oder geräuchertem Lachs, mit Fisch in Aspik und Kaviar von Weißfisch und Quappe.

ZUM KAFFEE

Die klassische Kombination, im Finnischen fast schon wie ein Wort gesprochen, heißt: *kahvi ja pulla.* Die Finnen trinken sowieso immer Kaffee – und auch der Verzehr der typischen, mit Kardamom gebackenen Köstlichkeiten aus Hefeteig ist an keine Tageszeit gebunden. Frisch gebacken, schmecken sie vormittags auf dem Markt genauso gut wie nachmittags im Sommercafé im Grünen. Eine Alternative sind *munkki,* Mönche, die unseren Berlinern ähneln. Die Finnen sind Spezialisten für Teilchen und Kuchen, vor allem mit OBST: Äpfeln, Rhabarber, Beeren. Die Tortenkultur beschränkt sich auf die Traditionscafés in der Stadt.

ILLALLINEN

Zum Abend hin präsentieren sich die Speisekarten umfangreicher sowie vielfältiger: Fisch und Fleisch überwiegen als Hauptspeise, Vegetarisches setzt sich nur langsam durch. Dafür weisen fast alle Lokale gluten- und lactosefreie Gerichte aus.

Lachs, Lachsforelle, Weißfisch, Hering, Barsch, Strömling, Maräne bevölkern die Fischkarte. Eine FISCHSPEZIALITÄT ist *Kalakukko,* Fisch und Speck in Roggenbrot eingebacken. Beim Fleisch finden sich neben Rentier und Elch auch Lamm, Rind und Schwein, bevorzugt gebraten oder gegrillt. Sogar panierte Schnitzel nach guter, alter Wiener Art haben sich etabliert! Eine Fleischspezialität ist *Karjalan paisti,* ein Eintopf mit verschiedenen Fleischsorten, der im Ofen gegart wird. Das heimische Gemüse dominieren Möhren, Steckrüben, Rote Bete. KARTOFFELN werden sowohl in Gemüseaufläufen wie zu Fleisch und Fisch gegessen. Beliebte VORSPEISEN sind Suppen, oft mit Fisch oder Pilzen, und karelische Piroggen *(piirakka),* Teigpastetchen mit Reis, Kartoffelbrei oder neuerdings auch Karotten

Kahvilas (Cafés und Restaurants im Grünen) befinden sich häufig direkt am Wasser. – Café-Bar wie in einem Wohnzimmer: Plausch und Bücher im »Café Strindberg«. ▶

CAFE

gefüllt, die mit Eibutter gegessen werden. Bei den DESSERTS geben BEEREN den Ton an, frisch oder als Marmelade: auf Kuchen, Pfannkuchen, als Halbgefrorenes, oder mit im Ofen gebackenem *leipäjuusto,* Brotkäse, ein milder, von der Konsistenz Mozzarella-ähnlicher Käse.

GEWÖHNUNGSBEDÜRFTIG für mitteleuropäische Gaumen ist etwa Fleischwurst *(lenkki-makkara),* die oft nach der Sauna oder bei öffentlichen Festen gegrillt wird, aber eher nach Pappe schmeckt und nur durch süßen Senf gerettet wird. Und auch *mämmi,* der typische dunkle Osterpudding auf Malzbasis, ist nicht jedermanns Geschmack.

ALKOHOL

Alkohol ist in Finnland, ob selbst gekauft oder im Lokal bestellt, immer noch teurer als in Deutschland, aber gerade nach massiven Preissenkungen im Jahr 2004 keineswegs mehr unbezahlbar. Finnisches BIER ist von hoher Qualität – und schmeckt nach mehr. Aus TRADITIONSBRAUEREIEN stammen u.a. »Koff« und das angesehene »Lapin Kulta«; es gibt eine erstaunlich breite Palette verschiedener Biermarken. Allerdings werden die kleinen Brauereien zunehmend von Großen aufgekauft. »Koff« wird neben den Marken »Sinebrychoff« und »Leningrad Cowboys« übrigens von der Sinebrychoff-Brauerei bei Helsinki vertrieben.

Beim Bier ist zu beachten, dass es drei STÄRKEN (mit steigendem Alkoholgehalt) gibt: I, ein Leichtbier, das inzwischen frei verkäuflich ist; III, eine mittlere Stärke, die vom Alkoholgehalt her etwa deutschem Pils entspricht; sowie IV A, ein stärkerer Gerstensaft, der vorwiegend in Alko-Läden, den (noch) Hütern des staatlichen ALKOHOLMONOPOLS, verkauft wird und, wie Schnaps und anderes Hochprozentiges, in Kneipen ausgeschenkt werden darf, die mit voller Schanklizenz arbeiten (was in aller Regel außen kenntlich gemacht wird). Der Finne trinkt sein *olut,* frisch gezapft heißt es *tuoppi,* eiskalt und mit wenig Schaum.

Wein ist kein typisches Landesgetränk, aber auf dem Vormarsch. Klassisch hingegen sind die Liköre und Schnäpse (etwa der Multbeerenlikör »Lakka«), und vor allem WODKA. Bekannt sind hier »Finlandia«, bei Einheimischen verbreiteter noch der Wodka-Branntwein »Koskenkorva«. Unverändert stehen viele Finnen auf »Aufgesetzten« und Weine aus eigener Produktion – vorwiegend aus Früchten des heimischen Gartens (legal) – oder destillieren vornehmlich in ländlichen Gegenden (natürlich nicht ganz so legal...).

Überall vertreten, doch oft keine Gaumenfreude ist Siideri, eine Cidre-Abart mit Apfel-, Birnen- oder Pfirsichgeschmack: zwar leicht, jedoch viel zu süß. Ungebrochener Beliebtheit auch bei jungen Konsumenten erfreuen sich dagegen Longdrinks *(lonkeri)* diverser Geschmacksrichtungen und Mischungen.

Die Speisetempel

In Helsinki wirken, wie in jeder anderen westlich geprägten europäischen Hauptstadt, gleich eine Fülle einheimischer und internationaler Koch-Künstler, im einfachen Stehimbiss ebenso wie im Feinschmeckerlokal. Die getroffene Auswahl berücksichtigt vor allem, finnische Speisen, finnische Essgewohnheiten, finnisches Ambiente kennen und lieben lernen zu können, denn auch die Liebe zu einer Stadt, zu einem Land geht durch den Magen.

Neben den klassischen Speiselokalen sind in Helsinki die Cafés und SOMMER-RESTAURANTS eine schöne, lange Tradition, in denen man zum Teil sehr günstig Kaffee trinken und Teilchen, belegte Brötchen wie auch kleine Speisen zu sich nehmen kann. Fast auf jedem Spazierweg im Grünen, in der Nähe jeder Sehenswürdigkeit begegnet man einer solchen *kahvila,* oft in netten Holzhäusern inmitten von Blumen und Bäumen. In den Sommerlokalen gilt in der Regel SELBSTBEDIENUNG – man sucht selbst aus und trägt den Teller hinaus in die Sonne...

Dass In-Diskotheken und Clubs Türsteher beschäftigen, mag aus der Heimat vertraut sein. In Helsinki stoßen Sie auch vor manchen Lokalen und sogar Fastfood-Etablissements auf Türsteher, im Normalfall für Sie kein Problem.

Der Service ist in allen Restaurantpreisen inbegriffen. Trotzdem freut sich die Bedienung über ein Trinkgeld – in der Höhe etwa wie auch in Deutschland angemessen. Im Sommer kann es vor allen Dingen an den Wochenenden vorkommen, dass die guten und angesagten Lokale VOLL sind. Wenn es Ihnen wirklich auf ein bestimmtes Lokal ankommt, sollten Sie darum vorher einen Tisch reservieren.

MITTAGSTISCH

Es gibt in Helsinki nur wenige spezielle Lounas-Restaurants, doch bieten viele Lokale Mittagstisch an; wo es sich besonders lohnt, haben wir das Mittagsangebot mit erwähnt...

◎ **KONSTAN MÖLJÄ**, Hietalahdenkatu 14 (Kamppi), Tel. 694 7504. Mo–Fr 11–22 Uhr, Sa+So 14–22 Uhr.

Das Lokal zählt zu den preisgünstigsten Orten, sich mit guter finnischer, speziell KARELISCHER Kost zu verwöhnen. Die Einrichtung lässt das Hafenleben bei Viipuri (und die wehmütig erinnerten Zeiten, als der heute russische Teil Kareliens noch zu Finnland gehörte) lebendig werden und bleiben.

Die Speisekarte nennt Fleisch- sowie Fischgerichte, darunter auch Strömling, auf schmackhafte, unverstellte Art zubereitet. Das Mittagsbuffet liegt bei € 7,50. Auch ein (frühes) Abendessen wird serviert.

◎ Im **VPK**, Albertinkatu 29, Tel. 6931581, Mo–Fr 10.45–15 Uhr, gibt es für € 7 ein täglich wechselndes BUFFET-MENÜ. Benannt ist das Lokal nach der Freiwilligen Feuerwehr, deren Hauptquartier nebenan liegt und deren Sporttrophäen und Fotos die Wände zieren.

◎ Im traditionellen **KUUSIHOKKI**, Pihlajatie 34 (Meilahti/Laakso), Tel. 4772863, kann sich das kulinarische Mittagsevent schon mal bis zum Abend hinziehen: Hier wird gute alte, opulente Lounaskultur hoch gehalten, und das ab € 8. Mo–Fr 11–23 Uhr, Sa 12–24 Uhr, So 13–20 Uhr.

◎ Wer es VEGETARISCH liebt, ist im **ZUCCHINI** gut aufgehoben, Fabianinkatu 4, Tel. 622 2907, Mo–Fr 11–16 Uhr. Italienischer Salat und frisches Brot ergänzen Gemüsegerichte und Suppen.

◎ Und natürlich sind es die **EXOTISCHEN** Küchen, die preiswerte und leckere Kleinigkeiten zu Mittag anbieten, sei es italienisch im Raffaello oder mexikanisch in der Bar Tapasta.

◎ Oder Sie machen es wie die Helsinkier selbst und gehen in eins der **ECKLOKALE** oder Grillstuben! »Cafeteria Suomi«, Pursimiehenkatu 12, oder »Elviiras Grill & Café« in der Punavuorenkatu 3 sind solch einfache, gute Plätze in Zentrumsnähe.

FISCH FÜR FEINSCHMECKER

Fischrestaurants sind in Helsinki qualitativ hochwertig, leider aber auch entsprechend teuer.

◎ **HAVIS AMANDA**, Pohjoisesplanadi 17 (Innenstadt), Tel. 6869 5660. 1.6.– 31.8. Mo–Sa 12–1 Uhr, So 12–24 Uhr, sonst Mo–Fr 11–24 Uhr, Sa 12– 24 Uhr, So geschlossen.

Die bekannteste Fisch-Adresse, benannt nach der Schönen auf dem nahen Marktplatz. 1973 eröffnet, hat sich das Lokal auf finnische Traditionen der Zubereitung von Fisch und Meerestieren spezialisiert. Das Ambiente ist stilgerecht: Im restaurierten LAGERGEWÖLBE einer früheren Apotheke sorgen Schiffsmodelle für maritimen Charakter. Über 20 Fischsorten stehen auf der Speisekarte, das Menü wechselt täglich, gemäß der Saison. Ob Neunaugen oder Kaviar, Hummer oder gegrillter Lachs mit Morchelcreme – alles ist frisch, geschmackvoll und appetitlich angerichtet. Die teuren Gerichte sind ihren Preis wert. Hauptgerichte um € 22–30.

◎ **SUNDMANS**, Eteläranta 16, Tel. 622 6410, Mo–Sa 11–14.30 und 17–24 Uhr.

Gehört zu den Spitzen-Restaurants. Küche und Service wurden 2001 sowohl mit einem Stern des Guide Michelin als auch mit der Wahl zum RESTAURANT DES JAHRES des Finnischen Gastronomieverbandes ausgezeichnet. Fisch ist ein wesentliches Element der Speisekarte, und das HERINGSBUFFET sucht seinesgleichen. Die Preise für Hauptgerichte bewegen sich um € 26–32, und es versteht sich von selbst, dass der Küchenchef auch beim Kreieren eines Helsinki Menues mit dabei ist. Im »Krog« im Kellergeschoss geht es übrigens etwas lässiger zu.

◎ Eine preiswertere Alternative ist die älteste Seefahrerkneipe Helsinkis von 1897: **SALVE**, Hietahdenranta 11 (Hietalahti), Tel. 603455. Mo–Sa 9–24 Uhr, So bis 23 Uhr: Das Lokal mit Bierausschank, SOMMERTERRASSE, maritimem Interieur samt Blick auf die Werft bereitet gute finnische Küche; von den reichlichen Portionen leckeren gebratenen HERINGS würden sogar Käpt'n Blaubärs Enkel satt.

TYPISCH FINNISCH

◎ Lokale mit typisch FINNISCHER KÜCHE erkennen Sie an der gewellten Gabel – dem Logo für das **HELSINKI MENUE**. Über 20 Lokale in der Stadt nehmen die Idee auf und offerieren zu akzeptablem Preis eine landesspezifische Speisenfolge. Unverfälschte finnische Kost finden Sie bei »Zetor«, »Elite«, »Lasipalatsi«, »Sundmans«, »Suomenlinna Panimo« u.a.

◎ **ZETOR**, Mannerheimintie 3–5, Kaivopiha (Innenstadt), Tel. 666 966. So–Mo 15–1 Uhr, Di 15–3 Uhr, Mi–Fr 15–4 Uhr, Sa 11–4 Uhr.

Ein Erlebnis für sich – eröffnet von zwei Mitgliedern der legendären Rockband LENINGRAD COWBOYS. Im »Zetor« lebt die ländliche Vergangenheit der 1950er und -60er Jahre auf: Holzbalken, landwirtschaftliche Geräte, eine SAUNA, Gelegenheit zum Goldwaschen wie in Lappland und betagte osteuropäische Traktoren gehören zum Interieur – der ehemals tschechoslowakischen Traktormarke Zetor verdankt das Restaurant seinen Namen. Die Traktoren sind mit Theken umbaut, hier kann man stehen und das (natürlich finnische) Bier abstellen – es gibt auch »Zetor«-eigenes, dunkles Bier sowie Leningrad-Cowboys-Bier. Die Speisekarte, auch auf Deutsch, ist amüsant zu lesen, mit Histörchen und Comics aufgelockert. Es gibt Fisch, Rentier, Elchgeschnetzeltes, Hammelwurst, Suppen, Piroggen, Blinis sowie Hausgerichte, darunter Hähnchen mit Steckrüben und Speck, in Roggenbrot gebacken. Und natürlich ein HELSINKI MENUE! Hauptgerichte um € 8–17. Zum Abschied kann man Leningrad-Cowboys-Souvenirs mitnehmen...

◎ **LAPPI**, Annankatu 22 (City/Punavuori), Tel. 645 550. Mo–Fr 12–22.30 Uhr, Sa+So 13–22.30 Uhr, im Sommer mittags geschlossen.

Die bekannteste Adresse in Helsinki für Spezialitäten aus Lappland. Das stilecht in Kelo-Holz eingerichtete Lokal reicht, gern auf hölzernen Servierplatten, viel an RENTIER-SPEZIALITÄTEN, ebenso Fisch, Waldpilze, den regional typischen Käse und die passenden Getränke. Die Speisekarte gibt es in zehn Sprachen – auch in Deutsch – und hat die Preisspanne € 13–30.

◎ **KELLARIKROUVI**, Pohjoinen Makasiininkatu 6 (Innenstadt/Kaartinkaupunki), Tel. 6860 730. Mo–Sa 11–24 Uhr.

Das Haus mit dem verführerischen Kellergewölbe ist schon von außen eine Augenweide, 1901 vom bekannten finnischen Architekten-Trio Gesellius, Lindgren und *Saarinen* vollendet. Kellarikrouvi residiert hier seit 1965 (!) in rustikaler Atmosphäre, die gemauerten Rundbögen teilen den Raum überschaubar auf. Spezialisiert ist das Restaurant auf Fisch sowie andere finnische Leckerbissen. Gruppen ab zehn Personen können auf Vorbestellung an einem MITTELALTERLICHEN BANKETT teilnehmen, mit passender Musik, Gewandung der Bedienung und üppiger Kerzenbeleuchtung. Neben à la carte auch Menüs. € 13–25 für die Hauptgerichte.

◎ **AINO**, Pohjoisesplanadi 21, Tel. 624327. Mo–Sa 11–1 Uhr.

In ansprechend modernem Ambiente in Holz haben traditionelle und moderne finnische Küche ihren Auftritt. Spannende Kreationen von Piroggen und HECHTTARTAR bis zu Rentier und Kalbsleber, Hauptgerichte zwischen € 15 und 21.

◎ **KOSMOS**, Kalevankatu 3, Tel. 647255. Mo–Fr 11.30–1, Sa 16–1 Uhr.

Das Restaurant ist seit 1924 in FAMILIENBESITZ. Die Innenarchitektur übertrug man seinerzeit einem jungen Studenten – mit Namen *Alvar Aalto*. Heute fühlen sich hier nicht nur deshalb auch Künstler, Literaten und Designer wohl. Die Speisekarte nennt BODENSTÄNDIGE finnische Gerichte (€ 15–24), denen schwedische, französische und russische Einflüsse das gewisse Extra verleihen.

◎ **NOKKA**, Kanavaranta 7F, Tel. 687 7330. Mo–Fr 11.30–24 Uhr, Sa 18–24 Uhr.

Die alten LAGERHÄUSER in Katajanokka haben ihre Geschichte der Teerschiffahrt lange hinter sich gelassen – zunehmend siedeln sich hier Ess- und Einkaufskultur, Kunst und mehr an. Das »Nokka« vereint finnische Rezepte und Gourmetrestaurant in den Backsteinräumen mit einem offenen Küchenbereich. Kostenpunkt ab € 17–25 für RARITÄTEN wie Schneehuhn und Rentier, € 55 für ein delikates Helsinki Menue.

◎ **RAVINTOLA LASIPALATSI**, Mannerheimintie 22–24, Tel. 6126 700. Mo–Sa 11–24 Uhr, So 14–22 Uhr.

Café und Restaurant – der Gast hat die Wahl zwischen zwei Etagen und kleineren Snacks oder vorwiegend finnischen, größeren Kreationen, die Hauptgerichte für € 13–23. Vor wenigen Jahren prämiert für das beste Helsinki Menue – für € 40 ein unvergesslicher Gaumenkitzel.

◎ **RAVINTOLA PERHO**, Mechelininkatu 7 (Töölö), Tel. 5807 8600. Mo–Fr 11–24 Uhr, Sa 12–24 Uhr, So 12–18 Uhr.

Das Restaurant der ersten finnischen Fachschule für Gastgewerbe. Zur Mittagszeit ist das BUFFET mit Fisch, Fleisch und Vegetarischem für € 7 recht preiswert. Die Karte nennt Klassiker wie gebratene Heringsfilets, Maränen in Brotteig, Rote-Bete-Pfannkuchen mit Bier aus der Hausbrauerei. Hauptgerichte um € 12.

◎ **ALTERNATIVEN** mit guter Küche, bei Einheimischen beliebt und zu moderaten Preisen: »Kirja«, Kirjatyöntekijänkatu 10 (Kruununhaka), Tel. 135 5965. – Galerie-Restaurant »Wellamo«, Vyökatu 9 (Katajanokka), Tel. 663 139. – »Karelia«, Käpylänkuja 1 (Käpylä), Tel. 5407 7500.

GOURMET DE LUXE

Die wirklichen Luxusrestaurants sind häufig den Luxushotels angeschlossen. Hier findet man Haute Cuisine internationaler Prägung, dank finnischer SPEZIALITÄTEN angereichert. Die kleine Auswahl berücksichtigt neben den Speisen vor allem Lage, Ausblick und Ambiente.

◎ **SAVOY**, Eteläesplanadi 14 (in der Innenstadt), Tel. 684 4020. Mo–Fr 11.30–14.30 und 18–24 Uhr, in den Sommermonaten Mo–Fr 11–24 Uhr.

Das »Savoy«, in der achten Etage eines Geschäftshauses am Esplanadenpark, hat in zweifacher Hinsicht einen besonderen Ruf. Das gesamte Interieur wurde 1937 vom großen Alvar Aalto gestaltet – so wird der Restaurantbesuch zum DESIGN-Studium. Die TERRASSE gibt einen der schönsten Ausblicke auf die Innenstadt frei. Um bei Schönwetter einen Platz zu ergattern, muss man reservieren. EDEL: Gänsebrust für € 35, Kalbsfilet an Marsalasauce € 45.

◎ **LEHTOVAARA**, Mechelininkatu 39 (Töölö), Tel. 440 833. Mo–Fr 11–24 Uhr, Sa 16–24 Uhr, So 13–22 Uhr.

Im »Lehtovaara« fühlen sich gestresste Abgeordnete wohl. Die Einrichtung ist schlicht-seriös, das Essen sehr zu empfehlen, ob man nun traditionell-finnische oder internationale Küche vorzieht. Das RINDERFILET zergeht ebenso auf der Zunge ebenso wie der Rentierschinken...

◎ **TORNI** im Sokos Hotel Torni, Kalevankatu 5 (Innenstadt), Tel. 4336 6320. Mo–Do 11.30–24, Fr 11.30–1 Uhr, Sa 17–1 Uhr, So geschlossen.

Internationale wie finnische Gerichte, Helsinki Menue. Zum Torni gehören auch die nette, kleine Sommerterrasse TORNIN PIHA und der irische Pub O'MALLEY'S, beide in der Yrjönkatu. Die ATELJÉ-BAR über den Dächern der Stadt erlaubt einen famosen Ausblick.

RUSSISCHE KÜCHE

Die historisch gewachsene Rolle Helsinkis zwischen Ost und West repräsentiert auch die in der Stadt verwurzelte russische Restaurant-Kultur. Zwar liegen die Preise im oberen Bereich; so teuer wie in Deutschland sind die hiesigen russischen Restaurants in der Relation aber nicht.

◎ **ALEXANDER NEVSKI**, Pohjoisesplanadi 17 (Innenstadt), Tel. 6869 560. Mo–Fr 11–24 Uhr, Sa 12–24 Uhr, So 18–24 Uhr.

Wer Menüs nach Alexander II. benennt, hat etwas zu bieten: Lachs, Lamm, Gans an Trüffelsauce und... Dieses Haus stellt die TRADITIONSREICHSTE Küche in der Stadt, aber auch stattliche Preise in Rechnung. Hauptgerichte um € 25–34, Menü ab € 55.

◎ **SASLIK**, Neitsytpolku 12 (Ullanlinna), Tel. 7425 5500. Mo–Sa 12–24 Uhr, So 17–24 Uhr.

Verbindet russische Atmosphäre, Einrichtung und tägliche Live-Musik mit russischen Spezialitäten: Suppen wie Soljanka und Bortsch, Elch in russischer Zubereitung, Blinis, Fisch und Kaviar und als Besonderheit BÄR. Hauptgerichte um € 22–34, Bärengerichte € 50–80.

◎ **ROMANOV**, Yrjönkatu 15, Tel. 642 394. Mo–Fr 11–24 Uhr, Sa 12–24 Uhr.

Noch jung in der Stadt ist dieses Restaurant mit dem zarenträchtigen Namen. Es bietet neben der traditionellen auch neue russische Cuisine. Preise ab € 15 (Hauptgericht) oder € 38 (Menü). Sahnehäubchen auf dem kulinarischen Abend: Live-Musik sowie herrliche WODKASORTEN mit Kräuter-, Pfeffer- und mit Honig-Note.

◎ Weitere **RUSSISCHE LOKALE** von Rang sind: »Hariton«, Kasarmikatu 44. – »Troikka«, Caloniuksenkatu 3. – »Bellevue«, Rahapajankatu 3. – »Kasakka«, Meritullinkatu 13.

INTERNATIONALE KÜCHE

Es gibt kaum ein Land, das nicht mit seinen Speisen in Helsinki vertreten wäre: von Nepal bis Japan, von Italien bis Israel.

◎ **SANTA FÉ**, Aleksanterinkatu 15 (Innenstadt), Tel. 4242 6010. Mo–Sa 11–2 Uhr, So 13–2 Uhr.

Helsinki im TEXMEX-FIEBER – das Santa Fé ist einer der Pioniere dieser feurigen und heiß begehrten Geschmacksrichtung. Das Ambiente heizt den kühlen Nordländern offenbar kräftig ein. Die Küche ist spätabends wie frühmorgens zu Diensten (bis 1.30 Uhr).

◎ **NAMASKAAR**, Mannerheimintie 100 (Meilahti), Tel. 477 1960. Mo–Fr 16–24 Uhr, Sa 14–24 Uhr, So 14–23 Uhr.

Die INDISCHE KÜCHE gehört zu den spannendsten Exoten vor Ort. Das wiederholt zum BESTEN ETHNO-RESTAURANT gekürte Stammhaus hat inzwischen auch eine Filiale in Bulevardi 6, Tel. 6220 1155.

◎ **KOK THAI**, Runeberginkatu 56, Tel. 4548093. Mo–Fr 11–23 Uhr, Sa 12–23 Uhr, So 12–22 Uhr.

Stellvertretend für viele OSTASIATISCHE Speiselokale vor Ort. Die hervorragenden, reichhaltigen Portionen für € 10–15 sind allemal ihren Preis wert, die Bedienung ist ausgesprochen freundlich.

◎ **ZINNKELLER**, Meritullinkatu 25 (Kruununhaka), Tel. 135 4148. Mo–Fr 11–24 Uhr, Sa 12–22 Uhr, So 13–20 Uhr.

HERZHAFTES DEUTSCHES Essen, gutes Bier sowie ursprüngliche Atmosphäre zeichnen einen Abend im »Zinnkeller« aus.

RESTAURANTS IM GRÜNEN

◎ **KLIPPAN**, Insel Luoto, Tel. 633 408. 1.5.–15.9. Mo–Sa 17–24 Uhr.

Was gibt es an einem Sommerabend Schöneres, als bei einem GEPFLEGTEN MAHL und einem guten Tropfen dem Treiben auf dem Wasser zuzusehen? Das Restaurant liegt einzigartig vor der Einfahrt zum Südhafen. Die alte rotbedachte Villa mit Türmchen und schmucker Fassade lädt zum ROMANTISCHEN DINNER.

◎ **NJK**, Insel Valkosaari, Tel. 639 261. 2.5.–15.9. Mo–Sa 17–24 Uhr.

Ein SOMMER-Restaurant der außergewöhnlichen Art, auf der Insel eines Yachtklubs gelegen, benachbart zu Luoto. Das schöne Holzhaus wurde um 1900 gebaut. Um den mittig gelegenen Raum läuft eine Veranda, die herrliche Blicke auf SÜDHAFEN und Katajanokka freigibt.

◎ **WALHALLA**, Suomenlinna Nr 10 (Kustaanmiekka), Tel. 668 552. 1.5.–15.9. So–Do 12–20, Fr–Sa 12–22 Uhr.

Gourmet-Restaurant innerhalb alter FESTUNGSGEMÄUER. Dazu gehören eine Bar, eine Gartenterrasse und die »Pizzeria Nikolai«. Beliebt bei Touristen wie bei Einheimischen.

◎ **KAIVOHUONE**, Kaivopuisto, Tel. 6841530.

Das traditionsreiche Holzhaus in Helsinkis bekanntestem Park besaß schon zur Zarenzeit Bedeutung, als im Kaivopuisto ADELIG GEKURT und gefeiert wurde. Das »Kaivohuone«, Brunnenhaus, war zuletzt eine angesagte Ausgeh-Adresse. Seit Anfang 2004 wird das ehrwürdige Haus einer gründlichen Renovierung unterzogen. Wir sind uns sicher, dass es weiterhin seinen festen Platz als gutes Restaurant, frequentierte Sommerterrasse und als heißer Spot mit Bars, Tanz und Nachtleben behaupten wird, was bisher auch Live-Auftritte populärer Bands umfasste.

◎ **WANHA MYLLY**, Herttoniemen kartano, Linnanrakentajantie 12, Tel. 7597 520. Mo–Fr 11–23 Uhr, Sa+So 12–23 Uhr.

Außerhalb der City im Vorort Herttoniemi auf einem alten Gutshof gelegen. Das Restaurant ist auf STEAKS spezialisiert, hat aber auch fangfrischen Fisch und andere Gerichte im Repertoire. Steakteller sind um € 17 zu haben.

BELIEBT & GUT

◎ **ELITE**, Eteläinen Hesperiankatu 22 (Töölö), Tel. 434 2200. Mo–Do 11–1 Uhr, Fr 11–2 Uhr, Sa 14–2 Uhr, So 13–23 Uhr.

Seit 1932 das KÜNSTLER-Restaurant vor Ort. Musiker, Schriftsteller, Theaterleute gehen hier ebenso ein und aus wie Kunstliebhaber. Sie haben die Wahl zwischen finnischer Speisekarte im Lokal, der SOMMERTERRASSE oder der heimeligen Bar. Finnische Musik und Tanz inbegriffen. ELCH-SUPPE ist die Spezialität während der Saison. Dazu ein guter Punsch...

◎ **KAPPELI**, Eteläesplanadi 1 (City), Tel. 6812 440. Restaurant-Café täglich 9–24 Uhr, Bar/Bierkeller So–Do bis 2 Uhr, Fr–Sa bis 4 Uhr.

160 Jahre Gastronomiebetrieb in wechselnder Besetzung – ein »Aushängeschild« der Stadt. Der KUPPELBAU mit den großen Glasfenstern und gemütlichen Nischen war in früheren Zeiten Treffpunkt für Literaten und Künstler und erstrahlt jetzt im renovierten Gewand. Sie können ab morgens im Café einen frisch gebrühten Schwarzen trinken, ab mittags im Restaurant speisen oder die Bar besuchen. Das »Kappeli« verfügt

über eine eigene Brauerei und, als zünftigen Rahmen für das »Kappeli«-Gebräu, einen Bierkeller. Im Sommer ist die Terrasse überfüllt; man trifft Freunde und kommt in den Genuss der Darbietungen auf der benachbarten Musikbühne.

◎ **KYNSILAUKKA GARLIC**, Fredrikinkatu 22 (Punavuori), Tel. 651 939. Mo–Fr 11–24 Uhr, Sa+So 13–24 Uhr; die Küche serviert bis 23 Uhr.

Eine Hommage an die gesündeste aller Zehen! Kynsilaukka ist das altfinnische Wort für KNOBLAUCH, und dementsprechend gibt es kein Gericht, das ohne ... zubereitet wäre. Nach der LAMM-KASSEROLE (€ 17) schmeckt zum Beispiel – ein Knoblauchschnaps.

◎ **SEA HORSE**, Kapteeninkatu 11 (Ullanlinna), Tel. 628 169. So–Fr 11.30–24 Uhr, Sa 11.30–1 Uhr.

Eine fest in ihrem Viertel etablierte Größe ist das Kneipenrestaurant mit einfach-deftiger Speisekarte, darauf HAUSGEMACHTES Pyttipannu, eine finnische Art Bauernfrühstück aus gewürfelten Kartoffeln, Wurst, Rühreiern und Zwiebeln, sowie andere traditionelle Gerichte. Mit etwa € 8 sind Sie gut dabei. Schon Sartre und Neruda und viele andere Künstler quatschten sich hier fest.

◎ **MANALA**, Dagmarinkatu 2, Tel. 58077707. Mo–Fr 11–4 Uhr, Sa+So 14–4 Uhr.

Die – wörtlich übersetzt – »Hölle« serviert eher himmlische finnische sowie internationale Genüsse; hier können Sie täglich bis 3 Uhr morgens noch Ihren Hunger stillen. Reservierung sinnvoll – Manala erfreut sich steigender Beliebtheit bei Einheimischen und auswärtigen Gästen. Das Restaurant bildet eine Einheit mit dem populären Nachtclub-/Disco-Betrieb »Botta«.

◎ **HERNE & NAURIS**, Munkkisaarenkatu 16 (Munkkisaari), Tel. 7750 7695. Mo–Fr 11–18, Sa 12–18 Uhr; das zugehörige Café ab 9 Uhr.

ERBSE UND RÜBE heißt das Lokal passenderweise in der Übersetzung. In Künstler-Atmosphäre bekommen VEGETARIER Gemüse- und Salatplatten für jeden Geschmack. Fleischlos gut sind auch: »Silvuplee«, Toinen linja 3 (Kallio), »Hima & Sali« in der Kabelfabrik (Tallberginkatu 1) und das »Zucchini« (Fabianinkatu 4 (s.S. 68).

JUNG & TRENDY

◎ **EATZ**, Mikonkatu 15, Tel. 6877 240. Mo–Sa 12–1 Uhr, So 14–24 Uhr.

Alles UNTER EINEM DACH: Kein Trend, an dem die Küche vorüberginge. Ob Thai, Indisch, Italienisch, TexMex oder Sushi-Bar – das »Eatz« gibt freie Auswahl und ist ab mittags brechend voll. – Wer abends nach dem Essen Party machen will, muss das Dach nicht wechseln, denn es sind nur ein paar Schritte bis zu Club und Bar.

◎ **DEMO**, Uudenmaankatu 11, Tel. 2289 0840. Di–Sa 16–23 Uhr.

Das MENÜ WECHSELT täglich je nach Lust und Laune der Küchenmeister, bei gleich bleibender Qualität. SINNLICHES Essen in sinnlicher

Atmosphäre lockt experimentierfreudiges Publikum zuhauf!

◎ **TAPASTA**, Uudenmaankatu 13, Tel. 640 724. Mo–Do 11–24 Uhr, Fr 11–2 Uhr, Sa 14–2 Uhr.

Hier sind die Tapas so, wie sie sein sollen – und dazu auch noch PREISWERT. Überhaupt bietet das kleine, intime Lokal manche Köstlichkeit für die Besitzer schmalerer Geldbeutel. Dementsprechend ist der Laden angesagt.

◎ In den letzten Jahren erfreuten sich **SUSHI-BARS** zunehmender Beliebtheit. Der rohe Fisch schmeckt in der »Norisushi-Bar«, Eteläranta 1 (alte Markthalle), bei »Gyosai-Sushi« (mit fünf Plätzen Helsinkis kleinstes Restaurant), Runeberginkatu 40 B, wie auch im »Ichiban«, Mikonkatu 8.

CAFÉKULTUR

◎ **CAFÉ EKBERG**, Bulevardi 9 (City / Punavuori), Tel. 6811 8660. Mo–Fr 7.30–20 Uhr, Sa 8.30–17 Uhr, So 10–17 Uhr.

Eine INSTITUTION, obwohl es sich modischen Trends nicht unterwirft und nicht gerade billig ist. Es gibt leckere Torten und auch Frühstück. Im Sommer sitzt man draußen an der Straße unter den alten Alleebäumen und kann »Leute gucken«.

◎ **CAFÉ FAZER**, Kluuvikatu 3 (City), Tel. 6159 2959. Mo–Fr 8–22 Uhr, Sa 9–22 Uhr, So 13–19 Uhr.

LECKERMÄULER sind an der richtigen Adresse. »Karl Fazer« ist die bekannteste und BESTE Schokoladenmarke Finnlands; die Kenner streiten, ob gleich gut oder besser als die Schweizer Schoko-Konkurrenz. Erwartungsgemäß munden auch Torten und Kuchen im Café. Zudem serviert »Fazer« Snacks und kleine Gerichte. Und wer dann noch nicht genug hat, kann in der zugehörigen Konditorei für den häuslichen Bedarf einkaufen.

◎ **CAFÉ STRINDBERG**, Pohjoisesplanadi 33 (City), Tel. 681 2030. Mo–Sa 9–22 Uhr, So 10–22 Uhr.

Das Café gehört zu den In-Lokalen. Im Sommer sitzt man auf der Flaniermeile der Innenstadt, sieht und wird gesehen. »Strindberg« serviert neben Kaffee und Backwaren Snacks und eine reiche Auswahl an DRINKS.

»Strindberg« verfügt in der oberen Etage über ein Restaurant und eine herrlich gemütliche und trotzdem trendige Café-Bar mit kleinen Sitzecken, Sofas, Bücherwänden, Lesestoff – etwas teurer und länger geöffnet als der Erdgeschoss-Bereich.

◎ **CAFÉ ESPLANAD**, Pohjoisesplanadi 37, Tel. 665 496. Mo–Fr 8– 22 Uhr, Sa 9–22 Uhr, So 10–22 Uhr.

Lassen Sie sich von der Schlange nicht abhalten – lange müssen Sie nicht warten. Das Café ist, seit 2004 in neuem Gewand, ein POPULÄRER Treffpunkt, die HAUSEIGENE BÄCKEREI verwöhnt mit Kuchen und Sandwiches. Fr abends ertönt öfter Live-Jazz als Dreingabe gratis.

◎ **CAFÉ URSULA**, Ehrenströmintie 3 (Kaivopuisto), Tel. 652 817. Täglich 9–24 Uhr, im Winter verkürzte Öffnungszeiten (9–19 Uhr).

Unweit der Innenstadt erfüllt »Ursula« alle Kriterien eines Strandcafés! Ein Besuch bei der alten, bodenständigen DAME DER KAFFEEKULTUR erscheint den Helsinkiern wie ein natürliches Bedürfnis, wenn sie an lauen Sommerabenden auf der Uferpromenade lustwandeln. Für den Besucher bedeutet das Teilhaben an einheimischer Lebensart.

◎ **CAFÉ ENGEL**, Aleksanterinkatu 26 (Innenstadt), Tel. 652 776. Mo–Fr 8–23 Uhr, Sa 9.30–23, So 11–22 Uhr.

Ist dort zu Hause, wo der Architekt Engel am deutlichsten präsent ist: am Senatsplatz. Die BISTRO-ATMOSPHÄRE im besten Sinne hat Leichtigkeit, ohne vornehm-distanziert oder kühl zu wirken. Das Café steht bei Touristen im Ruf, zum Pflichtprogramm zu gehören. Im Sommer werden im kleinen Innenhof cineastische Happen »serviert«.

◎ **CAFÉ TORPANRANTA**, Munkkiniemenranta 2 (Munkkiniemi), Tel. 484 250. Täglich 10–17 Uhr, im Sommer 10–22 Uhr.

Mit herrlicher SOMMERTERRASSE zur Bucht LAAJALAHTI hin. Nahe der Endhaltestelle der Straßenbahn 4.

FASTFOOD, PIZZA

◎ Gleich drei **BURGER-RESTAURANTKETTEN** kämpfen um die Kundengunst: »Carrols«, »McDonalds« und »Hesburger«, die finnische Variante. Alle drei unterhalten Filialen in der ganzen Stadt. Da kann man sich streiten, wer die krossesten Pommes frites hat.

◎ **KOTI PIZZA** ist eine der größten Pizzeriaketten Finnlands. Die Pizza gibt's am Stehtisch – oder gleich zum Mitnehmen, in der Annankatu samstags sogar bis 4 Uhr.

◎ **PICNIC** ist eine Adresse für das schnelle Sandwich zwischendurch, ebenfalls mit mehreren Lokalen in Helsinki vertreten, zum Beispiel in der Kluuvi-Passage oder im Kaisa-Einkaufszentrum.

◎ **GOLDEN RAX**, Mannerheimintie 20 (Forum-Einkaufszentrum, Innenstadt), Tel. 694 1496.

Pizzabuffet: Essen und Trinken so viel Sie wollen, zum Festpreis. Pizza, Nudeln, Pommes, Hähnchen und Salat stehen auf der Karte. Eine Filiale ist im Itäkeskus vertreten.

◎ Für hungrige Mäuler gibt es bei **STADIN KEBAB** groß dimensionierte Kebabs, Salate und Falafel. Unter anderen in der Eerikinkatu 14.

KNEIPEN UND PUBS

Siehe das Kapitel »Unterhaltung«.

Für Selbstversorger

LEBENSMITTELGESCHÄFTE

Die finnischen SUPERMÄRKTE funktionieren im Großen und Ganzen, wie von zu Hause gewohnt; trauen Sie sich ruhig zwischen die Regale. Auch in Finnland besteht die Tendenz, Super-Supermärkte in die Vorstädte zu verlagern bzw. auf die

Fachmann hinter der Fischtheke: in Vanha kauppahalli, der ältesten Markthalle (siehe auch die Seiten 129 und 174). – Harte Sachen hinter Gittern: Noch wacht »Alko« über das Schnapsmonopol. ▶

LAHNA 6.70:- LOHI 12:-
KUHA 12:- NIERIÄ 13:-
SIIKA 14:- KIRJOLOHI 7.50
AHVEN 4.80:- MERIANTURA 33:-
HAUKI 5:- PIIRKIKAMPELA 30

Alko

berühmte grüne Wiese zu stellen. Im Innenstadtbereich sind es vor allem die großen WARENHÄUSER, wie »Forum«, »Stockmann« und »Sokos«, deren Märkte ein reichhaltiges Angebot garantieren. Die meisten Läden gehören einer (Lebensmittel-) Kette an, so wie »alepa«, »S-Market« und »K-Kauppa«.

Etwas abseits der Hauptstraßen fristen eine Reihe TANTE-EMMA-LÄDEN ein bescheidenes Nischendasein. Hier ist die Auswahl geringer, was ja der Qualität keinen Abbruch tun muss. Außerdem ist die Atmosphäre natürlich interessanter...

Milch- und MOLKEREIPRODUKTE finden sich in unzähligen Variationen. Sie werden staunen, wie vielfältig die Käseproduktion ist. (Tipp: Probieren Sie einmal Leipäjuusto, Brotkäse – sehr erfrischend, und er knirscht zwischen den Zähnen. Die Finnen tauchen ihn gern in heißen Kaffee ein.) Selbstverständlich füllen auch viele FISCHDELIKATESSEN die Regale. Und dann die vielen Kekse. Lassen Sie sich einfach verführen.

Für SPÄTEINKÄUFER: Täglich bis 22 Uhr im »Sokos« oder, preisgünstig, bei »alepa« im Asematunneli am Hauptbahnhof kann man noch das Notwendige abgreifen.

Übrigens: Das Leitungswasser in Helsinki ist gut und risikolos trinkbar.

MÄRKTE

Ein besonderes Vergnügen ist es, auf den Märkten und in den Markthallen einkaufen zu gehen, nicht nur der Frische der Produkte wegen. Auch der Selbstversorger mag hier erfolgreich nach Fisch und Fleisch, Kartoffel und Gemüse Ausschau halten.

Zur Wahl stehen: Marktplatz am SÜDHAFEN mit der alten Markthalle (Mo–Fr 6.30–18 Uhr, Sa 6.30–16 Uhr) – Hietalahti Markt samt Markthalle (Mo–Fr 8–14 Uhr, Sa 8–15 Uhr) – Hakaniemi, jener Marktplatz, wo sich hauptsächlich Einheimische versorgen, auch hier eine große Markthalle (Mo–Sa 6.30–15 Uhr) – Töölöntori, ein netter, überschaubarer Stadtteilmarkt hinter dem »Hotel Intercontinental« (Mo–Fr 6.30–14 Uhr, Sa 6.30–15 Uhr). Mehr auf Seite 129 f.

R-KIOSKI

An vielen belebten Ecken zu finden und leicht zu erkennen am »R« und den blau gestreiften Baldachinen, führt diese Kioskkette manch wertvolles Produkt, das einem gerade fehlt, falls der reguläre Laden schon dicht gemacht hat. Hier erhalten Sie Lesestoff, Stoff für Freunde des Nikotins, alkoholfreie Erfrischungen bis hin zu Fahrkarten für den Nahverkehr. Und wenn Not am Mann oder an der Frau ist, fungiert das Personal auch als Auskunftsstelle.

Unterhaltung

Der eine möchte sich entspannen, die andere anregen lassen und aktiv werden. Findet der eine Vergnügen daran, einem Vortrag über das Goldene Zeitalter der finnischen Kunst zu lauschen, sich im klassischen Konzert von den Violinenklängen eines Sibelius forttragen zu lassen, möchte die nächste einen Zug durch die Kneipen der angesagten Uudenmaankatu unternehmen, um danach in einer Diskothek abzutanzen.

Sowohl das NIVEAU von Kultur und Unterhaltung als auch deren VIELFALT, wobei ja nicht immer alles mehrfach vertreten sein muss, können sich sehen und hören lassen in dieser, gemessen an anderen Metropolen, immerhin nur mittelgroßen Stadt im hohen Norden. Dass hier auch Beispiele im Minusbereich zu finden sind, ist klar. Aber um unliebsame Erfahrungen zu vermeiden, dafür haben Sie ja Ihren Reiseführer.

◎ Angenehm fällt auf, und macht das Unterhaltungsgewerbe zusätzlich sympathisch, dass oft nicht einfach Importiertes wiederholt bzw. kopiert wird, sondern trotz gelegentlicher Übernahme internationaler Trends immer auch ein gutes Stück an **FINNISCHER** Eigen- und **LEBENSART** durchscheint – besonders was die aktive Kunst- und Kulturszene betrifft. Das Eigentümliche, UNGEWOHNTE macht ja gerade den Reiz des Eintauchens in unbekannte kulturelle Ausdrucksformen und Lebensstile aus. (In der Alltagskultur wird dagegen oft das Faible für alles Amerikanische deutlich.)

Was noch schön und anders ist: Selbst BEKANNTE heimische Pop- und Rockstars und -gruppen spielen in kleinen Kneipen und Clubs, zu erschwinglichem Eintritt und in DICHTER Atmosphäre, nahe zum Anfassen und nicht nur in Riesen-Hallen in anonymer Menge.

INFORMATION

◎ Aktuelle Veranstaltungskalender und Hinweise auf Events finden Sie in den beiden **HAUPTSTADTZEITUNGEN** »Helsingin Sanomat« und (dem schwedischsprachigen) »Hufvudstadsbladet«.

◎ Für die ausländischen Besucher ist die periodisch erscheinende **HELSINKI THIS WEEK** eine erste gute Orientierungshilfe, dies auch online: www.helsinkithisweek.net. Hier finden Sie eine Auswahl an Terminen und Veranstaltungen, GEORDNET nach TAGESDATUM, erhalten Daten zu Ausstellungen und erfahren die Adressen von diversen Veranstaltungsorten und Ausrichtern.

Eine Fundgrube an Information bilden die PROSPEKTSTÄNDER im Touristenbüro: Werden Sie in den

Programmen, speziellen Angeboten und Werbeblättchen nicht fündig, fragen Sie das Personal. Informationen erhalten Sie auch an den diversen Spielstätten selbst, teilweise per Info-Telefon.

EINTRITTSKARTEN

◎ Tickets gibt es in aller Regel an der **ABENDKASSE**, spätestens eine Stunde vor Veranstaltungsbeginn – sofern man überhaupt ein Ticket benötigt oder schlicht Eintrittsgeld bezahlt, so in bestimmten Musik- und Tanzschuppen oder (Nacht-)Clubs.

◎ Treten prominente Künstler auf oder stehen besondere Aufführungen auf dem Spielplan, sollte man nicht das Glück an der Abendkasse strapazieren, sondern rechtzeitig im **KARTENVORVERKAUF** die begehrten Pappstreifen ergattern. Auch in diesen Fällen kann man sich meistens direkt an die Spielstätten und Veranstaltungsorte wenden, wenn diese ihre Kassen für den Vorverkauf geöffnet haben. Oftmals bequemer aber ist es, man wendet sich an eine zentrale Stelle für den:

KARTENVORVERKAUF

Ausführliche Auskünfte über Spielpläne, Tourneen, Preise und eventuelle Ersatztermine sowie Alternativen erhalten Sie bei:

◎ **LIPPUPALVELU**, Tel. 0600 – 10 800. Täglich 8–20 Uhr. Nimmt Reservierungen aus dem Ausland entgegen: Tel. 00358 – (0)9 – 6138 6246, www. lippupalvelu.fi. Dependancen im Zentrum in den Kaufhäusern »Stockmann« und »Sokos« (Mo–Fr 9–21 Uhr, Sa 9–18 Uhr) und im Savoy-Theater.

◎ **TIKETTI**, im Einkaufszentrum Forum, Yrjönkatu 29 C (3. Stock), Tel. 0600 11616. Mo–Fr 11–17.30, Sa 11–16 Uhr. Tickets für Musikveranstaltungen, Film, Theater. www.tiketti.fi.

◎ **TOUR SHOP** im Touristenbüro, Pohjoisesplanadi 19, Tel. 060 0022 88. 1.6.–31.8. Mo–Fr 9–19 Uhr, Sa+So 9–17 Uhr, sonst Mo–Fr 9–17 Uhr, Sa 10–16 Uhr. Einzelne Veranstaltungen kann man auch dort buchen.

◎ **LIPPUPISTE**, Tel. 0600 900 900. Täglich 7–22 Uhr. Dependancen im Zentrum in den Kaufhäusern »Stockmann« und »Sokos«.

Festivals & Veranstaltungen

Die Finnen lieben Festivals – und sind Meister im Kreieren immer neuer Ideen mit viel Lokalkolorit. So ist der Festival-Kalender in Helsinki und Umgebung prall gefüllt – ob großes Spektakel oder eher beschaulich-besinnliches Vergnügen in kleinerem Rahmen.

◎ **MUSICA NOVA**, entstanden aus der Helsinki Biennale, verschreibt sich jetzt jährlich, im frühen MÄRZ, allen Strömungen der zeitgenössischen Musik. Auf offene Sinne hoffen die beteiligten Künstler aus vielen Ländern, dass ihre neuen Töne sowie manchmal gewöhnungsbedürftigen Klangfiguren in den Körpern der Zuhörer wiederschwingen. www.musicanova.fi.

◎ **KIRKKO SOIKOON!** schallt es alljährlich im März aus der Johannis-Kirche und weiteren Gotteshäusern der Stadt. Beim KIRCHENMUSIKFESTIVAL ziehen nicht nur die Organisten alle Register.

◎ Manch ein Mensch dankt seinem Schöpfer auch für den reinen Gerstensaft – etwa beim Helsinkier **BIER-FESTIVAL** im April.

◎ **FISH UND SHIPS** oder auch: Leinen los! Es ist MAI, Kapitän und Vorschoter können es kaum erwarten, dass die Segelsaison eröffnet wird. Am Halkolaituri-Kai am Pohjoisranta in Kruununhaka liegen alte Segelschiffe, die von der Leine wollen. Mit Shanty und Seemannsgarn, Akkordeon und Tanz und ersten Törns für Seebären und Landratten gleichermaßen.

◎ **HELSINKI-TAG**: Am 12. JUNI erinnert sich die Stadt (seit mehr als 40 Jahren) ihrer Gründung. Das Ereignis beginnt feierlich, offiziell mit Stadtoberhaupt und Empfang, geht über in einen Tag der kleinen Familienausflüge, Kindervergnügungen, Freiluftkonzerte und solcher entspannenden Dinge mehr.

◎ **PROVINZTAGE**: Auf dem Senatsplatz, der guten Stube der Stadt, präsentiert sich die finnische Provinz, in jedem Jahr eine andere Landschaft. In der warmen JUNI-Sonne entfaltet sich auf dem Pflaster die Vielfalt und der Reichtum des weiten Landes, begegnet den Hauptstädtern und Besuchern in der Folklore, ausgedrückt in Musik, Spiel und Tanz, in der Vermittlung regionaler Sitten und Gebräuche, in Kunsthandwerk und, lecker, in Form von Köstlichem, Exotischem aus der lokalen Küche.

◎ **MITTSOMMERFEST** (Juhannus): Wer an diesem dem 23. JUNI zunächst liegenden Freitag nicht aufs Land gefahren ist, zu Verwandten, zu Freunden, auf jeden Fall Richtung Sommerhaus, Sauna und See, die/der begibt sich am frühen Abend auf die Insel SEURASAARI. Eine Tradition schon seit mehr als einhundert Jahren. Dort herrscht einiger Trubel. Altes Handwerk wird zelebriert, hier zeigt eine Rauchsäule den Weg zur gegrillten Saunawurst (deren Pelle sich selbst festem Biss gern widersetzt), dort schickt eine Fiedel ein Tanzlied in den Abendwind. Und schon füllen sich die ersten gute Plätze am Ufer, denn bald wird das große Juhannusfeuer entfacht, vom Wasser umflutet. Angezündet vom Mittsommer-Brautpaar, hinübergerudert zum gewaltigen Holzstoß. Das Feuer lodert, die Menge singt und tanzt, dem Sommer zur Ehre.

◎ **KULINARISCHE KONZERTE**: Eine Verführung der Sinne an schönen Sommerabenden im JULI. Musik und Gesang verschiedener Stile und Epochen; dazu jeweils passend und stilecht ein Essen: mal elegantes Diner, mal derbe Kost. Eine kleine, aber feine Veranstaltungsreihe für Einheimische wie Besucher; das Ganze in romantischer Umgebung auf der Festungsinsel Suomenlinna.

◎ **HELSINKI FESTWOCHEN** (Helsingin juhlaviikot): Wenn der Sommer seinen Höhepunkt überschritten hat, probt Helsinki in den letzten Wochen des AUGUST, Anfang September, für vierzehn Tage den Aufstand, wirft seine kulturellen Leckerbissen in die Waagschale, gibt ein rauschendes Fest sich selbst zu Ehren. Gekrönt durch die Nacht der Künste, in der an Schlaf nicht zu denken ist, Jung und Alt auf den Beinen sind, um die Galerien zu stürmen wie die Würstchenbuden, um den Straßenmusikanten zu lauschen wie den Sinfonikern, die Gaukler zu bewundern, derweil in den Kirchen alle Orgelregister gezogen werden. www.helsinkifestival.fi.

◎ **HERINGSMARKT**: Anfang OKTOBER steht der kleine, feine und gar nicht so fette Ostseehering im Mittelpunkt des Interesses. Der Markt zu Ehren des baltischen Strömlings, *silakka,* ist ältestes, traditionsreichstes Fest im Jahreskalender. In Fässern und Kistchen werden sie zu bewundern sein, gebracht und präsentiert von stolzen Fischersleuten aus dem Ostseeraum. Eine fachkundige Jury prämiert die besten Fänge und die leckersten Marinaden und Kreationen – eine Woche Musik, Tanz, maritimes Flair und Fisch satt.

◎ **ARABISCHE NÄCHTE** verspricht und hält das Pop/Jazz-Konservatorium jedes Jahr Ende November und bietet für eine bunte Palette exotischer Klänge, die den Hörer rasch zum Aktivisten macht, denn das Zucken im Tanzbein will nicht aufhören. Um nicht aus der Übung zu kommen, geht's gleich zu ETNO SOI, dem spannenden Weltmusik-Ereignis.

◎ **KRÄFTE DES LICHTS** (Valon voimat): Zeichen in den dunklen Nächten von NOVEMBER und Dezember, Lichtspiele voller Überraschungen, aufflackernd in allen Vierteln. Kunst, Events, Projekte mit und im Licht helfen die dunkle Jahreszeit zu entdecken, ob im öffentlichen Raum, in Lokalen, an Orten der Kultur und Geschichte. Licht fällt auch auf sonst vernachlässigte, verplante, dunkle Ecken, gleich einem Träger ökologischen Bewusstseins. Die vielen Aktionen erschließen Facetten des Themas, beleuchten quasi das Beleuchtete und das Hoffnungsvolle.

◎ **WEIHNACHTSMARKT**: In den zwei Wochen vor Weihnachten erlebt der ESPLANADENPARK adventlichen Budenzauber. Der St.Thomas-Markt bietet originelles Kunsthandwerk von Filzhut bis Holzschnitzerei, Honig- und Beerenprodukte und so manche ÜBERRASCHUNG aus der Weihnachtsbäckerei. Schön auch der Frauen-Weihnachtsbasar in Vanha Satama auf Katajanokka an einem der Adventswochenenden.

◎ **SPORT UND SPIEL** stehen immer hoch im Kurs. Scharenweise auf die Straße treibt es Aktive, Beifall klatschende Unterstützer und Neugierige beim inzwischen etablierten HELSINKI MARATHON (August), der immerhin gut 6.000 beherzte Läufer auf attraktivem Kurs durch die Stadt und entlang der schönen Uferstraßen führt. Mit € 65 Startgebühr können Sie dank möglicher kurzfristiger Anmeldung dabei sein!

Es gibt Sportereignisse, die der Finne nicht ignorieren kann: Das sind alle Begegnungen zwischen Suomi und dem ewigen Rivalen Schweden. Ein Klassiker in dieser Hinsicht ist der LEICHTATHLETIK-Länderkampf im August (in geraden Jahren in Helsinki).

Wo kommen nur auf einmal all die Knirpse, Jungen und Mädchen in Trikots her, fragt man sich im Juli. Klar, der HELSINKI-CUP ist angesagt, Fußballturnier der Junioren. Ein Mega-Erlebnis für aktive Kicker aus dem Inland und vermehrt auch Ausland.

Ein herausragendes Ereignis ist ebenso der 10.000-METER-LAUF der FRAUEN (etwa Ende Mai). Aus dem ganzen Lande reist die Weiblichkeit gleich gruppenweise an. Hier in Helsinki geht es um Spaß und Mitmachen, ob man rennend oder gehend ins Ziel fällt, spielt dabei keine Rolle. Was allerdings eine Rolle spielt: Die Damen der Provinz werfen sich ins Großstadtvergnügen.

◎ Irgendwie ist immer etwas los in dieser Stadt, was unter der Flagge Festival, periodisches Event oder einfach **VERANSTALTUNGEN** angesiedelt ist.

Fragen Sie dazu im Touristenbüro nach, blättern Sie in bereits genannten Info-Heften oder – immer gut – fragen Sie einfach einen Ihnen sympathischen Einheimischen.

◎ Veranstaltungen aus Kultur und Sport haben außerdem die in den Stadtteil-Kapiteln erwähnten **KULTURZENTREN** im Programm, etwa Kaapelitehdas (Ruoholahti) sowie Hartwall Areena (Pasila) als Kultur- und Mehrzweckhallen, Caisa (Kaisaniemi), STOA (Itäkeskus), Annantalo (Punavuori), Malmintalo (Malmi) sowie Kanneltalo (Kannelmäki).

◎ Sofern Sie kürzere Entfernungen nicht scheuen, gehen Sie im Kapitel über die **HAUPTSTADTREGION** spazieren. In Espoo und Vantaa wartet noch manches Erlebnis auf Sie.

Vergnügungspark

◎ **LINNANMÄKI**, Tivolikuja 1, Info-Tel. 020 – 385 677. Ende April bis Mitte Mai Di–So 16–21 Uhr, Mitte Mai bis Mitte August täglich 12/13–22 Uhr, Mitte bis Ende August Mo–Fr 16–22 Uhr, Sa 13–22 Uhr, So 13–20 Uhr. Eintritt zum Gelände frei, Ticketpreise variabel: für Personen über bzw. unter 120 cm Körpergröße Einzeltickets für die Fahrgeschäfte € 4 / 1,50, Tagesticket für alle Attraktionen € 22/14. Straßenbahnen 3 B, 3 T und 8, Bus 23. (Siehe im Kapitel »Kallio und Vallila«.)

Auch wenn Linnanmäki nicht an das Kopenhagener Tivoli heranreichen mag, ist der Park doch ein liebevoll gestaltetes, familiäres Erlebnis. Die Helsinkier lieben ihren Park, und für Kinder und Familien ist er ein echtes Ferienevent. Mehr als eine Million Besucher im Jahr!

Theater

Ein Dutzend professionelle Theater unterschiedlicher Größe und Ausrichtung sind in Helsinki beheimatet. Und sie finden ihr Publikum: Mehr als 600.000 Besucher zählen diese Bühnen jedes Jahr. Dazu kommen jede Menge Laiengruppen, die die Szene bereichern. Trotz Fernsehen, Kino und anderer Medien der Zerstreuung ist dieser Part des Kulturlebens ausgesprochen lebendig.

Es gibt Gründe für den immensen Zuspruch: Theater in Finnland war nie eine Veranstaltung der »oberen Schichten«, kein elitäres Vergnügen, sondern Volks-Schauspiel. Theater in Finnland ist noch recht jung, es fehlen höfische Wurzeln. Außerdem werden die Bühnen stark vom Staat subventioniert, so dass Theaterkarten vergleichsweise preiswert zu haben sind.

Da nur wenige Leser das Finnische beherrschen dürften, werden die Bühnen nur relativ knapp vorgestellt. (Wer eintauchen möchte in die

THEATERGESCHICHTE

Das Erwachen des Nationalbewusstseins Mitte des 19. Jhs. initiierte den Aufstieg des FINNISCHSPRACHIGEN Theaters. Bis dato hatte es nur sporadische Aufführungen gegeben, oft Gastspiele tingelnder Gruppen in schwedischer Sprache.

Aleksis Kivi (1834–1872) war der erste bedeutende finnische Autor, dessen Stücke bis heute zum Standardrepertoire an Inszenierungen gehören. – Gleiches gilt für viele dramatische Werke von *Minna Canth* (1844–1897), deren beispielhafte Darstellung gesellschaftlicher und persönlicher Konflikte auch heute noch berührt. In dem Repertoire vieler Bühnen sind auch Stücke von *Maria Jotuni* (1880–1943) und *Hella Wuoliijoki* (1886–1954), die sich des Exilanten *Bertolt Brecht* während dessen Intermezzo in Finnland annahm.

Zeitgenössisches Theater ist in Finnland geprägt durch stilistische Vielfalt, Freiheit, durch EXPERIMENTE – mit allen Erfolgen, Irrungen und Wirrungen. Auf jeden Fall spannend und lebendig. Selbst für die ausländischen Besucher, die nicht immer alles verstehen müssen – Theater ist ein Spektakel, das viele Sinne befriedigen und Eindrücke vermitteln kann.

Welt des finnischen Theaters, sollte das Theatermuseum besuchen, siehe Seite 252).

◎ **FINNISCHES NATIONALTHEATER**: Rautatientori (Bahnhofsplatz), Tel. 1733 1331. Kartenvorverkauf: Mo–Sa 9–19 Uhr, Juni und Juli Sommerpause, 1.10.–31.3. zusätzlich So 12–18 Uhr. Tickets € 17–26/ 9–14 (mit HC ermäßigt).

Klassische und moderne finnische wie internationale Autoren. Im Repertoire rund 20 Stücke, auf den vier Bühnen aufgeführt. Auch Kindertheater. Finnischsprachig.

◎ **SCHWEDISCHES THEATER**: Pohjoisesplanadi 2 (Innenstadt), Tel. 6162 1411, Kartenvorverkauf Mo–Sa 12–18/19 Uhr, Juni / Juli Sommerpause. Tickets € 15–35 (mit HC Programmheft gratis).

Svenska Teatern ist DIE schwedischsprachige Bühne für Helsinki. Aufgeführt werden klassische wie zeitgenössische Stücke, aber auch Musiktheater und Musical.

◎ **STADTTHEATER HELSINKI**: Eläintarhantie 5 (Kallio), Tel. 39401. Kartenvorverkauf Ensi linja 2, Tel. 394 022. 1.1. bis Ende Mai und Anfang August bis 31.12. Mo–Fr 9–18 Uhr, Juni und Juli nur telefonisch. Tickets € 17–25 (mit HC gibt es das Programmheft gratis).

Von Boulevard bis Drama reicht das finnischsprachige Programm, von Sprechtheater bis Musical und Aufführungen für die ganze Familie. Das Stadttheater verfügt über ein eigenes kleines Tanzensemble.

SCHWEDISCH IN HELSINKI

In Helsinki gibt es eine lebendige schwedischsprachige Kulturszene – mit für den einen oder die andere BesucherIn vielleicht geringerer Sprachbarriere. Gut beraten sind Sie beim Finnlandschwedischen Informationszentrum:

◎ **LUCKAN**, Simonkatu 8 (Forum-Carrée), Tel. 68134510, Fax 68134511, www.luckan.fi. Mo–Do 12–18 Uhr, Fr 10–16 Uhr, Sa 10–14 Uhr. Über Feste, Events, Theater. Hier können Sie nicht nur Tickets kaufen, sondern finden auch einen reichen Bestand an schwedischsprachigen Zeitungen und Zeitschriften vor.

◎ Als schwedischsprachige **BÜHNEN** empfehlen sich neben dem großen SVENSKA TEATERN (siehe nebenan) die kleineren Häuser LILLA TEATERN (Kleines Theater), das ab 2005 mit dem Stadttheater Helsinki einen Verbund eingeht (Yrjönkatu 30, Tel. 6962 7033) und TEATER VIIRUS (Rajasaarenpenger 1, Töölö, Tel. 7003 9033, Büro Runeberginkatu 38).

◎ Kleine **THEATERBÜHNEN**, oft privat geführt: In Deutschland bekannt ist die Schauspielerin *Liisi Tandefeldt,* die ihr Theater AVOIMET OVET in der Museokatu 18 führt, Tel. 4342 5112. – Das KOM-TEATTERI in der Kapteeninkatu 26, Tel. 684 1841, lange Zeit Heimatbühne der auch bei uns bekannten Schauspielerin *Kati Outinen,* ist auch wegen des angeschlossenen Restaurants beliebt. – Auf der kleinen Bühne des Q-TEATTERI (sprich: Kuu = Mond), Tunturikatu 16, Tel. 4542 1333, treten neben Schauspielern Tanzensembles und Magier auf. – SAVOY-THEATER, Kasarmikatu 46, Tel. 169 3703. Das ehemals größte Kino Helsinkis, heute als Theater- und Konzertsaal in der Verwaltung des städtischen Kulturamts. Gute Akustik und technische Ausstattung machen klassisches Theater, Musik- und Tanzaufführungen im Rahmen von Gastspielen sowie kommunalen Festen zum Genuss.

◎ **PUPPENTHEATER**: Kinder- und Marionettentheater im NUKKETEATTERI SAMPO, Klaavuntie 11, Tel. 3236 968, oder NUKKETEATTERI VIHREÄ OMENA (Grüner Apfel), Eläintarhan Huvila 7, Tel. 701 2483.

Oper und Ballett/Tanz

Seit 1993 residiert die finnische Nationaloper zusammen mit dem Nationalballett in einem repräsentativen und teuren Gebäude IN WEISS UND GLAS an exponierter Stelle an der Töölö-Bucht. Errichtet in einer Zeit tiefer Rezession, ist der Bau ein Indiz für die anerkannte Stellung der Kunst und die qualitative Leistung der beteiligten Ensembles.

Was für das Theater stimmt, gilt ebenso hier: Das vermeintliche Programm für eine exklusive Minderheit findet breite Beachtung. Gäbe es eine Messung für den Ausstoß an Opernkompositionen und Libretti im Verhältnis zur Bevölkerungszahl, wäre das Land Spitze.

Finnische zeitgenössische Opernkomponisten und ihre Werke finden international Beachtung. Namen wie *Aulis Sallinen* (»Der Palast«, »König Lear«), *Einojuhani Rautavaara* (»Vincent«, »Aleksis Kivi«), *Olli Kortekangas* (»Marias Liebe«) oder *Kalevi Aho* (»Das Buch der Geheimnisse«) haben einen guten Klang. Gute Ausbildungsstätten für Sänger und Komponisten, namentlich die entsprechenden Abteilungen der SIBELIUS-AKADEMIE, sorgen für Nachwuchs.

◎ Vor dem Umzug an die Töölö-Bucht war die Heimstätte von Oper und Ballett das rot-plüschige **ALEXANDERTHEATER** am Bulevardi. 1911 hatten die Sängerin *Aino Ackté,* der Komponist *Oskar Merikanto* und der Kulturagent *Edward Fazer* die Initiative zur Gründung einer eigenständigen und permanenten finnischen Oper. Nach der Unabhängigkeit des Landes erhielt die junge Truppe das genannte ehemals russische Theater als Domizil, heute noch als Musiktheater genutzt.

Das finnische BALLETT entwickelte sich ab Anfang des 19. Jhs., geprägt von deutschen und vor allem St. Petersburger Einflüssen. Heute ist die Tanzkunst fest im Kulturbetrieb verankert; steht die gut 70-köpfige COMPAGNIE des Nationalballetts mehrmals je Woche im Rampenlicht.

Ein Dutzend Tänzer kann auch das Stadttheater aufbieten, die vor allem in Musicalproduktionen ihr Talent zeigen.

OPER

◎ **FINNISCHE NATIONALOPER**: Helsinginkatu 58 (Töölö-Bucht), Tel. 4030 2210, www.operafin.fi. Kartenvorverkauf Mo–Fr 9–16 Uhr, im Juli Sommerpause, Tickets € 14–95 (mit HC ermäßigt).

Die Oper pflegt ihrem hervorragenden Ruf. Das Programm umfasst zumeist klassische Werke der Opernliteratur, von Italien bis eben Finnland, gelegentlich aber auch Neues und Neuestes. Meist wird in der Originalsprache gesungen; Sie stolpern also nicht immer über das Finnische.

BALLETT/TANZ

◎ **FINNISCHES NATIONALBALLETT**: Helsinginkatu 58, Tel. 4030 2210. Internet und Preise siehe unter »Oper«.

Auch das Nationalballett residiert im neuen Opernhaus. Das breit gefächerte Repertoire reicht von klassischen bis zu modernen Choreografien – selbst Hardrock wird tänzerisch umgesetzt.

◎ MODERNER TANZ und Tanztheater haben in Helsinki ihren festen Platz – zum einen im **KULTURZENTRUM KABELFABRIK** (Kaapelitehdas), Tallberginkatu 1, Stadtteil Ruoholahti, zum anderen in der Gunst des fachkundigen Publikums: Das ZODIAK Zentrum für modernen Tanz, Tel. 694 4948, zeigt internationale Produktionen. Dazu das Tanztheater HURJARUUTH, Tel. 565 7250. – Zu empfehlen sind die Folkloretanzdarbietungen der Gruppe TSUUMI, die u.a. im KOM-Theater auftreten.

◎ Tanzbesessene freuen sich auch über zwei **TANZFESTIVALS**: SIDE STEP, alle zwei Jahre im »Zodiak«, mit Seminaren und Aufführungen in Neuem Tanz und Improvisation, sowie HELSINKI ACT, Festival und Symposion für Tanz und Schauspiel in der Theaterakademie, Sturenkatu 4.

Musik

KLASSISCHE MUSIK

Wer als Musikliebhaber nach Helsinki kommt, wird verwöhnt. Klassische Konzerte, Liederabende, geistliche Musik, all dies steht fast täglich auf dem Spielplan. Dabei wird besonderer Wert auf die FÖRDERUNG junger Künstler sowie auch ZEITGENÖSSISCHER Werke gelegt. Innovation und Experiment sind auch für die sogenannte ernste Musik kein Tabu. Keine Sorge – Sibelius, der Übervater, kommt ganz bestimmt nicht zu kurz. Wenn Sie etwas Zeit haben, gönnen Sie sich einen Musikabend. Das Preis-Leistungs-Verhältnis ist meistens in Ordnung.

EXPORT IN NOTEN

Woher nimmt dieses Finnland nur seinen schier unerschöpflichen Vorrat an hochbegabten Musikern und Sängern?

Dirigenten wie *Esa-Pekka Salonen, Jukka-Pekka Saraste* und *Osmo Vänskä* schwingen vor internationalen SPITZENORCHESTERN den Taktstock.

Suomis SängerInnen, von *Matti Salminen* bis *Karita Mattila,* bevölkern die Weltbühnen. – Und bleiben, natürlich, ihrer Heimat verbunden.

Von früher Förderung über ein Netz von Musikschulen bis hin zu staatlichen Aufträgen reichen die Grundlagen, die solche Früchte tragen.

◎ **PHILHARMONIE HELSINKI**: Finlandia-Halle, Mannerheimintie 13 (Töölö-Bucht), Tel. 402 4265 und 402 4260 (Programmauskunft), www.hel.fi/filharmonia. Tickets € 15–20/5 (mit HC ermäßigt).

Das älteste professionelle Sinfonieorchester Nordeuropas, 1882 gegründet, bringt in rund 60 Konzerten jährlich musikalische Vielfalt zu Gehör. *Leif Segerstam* dirigiert die fast 100 Musiker, deren Klasse bei Tourneen und Gastspielen auch im Ausland Anerkennung findet.

TIPP: Bei Generalproben, an bestimmten Tagen um 10 Uhr, können Besucher für geringen Obolus (€ 2) »Mäuschen spielen«. Karten vor der Probe in der Finlandia-Halle.

◎ **FINNISCHES RUNDFUNK-SINFONIEORCHESTER**: YLE Radio Finnland, www.yle.fi/rso. Konzerte in Finlandia-Halle und Kulttuuritalo (Kulturhaus), Sturenkatu 4 (Kallio), Tel. 1480 4368. Tickets für € 11,50 –20/6 (mit HC ermäßigt).

Das hoch angesehene Orchester, 1927 ins Leben gerufen, dirigiert der Meister des Taktstocks, *Sakari Oramo,* seit 2003 als Chefdirigent. Neben klassisch-romantischen Werken hat sich das Orchester neuer und finnischer Musik verschrieben. Zu dieser Linie passt die Uraufführung von Auftragswerken finnischer Komponisten.

◎ **AVANTI!** Büro: Kabelfabrik, Tallberginkatu 1 B 80, Tel. 694 0091, im Internet: www.avantimusic.fi.

Das KAMMERORCHESTER sorgt seit seiner Gründung 1983 durch die damals jungen Wilden Salonen und Saraste für FRISCHEN WIND in der Klassikszene. Das in Größe und Zusammensetzung variierende Ensemble (von Streichquartett bis Sinfoniebesetzung) musiziert auf anerkannt hohem Niveau und ist nicht nur für seinen oft unkonventionellen Stil, sondern auch für hervorragende CD-Einspielungen berühmt. Hier musiziert Nachwuchs der Extraklasse.

◎ **SIBELIUS-AKADEMIE**, Pohjoinen Rautatiekatu 9, Tel. 405 4685, www.siba.fi/eng. Tickets € 10–15/ bis 7 (mit HC ermäßigt).

Open Air für Nachwuchskünstler am Südhafen (oben). – Kirchenkonzerte finden das ganze Jahr über in den großen Helsinkier Kirchen statt. ▶

LUNCH + CRUISE
DORIS

Kammermusik und Solisten prägen die Konzertreihen der Helsinkier Musikhochschule. Deren Repertoire reicht von klassischer Musik bis zu Avantgarde.

◎ **KIRCHENKONZERTE** finden das ganze Jahr über in den großen Helsinkier Kirchen statt. Sowohl Orgel- als auch Chorkonzerte stehen auf dem Kalender, häufig ist der Eintritt frei. Beliebt: Felsenkirche, Dom, Suomenlinna-Kirche und die KALLIO-KIRCHE mit ihrem außergewöhnlichen Orgelklang.

JAZZ

Wie fast überall ist die Gemeinde der eingefleischten Jazz-Fans eher klein. Aber an den Rändern mischt sie sich mit anderen Hörergruppen aus den Genres Rock, Blues und Worldmusic. Die Wechselwirkung zeigt sich bereits seit den 1970er Jahren an dem Urgestein und Tausendsassa *Sakari Kukko* und seiner Band *Piirpauke*. Oder, ganz aktuell, am ebenso ungewöhnlichen wie reizvollen Klangerlebnis mit dem FINNISCH-INDISCHEN PROJEKT KRIYA um den renommierten Jazzgitarristen *Peter Lerche*.

Das Jazz-, Bigband-, Familie-von-Solisten-Projekt UMO ist eine feste Konstante. Das Kürzel steht für »Orchester für Neue Musik«. Zu den Solisten und kleinen Gruppen mit internationalem Renommee zählen das Trio *Töykeät*, die *U-street All Stars*, *Tapani Rinne* und *Jarmo Savolainen*. Förderung erhält die Szene von dem POP- UND JAZZKONSERVATORIUM mit Sitz in einer alten Arabia-Porzellanfabrik, das zum Beispiel auch die auf Seite 82 vorgestellten Arabian Nights arrangiert.

◎ **JUMO**, Pursimiehenkatu 6, Tel. 61221914. Mo–Sa ab 20 Uhr, je nach Programm.

Die Heimat jener Jazzband UMO. Schlichter, ungestylter Club, trotzdem mit viel, viel Spirit! Schließlich treffen sich hier Jazzfreaks aller Stilrichtungen in zumindest teilweise rauchfreiem Raum zu Mitwippen bis Dancing, je nach Laune oder Rhythmus.

◎ **STORYVILLE**, Museokatu 8, Tel. 408 007. Täglich 20–4 Uhr.

DER JAZZCLUB in der Stadt, mit nichts als Rhythmus über zwei Etagen. Live hören Sie im unteren Geschoss Abend für Abend finnische Jazz-Legenden, ob Swing, ob Bebop oder Modern style. (Noch mehr zum Storyville auf Seite 110)

◎ **JUTTUTUPA**, Säästöpankinranta 6 (Kallio), Tel. 774 4860. Mo– Do 10–1 Uhr, Fr 10–3 Uhr, So 11– 24 Uhr.

Mittwochs ist Jazztag im CLUB RYTMIHÄIRIÖ (meistens beim freiem Eintritt), neben der »Hausband« treten auch externe Jazz- und Swinggrößen auf.

Samstags dagegen ist Kleinkunst angesagt. Eine Adresse auch für junges Publikum.

ROCK/POP

Dass in Finnland nicht nur Sauna und Sibelius den Ton angeben, son-

Piirpauke – Worldmusic auf Finnisch mit Tausendsassa Sakari Kukko am Keyboard ▶

dern auch (Sex & Drugs &) Rock n' Roll, weiß die Musikwelt spätestens seit den frühen 1990er Jahren, als eine Schar Herren mit RIESENTOLLEN und Endlos-Spitzschuhen mit ihrem Spaß-Rock losschlug. Die *Leningrad Cowboys* spielen bevorzugt Coverversionen internationaler Titel.

Die finnische Szene ist bei aller Überschaubarkeit unerwartet vielseitig und originell. Der Markt ist fast nur auf den heimischen beschränkt, und doch zeigen viele Spitzenbands kaum Tendenzen, ihre Muttersprache zu Gunsten des Mainstream-Englisch aufzugeben. Zum Teil liegt dies daran, dass viele Bands INTELLIGENTE TEXTE produzieren, oft mit spezifischem Humor und finnischer Weltsicht, die schwer zu transferieren ist. Veteranen wie *Hector* (*Heikki Harma*), *Juice Leskinen*, *J. Karjalainen* und die Band *Eppu Normaali* mögen als Beispiele dienen.

Was nicht ausschließt, dass man auf internationale Erfolge Wert legt. Das aggressive Durchdringen potenzieller neuer Hörerschichten wird versucht. Gruppen wie die auch in Deutschland populären *HIM, The Rasmus* und *Nightwish* machen es vor.

Also gleich ab in einen Club mit Live-Musik. Von Techno bis Folk, von Hardrock bis Balladeskes, von finnischem Rap bis Schmusepop – auf den folgenden Seiten nimmt sie eine Kennerin der Szene an die Hand...

Szene – Tipps

(NICHT NUR) FÜR JUNGE LEUTE

von Petra Lilith Höhne

Helsinki bietet jungen Leuten eine ganze Menge: von Cafés, Kneipen, Pubs über Kino, Theater bis zu Clubs, Diskotheken und Live-Events reicht das Angebot, denn EVERYTHING GOES in Helsinki, wie die Einheimischen gerne betonen.

VOR ALLEM DIE MUSIK-SZENE überrascht mit ihrer Vielfalt: Rock, Pop, Hip Hop, Techno, Jazz oder Tango – kein Wunsch bleibt in der finnischen Hauptstadt offen.

Nach wie vor wird hauptsächlich auf Finnisch gesungen, doch lässt sich längst ein Trend zu Englisch und damit zu mehr Internationalität heraushören. So schafften in den letzten Jahren einige (auf Englisch singende) finnische Bands verschiedener Stilrichtungen den internationalen Durchbruch und erregten damit verstärktes Interesse an der finnischen Musikszene. Diesem Interesse wird Tribut gezollt, indem immer mehr neue Musik-Clubs in Helsinki aus dem Boden wachsen. Man könnte fast von einem erwachten MUSIK-TOURISMUS sprechen.

◎ Einen starken Stellenwert in Helsinki haben **ROCK** und **POP**. Die unbestrittene Top-Adresse für Live-Gigs dieser Stilrichtungen ist Finnlands ältester Rock-Club, der **TAVASTIA KLUBI**, in der Urho Kekkosenkatu 4–6 im In-Viertel Kamppi. Neben einheimischen Rock- und Pop-Gruppen treten hier auch häufig ausländische Künstler auf, in jüngster Zeit zunehmend aus deutschen Landen. Namen wie *Guano Apes* oder *Reamonn* sind keine Unbekannten in der finnischen Rockmusik-Szene.

Der RUSTIKAL eingerichtete Club mit seinen roten Ledersitzmöbeln und der ovalen Bar in der Mitte ist nur durch drei Türen vom benachbarten Bühnenraum getrennt. Eine gute Sicht ist sowohl von der Bar als auch von jedem anderen Ort innerhalb des Bühnenraums garantiert. Ganz fanatische Fans erklimmen die Holzleiter an der linken Seite vor der Bühne. Exzellente Akustik und das Fehlen jeglicher Absperrung unterhalb der Bühne sorgen für wahren Konzertgenuss.

Das MINDESTALTER für den Besuch des Tavastia Klubi liegt bei 18 Jahren. Junge Leute unter diesem Limit haben null Chance, den Club von innen zu sehen, denn die Türsteher sind GNADENLOS.

Geöffnet ist das Tavastia So–Do 21–2 Uhr, Fr–Sa 21–3 Uhr. Alle lesenswerten Infos über den Club findet man auf seiner hauseigenen Homepage: www.tavastiaklubi.fi, Tel. 7746 7420, Fax 693 2749.

Achtung: Der Club selbst verkauft keine Tickets! Diese sind zu beziehen über den Ticket-Service TIKETTI (siehe Seite 80). – Jedoch Vorsicht, wer von zu Hause aus bestellen will: Tiketti verfügt nur über ein einziges Telefon. Ein Anruf kann schnell zu ei-

HELSINKI – SZENETREFFPUNKTE

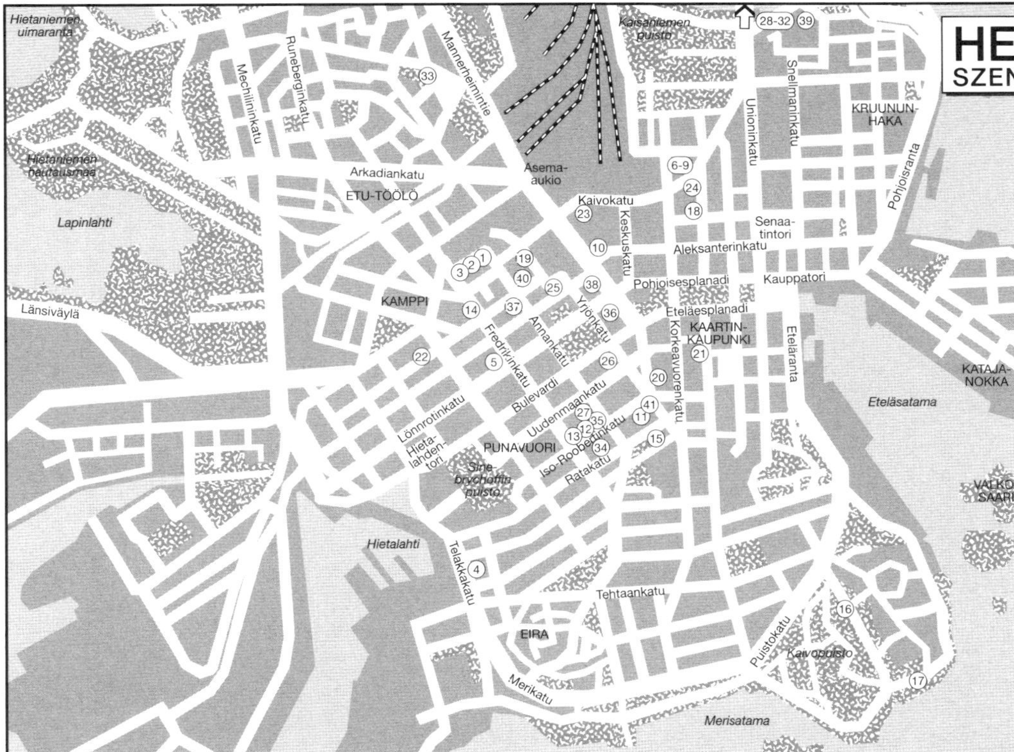

1 Tavastia Klubi
2 Semifinal
3 Ilves
4 Nosturi
5 Bar Loose
6 On The Rocks
7 Fennia
8 Barfly
9 Eatz
10 Vanha
11 Gloria
12 We Got Beef
13 Jump Inn
14 Highlight Café
15 Mocambo
16 (Kaivohuone)
17 Café Ursula
18 La Bodega
19 Tiger
20 Kerma
21 Kaarle XII
22 Saunabar
23 Lady Moon
24 Molly Malone's
25 O'Malley's
26 Bar No 9
27 SF-Baari
28 Stella Star Club
29 Iltakoulu
30 Kaivotorppa
31 Pore
32 Roskapankki
33 Storyville
34 DTM
35 Lost & Found
36 Hercules
37 Con Hombres
38 Mann's Street
39 Nalle
40 Alcatraz Club
41 Widowmaker

ner teuren Angelegenheit werden. Besser und billiger bestellt man Tickets online: tiketti@tiketti.fi/

◎ Angegliedert an Tavastia Klubi ist das **SEMIFINAL**, das als der kleine Bruder gilt. Es bietet hauptsächlich eine PLATTFORM für Künstler, die in der Musikszene Fuß fassen wollen. Hier ist keine Ticketvorbestellung notwendig. Wer zuerst kommt, bekommt zuerst. Auch die Preise sind moderat und liegen bei € 5–8. Öffnungszeiten und Altersbegrenzung siehe Tavastia Klubi.

◎ Ein weiteres Familienmitglied ist das Ravintola (Restaurant) **ILVES**, das sich zwischen dem Tavastia und dem Semifinal befindet. Mit der aus hellbraunen Holztischen und -stühlen und einer halbrunden Bar bestehenden Einrichtung erinnert es an AMERICAN DINERS. Das Ilves bietet eine internationale Küche (Pizzas, Pasta, Tapas, Suppen, Sandwiches etc.) zu günstigen Preisen: ab € 4,50 aufwärts. Die Altersgrenze liegt, man staune, bei 22 Jahren. Mo 15–23 Uhr, Di 15–1 Uhr, Mi–Do 15–2 Uhr, Fr–Sa 15–3 Uhr. So Ruhetag. Tel. 694 8511.

◎ Ein weiterer interessanter Club, in dem überwiegend **ROCK,** jedoch auch **TECHNO** gespielt wird, ist das **NOSTURI** in der Telakkakatu 8, das mitten im westlichen Industriehafengebiet liegt. So befindet sich der Club auch in einem großen ehemaligen Fabrikgebäude aus roten Ziegeln mit Metallgitter-Treppen, die links und rechts des Einganges nach oben führen. Kennzeichnend ist der neben dem Club hoch aufragende KRAN. Im Club selbst gibt es eine riesige Veranstaltungshalle, die gut und gern 800–1.000 Leute fasst. Alles ist nüchtern im typischen Fabrikhallenstil gehalten. Entlang der Wände befinden sich Metallgitter-Emporen mit Geländer, von denen aus man die Tanzenden beobachten und den Überblick behalten kann. Die Bühne ist auch im Nosturi von allen Seiten gut einsehbar sowie ohne Absperrung. Besonders interessant ist der Musik-Club im Sommer, wenn dort an den Wochenenden der traditionelle **KESÄKLUBI**, der SOMMER-CLUB stattfindet. Der Kesäklubi besticht durch seine Vielfalt an dargebotenen Musikrichtungen. Er ist ausgesprochen beliebt, deswegen ist zu einer frühzeitigen Ticketbuchung zu raten. Tickets gibt es wieder bei Tiketti. Geöffnet ist das Nosturi von 21 bis 3 Uhr.

In direkter Nachbarschaft dieses Clubs liegen übrigens die Proberäume BEKANNTER finnischer Bands. Mehr über das Nosturi erfährt man unter www.elmu.fi (leider bisher nur auf Finnisch).

◎ Für hungrige Mäuler gibt es im Nosturi das Restaurant **NOUSU**. Es hat 120 Sitzplätze, eine Terrasse und serviert Salate, Pasta, Fleisch- und Fischgerichte ab € 4,50 aufwärts an. Mo–Di 11–17 Uhr, Mi– Sa 11–23 Uhr, So Ruhetag.

◎ Für Rock-Freunde unerlässlich ist ein Besuch in der **BAR LOOSE**, Fredrikinkatu 34 (Punavuori), die sich

Vor dem großen Ansturm: On The Rocks ▶

seit ihrer Eröffnung 2002 steigender Beliebtheit erfreut und auch ROCK-PROMIS zu ihren Gästen zählt. Die DJ's Loudon Clear und Miss Heat legen neben **ROCK 'N ROLL GARAGE, PUNK, GLAM, COUNTRY** und **POP** auf. Der wöchentliche Höhepunkt in dem mit Holztischen und -bänken eingerichteten Loose ist der höllisch gute HELLSINKI HEAT CLUB, der jeden Do von 21–2 Uhr stattfindet. Neben internationalen Rock-Legenden (wie den Rolling Stones und Elvis) werden öfter die zeitgenössischen skandinavischen Rockbands wie die *Flaming Sideburns* oder die *Hellacopters* gespielt. Geöffnet ist die Bar täglich 14–2 Uhr. Tel. 586 1819. www.barloose.com (nur auf Finnisch).

◎ Ebenfalls populär Club ist das **ON THE ROCKS**, Mikonkatu 15 (Innenstadt). Angesagt sind Rockklassiker der 70er bis 90er Jahre sowie aktuelle Rock-Hits. Dementsprechend ist die Einrichtung rockig mit GOTHIC TOUCH: roh belassenes Mauerwerk aus unbearbeiteten Steinen, dunkelgrauer Steinboden, sparsame Beleuchtung. Die Bühne ist relativ klein und ohne Absperrung. Di, Mi, Do ab 23 Uhr Live-Musik. Geöffnet ist der Club Mi–Sa 20–4 Uhr, So–Di 21–4 Uhr, die zum Club gehörende Street Bar 16–4 Uhr, im Sommer 12–4 Uhr. Tickets erwirbt man beim Club. Der Eintritt kostet ab € 6. So–Mi freier Eintritt. www.ontherocks.fi zumeist auf Finnisch, Tel. 6122 030.

◎ Das On the Rocks teilt sich die große Straßenterrasse mit drei weiteren Bars, Clubs und Restaurants in der Mikonkatu: Fennia, Barfly, Eatz. GEMEINSAM BILDEN SIE HELSINKIS neue **PARTYMEILE** NR.1 und bieten Platz für über 500 durstige Gäste, die sehen und gesehen werden wollen.

◎ Das **FENNIA** in der Mikonkatu 17 (Innenstadt) ist eine Disco im traditionellerem Sinne. In dem renovierten, fast 100-jährigen Gebäude befinden sich ein Restaurant, eine Disco mit Bar und neben der Street Bar ein Innenhof für Frischluft-Fans. Es besitzt eine geräumige Tanzfläche, auf der sich die Gäste ab 22 Uhr zu Mainstream-Hits, gelegentlich auch zu Live-Musik bewegen. Die am Jugendstil orientierte Einrichtung wird überstrahlt von einer langen Reihe von Lichtspots (Super Trooper), die an der Decke befestigt sind. Der Innenhof ist eher kärglich ausgestattet und bietet 52 Leuten bis 3 Uhr morgens Platz.

Geöffnet Mo-Fr 11–4 Uhr, Sa+So 16–4 Uhr. Mindestalter 22 Jahre. Tel. 621 7170.

◎ Das **BARFLY** (Mikonkatu 15) besticht durch sein SCHLICHTES, klares DESIGN. Es ist Restaurant, Nachtclub und Bar in einem. Sollte man dort zwischen 18 und 22 Uhr speisen wollen, ist eine Reservierung unbedingt notwendig, da die Tische kontinuierlich besetzt sind. Das Mindestalter beträgt 24 Jahre. Di–Sa 18–4 Uhr, So 20–4 Uhr. Tel. 687 7360.

Weitere Szene-Tipps ab Seite 105.

FARBSEITEN 97 – 104:

Seite 97 oben:
VRen Makasiini: Kunst, Kitsch, Kaffee – Flohmarkt in alten Eisenbahn-Magazinen

Seite 97 unten:
Marktplatz am Südhafen

Seite 98:
Sommerliches Ritual: Teppichwäsche mit frischem Meerwasser im westlichen Töölö

Seite 99:
Die Uspenski-Kathedrale, Wahrzeichen der Orthodoxie in Finnland

Seite 100:
Herz aus Stahl und Glas: Das neue Gebäude Sanomatalo ist u.a. Heimat für Finnlands größte Tageszeitung

Seite 101 oben:
Leningrad Cowboys, die spektakulärste finnische Variante des Rock 'n Roll

Seite 101 unten:
Design Forum Finland: Schaufenster für Funktionalität und Fantasie

Seite 102 oben:
Wissenschaftspark im Stadtteil Viikki

Seite 102 unten:
Am Strand von Rastila (Ost-Helsinki)

Seite 103 oben:
Eine der schönen alten Holzvillen in Hanko; die Statue mit den drei Kranichen erinnert an die finnischen Emigranten, die ihr Glück in Amerika und Australien suchten

Seite 103 unten:
Landschaft an Finnlands Südküste

Seite 104:
Lebens-Kunst und Künstlerleben: Atelierhaus Hvitträsk in Kirkkonummi

KAHVIO

Coca-Cola

◎ 4. Mitglied im Club der Mikonkatu-Szene-Lokale ist das **EATZ**, (Nr. 15, Eingang Kaisaniemenkatu 2). Es besteht aus dem Restaurant im Erdgeschoss (siehe Seite 74) sowie Orient-Grill, Café, Club und Sushi-Bar im Untergeschoss. Die fantasievolle, bunte Einrichtung mit viel Mosaik und Einlegearbeiten ist schon allein ein Augenschmaus, sogar die Teller sind liebevoll dekoriert. Bunt ist auch die Küche, die sich den orientalischen, mediterranen und karibischen Speisetrends verschrieben hat: Thai, Indisch, Italienisch, Tex-Mex und Japanisch. Hier bekommt man das beste Sushi im Land, für das es bereits einen Preis gab, den einzigen in ganz Finnland. Eatz-Mitbesitzer Formel 1-Rennfahrer Mika Salo kann stolz sein. Mindestalter 20 Jahre. Mo–Sa 12–1 Uhr, So 14–24 Uhr, Club Fr–Sa 18–4 Uhr, Street Bar Mo–Do 12–1 Uhr, Fr–Sa 12–4 Uhr, So 12–24 Uhr. Tel. 687 7240. www.eatz.fi (auf Finnisch).

◎ Der wohl vielseitigste Veranstaltungsort in Helsinki, wo MUSIK-EVENTS FAST ALLER STILRICHTUNGEN, Theateraufführungen und in der Adventszeit ein hinreißender Kunsthandwerksmarkt stattfinden, ist das **VANHA**. Beheimatet im alten Studentenhaus in der Mannerheimintie 3 (Innenstadt), 1870 im frühen Neo-Renaissance-Stil erbaut, neben einem Festsaal mit Bühne, der von wuchtigen Arkadenreihen mit Nischen im oberen Stockwerk umgeben ist, samt einem Biercafé, einem Restaurant und einer Terrasse mit Blick auf die belebte Einkaufsstraße Aleksanterinkatu.

Das Biercafè bietet durstigen Kehlen derzeit 128 VERSCHIEDENE Biersorten an. Auch sonst ist die verspiegelte Bar mit den winzigen Barhockern davor bestens bestückt. Weiße Tische sowie helle Holzstühle laden zum Sitzen ein.

Die Freiluftterrasse ist ein guter Platz zum Leute-Gucken, bringt den Besucher mit Gartenparty-Feeling in Feierstimmung. Nicht selten trifft man dort auf Prominente der finnischen Musikszene, die sich in Helsinki frei – und ohne auf hysterisch kreischende Fans zu treffen – bewegen können.

Sehr beliebt sind die **TECHNO-ABENDE** des KAJAL CLUB. Sehr zu empfehlen ist FINNISCHER **REGGAE**: Der karibische Rhythmus, gepaart mit den Texten auf Finnisch, hat seinen eigenen Reiz. Er ist bei den Einheimischen so beliebt, dass bereits seit 10 Jahren das HELSINKI REGGAE FESTIVAL regelmäßig Ende August im Vanha stattfindet; dort treten und legen nicht nur die Lokalmatadore des finnischen Reggae wie DJ BOMMITOMMI, RUMPUNCH oder FRANCIS auf, sondern auch jamaikanische Reggae-Größen wie *Sizzla* oder die legendären *Burning Spear*. Infos zu dem Festival unter www.onelove.st.

Veranstaltungsbeginn ist oft um 21 Uhr, Veranstaltungsende um 4 Uhr. Im Biercafè: Mo–Do 11–1 Uhr, Fr 11–2 Uhr, Sa 11–4 Uhr, So 17–24 Uhr. Infos zu den Vanha-Veranstaltungen erhält man über www.vanha.fi leider bisher nur auf Finnisch. Tickets wie fast immer bei Tiketti (s.o.). Der Eintritt zu den Veranstaltungen variiert: € 3–30. Tel. 1311 4368.

◎ Club, Theater, Galerie, Café und Restaurant unter einem Dach vereint **KULTUURIAREENA GLORIA**, Iso Roobertinkatu 12, im Vergnügungsviertel Punavuori. Der puffige Eindruck, den das rote Neonschild des Gloria zunächst einmal vermittelt, vergeht schnell, wenn man das Innere betritt. Die hellen Wände mit knallroten Türen sowie der schwarzweiße Fliesenboden sind einfach chic. Die Musikstile reichen von **ROCK** über **HIP HOP** bis **PUNK** oder **TECHNO**. Die Veranstaltungen finden auf zwei Stockwerken statt. Nicht selten legt einer der stadtbekanntesten DJs, DJ PROTEUS oder DJ ORKIDEA, auf, die vor allem beim 15–25-jährigen Publikum angesagt sind.

Das Gloria hat 350 Sitzplätze, plus 200 im Restaurant. Geöffnet 18/21–1/3 Uhr (kommt auf die Veranstaltung an). Galerie im 2. Stock u. Café mit Internet-Anschlüssen Mo–Mi sowie Fr 14–18 Uhr. Tickets kann man direkt vor Ort kaufen. Preise: € 3–5. Tel. 3104 5812, Fax 3104 5813 und www.nuoriso.hel.fi/gloria jetzt auch teilweise auf Englisch.

◎ Ebenfalls in der Iso Roobertinkatu (Nr. 21) befindet sich Helsinkis neuester IN-SPOT: **WE GOT BEEF**. Hinter diesem ungewöhnlichen Namen verbirgt sich ein Café-Resto-Bar-Nachtclub, in dem der Besitzer Antti Eerikäinen selbst unter dem Szene-Namen DJ GO-GO ANTTI für GROOVIGE Musik sorgt. Aufgelegt werden alter **SOUL, JAZZ, BOSSA NOVA** und **FUNK**. Die Inneneinrichtung ist sehr stilvoll in hellen Tönen gehalten und gilt als ein Höhepunkt trendiger finnischer Innenarchitektur. So–Do 11–2 Uhr, Fr–Sa 11–3 Uhr. Tel. 679 280.

◎ **TECHNO** und **LOUNGE MUSIC** verschrieben hat sich ebenso das **JUMP INN** in der Fredrikinkatu 29 (Punavuori). Hier trifft sich die HELSINKI UNDERGROUND DJ-Szene zu internen Wettbewerben. Typisch für den Club ist ein riesiger Bildschirm, auf dem fern-östliche Action-Filme à la Bruce Lee gezeigt werden. Das Publikum ist hier sehr jung und trendy: Mit bunt gefärbtem Haar und Piercing gehören Sie dazu. (Für Piercings gibt es übrigens zwei gute Adressen in Helsinki: das *Harness* in der Albertinkatu 36, Punavuori, und das *Shock* in der Uudenmaankatu 19-21. Das letztere bietet sogar Dreitageskurse für Leute, die das Piercen professionell erlernen wollen.)

◎ Ein weiteres Highlight, wo vor allem **MAINSTREAM MUSIC** gespielt wird, ist das **HIGHLIGHT CAFÉ** in der Fredrikinkatu 42 (Punavuori). Es befindet sich in einer früheren Kirche und bietet ordentlich Platz zum Essen, Trinken, Tanzen. Zudem flimmern Sportevents und alte Filme auf gigantischen Bildschirmen. Das Publikum ist überwiegend Anfang 20. Auskünfte unter Tel. 734 5822.

Hallo ClubgängerInnen: Das legendäre Kaivohuone hat den Eigentümer gewechselt und wurde bei Redaktionsschluss umgebaut. Es wird weitergehen,

◎ Freunde des **R 'N B, HIPHOP, LATIN, FUNK, DANCEHALL** und **JAZZ** sollten nicht den CLUB BUNDOLO im Ravintola **MOCAMBO** (Ratakatu 9, Punavuori) versäumen. Von 22 bis 24 Uhr wird die kleine, von roten Vorhängen umrahmte Bühne zum Podium der in Helsinki sehr beliebten Stand Up Comedy. Fr+Sa 22–4 Uhr. Tickets € 5–6. Tel. 622 71590, www.bundolo.info (auch auf Englisch).

◎ Folgt man der Iso Puistotie im Kaivopuisto bis zum Meer und biegt dann nach links in die Ehrenströmintie ab, gelangt man zum traumhaft AM UFER platzierten **CAFÉ URSULA**. Tagsüber als Café stark frequentiert (siehe Seite 75), entwickelt es sich an samstäglichen Sommerabenden zu einem Treffpunkt für Freunde des **SALSA** und anderer heißblütiger, lateinamerikanischer Rhythmen. Die langen Reihen bunter Lampionketten erwecken den Eindruck einer gigantischen Garten-Party.

◎ Eine Resto-Bar der besonderen Art ist das **LA BODEGA**, ehemals Copacabana, in der Yliopistonkatu 5 (Innenstadt). Das spanische Weinrestaurant im hispanisch-lateinamerikanischen Hazienda-Stil mit weiß getünchten Wänden und maurisch anmutenden Arkaden bietet neben den zum Wein gern genaschten Tapas auch Barbecue. Die Preise sind moderat, es gibt Gerichte ab € 5 aufwärts. Von Abba bis Paso Doble sind **ALLE MUSIKRICHTUNGEN** vertreten. Geöffnet ist Mi–So 18–4 Uhr. www.labodega.fi (auf Finnisch).

Ab 21 Uhr öffnet im La Bodega der **UNIQ CLUB** seine Pforten. Er hat etwas ganz Spleeniges zu bieten: eine Eisbar, in der die Gäste ihre Drinks IN KÄLTESCHUTZANZÜGEN schlürfen, und das sommers wie winters! Die Einrichtung in Silber und Chrom, getaucht in EISIG BLAUES LICHT, verströmt allein schon arktische Kälte. Auch hier werden bevorzugt Latino-Rhythmen (zum Aufwärmen) sowie 70er Jahre-Hits gespielt. Das Publikum ist trendy bis crazy. Mindestalter 24 Jahre. Mi–So 21–4 Uhr. Mi, Do, So Eintritt frei, Fr € 5, Sa € 7. www.uniq.fi (auf Finnisch).

◎ Einer der Top-Nachtclubs in Helsinki ist das **TIGER** in der Yrjönkatu 36 (Innenstadt). Der eher minimalistisch eingerichtete Club erreicht mit 850 m^2 enorme Ausmaße. Er enthält eine Tanzfläche, gleich vier Bars und viel Raum zum Sitzen und gemütlich Schwatzen. 100 der 600 Plätze sind VIPs vorbehalten und an Samstagen ist es schwierig, als Nicht-VIP hineinzukommen – falls doch, ist langes Schlange-Stehen in Kauf zu nehmen. Allerdings kann man dann schon mal auf Mika Häkkinen und andere leibhaftige finnische Promis treffen. Di–So 22–4 Uhr. Tel. 565 7800.

◎ Zwei weitere wichtige Adressen für super trendige Leute sind **KERMA** in der Erottajankatu 7 und das **KAARLE XII** in der Kasarmikatu 40 (beides Innenstadt).

Das Kerma ist ein Nachtclub, in dem neben hauptsächlich **MAINSTREAM MUSIC** auch **SALSA** ge-

doch bis zuletzt war keine aufschlussreiche Information zu bekommen, wann und in welchem Rahmen (siehe Seite 73).

spielt wird. Das Publikum ist extrem MODISCH. Um sich nicht unwohl zu fühlen, sollte man Marken-Klamotten tragen. Interessant die Club-Deko im LOUNGE STYLE. Tel. 680 2665.

Im Kaarle XII verkehren vor allem Anwälte, Banker sowie andere Yuppies. Allerdings auch Studenten! Die Musik-Palette ist breit gefächert: **FINNISCHE SCHLAGER** über **70ER JAHRE** bis zu den **NEUESTEN DISCO HITS**: wird alles gespielt. Berüchtigt sind die wilden Parties, die Do Nacht stattfinden. Di–Mi 16–2 Uhr, Do–Fr 16–3 Uhr, Sa 19–3 Uhr. Tel. 171 353.

◎ Eine witzige und ungewöhnliche Alternative zur Schicki-Micki-Disco ist die **SAUNABAR** in der Eerikinkatu 27 (Punavuori). Hier kann man nicht nur Klubben und VERSCHIEDENEN MUSIKRICHTUNGEN lauschen, sondern auch die Sauna besuchen und Billard spielen. Es gibt eine Bar und ein Restaurant mit 120 Sitzplätzen, in dem man ab € 8 den hungrigen Magen füllen kann. Die Einrichtung ist mit Holztischen und -bänken eher rustikal. So+Mo 15–24 Uhr (nonstop Sauna), Di–Sa 15–2 Uhr (Sauna-Reservierung notwendig). Die Sauna kostet € 4,20, ein Handtuch € 2,50. – Zwei Poolbillard-Tische und ein Snooker-Tisch befinden im Restaurant. Beim Spiel kann man den mit lustiger Kaffeehaube verkleideten Saunakaffee schlürfen. Live-Musik-Programm-Infos: www.saunabar.net, Tel. 586 5550.

◎ Die Top-Adresse für Fans des **WAVE-GOTHIC**-Bereiches ist der CLUB ANVIL, der jeden letzten Do im Monat im Nachtclub **LADY MOON**, Kaivokatu 12 (City) stattfindet. Hier findet man genügend Raum, um zu den düsteren Klängen von FUTU, GOTHIC, NEW ROMANTIC, INDIE und ELECTRONIC POP zu tanzen. Die DJ's *Brenque* und *Lady Sannox* erfüllen jeden Wunsch. Die lange, gut bestückte Bar löscht den größten Durst und die bequemen Ledersitze laden zum Ausruhen ein. Mindestalter 24 Jahre. 21–4 Uhr. Freier Eintritt, immer brechend voll. Tel. 843 7370 und www.vogue-electric.net.

◎ Natürlich gibt es auch in Helsinki IRISH PUBS. Die bekanntesten sind das »Molli« und das »Mälli«: das **MOLLY MALONE'S** in der Kaisaniemenkatu 1C in Bahnhofsnähe und das **O'MALLEY'S** in der Yrjönkatu 28 (Innenstadt). Mit IRISCH stilechtem Innenleben und natürlich **IRISCHER LIVE-MUSIK**. Man trifft dort ein gemischtes, häufig trinkfreudiges Publikum an, unter dem sich ein hoher Prozentsatz an Deutschen befindet.

Mo–Di 11–2 Uhr, Mi–Sa 11–3 Uhr, So 12–2 Uhr. Molly Malone's www.mollymalones.fi und Tel. 576 67500. O'Malley's Tel. 1311 3459.

◎ War noch bis vor kurzem die Uudenmaankatu (Puonavuori) die Party-Straße schlechthin, so gibt es dort jetzt nur noch zwei erwähnenswerte Clubs: die **BAR NO 9** (Uudenmaankatu 9, Tel. 621 4059) und die **SF-BAARI**, (Uudenmankatu 16–20) ein in Schwarz gehaltener Club mit einem Monitor über der Bar, auf dem man schon von außen sehen kann, wer im Untergeschoss auf der Tanzfläche sein Bestes gibt. Täglich 21–3 Uhr. Tel. 6227 1630. Mindestalter 24.

◎ Neben der Szene-Meile Nr.1 Mikonkatu hat sich in der letzten Zeit ein zweites Party-Zentrum an ungewöhnlichem Ort etabliert: der **KALLIO CRAWL**. In dem ehemaligen Arbeiterviertel und Rotlichtbezirk Kallio gibt es fast 150 Bars, die mit gutem Service und billigen Bierpreisen (€ 2–4) locken. Neulinge in der Kallio-Szene sollten die HELSINGINKATU und deren Umgebung erkunden.

Als guter Anfang für einen Zug durch die »Gemeinde« gilt der **STELLA STAR CLUB** in der Sturenkatu 27, der Platz für 470 Leute gewährt. Hier finden regelmäßig LIVE-EVENTS aus dem **ROCK**-Bereich statt. Besonders gerne werden Klassiker der 50er bis 70er Jahre gespielt. Di–Sa 16–3 Uhr. Mindestalter 18 Jahre. Tel. 0401 512 7527.

Weitere gute Adressen sind das **ILTAKOULU**, Vaasankatu 5 (geöffnet 17-2 Uhr), das **KAIVOTORPPA**, Helsinginkatu 1, Tel. 713 455, und das **ROSKAPANKKI**, Helsinginkatu 20, Tel. 735 488, die das »goldene Bier-Dreieck« in Kallio bilden.

◎ Nahebei das **PORE** (auf Deutsch »Blase«) in der Helsinginkatu 15, ein Gay Lokal, auch für Heteros geeignet. Happy hours täglich 8–21 Uhr, am Do Sex-files: spezielle Drinks und Musik. Montags ist Pore Clubtime für Club-Mitglieder. Täglich 18–2 Uhr. Tel. 773 1303.

◎ Auch Jazz-Freunden hat Helsinki einiges zu bieten. Einen ausgezeichneten Ruf besitzt der Jazzclub **STORYVILLE** in der Museokatu 8 (Töölö). Er besteht aus zwei Stockwerken mit verschiedenem Gesicht. Im oberen Stockwerk bemerkt man den **JAZZ** kaum, vielmehr wirkt dort das Storyville wie eine normale Kneipe. Im unteren Stockwerk aber trifft man auf die Helden des finnischen Jazz (kostet natürlich Eintritt). Zu hören sind **SWING, BEBOP, COOL JAZZ**, manchmal **MODERN JAZZ**. Täglich 20–4 Uhr. Tel. 408 007.

SCHWULE UND LESBEN

Gut aufgehoben sind auch Schwule und Lesben in Helsinki. Die Stadt ist sehr tolerant, es gibt eine Vielzahl von Clubs und Kneipen, die im Übrigen auch von Heteros besucht werden können.

◎ Am bekanntesten, populärsten ist das **DTM** (Don't Tell it Mamma) in der Annankatu 32 (Kaartinkaupunki). Der riesige Club (der größte Gay Club vor Ort) veranstaltet ab und zu **DRAG QUEEN SHOWS**. Mi–Mo 22–4 Uhr. Tel. 676 314, www.dtm.fi (!).

◎ Ein Hetero-freundliches Lokal der Schwulen-/Lesbenszene ist **LOST & FOUND** in der Annankatu 6 (Punavuori). Es besteht aus einer Bar (Hideaway Bar), einem Café und einem Restaurant auf zwei Etagen und bietet zudem **MUSIK** sowie **KLEINKUNST**. Wer spät in der Nacht noch Lust auf einen ABSACKER hat, befindet sich dort in guter Gesellschaft. Auch ein

Ville Valo soll sich schon mal sehen lassen. Mo–Fr 16–4 Uhr, Sa+So 15–4 Uhr. Tel. 680 1010.

◎ Ein weiterer Gay Nightclub ist das **HERCULES** in der Lönnrotinkatu 4 B. Der in blau schimmendes Schwarz getauchte Club ist zwar nicht frauenfeindlich, und doch werden weibliche Wesen zumindest misstrauisch beäugt. Täglich 20–4 Uhr. Tel. 612 1776.

◎ Weitere Adressen für Gays sind **CON HOMBRES**, Eerikinkatu 14 (täglich 16–2 Uhr, Tel. 608 826) und das **MANN'S STREET**, Mannerheimintie 12 A, 1. Etage (So–Do 21–3 Uhr, Fr+Sa 21–4 Uhr, Tel. 612 1103).

◎ Bleibt das **NALLE** in der Kaarlenkatu 3–5 (Kallio). Auch dieser Pub gilt als MIXED PLACE und verfügt über eine kleine Straßenterrasse. Tel. 701 2057. Täglich 15–2 Uhr.

EROTIK-RESTAURANTS

Wer auf nackte Tatsachen nicht verzichten und sich Striptease und Table Dance zu Gemüte führen will, ist in einem von Helsinkis Erotik-Restaurants gut aufgehoben. So etwa im ALCATRAZ CLUB in der Eerikinkatu 3, der Striptease pur verspricht. Täglich 20–4 Uhr. Tel. 562 2266. – Als Erotik-Nachtclub gehobener Klasse gilt der CLUB WIDOWMAKER in der Iso Roobertinkatu 10B. Täglich 20–4 Uhr. Tel. 6228 0180.

Die **AUTORIN** *Petra Lilith Höhne* arbeitet als Redakteurin und Texterin im Kunsthandel. Freundschaftliche und familiäre Bindungen führen sie jedes Jahr mehrmals nach Helsinki. Dort absolvierte sie ein Praktikum im Nationalmuseum und entdeckte ihre Liebe zum finnischen Jugendstil, die sie inzwischen mit zahllosen Fotos dokumentiert hat.

Mixed

Für den Besuch der Clubs und Szene-Treffs gilt: Man ist so alt, wie man sich fühlt, wie einen die Interessen leiten und eine/n der Türsteher herein lässt! Also: Schauen, probieren und auswählen, sowohl aus den Szene-Lokalen wie aus den Mixed Tipps.

◎ Eine Auswahl aus dem wöchentlichen Kino-, Kneipen- und Szeneprogramm gibt der Flyer **HELSINKI CLUBLAND & ELOKUVAT**, der im Touristenbüro und an diversen Veranstaltungsorten ausliegt.

OPEN AIR

◎ Die Bühne für Open-Air-Konzerte jeglicher Gattung im Sommer im Grünen ist der herrliche, große Park **KAIVOPUISTO** (siehe unter »Kaivopuisto und Eira«). An den Wochenenden im Juli und im August füllt sich der Park mit Tausenden Menschen und zahllosen Klängen, ob Klassik oder Rock. Eintritt frei. Genaues erfahren Sie im Touristenbüro oder bei ELMU (Elävän Musiikki), Tel. 681 1880.

TANZ TRADITIONELL

Die Finnen sind ein TANZFREUDIGES Volk – besonders allerdings mal wieder die Frauen. Eine eigene Liebe gilt dem finnischen Tango, eher schwermütig-sehnsuchtsvoll als erotisch, so ganz anders als die lateinamerikanische Variante, aber genau so gewachsen und traditionell bewahrt.

◎ **WANHAN TANSSIKELLARI**, Mannerheimintie 3 (Kaivopiha), Tel. 6844900, Mo 11–24 Uhr, Di–Do 11–2 Uhr, Fr 11–4 Uhr, Sa 16–4 Uhr.

Treffpunkt für Freunde des Gesellschaftstanzes, natürlich vorwiegend zu Live-Musik: Hier treten bekannte Orchester, Sänger, Kapellen und auch schon mal ein/e TangoköniglN auf.

◎ **TANZBODEN**: Helsinki pavi lavatanssit, Honkanummentie 6 (in Vantaa), Tel. 875 2595.

Kurz hinter der Stadtgrenze trifft man sich zum TANZ UNTER FREIEM HIMMEL. Ob Tango, Humppa oder Jenkka – hier geht es rund, von Mitte April bis Mitte September.

WEITERE CLUBS / PUBS / BARS

◎ **CORONA BAARI**, Eerikinkatu 11, Tel. 642 002. Täglich 11–2 Uhr. Mindestalter 20 Jahre.

Teils gemütlich-dunkle Kneipe, teils Billardsaal: Hier begegnen sich Gegensätze bei guten Sandwiches und ebenso guter Musik, hier bleibt man gern etwas länger...

◎ Gleich nebenan das **MOCKBA**, Eerikinkatu 11, Tel. 409288. Täglich 18–2 Uhr. Mindestalter 20 Jahre.

UdSSR-Jukebox und OST-Atmosphäre, schräg und immerhin einst das Lieblingslokal von Matti Pellonpää, dem bekannten Schauspieler.

◎ **CAFÉ TIN TIN TANGO**, Töölöntorinkatu 7, Tel. 2709 0972. Mo–Fr 7–2 Uhr, Sa 9–2 Uhr, So 10–2 Uhr. Mindestalter 20 Jahre.

Einer der wenigen Orte in Helsinki, wo man BIS IN DIE NACHT FRÜHSTÜCKEN kann! In eher familiärer Atmosphäre kann man gut essen, trifft Schauspieler und Sportler. Ab € 17 ist die SAUNA zu mieten. – Derweil kann sich die Wäsche in der ebenfalls verfügbaren Maschine tummeln.

◎ **CLUB KÖNIG**, Mikonkatu 4, Tel. 8568 5740, Mo+Di bis 1 Uhr, Mi–Sa bis 4 Uhr.

Die Szene lebt vom gemischten Publikum, ein TREFF FÜR ALLE. Musik der 1970er und 80er Jahre, ab und zu live, winzige Tanzfläche: eine reizvolle Musikkneipe.

◎ **IGUANA**, Mannerheimintie 12, Tel. 6801855. So–Do 11–1 Uhr, Fr+Sa 11–3 Uhr; inzwischen drei »Ableger« in der Stadt.

Ansprechendes Interieur, angenehme ATMOSPHÄRE – nicht hektisch, trotzdem lebendig, nicht zu laute Musik und gute Drinks. Ein absolut beliebter Treffpunkt.

◎ **WILLIAM K.**, Annankatu 3, Tel. 680 2562. So–Do 15–1 Uhr, Fr+Sa 15–2 Uhr.

»William K.« nennt sich BIER-Zimmer: *Olut huone*. Ausgeschenkt werden werden Biere aus aller Herren Länder, in beschaulicher, bierseliger

Behaglichkeit. Ein Treff zum Reden, mehrfach in der Stadt vertreten.

◎ **BELGE**, Kluuvikatu 5, Tel. 622 9620. Mo–Do 11–2 Uhr, Fr+Sa 11–3 Uhr, So 12–22 Uhr.

Bar und Bistro mit guter Auswahl an (nicht nur belgischen) Bieren, recht neu in der Kluuvi-Galerie. Das gemütlich-kneipige Interieur garantiert einen hohen Klönfaktor.

◎ **ST. URHO'S PUB**, Museokatu 10, Tel. 58077222, So–Di 15–1 Uhr, Mi–Sa 15–3 Uhr. Ab 20 Jahre.

URKKI nennen die Einheimischen den beliebten Pub. Zunehmend ein In-Treffpunkt für gemischtes Publikum in lockerer Atmosphäre. Nebenan im »Manala« gibt es gutes Essen, im »Botta« Tanz.

◎ **SIR EINO**, Eteläseplanadi 18, Tel. 85685770, Mo+Di 16–1 Uhr, Mi+Do bis 2, Fr+Sa bis 3 Uhr.

Passend gegenüber der Statue des Dichters Eino Leino im Esplanadenpark ist der neuere After-Work-PUB IM ENGLISCHEN STIL die rechte Adresse für ein gepflegtes Bier und einen guten Happen.

◎ Die als verschlossen geltenden Finnen sind erstaunlich **KARAOKE**-begeistert – mit Freude und Schadenfreude gleichermaßen. Dementsprechend sind einige spezialisierte Etablissements schon recht lange im Geschäft. Als Favoriten gelten dabei: POPULUS, Aleksis Kiven katu 22. – JONE'S, Kaisaniemenkatu 13. – PATAÄSSÄ, Mariankatu 9. Von morgens bis spät in die Nacht: ab auf die Bühne!

Film

Die erste finnische Filmproduktion, ein kurzer Dokumentarfilm, stammt aus dem Jahr 1904 (acht Jahre nach der Filmpremiere der Gebrüder *Lumiere);* der erste sogenannte »Langfilm« wurde hier 1907 abgedreht.

Als GOLDENES ZEITALTER des finnischen Films gilt der Zeitraum um 1935–50. Mangels internationaler Konkurrenz in Vor- bis Nachkriegszeit und auch sonst begrenzter Gelegenheiten, sich zu zerstreuen, erreichten einheimische Produktionen Besucherzahlen, wie später nie wieder. Danach drängte US-amerikanische Meterware auf den Markt und ließ das Fernsehen potenzielle Kinogänger zu Hause bleiben.

KINO IN HELSINKI

Mehr als 60 Kinos verteilen sich in Helsinki, von Filmkunsttheatern und Programmkinos bis zu den großen modernen Palästen, die die finnischen Premieren der meist angloamerikanischen Top-Filme zeigen.

Alle Filme laufen in ORIGINALSPRACHE mit Untertitel auf Finnisch und Schwedisch. Der Kartenverkauf beginnt eine halbe bis eine Stunde vor Filmstart.

Das wöchentliche Programm ist als Faltblatt im Touristenbüro, in Hotels und Kneipen erhältlich und liegt in den Kinos selbst aus.

◎ **KINO ORION**, Eerikinkatu 15, Tel. 6154 0201. Lichtspielhaus des finni-

FILMLAND SUOMI

Die einheimische Filmproduktion und Kinoszene war und ist auf staatliche Förderung angewiesen. Von Ausnahmen abgesehen, beschränken sich finnische Filme aufgrund der Sprache, der Sujets, ihrer knappen finanziellen Budgets und damit Vermarktungschancen auf den heimischen Markt.

Ausnahmen sind die Brüder *Aki* und *Mika Kaurismäki*, die seit den 1980er Jahren im Ausland unter vielen Cineasten geradezu einen KULTSTATUS genießen. Ihre Filme finden problemlos internationale Verleiher und ihr Erfolg brachte positive Impulse für die heimische Filmindustrie.

Dass Suomi mehr beachtenswerte Regisseure, Drehbuchautoren, Kameraleute und Schauspieler hervorgebracht hat, unterstreichen Präsenz und Erfolge finnischer Filme auf den internationalen Festivals.

Und wen wundert es, dass Helsinki und Umland Zentrum der Zelluloid-Industrie sind?

schen Filmarchivs, auch architektonisch ein Kleinod. Eine Mitgliedskarte (gültig 6 Monate) kostet rund € 4 und ermächtigt zum Kauf einer Karte je Vorführung. Der Eintritt kostet rund € 3,50 pro Film; die Mitgliedskarte ist vorzulegen.

◎ **BIO REX**, Lasipalatsi, Mannerheimintie, Tel. 555 880. Das traditionsreiche Theater für Filmkunst ist Schauplatz für Premieren und festliche Galavorführungen. Leinwand, Sound und Technik sind vom Feinsten. Wer es intim bevorzugt, kann auch Logen mieten und das Filmgeschehen mit einem Drink in der Hand verfolgen.Von der Dachterrase des CAFÉS im Haus haben Sie einen tollen Blick auf die geschäftige Mannerheimintie, auf Kiasma sowie das Parlament.

◎ Freunden guter Filmkunst empfiehlt sich auch das Kino **ANDORRA**, Eerikinkatu 11, Tel. 612 3117. Dafür bürgen die Initiatoren AKI und MIKA Kaurismäki mit ihren guten Namen.

◎ **FINNKINO**, Tennispalatsi, Salomonkatu 15, Tel. 0600 007 007. 14 Kinos, dabei der größte Kinosaal Finnlands mit einer 180-m²-LEINWAND. Das vor allem jüngere Publikum vergnügt sich mit Popcorn in der Hand an den aktuellen Reißern und Melodramen. In einigen Sälen gibt's für Pärchen Doppelsitze.

◎ **KINOPALATSI** 1–10, Kaisaniemenkatu 2, Tel. 0600 94 444. Dieser Kinokomplex widmet sich vorwiegend den aktuellen Spektakeln aus Hollywood. Das schließt gelegentlich auch thematische Reihen sowie Filmkunst nicht aus.

◎ Ein Erlebnis ist es, wenn an lauen Augustabenden der Helsinki-Festwochen die Eerikinkatu abgesperrt wird, weil auf einer Riesenleinwand kostenloses **OPEN-AIR-KINO** geboten wird...

◎ **FILMFESTIVAL**: LOVE AND ANARCHY, Liebe und Anarchie, lautet der programmatische Titel des jährlich IM SEPTEMBER stattfindenden Ereignisses. Nicht Glamour, vergoldete Elche oder Bären-Preise stehen im Mittelpunkt, sondern tatsächlich das Werk aus Zelluloid.

Das ist die hohe Zeit der Filmfreaks, sich dem Jungen Wilden Kino zu stellen, die INDEPENDENT SCENE, Experiment, Dokumentation, Animation an sich heranzulassen; jedenfalls eine aufregende Sache und es wert, anschließend bei geistigen Getränken geistreich in diversen Lokalitäten erörtert zu werden.

Internet Cafés

Ideal, um sich tagesaktuell online über Veranstaltungen in der Stadt zu informieren und rasch E-mails los zu werden. Aber dann nicht zu lange an den Spielekonsolen kleben bleiben, gilt es doch die Stadt zu erobern! Klar, dass es in Helsinki eine ganze Reihe von Internetcafés gibt, in denen man sich umsonst oder doch erschwinglich in das Datennetz einklinken kann. Günstige, da kostenfreie Adressen sind auch die über die Stadt verteilten öffentlichen

◎ **BIBLIOTHEKEN** (Zentralbibliothek: Rautatieläisenkatu 8 in Pasila, Tel. 31085312). Den gültigen Büchereiausweis gibt's umsonst vor Ort.

◎ Einen Cyber-Knotenpunkt bildet der **LASIPALATSI**, Mannerheimintie 22–24: Kirjakaapeli (Kabelbücherei), die Infozentren »Kompassi«, »Luckan«, »Café Meteori«, »Mbar«, »Skenet Café« bieten ihre Dienste an – in unterschiedlichem Ambiente.

Weitere kostenfreie Tore zur Welt u.a.: Hauptpostamt, Mannerheiminaukio. – Akademische Buchhandlung, Keskuskatu 2. – Café Giovanni, WTC, Keskuskatu 7.

Casino

◎ **CASINO RAY**, Mikonkatu 19, Tel. 680 800. Täglich 12–4 Uhr. Jahreskarte € 10, Jahreskarte € 2. Es besteht Ausweispflicht.

30 Tische und 300 Automaten stehen zur Spiel-Auswahl im GRAND CASINO HELSINKI. Die Gewinneinnahmen des staatlich kontrollierten Spielparadieses fließen wohltätigen Zwecken zu. Neben der Kugel und den Karten gibt es zwei Casino-Restaurants, vier Bars / Cafés, Veranstaltungen sowie Live-Musik an drei Tagen wöchentlich.

Shopping

Shoppen in Finnlands Hauptstadt weckt zuallererst die Vorstellung von finnischem DESIGN, und davon gibt es in Helsinki jede Menge zu sehen und zu kaufen. Von Mode und Heimtextilien über Holz und Möbel bis hin zu Glas und Porzellan / Keramik, zu Schmuckdesign und traditionellem Kunsthandwerk ist die Auswahl an Ideen und an qualitativ hochwertiger handwerklicher Umsetzung groß.

Mit Finnlands Beitritt zur EU hat sich das PREISNIVEAU sowohl bei den Lebenshaltungskosten als auch bei Souvenirs und sogenannten Luxusgütern an das anderer europäischer Länder, etwa Schwedens oder Deutschlands, angeglichen, so dass die Warnungen vor dem teuren Pflaster Finnland überholt sind.

Obwohl sich in den großen Einkaufszeilen Esplanaden und Aleksanterinkatu ein Geschäft ans andere reiht, ist der Einkaufsbummel in Helsinki eine überschaubare, wenn man will sogar beschauliche Sache. Selbst auf den gut gefüllten Flaniermeilen bricht keine Hektik aus. Dazu tragen die vor allem in den Sommermonaten und in der Vorweihnachtszeit VARIABLEN UND LANGEN ÖFFNUNGSZEITEN bei. Die Kernzeit liegt werktags zwischen 9 und 18 Uhr, samstags zwischen 9 und 15 Uhr, wobei viele Geschäfte abends erst um 20 / 21 Uhr sowie samstags um 16 Uhr schließen. Die Kaufhäuser gehen mit gutem Beispiel voran, hier ist Shopping oft samstags bis 18 Uhr möglich, und auch der Sonntagsverkauf gewinnt an Popularität. Wer dann noch die Zeit verpasst hat, sich etwas zu essen oder trinken zu besorgen, findet tagtäglich bis 21 oder 22 Uhr eine offene Tür im Asematunneli, der unterirdischen Passage am Hauptbahnhof.

Einkaufspassagen

In Helsinkis Einkaufszentren und Galerien vereinen Fachgeschäfte unter einem Dach alles, was das Herz begehrt. Das zeitweise wechselvolle Wetter und die winterliche Kälte tragen ihren Teil dazu bei, warum der Einkauf im Warmen und Trockenen so attraktiv ist.

◎ **ITÄKESKUS**, zwischen Itäkatu, Turunlinnantie, Tallinanaukio und Asiakkaankatu. Mo–Fr 8–22 Uhr, Sa, So 9–22 Uhr (Geschäftszeiten Mo–Fr 10–20 Uhr, Sa 9–18 Uhr). Info-Tel. 343 1005. Anfahrt: Metro bis Itäkeskus (10 Min. ab Hauptbahnhof); oder auf Str. 170 zehn Kilometer in Richtung östlicher Stadtrand.

Skandinaviens GRÖSSTES Shopping-Zentrum soll sie sein, die überdachte Stadt, die auf zwei der vier Etagen (sonst Verwaltung und Büros) 240 Läden, über 30 Imbissstationen, Restaurants und Cafés und sogar ein Kino beherbergt. Die großen Kaufhäuser »Stockmann«, »Aleksi 13« und »Anttila« sind mit einer Dependance vertreten, ebenso die wichtigsten Buchhandlungen wie Spezialgeschäfte der Stadt, für Mode, finnisches Design u.a. Das Herz des Zentrums ist der unter dem gerundeten Glasdach herführende 200 m lange, begrünte Boulevard mit Info-Stand.

◎ **FORUM**, Mannerheimintie 20. Die größte Einkaufsgalerie in der Innenstadt. Über 120 Geschäfte offerieren Mode, Design, Elektronik u.a. Im Untergeschoss wetteifern mehrere kleine Delikatessen- und Garstände um die Kundengunst.

◎ Mit gleich drei Einkaufszentren wartet die ALEKSANTERINKATU auf. Das neueste ist die **GALERIE KÄMP**, Aleksanterinkatu 42, elegant sowie hochpreisig mit internationalen wie finnischen Modeschöpfern, Schmuck, anspruchsvollen Geschenkartikeln, mit Cafés und Restaurants. Ungefähr 50 Angebote auf drei Etagen locken die Käufer durch einen der vier Eingänge (auch Pohjoisesplanadi 33, Kluuvikatu 4, Mikonkatu 1).

◎ **KLUUVI**, Aleksanterinkatu 9 (Ecke Aleksanterinkatu, Yliopistokatu und Kluuvikatu): etwa 30 Geschäfte und Lokale, primär Boutiquen und Heimtextilien.

◎ Ein besonderes Erlebnis ist der **KISELEFF-BASAR**, Aleksanterinkatu 28 (Nebeneingang Unioninkatu 27): eine zweistöckige Halle im alten Kiseleff-Haus, wunderbar im Empirestil erbaut und restauriert. In der Halle und auf der oben umlaufenden Galerie haben etwa 20 kleine Läden Platz. Angesagt ist typisch Finnisches, klassische Souvenirs wie junges Design. Selbst wer nichts Spezielles sucht, sollte den Bummel durch den Basar nicht versäumen.

◎ **WORLD TRADE PLAZA**, Keskuskatu 7: einige lohnenswerte Fachgeschäfte und Boutiquen sowie Restaurants, in einer Querstraße zwischen Aleksanterinkatu und Pohjoisesplanadi. Hier gibt es bei *Giovanni* das beste Eis der Stadt.

◎ Auch außerhalb der Innenstadt gibt es etwas zu entdecken, wie das **VANHA SATAMA** (Alter Hafen) auf Katajanokka: Die überdachte Passage beherbergt kleine Boutiquen und Lokale, im Ambiente alter Lagerhallen. – Im Sommer ein belebter Platz, im Winter nur während spezieller Veranstaltungen.

Kaufhäuser

◎ **STOCKMANN**, Aleksanterinkatu 52: das führende und größte Kaufhaus in Finnland. 1862 hat der Lübecker Kaufmann *Heinrich Franz Georg Stockmann* das Unternehmen ge-

FINNISCHES DESIGN

Der FINNISCHE KUNSTGEWERBEVEREIN gründete sich in den 1870er-Jahren mit der Aufgabentellung, finnische Formgebung zu fördern und bekannt zu machen. Die Porzellanfabrik »Arabia«, eines der wichtigsten Industrieunternehmen der damaligen Zeit, stellte ihre ersten Designprodukte vor. Gleichzeitig nahm die »Vereinigung der Freunde der finnischen Handarbeit« ihre Tätigkeit mit dem Ziel auf, alte finnische Handarbeitstraditionen wiederzubeleben.

Nach der vorletzten Jahrhundertwende erreicht finnisches Design eine wahre Blütezeit. Der NATIONALROMANTISCHE Stil war Finnlands Antwort auf Art nouveau und Jugendstil, und auch in der Folge setzte vor allem die Architektur die Impulse. Der größte Einfluss ist wohl *Eliel Saarinen* und *Alvar Aalto* zuzuschreiben. Auf sie geht etwas zurück, das finnisches Design bis heute so besonders wie alltagstauglich macht: die Verbindung von ÄSTHETIK und FUNKTIONALISMUS. Sowohl Saarinen als auch Aalto, aber auch andere wie *Sirén* konzipierten nicht nur Bauwerke, sondern gestalteten ihre Vorstellungen von einem menschlichen und menschenwürdigen Wohnen und Leben bis ins Detail, widmeten sich der Inneneinrichtung, Möbeln und Teppichen wie auch Glas- und Porzellanwaren und anderem Hausrat. So ist in einem ganzheitlichen Konzept Schönes brauchbar und Brauchbares schön – und Design muss nicht mehr einfach nur teuer sein, sondern darf gebogenes Sperrholz zu Möbeln und Pressglas verarbeiten.

Finnisches GLAS begann seinen Durchbruch mit der geschwungenen Savoy-Vase von Alvar Aalto 1936. Künstler wie *Tapio Wirkkala* oder *Kaj Franck* im Glas- und Keramiksektor setzten ihn fort, auch international: Sie arbeiteten zum Beispiel in Deutschland für »Rosenthal«. Seit dem Zweiten Weltkrieg prägte finnisches Design die Bereiche Textil (*Armi Ratia, Kirsti Rantanen*), Schmuck (*Björn Weckström, Saara Hopea*), Lampen und Möbel mit – und immer wieder Glas und Porzellan. Zur Zeit sind NATURMATERIALIEN wieder auf dem Vormarsch, wie finnisches Design den Bezug zur Natur nicht zu verlieren scheint.

gründet, das im Laufe der Jahrzehnte expandierte und für Finnen wie Touristen zu einer Art Wahrzeichen Helsinkis wurde. Dementsprechend voll ist es meistens bei »Stockmann«, wenn Touristen und Helsinkier in den sechs Etagen unterwegs sind. In »Stockmanns« eigener SOUVENIR-ABTEILUNG werden Glas und Porzellan, finnische Messer, Rentierfelle und die beliebten sámischen Puppen und Mützen verkauft. Einen guten Ruf haben die Abteilungen für Lebensmittel, Delikatessen, Elektronik und Spielzeug. Das Personal ist in der Regel MEHRSPRACHIG. Erholen kann man sich gleich in mehreren Restaurants und Cafés.

◎ **SOKOS**, Mannerheimintie 9: ist ebenfalls traditionsreich und umfassend renoviert. »Sokos« ist eine landesweit vertretene Kette. Schwerpunkte im Sortiment sind Bekleidung, Kosmetik, Heimtextilien, Dekoration, Freizeit. Der SUPERMARKT im Untergeschoss ist gut sortiert. Befindet sich schräg gegenüber vom Hauptbahnhof.

◎ **ALEKSI 13** (sprich: Aleksi Kolmetoista), Aleksanterinkatu 13 (!): vor allem Bekleidung, die Preise etwas reeller als bei »Stockmann«. Die Architektur ist ansprechend.

◎ Für den PREISWERTEREN Einkauf empfiehlt sich **ANTTILA** in der Kaivokatu 6, die Auswahl weniger vielfältig und hochwertig als bei »Stockmann«, »Sokos« oder »Aleksi 13«; man bezahlt keinen Namen mit.

Einkaufsstraßen

RUND UM DIE ESPLANADEN

Die wichtigsten Einkaufszeilen liegen in der City auf überschaubarer Fläche beisammen, die schönsten beginnen am Marktplatz am Südhafen: Die ESPLANADEN locken nicht nur mit landestypischen, exklusiven Geschäften, sondern auch mit dem Esplanadenpark, einer Grünfläche zwischen Pohjois- (Nord-) und Eteläesplanadi (Südesplanade), mit Rasen, Blumenrabatten, Baumbestand, Bänken und Kiosken, Skulpturen sowie Spazierweg. Im Sommer lagern junge Leute auf den Wiesen, werden private Tanz- und Musikeinlagen vorgeführt, treten STRASSENKÜNSTLER auf, finden aber auch ganz offiziell Volkstanzveranstaltungen, Filme, Konzerte und Festivalübertragungen auf Großleinwänden statt.

Was das Shopping anbelangt, erweist sich die Pohjoisesplanadi als die ergiebigere Seite des Parks. Die Esplanaden verlaufen südlich der zweiten Haupteinkaufsmeile und Parallelstraße ALEKSANTERINKATU; die drei Straßenzüge mit den (vom Hafen beginnend) Querstraßen Eteläranta, Unioninkatu, Fabianinkatu, Kluuvikatu und Kasarmikatu, Mikonkatu und Keskuskatu bilden das Einkaufsparadies in der Innenstadt. Hier sind die maßgebenden Shops in Sachen finnisches DESIGN, Gold und Schmuck beheimatet, winken kitschige wie schöne Souvenirs, sind IN-CAFÉS und -Lokale zu finden, die dem Bummel nach dem Motto »sehen und gesehen werden« eine nette Unterbrechung verschaffen.

Damit Shopping auch im Winter ein Vergnügen bleibt, sind die Nördliche Esplanade und die Aleksanterinkatu mit einer FUSSBODENHEI-

Finnisches Design: Verbindung von Ästhetik und Funktionalismus (oben). – Gehobenes Einkaufsvergnügen im Kiseleff-Basar (unten). ▶

ZUNG ausgestattet: Unter den Bürgersteigplatten verläuft ein Rohrsystem, das erwärmtes Brauchwasser durchfließt. So soll sich auch bei Minustemperaturen auf den Gehwegen kein Eis bilden. Dies ist Teil umfangreicher Sanierungsarbeiten, die Straßenbahntrasse und Haltestellen umfassen und die Einkaufsmeile in neuem Glanz erstrahlen lassen.

◎ **MARIMEKKO** war relativ früh eine bekannte finnische Marke im internationalen Modegeschäft und steht heute für Modedesign. Es begann mit dem berühmten, farbenfrohen STREIFENDESIGN auf Kleidern, Hemden, inzwischen auch Bett- und Tischwäsche. Ein Klassiker sind die soliden Segeltuchtaschen, vom kleinen Ausgehtäschchen bis zum Umhänge-Riesen in diversen Farben. Längst ist »Marimekko« ein Unternehmen mit vielen Designern, mit Stoffen, innovativen Mustern und vor allem der Gabe, POPPIGES unaufdringlich aussehen zu lassen. Die Qualität und die Sicherheit eines wirklichen Designerstücks sind ihren (hohen) Preis wert.

»Marimekko« unterhält mehr als 30 Geschäfte (eins davon in Düsseldorf); in Helsinki die drei Hauptgeschäfte Pohjoisesplanadi Nr. 2 u. 31–33 (»Galerie Kämp«), Eteläesplanadi Nr. 14 sowie Dependancen im »Forum«, in der Hakaniemi-Markthalle, im Itäkeskus und, für die bis zuletzt unentschlossenen Käufer, am Flughafen. Der FABRIKVERKAUF befindet sich in der Kirvesmiehenkatu 7 in Espoo, im Stadtteil Tapiola. Auch in anderen südfinnischen Städten (Turku, Espoo, Vantaa) sind die Gestreiften vertreten. »Marimekko« ging als erstes Unternehmen seiner Art an die Börse.

Neben »Marimekko« haben sich einige Modedesignerinnen etabliert, manche aus einer Karrieregeschichte bei »Marimekko« heraus.

◎ Zunächst begegnet Ihnen in der Pohjoisesplanadi 23 **ANNIKKI KARVINEN**. Die erfolgreiche finnische Designerin kreierte Jacken und Mäntel im POPPANA-Stil – eine bestimmte, mit frohen Farben und bewussten kleinen Unregelmäßigkeiten arbeitende Webart, die bis dato dem klassischen Teppich, Wandbehang und Tischläufer in den Haushalten vorbehalten war und von der niemand vorher gedacht hätte, dass sie als Kleidung eine gute Figur machen könnte.

Inzwischen hat Annikki Karvinen ihre Modepalette erweitert – der Stil bleibt jedoch typisch und erkennbar, mit herrlichen Farbkombinationen und geraden, einfach-raffinierten Schnitten. Die Stücke sind in HANDARBEIT gefertigt und dementsprechend teuer.

◎ **RIL'S**, Nr. 25, verbirgt als Abkürzung den Namen der Modedesignerin *Ritva-Liisa Pohjalainen*; sie gehört zur L-Fashion-Group. Die Kollektion umfasst Freizeitkleidung wie Abendkleider, denen sie mit SEIDENSTOFFFÜLLE ein unnachahmlich leichtes, wolkiges Aussehen verschafft.

◎ ARABIA, die bekannte finnische PORZELLANMANUFAKTUR, inzwischen ebenso wie die Glasfabrik »Iittala« zum Hackman-Konzern gehörig, bietet in der Pohjoisesplanadi 25 im **IITTALA**-Shop hochwertige Geschirre, Porzellan- und Keramikobjekte, Gläserserien und Einzelstücke in Glasdesign, Edelstahlwaren wie Bestecke, Töpfe und Pfannen an. Das Geschäft führt nur ERSTE QUALITÄT; wer vor den Preisen ein wenig erschrickt, der/m sei der FABRIKVERKAUF in dem neu gestalteten »Arabiakeskus« (Hämeentie 135, Stadtteil Arabianranta) empfohlen, wo es nicht immer die volle Auswahl, aber oft Sonderangebote gibt, auch die Alltagsgeschirre von »Arabia«, oder Ware 2. Wahl, von der 1. Wahl mitunter kaum zu unterscheiden. Außerdem kann man den Einkauf mit einer Museums- und FABRIKBESICHTIGUNG verbinden.

»Arabia« und »Iittala« arbeiten vorwiegend mit einheimischen Designern zusammen; jedes Souvenir trägt also original finnische Handschrift. Die Produkte gibt's auch bei »Stockmann« oder »Sokos«.

◎ **VUOKKO** hat elegante Damenmode der früheren »Marimekko«-Designerin *Vuokko Nurmesniemi*. Pohjoisesplanadi 27.

◎ **AARIKKA**: HOLZSCHMUCK, Geschenke, Wohndekoration und kleine Skulpturen aus finnischem Holz. Pohjoisesplanadi Nr. 27 und Eteläesplanadi Nr. 8.

Die Verarbeitung von Holz, zusammen mit Silber oder Metall, oft in Formen von stilisierten Blüten, Pflanzen und Tieren, orientiert sich am Firmengrundsatz, die Natur als Vorbild und Lehrmeister zu nehmen und dementsprechend Leichtigkeit und Strenge in der Form zu verbinden. Die Preise sind angemessen – hier findet man auch mal ein kleines MITBRINGSEL. Zudem macht das Stöbern, in der Fülle von Ohrringen beispielsweise, Spaß.

Am Firmensitz von »Aarikka Oy« findet ein direkter FABRIKVERKAUF statt, dessen Besuch sich im Fall ausgiebiger Einkaufsabsichten lohnt. Nokiantie 2–4 C im Stadtteil Vallila. Dependancen unterhält das Unternehmen im Forum, im Itäkeskus sowie im Hotel Intercontinental.

◎ Für eine Pause empfiehlt sich das **CAFÉ STRINDBERG**, Pohjoisesplanadi Nr. 33. Es gibt ein Straßencafé, wahlweise mit Service oder Selbstbedienung, neben den Innenräumen und überdachter TERRASSE in der Kämp-Galerie. Ein In-Platz im Esplanadenpark.

◎ **KANKURIN TUPA**: Pullover und Strickwaren in nordischen Mustern. Pohjoisesplanadi 35.

◎ In der Pohjoisesplanadi 39 versackt bei schlechtem Wetter der Bücherfreund in der zum Stockmann-Konzern gehörigen Akademischen BUCHHANDLUNG: **AKATEEMINEN KIRJAKAUPPA**. Die Aufteilung in den drei Etagen ist recht übersichtlich, die Auswahl enorm. Groß ist auch das Angebot an BILDBÄNDEN und an englisch- und sogar deutschsprachigen Büchern, darunter auch Literatur über Finnland und Helsinki. Eine Pause ermöglicht das stilgerechte CAFÉ AALTO im mittleren Geschoss.

◎ Das legendäre Café und Restaurant **KAPPELI** im dem Südhafen nähergelegenen Abschnitt des Esplanadenparks öffnet sommers eine Parkterrasse. Der in Holz und Glas gehaltene, typische kuppelförmige Bau beheimatet eines der ältesten Lokale der Stadt – mit eigener Brauerei. Hier schauen auch hohe STAATSGÄSTE auf einen Besuch vorbei. Eteläesplanadi 1.

◎ **PAPERI** ist eine gute Adresse für Geschenke und Souvenirs. Eteläesplanadi 2.

◎ **ARTEK** (Nr. 18) ist die Adresse für neueres finnisches MÖBELDESIGN und für eine Hommage an den großen finnischen Architekten ALVAR AALTO. »Artek«, 1935 von Alvar und *Aino Aalto* gemeinsam mit dem Kunstkritiker *Nils-Gustav Hahl* und der Mäzenin *Maire Gullichsen* gegründet als Vertriebsorganisation für Möbel, für finnische und ausländische Einrichtungsgestaltung im Sinne des »humanen Funktionalismus« Aaltos. Vom Aalto-Stuhl oder -Hocker bis zur Aalto-Vase.

◎ Die Aleksanterinkatu beginnt für Schau-Lustige am Senatsplatz mit der GALERIE **PIKKU VENÄJÄ** (Klein-Russland): Lackdosen, Ikonen, Kunst und Kunsthandwerk aus RUSSLAND (Nr. 24).

◎ In der Nr. 26 wartet original finnischer SCHUHCHIC von Pertti **PALMROTH**, Filialen in der Pohjoisesplanadi, bei Stockmann – und in Berlin.

◎ Die **ART HELSINKI GALERIE**, Nr. 26, beschert von Kimmo Pälikkö gemalte Ansichten von Helsinki – vom Ölschinken bis zum Postkärtchen in allen Preislagen.

◎ In der Aleksanterinkatu Nr. 28 (Ecke Unioninkatu 27) bieten die Spezialgeschäfte im oben erwähnten **KISELEFF-BASAR** finnisches Kunsthandwerk, Geschenkartikel, Mode, Spielzeug, Heim- und Weihnachtsdekoration, Spezialitäten aus Beeren und Honig. Schön und speziell: FILZHÜTE und -accessoires bei Dooris oder Jonk. Aber noch mehr:

◎ Die **GALERIE OKRA** ist ein Zusammenschluss von 10 jungen finnischen Künstlern und Designern, (Glas, Keramik, Malerei, Schmuck), die hier wechselnd ausstellen und verkaufen. Der Clou: Man trifft immer einen der KÜNSTLER SELBST im Laden, wird freundlich begrüßt und informiert und kann in inspirierter Umgebung auch mal einen netten Plausch halten.

◎ **MARTTIINI** ist der schärfste Laden im Kiseleff-Basar. Puukko, das typische finnische MESSER mit der haarscharfen Klinge, dickem Holzgriff und lederner Scheide darf in keinem finnischen Haushalt oder gar Sommerhäuschen fehlen. Mit dem Puukko läßt sich alles schneiden, woran wir Deutschen uns oft die Finger abbrechen, von allem in Küche und Keller bis zu Kunststoff, Pappe und sogar Holz.

◎ Im Kiseleff-Basar gibt es noch eine kleine, eigene Spielzeugwelt: **FANNY UND ALEXANDER**, nach dem wunderbaren Film von *Ingmar Bergman*, ist Laden und Spielzeugmuseum zugleich.

Nostalgisches Blech- und Holzspielzeug, Koch- und Kinderbücher (zum Teil sogar in Deutsch oder Englisch), niedliche Einrichtungen für Puppenhäuser und -stuben, historische Postkarten – da werden Reminiszenzen an die Kindheit, an die Erzählungen von Eltern oder Großeltern wach, und da pocht das SAMMLERHERZ.

◎ Im **STUDIO EM** (em wie *Eija Michelsson,* die Modedesignerin) locken Kreationen aus Wolle und Leinen in aufregenden Farbkombinationen.

◎ Auch eine Kunst: In der **CONDITORIA APE** im Kiseleff-Basar werden süße Köstlichkeiten gebacken und geformt – Torten, Backwerk, Trüffel und andere kleine »Schweinereien«.

◎ Ebenfalls zum Gebäudekomplex Aleksanterinkatu 28/Unioninkatu 27 gehört **MAP POINT** Karttakauppa, eine Dependance des Karttapiste-Hauptgeschäftes in Kaisaniemi (Vuorikatu 14). Die erste Adresse, wenn es um gutes Kartenmaterial für Helsinki und ganz Finnland geht, vom Stadtplan bis zur Straßenkarte.

◎ Auf der gegenüberliegenden Straßensite befindet sich in der Nr. 9 die Kluuvi-Galerie. **SAUNA KAIRA** führt hier und in Dependancen im Forum und im Hotel Simonkenttä alles rund um die Sauna – wie Kleidung und Badtextilien, Duftöle und Aufguss-Kellen.

◎ In der Aleksanterinkatu 42 beherbergt die »Galerie Kämp« rund 50 edle Shops: teure internationale Modegeschäfte ebenso wie den dänischen HIFI-SPEZIALISTEN »Bang & Olufsen«. Herausheben möchten wir den **MUMIN-SHOP** rund um die kleinen Trolle, Mumin-Bücher wie Mumin-Kitsch. Mumins sind die von der (verstorbenen) finnlandschwedischen Zeichnerin und Märchenautorin *Tove Jansson* ins Leben gerufenen Comic-Trollfiguren, die im Mumin-Tal leben, das bei Naantali als ERLEBNISPARK nachgestellt ist (siehe dort). Die Mumin-Familie begleitet viele finnische Kinder durch ihre Kindheit. Ihre Erlebnisgeschichten sind ansprechend, was von den Figuren mit den großen Köpfen und breiten Mündern nicht alle behaupten. Es wird gesagt, dass Tove Jansson die Familie nach dem Bild ihrer eigenen Herkunft, einer reichen Bürgerfamilie, geschaffen habe.

◎ Wie der Name vermuten lässt, qualmt es in der **HAVANNA-AITTA** gewaltig: Die nette Raucherstube mit Tabak, Pfeifen, Zigarren gehört zur Galerie Kämp, Nr. 42/44.

◎ Der Goldrausch erfasst eine/n in der Aleksanterinkatu Nr. 48, wo die zwei renommierten Juweliere **LINDROOS** und **A. TILLANDER** ihre Domizile nebeneinander haben: Außer

»Rolex«-Uhren und antiken Pretiosen bekommt man den finnischen LAPPONIA-Schmuck, bestechend durch die massive, wie Landschaften gegratete Verarbeitungsweise, immer noch verbunden mit dem Namen des früheren Lapponia-Schmuckdesigners *Björn Weckström*.

◎ Ein gut sortierter Konkurrent zur Akademischen BUCHHANDLUNG ist **SUOMALAINEN KIRJAKAUPPA** (Finnische Buchhandlung), Nr. 23.

◎ Die Nebenstraßen der Esplanaden sollte man keinesfalls vernachlässigen. Am Hafenbecken zieht sich Eteläranata entlang, das Südufer. In der Nr. 20 führt **KORU-KIVI** bevorzugt russische Antiquitäten.

◎ Im **SAUNASHOP** (Nr. 14) können Sie bestaunen, was alles zum stilgerechten Saunieren gehören soll – für den Touristen, denn kaum ein Finne kauft soche Alltagsartikel im Saunashop: Bademäntel, Schwämme, Duftöle, Holzbottiche und -kellen.

◎ In dem GOLDSCHMIEDE-Atelier **UNION DESIGN**, Eteläranta 14, haben Gold- und Silberschmiede wie Schmuckdesigner eine gemeinsame WERKSTATT EINGERICHTET. Ansprechend die ausgefallenen Schmuckstücke, gewagte Kombinationen etwa aus Edelstahl und Perlen. Zu der Straße hin liegt der Verkaufsraum, in der Werkstatt im Innenhof kann man den Schmieden ZUSEHEN.

◎ Nur wenige Schritte weiter zwei avantgardistische **GALERIEN**: JOHAN S. und SCULPTOR. Interessante künstlerische Ein- und Aussichten.

◎ In der nächsten Querstraße, der Unionkatu, glänzen bei **MONETA**, Nr. 32, Münzen und Medaillen aus Finnland und aller Welt.

◎ Ebenfalls in der Nr. 32 steht **SYLVI SALONEN** für Deko und Interieur, für farbenfrohe Wollplaids, Tisch- und Heimtextilien, Geschirr und typisch finnische Wandteppiche.

◎ **KALEVALA KORU** (Nr. 25): Die alten Formenfunde aus der Entstehungszeit des finnischen Nationalepos, der Kalevala, werden verwendet, um Schmuck (Koru) nach klassischer Weise in BRONZE, inzwischen aber auch in Silber und Gold herzustellen. Viele der Ornamente, der tierischen und pflanzlichen Darstellungen haben SYMBOLISCHEN Charakter, den die mitgelieferten Expertisen erläutern. Zum »Kalevala Koru« gehört auch die Designerschmuck-Marke »Kaunis Koru«. Letzter Ort zum Kauf wäre der Flughafenshop.

◎ **KAUNIS KORU** (deutsch: schöner Schmuck) ist ein Label, das modernen Designer-Schmuck in halb Europa vertreibt. Die Schmuckstücke, primär aus Silber und zum Teil mit Farbsteinen verarbeitet, nehmen Formen von Bäumen und Blättern, Flüssen und Wellen auf; sie erscheinen fließend, urwüchsig und doch geradlinig wie die nordische Natur selbst. Eine der Top-Designerinnen ist *Kirsti Doukas*.

◎ Die Galerie **ARTISAANI**, Nr. 28, ist Zusammenschluss von neun KunsthandwerkerInnen, mit einer tollen Vielfalt an Stil und Material.

◎ **HELSKY** steht für »Freunde des Helsinkier Kunsthandwerks« und garantiert original lokale KREATIVITÄT vom handgearbeiteten Schal bis hin zum Industriedesign. Der taito-Shop Helsky in der Unioninkatu 21 bietet handwerkliche Produkte aus den Bereichen Textil, Inneneinrichtung, Schmuck, Mode, Sauna u.a. an.

◎ Mit hochwertigen typisch finnischen »Flickenteppichen«, Tischläufern und Sets in Bändchenweberei geht es gleich weiter in der Fabianinkatu 4 bei **ANKI DESIGN**.

◎ Nur nicht zu ernst! **DONALDSON** gehört zum DISNEY-KONZERN und bietet alles rund um Micky Mouse und die Ducks. Comic-Fans werden begeistert sein: Hefte, T-Shirts, Tassen... Kluuvikatu 1.

◎ Bei **OZ. JEWEL**, ebenfalls Nr. 1, kommt schmückendes Edelmetall aus Designerhand. Bestimmt werden die Stücke von gerader Linienführung und trendigen Steinen.

◎ Das traditionsreiche Café **FAZER**, Kluuvikatu 3, macht auch herrliche Süßigkeiten und Pralinen zum Mitnehmen. »Fazer« ist die bekannteste finnische Schokoladenmarke – und ein Gedicht.

◎ Gegenüber der Kluuvikatu zweigt die Kasarmikatu von den Esplanaden ab. In der Nr. 25 noch einmal PREISGEKRÖNTE MODE: **IRIS AALTO** gilt vor allem in Jacken und Mänteln als unschlagbar gut.

◎ **FRIITALA**, Mikonkatu 1: der führende Hersteller für exklusive Lederbekleidung.

◎ Auch modisch hat die Mikonkatu einiges zu bieten: in der Nr. 3 die Boutique **SILVER** mit einer beachtlichen Auswahl außergewöhnlicher finnischer Mode mit Stil und Qualität.

◎ Und in der Nr. 2 **NANSO**, Freizeitkleidung und Accessoires im Retro-Look, Design *Kaisa Blomstedt.*

RUND UM DIE MANNERHEIMINTIE

Esplanaden und Aleksanterinkatu münden in die Mannerheimintie, die sich geradeaus bis nach Töölö und weiter zieht. Auch diese Hauptverkehrsader hat manchen Einkaufstipp in ihrer Begleitung.

◎ Im Sanomatalo, Mannerheiminaukio 3, hat das **DESIGN FORUM FINNLAND** seine Heimat gefunden. Wechselnde Ausstellungen zeigen Mode, Kunsthandwerk, Gebrauchs- und Industriedesign – und im angeschlossenen Shop gibt es von der hölzernen Schreibbox bis zum durchgestylten Küchenhelfer alles in garantierter finnischer Designqualität. »Form und Funktion« heißt das Magazin für Kunst, Architektur und Design, die vom Forum herausgegeben und vertrieben wird.

◎ Zwei **MUSEUMSSHOPS** sind einen Besuch wert: der KIASMA-Shop, Mannerheiminaukio 2, und MU-MU im Tennispalatsi, dem städtischen Kunstmuseum. Da gibt es manchen ausstellungsbezogenen netten Einfall für ein Mitbringsel.

◎ **PENTIK**, Mannerheimintie 5, ist eine gute Adresse für typisch finnische Gebrauchsgegenstände sowie

Geschenke, Keramik, Holz, Heimtextilien. Auch im Arabiakeskus.

◎ **FREE RECORD SHOP**, Nr. 4: die richtige Adresse für finnische und internationale Hits. Filialen im Forum, Lasipalatsi und Bahnhofstunnel. Weiter geht es ein Stück westlich:

◎ In der Runeberginkatu 40 residieren die **FREUNDE DER FINNISCHEN HANDARBEIT** (Suomen käsityön ystävät), ein gemeinnütziger Verein, der zur Bewahrung von LANDESTRADITIONEN und zur Entwicklung von Nationalbewusstsein auf kunsthandwerklichem Gebiet beigetragen hat. Außer anderen Erinnerungen bekommt man hier die typischen Wandteppiche (Ryijy).

RUND UM BULEVARDI

Von der Mannerheimintie aus erschließt sich fast gegenüber dem Schwedischen Theater das nächste Shopping-Quartier: Bulevardi, die Parallelstraßen Uudenmaankatu sowie Iso Roobertinkatu, die Querstraßen Yrjönkatu, Annankatu und Fredrikinkatu bis zur Abrahaminkatu.

Ein Flaniermeile wie die Esplanaden ist dies nicht – es sind eher normale, wenn auch mit schönen, alten Fassaden angereicherte Häuserzeilen aus Wohnkomplexen, Geschäften und Ausgehlokalen, die zunehmend in sind, vor allem auch bei jungen Leuten. In dem Viertel stößt man auf viele schwedenfinnische Traditionen. Für den Einkaufsbummel ist es geeignet, wenn man an Kunstgalerien, Antiquitäten, Pelzen, Sport-/Outdoormode sowie Inneneinrichtung / Wohndesign interessiert ist.

◎ Gelegentlich muss man sich bereits vor dem Einkauf stärken: **BULEVARDIN KAHVISALONKI** (Nr. 1), ist klein, aber zu niedlich, um ohne Kaffeepause dort vorbeizugehen.

◎ Endlich kommen die Männer zu ihrem Mode-Recht! Anzüge und alles, was zum kompletten Outfit gehört, finden sie bei **FERE** in der Nr. 3.

◎ Das traditionsreiche schwedenfinnische **CAFÉ EKBERG** thront ehrwürdig hinter den großen Bäumen der Allee Bulevardi – und serviert drinnen wie draußen Kaffee und Kuchen. Nr. 9.

◎ Im selben Haus ist eine der zahlreichen Galerien im Viertel beheimatet: Bei **HAGELSTAM** finden auch Kunstauktionen statt. Nr. 9 A.

◎ **TULIKIVI** sieht nicht unbedingt wie eine Adresse für Souvenirs aus: Der bekannteste Hersteller für finnische SPECKSTEINKAMINE führt eher Schwergewichte. Vielleicht spüren Sie an der Ecke Bulevardi / Fredrikinkatu jedoch einige kleine Schnapsbecherchen auf – ebenfalls aus dem begehrten Stein.

◎ Die Uudenmaankatu ist eine gute Adresse für In-Lokale, Pelzläden und **GALERIEN**: so PIRKKO-LIISA TOPELIUS, Nr. 40, Adresse für neue experimentelle Kunst und junge Talente, die hier Entdeckung feiern.

◎ Neues Highlight der angesagten Meile: in der Nr. 15 das fröhliche Freizeit-Modelabel von Paola Ivana Suhonen, **IVANAHELSINKI CAMPUS**:

Camping-Reminiszenzen der 1970er Jahre werden wach. Der Name ist bekannt, von einer der größten Streichholzfabriken des Landes.

◎ Die Yrjönkatu verläuft als Querstraße, auf der einen Seite, zur Eerikinkatu hin, in mehreren Krümmungen mit netten kleinen Ecken und Höfen. Hier verstecken sich vor allem schöne Boutiquen.

Hier geht es bei **LIIKE** (deutsch: Geschäft) in der Nr. 25 gleich Suhonen-trächtig weiter: Neben »Ivana-Helsinki« gibt's »Lustwear« u.a.

◎ Doch erst einmal in die Nr. 12–14. Dort kann man bei **VILLISILKKI** in herrlichen Seiden- und Brokatstoffen wühlen.

◎ **AERO** ist spezialisiert auf finnisches Design der 1930er bis 1970er Jahre. Hier leben sie, die großen Namen: Aalto, Franck, Wirkkala. Nr. 8.

◎ Ein Stück weiter, Nr. 26, lädt das Restaurant **TORNI** mit der kleinen Sommerterrasse TORNIN PIHA zum kühlem Getränk oder Imbiss ein.

◎ **WILLANA** in der Nr. 25 kleidet in Naturtextilien, legere Schnitte, weiche Farben, freundliche Stoffe. – Wer es klassischer liebt, geht im selben Haus zu **POSITIVE DESIGN** mit Mode von Pirjo Fredriksson.

◎ **IRJA LEIMU**, Nr. 34, besticht durch leichte, fließende, schwingende Kleider und Gewänder.

◎ Last, but not least: Das nette Porzellanstudio **KERAMIIKKAPALETTI** in der Nr. 32. Ein Kurs in Porzellanmalerei gefällig?

ANNANKATU

Die Annankatu ist reizvoll für Möbel, Inneneinrichtung, Outdoor und Antiquitäten.

◎ Das finnische **FORMVERK** stellt Möbel und Gebrauchsgüter für den Alltag her. Das Design ordnet sich der Funktion unter – und manchmal auch dem Spaßfaktor. Annankatu 5.

◎ Zwei junge Modeschöpferinnen stehen hinter **LIMBO**, Nr. 13. Sie kreieren pfiffige Freizeitmode für Männer und Frauen – und beweisen, dass legere Kleidung sexy sein kann.

◎ Das Kulturzentrum **ANNANTALO** in der Nr. 30 ist auf Events für Kinder spezialisiert, vom Puppentheater bis zum Kreativkurs.

FREDRIKINKATU

Dagegen setzt die Fredrikinkatu wieder auf Pelze, Antiquitäten, Antiquariate und Seconhand-Shops.

◎ **JOHANNA GULLICHSEN**, Nr. 18, fertigt moderne Designtextilien für Haus und Heim und manche Kleinigkeit für's persönliche Outfit. Stöbern lohnt sich.

◎ Eine der schönsten neuen Gold- und Silberschmieden der Stadt ist **GALLERIA KORU**, Nr. 32. Sechs junge Schmuckdesignerinnen verwirklichen Ideen im edlen Metall und lassen sich bei der Herstellung von Unikaten und Kleinserien gern über die Schulter sehen.

◎ **C. HAGELSTAMS ANTIKVARISKA BOKHANDEL** (Nr. 35) ist eines der am besten sortierten Antiquariate der Stadt.

◎ In der Nr. 36 ganz andere Antiquitäten: **UFF**, ein Secondhand-Laden vor allem für 70er-Jahre-Freaks.

◎ Schauen Sie unbedingt auch bei **RUUTU ROUVA** vorbei, in der Nr. 16! (Finnische) EDELMODE zu Secondhandpreisen.

◎ Eine schöne, ausgefallene Boutique: **JONET DESIGN** führt Modelle von Pekka Kyöllä. Herrliche knopf- und zipfelgeschmückte Leinen- und Baumwollmodelle. Nr. 59.

◎ **ANNE'S SHOP** bietet alle Arten von Souvenirs an, vom RENTIERFELL über die Sámi-Mütze bis hin zu dem typisch finnischen SCHMUCKSTEIN SPEKTROLITH. Nr. 68.

ISO ROOBERTINKATU

Nur langsam mausert sich die als Einkaufsstraße und Fußgängerzone gepriesene Iso Roobertinkatu – neben Supermarkt, Koti-Pizza-Filiale, wenigen Lokalen und Geschäften gibt es ein paar Dance-Clubs. Das Besondere scheint der Umstand zu sein, dass keine Autos hindurchfahren – reine Fußgängerzonen haben in Helsinki nämlich Seltenheitswert.

◎ Zu empfehlen ist der **STUPIDO SHOP**, Nr. 20–22, für gute und auch alternative CDs und Vinylscheiben.

◎ Abstecher in die Umgebung: Gegenüber vom Designmuseum fertigt **HARRI SYRJÄNEN**, Ratakatu 1, individuelle, künstlerische Handtaschen und Schmuck im eigenen Studio.

◎ **RYIJYPALVELU**, Abrahaminkatu 7: *Ryijy* heißen im Finnischen die landestypischen gewebten oder geknüpften WANDTEPPICHE. Der Shop führt sowohl moderne Entwürfe als auch klassische Muster aus dem 18. und 19. Jh., als die Teppiche oft als Schlittendecken dienten. Als Besonderheit führt der Laden WANDBEHÄNGE in Packungen ZUM SELBERMACHEN an.

KORKEAVUORENKATU

Die Hochbergstraße, so hieße sie auf Deutsch, zieht sich schnurgerade vom Esplanadenpark gen Süden bis nach Ullanlinna / Eira und bildet eine lohnende Einkaufsmeile außerhalb des unmittelbaren Stadtzentrums. Individuelle Gold- und Silberschmiedearbeiten sind hier zu finden, und einige Modeboutiquen geben sich mal chic, mal lässig oder ausgefallen.

◎ Dazu gehört vor allem **ILONA PELLI**, langjährige »Marimekko«-Designerin, die erfolgreich unter eigenem Label arbeitet, in einer Querstraße nahe der Johanneskirche, Tarkk'ampujankatu 1.

◎ In der Korkeavuorenkatu selbst (Nr. 4) kreiert **TARJA NISKANEN** eigenwillige Mode aus Pelz und anderen Naturmaterialien. Eine ordentliche Produktvielfalt: Kleidung, Gürtel, Hüte.

◎ Bei **ALFRED K** (Nr. 19) handelt es sich um ein weiteres Schmuckdesign-Studio. Individuelle Schmuckstücke entstehen, der Meister lässt sich in die Werkstatt schauen.

Märkte & Markthallen

◎ Dort wo die Esplanaden am **SÜDHAFEN** beginnen, erstreckt sich der **MARKTPLATZ**. Marktzeit Mitte Mai bis Ende August Mo–Fr 6.30–20 Uhr, So 9–16 Uhr, sonst Mo–Fr 6.30–18 Uhr, Sa 6.30–16 Uhr.

Der Markt gilt als Muss für jeden Helsinki-Besucher. Es werden überwiegend FRISCHE Lebensmittel feilgeboten: Gemüse, Früchte, Wurst... sehr beliebt sind die FISCHSTÄNDE; dazu gehört auch der selbst geräucherte Fisch, den die Schärenfischer in den Hafen bringen und im Cholerabecken direkt ab Boot verkaufen. Und wundern Sie sich nicht, wenn Sie an einem Stand mit Kartoffeln stehen bleiben: Kartoffeln werden nicht abgewogen, sondern literweise in alten HOLZMASSEN abgemessen und berechnet, ebenso wie Erbsen und Beeren.

Auch wenn Sie nichts einkaufen wollen: Trinken Sie einen frischen finnischen Kaffee – der ist viel milder geröstet als deutscher Kaffee und echt lecker; wen wundert's, haben doch die Finnen mit den höchsten Pro-Kopf-Verbrauch an Kaffee in Europa – in einer der ZELT-KAHVILAS, deren leuchtendes Orange typisch für den Markt ist. Bei Sommersonne schlägt man die Zeltplanen zurück.

◎ **ALTE MARKTHALLE** (Vanha kauppahalli). Mo–Fr 8–20 Uhr, Sa 8–16 Uhr, im Winter Mo–Fr 8–19 Uhr, Sa 8–16 Uhr.

Das altehrwürdige Backsteingebäude steht ebenfalls am Südhafen und beherbergt wahre Augen- und Gaumenweiden mit Spezialitäten und Delikatessen aus allen Landesteilen, aber auch aus dem Ausland.

Wer Lachs oder Rentierschinken kaufen möchte, wer Käse und Brot, Kaffee, Tee, Bonbons und Gebäck, Honig, Beerenmarmelade oder Sirup sucht, ist hier richtig. Auch als IMBISS sind Kaffee und Teilchen, Piroggen und Milchreis, Suppe und sogar Bier erhältlich.

◎ **MARKTHALLE HAKANIEMI**: Mo–Fr 8–18 Uhr, Sa 8–16 Uhr. Metro bis Hakaniemi, Straßenbahnen 1, 2, 3, 6 und 7.

Marktstände in zwei Etagen: Im oberen Geschoss werden Keramik, Textilien und Handarbeiten angeboten, und ein Café wartet auf müde und durstig gewordene Kunden, während die Lebensmittelshops das Untergeschoss ausfüllen. Insgesamt sind es ca. 100 Stände. Die Hakaniemi-Markthalle ist volksnäher und weniger veredelt als die am Südhafen.

◎ Neben der Halle befindet sich der **MARKTPLATZ HAKANIEMI**. Marktzeit ist Mo–Sa 6.30–15 Uhr und jeden ersten Sonntag im Monat 10–16 Uhr. Auch hier überwiegen frische Lebensmittel.

◎ Und auch in **HIETALAHTI** gibt es **MARKTHALLE** und Marktplatz. Hier ist vom Renommieren nichts mehr zu spüren; hier kauft das Volk, einfach oder nicht, und hier wird auch der Besucher aus dem Ausland vom umworbenen Touristen zum einfachen Menschen. Die renovierte Halle hat nur ein relativ kleines Lebensmittelangebot mit SCHWERPUNKT AUF BIOPRODUKTEN. Im Winter verzieht sich übrigens der benachbarte Flohmarkt in die Markthalle. Mo–Sa 8–14 Uhr, 1.5.–30.9. zudem 15.30–20 Uhr und So 10–16 Uhr.

Neuer Anziehungspunkt auf dem Areal ist das Hietalahti ANTIK- UND KUNSTZENTRUM. Kunst und Krempel warten auf Liebhaber, und zwar Mo–Fr 10–17 Uhr, Sa 9–14 Uhr.

Flohmärkte

◎ **HIETALAHTI**: Mo–Sa 8–14 Uhr, 1.5.–30.9. auch 15.30–20 Uhr und So 10–16 Uhr. Hin mit Straßenbahn 6 ab Senatsplatz.

Den größten Flohmarkt Helsinkis finden Sie auf dem Platz Hietalahdentori, südwestlich der Innenstadt. Im Winter in die Markthalle (siehe oben) ausweichend, ist er an warmen Sommertagen unter freiem Himmel reichlich bestückt. Die Auslagen bestimmen Gemälde, Porzellan, Lampen, Kleidung bis hin zu technischen Geräten. Die beste Zeit, ein SCHNÄPPCHEN zu machen, ist KURZ VOR 14 UHR, wenn der Markt schließt. Spannender noch fast als die Ware ist das Menschengewimmel, das hier zusammenkommt. Unter Verkäufern und Käufern findet sich manches skurrile UNIKUM, und einige ausländisch geprägte Stände, etwa von heimisch gewordenen Somalis, sorgen für zusätzliche Farbe.

◎ **VRen MAKASIINI** – die alten Backsteinhallen auf dem ehemaligen Rangiergelände der Staatsbahn VR, hinter dem Bahnhof, mit umlaufender, bereits etwas morscher Holzgalerie, sind leider auf lange Sicht vom Abriss bedroht. Bis dahin beherbergen sie den lokalen Flohmarkt, besonders samstags und sonntags herrscht hier etwa zwischen 9 und 15 Uhr reges Treiben.

Die Stände breiten sich an schönen Tagen nicht nur in der Halle, sondern auch im großen Innenhof im Karree zwischen den Gebäuden aus. »Makasiini« bezeichnet neben dem lokalen Flohmarkt auch ein Zentrum für junge, ALTERNATIVE KULTUR mit Konzerten und Veranstaltungen. Ein Café, einfach und volkstümlich gehalten, lädt die Flohmarkt-Besucher zum Ausruhen ein; abends öffnet ein Pub, zum Teil erklingt Live-Musik. Und eine Kunstgalerie hat sich häuslich niedergelassen, Schwerpunkt moderne Kunst.

◎ Finnlands größten Hallen-Flohmarkt **VALLILLA** beherbergt ein früheres Warenlager der Eisenbahn, Aleksis Kiven Katu 17. Ganzjährig an 7 Tagen die Woche geöffnet. Jedermann kann hier überflüssigen Hausrat und Kleidung veräußern. Valtteri, wie die Einheimischen sagen. Ist ein beliebtes Ziel für Schnäppchenjäger.

Junges Schmuckdesign hat Hochkonjunktur: Suvi Eskelinen in der »Galleria Koru« (siehe Seite 127). – Erbsensuppe ist jetzt genau das Richtige: Winterszene vor der Markthalle in Hakaniemi. – Sommerszene auf dem Flohmarkt in Hietalahti (unten). ▶

KAUPPAHALL

Praktisches A-Z

Diplomatische Vertretungen

◎ **BOTSCHAFT DEUTSCHLANDS**, Krogiuksentie 4, 00340 Helsinki, Tel. 458 580, Fax 4585 8258, per E-Mail: saksa@germanembassy.fi/ Mo–Fr 9–12 Uhr. Bereitschaftsdienst für Notfälle: Tel. 050 – 563 6546.

◎ **BOTSCHAFT ÖSTERREICHS**, Keskuskatu 1 A, 00100 Helsinki, Tel. 171 322, Fax 665 084, helsinki-ob@bmaa.gv.at/ Di–Fr 9–16.30 Uhr.

◎ **BOTSCHAFT DER SCHWEIZ**, Uudenmaankatu 16 A, 00120 Helsinki, Tel. 6229500, Fax 62295050, E-Mail: vertretung@hel.rep.admin.ch/ Mo–Do 8–17 Uhr, Fr 8–14 Uhr.

Feiertage

Die Fest- und Feiertage orientieren sich an Brauchtum, Historie und (lutherischen wie orthodoxen) Kirchenfesten). An den folgenden Tagen sind Geschäfte geschlossen, ist schul- und arbeitsfrei:

◎ **NEUJAHRSTAG**: 1. Januar.

◎ **DREIKÖNIGSTAG**: 6. Januar.

◎ **OSTERN**: von Karfreitag bis Ostermontag.

◎ **1. MAI**: *Vappu,* Tag der Arbeit und der Studenten.

◎ **CHRISTI HIMMELFAHRT**.

◎ **PFINGSTSONNTAG**.

◎ **MITTSOMMER**: *Juhannus,* der Samstag, der dem 23. Juni am nächsten liegt, mitsamt dem Vortag, dem Abend der Juhannus-Feiern.

◎ **ALLERHEILIGEN**: Anf. Nov.

◎ **UNABHÄNGIGKEITSTAG**: 6.12.

◎ **WEIHNACHTEN**: *Joulu,* 24.–26. Dezember.

Fundsachen

◎ **FUNDBÜRO**: Polizei, Päijänteentie 12 A, Postbox 151, 00511 Helsinki, Tel. 189 3180, Fax 1892 829. Mo–Fr 8–16.15 Uhr. Straßenbahnlinie 7B.

◎ Bei Verlusten in Bus, Metro, Straßenbahn hilft das FUNDBÜRO DER **VERKEHRSBETRIEBE**, Kauppiaankatu 8–10, Tel. 0600 1006. Mo–Fr 9–18 Uhr. Sofern ihr Wert € 20 übersteigt, werden Fundsachen an das Fundbüro der Polizei übergeben.

◎ Fundbüro im **BUSBAHNHOF**, Tel. 0200 4000. Mo–Fr 9–17 Uhr.

◎ Fundbüro im **BAHNHOF**, Tel. 0307 – 21216. Mo–Fr 9–13/13.30–17 Uhr.

◎ Fundbüro im **FLUGHAFEN**, am »Finnair International Terminal«, Tel. 818 5324. Mo–Fr 8.15–15.15 Uhr.

FINNLAND-FREUNDE

Wer einmal in Finnland war, kommt immer wieder – das jedenfalls bestätigen die mehr als 10.500 Mitglieder der:

◎ **DEUTSCH-FINNISCHEN GESELLSCHAFT** (DFG e.V.), Bundesgeschäftsstelle: Fellbacher Straße 52, 70736 Fellbach, Tel. 0711 – 518 1165, Fax 0711 – 518 1750, Internet: www.deutsch-finnische-gesellschaft.de.

Die DFG hat sich dem Kulturaustausch und der Förderung der Beziehungen zwischen beiden Ländern verschrieben. Die quartalsweise erscheinende Deutsch-Finnische Rundschau informiert über Neues aus finnischer Politik, Wirtschaft, Kultur, Touristik. Auf lokaler Ebene treffen sich Mitglieder und Interessenten zu Austausch, Feiern und kulturellen Veranstaltungen.

◎ **KREDITKARTEN**: Den Verlust Ihrer Kreditkarte können Sie telefonisch rund um die Uhr an das ausgebende Institut melden und damit Ihre Karte sperren lassen.

»American Express«: 0049 – 69 – 9797 1000 (R-Gespräch möglich). – »Diners Club«: 0049 – 69 – 661660 oder 0049 – 180 – 533 6695 (gebührenfrei). – EC-/Maestro-Karte: 0049 – 1805 – 021 021. – »Visa« u. »Mastercard«: 0049 – 69 – 7933 1910 (R-Gespräch möglich).

Geldwechsel

Neben den zahlreichen Banken in der Stadt bieten auch Wechselstuben ihre Dienste an, oft mit längeren Öffnungszeiten als die Bankfilialen. Vergleichen Sie die Konditionen und Gebühren.

◎ **FOREX**: Bahnhof, Pohjoisesplanadi 27, Mannerheimintie 10.

◎ **CHANGE GROUP**: Pohjoisesplanadi 21 und 37, Mannerheimintie 14, Olympiaterminal.

◎ **TAVEX**: Unioninkatu 28.

◎ **THOMAS COOK**: Aleksanterinkatu 19, Flughafen.

◎ **WESTERN UNION**: im Kaufhaus »Stockmann« (7. Stock).

Hilfe

◎ **AIDS-HILFE**: Aids-tukikeskus, Hietaniemenkatu 5, 4. Stock, Tel. 454 2070, Fax 454 20760. Internet: www.aidscouncil.fi. Mo, Mi, Do 10–16 Uhr, Di, Fr 10–15 Uhr.

◎ **ANONYME ALKOHOLIKER**: AA und Al-anon, Läntinen Papinkatu 2–4, Tel. 712 058, Fax 712 053. Mo–Fr 12–16 Uhr.

◎ **APOTHEKE**: »Yliopiston Apteekki«, Mannerheimintie 96 (in Töölö), Tel. 415778. Rund um die Uhr geöffnet. – Zentral in der Innenstadt gelegen ist die Filiale in der Mannerheimintie 5.

◎ **KRISENPRÄVENTIONSZENTRUM** Anlaufstelle bei psychosozialen Problemen: Simonkatu 12 B 13, Tel. 413 50501. Mo–Fr 9–15 Uhr (kostenfrei).

◎ **JUGENDLICHE**: Kompassi, Mannerheimintie 22–24 (Lasipalatsi), Tel. 3108 0080. Mo, Mi, Do 12–19 Uhr, Di, Fr 12–16 Uhr. Ein Informations- und Beratungszentrum für Jugendliche.

◎ **MEDIZINISCHE VERSORGUNG**: Hotline Tel. 10023 (24 Sunden). – Krankenhaus Meilahti, Haartmaninkatu 4, Tel. 4711. – Unfälle: Krankenhaus Töölö, Töölönkatu 40, Tel. 4711 (24 Stunden). – Privater Notdienst: Mehiläinen, Runeberginkatu 47 A, Tel. 010 – 414 4444. Service »Arzt ins Hotel« 010–4144266 (24 Stunden).

◎ **NOTRUF**: Tel. 112, Ansprechpartner in medizinischen Notfällen, bei Unfällen, Feuern.

◎ **POLIZEI**: Pieni Roobertinkatu 1–3, Tel. 1891. Notruf: Tel. 10022.

◎ **SCHWULE UND LESBEN**: SETA ry (Seksuaalinen tasavertaisuus), Hietalahdenkatu 2 B 16, Tel. 681 2580, www.seta.fi/heseta.

◎ **ZAHNARZTNOTDIENST**: Ympyrätalo Zahnklinik, Siltasaarenkatu 18 A, Tel. 709 6611. – Dentarium, Mikonkatu 7 A, Tel. 6221533, Notfall-Tel. 0500 4060 68. Man spricht Deutsch.

Medien

Deutschsprachige Magazine sowie TAGESZEITUNGEN und die internationale Presse im Allgemeinen erhalten Sie in den R-Kiosken im Hauptbahnhof. Die Akademische Buchhandlung (Pohjoisesplanadi 39) hält auch ein breites Angebot bereit.

Kirjakaapeli (Kabel-Bücherei) im Lasipalatsi ist eine weitere Adresse für internationale Zeitungen und Magazine. Die Filiale der Helsinkier Stadtbücherei ermöglicht zudem an über 20 Stellen Internetzugang. INFORMATIV sind die internationalen Online-Seiten von »Helsingin Sanomat«: www.helsinginsanomat.fi.

FM 103.7 MHz ist die Frequenz, auf der Sie im RADIO das internationale Programm von YLE, der öffentlich-rechtlichen Rundfunkanstalt Finnlands, empfangen können. Neben Übernahmen von Sendungen etwa der Deutschen Welle und der BBC werden (auf Englisch) auch aktuelle Nachrichten und Berichte über das Geschehen in Helsinki und Finnland ausgestrahlt.

Öffnungszeiten

◎ **BANKEN**: Mo–Fr 9.15–16.15 Uhr; am Flughafen täglich 6–19.30 Uhr (Transitbereich bis 23 Uhr); im Helsinki-Katajanokka-Terminal Mo–Fr 9–18 Uhr.

◎ **GESCHÄFTE**: Die Warenhäuser und größeren Filialketten haben Mo bis Fr überwiegend von 9 bis 19/20 oder sogar 21 Uhr geöffnet, Sa von 9 bis 17/18 Uhr. Bei kleineren Läden liegen die Öffnungszeiten in der Regel zwischen 9 und 17/18 Uhr in der Woche sowie 9 und 14/15 Uhr am Samstag. – Seit der zunehmenden Lockerung der Ladenschlussgesetze gibt es vor allem im Sommer und in der Vorweihnachtszeit zunehmend Kaufhäuser und auch kleinere Geschäfte, die abends und an Sonntagen geöffnet haben.

Regelmäßig bis 22 Uhr, auch am Sonntag, kann man im Bedarfsfall im Asematunneli, unter dem Bahnhof, sowie im Kaufhaus »Sokos«, Mannerheimintie 9, einkaufen.

Post

PORTO

Das reguläre Porto für Briefe und Karten beträgt für Standardbriefe bis 20 g sowie Postkarten im Inland wie im Bereich der EU: € 0,65.

POSTÄMTER

Die Postämter sind Mo–Fr durchgehend geöffnet, Sa geschlossen.

◎ **INFORMATIONSDIENST**: Tel. 9800 7100.

◎ **HAUPTPOSTAMT**: Mannerheiminaukio 1 A, Tel. 0204 514 917. Mo–Fr 9–18 Uhr.

◎ **POSTE RESTANTE**: Postamt Helsinki 10, Elielinaukio 2 F, FIN- 00100 Helsinki, Tel. 0204 514 948. Mo–Fr 9–21 Uhr, Sa+So 10–18 Uhr.

Hierher können Sie sich unter Ihrem Namen Sendungen postlagernd schicken lassen. Denken Sie daran, die Sendungen rechtzeitig (das bedeutet innerhalb von zwei Monaten) abzuholen.

Sehenswürdigkeiten

In den Stadtteilkapiteln dieses Buches erfahren Sie alles Wichtige über die lokalen Sehenswürdigkeiten. Neben der Beschreibung finden Sie die Adresse, Telefonnummer und in ausgewählten Fällen die Internetadresse.

Sofern es sich um Ziele außerhalb der Innenstadt handelt, werden Bahn- und Busverbindungen angegeben. Öffnungszeiten sowie Eintrittspreise für Erwachsene / Kinder komplettieren den Informationsblock. Das Alter, das zum Lösen eines Kindertickets berechtigt, variiert ungefähr zwischen 4–7 und 4–16 Jahren und ist im Einzelfall nachzufragen. Auf Vergünstigungen durch die HELSINKI CARD (siehe Seite 45) wird ausdrücklich hingewiesen.

MUSEEN finden Sie ebenfalls in den Stadtteilkapiteln, während die kulturellen und anderen EVENTS in den speziellen Kapiteln in diesem ersten Teil des Buches vorgestellt werden. GALERIEN finden Sie im Shopping-Kapitel.

Sightseeing

Das Touristenbüro informiert über das aktuelle Sightseeing-Programm. »Helsinki this Week« und das Textbuch zur »Helsinki Card« listen Touren mit Zeiten, Startorten und Preisen auf. Nicht alle finden ganzjährig statt.

MIT DEM BUS

◎ **CITY SIGHTSEEING TOUR**: 1,5 Stunden dauert die Bus-Rundfahrt an den wichtigsten Sehenswürdigkeiten der Stadt vorbei, mit Stopps zum Schauen und Fotografieren. Dom und Senatsplatz, Felsenkirche und Sibelius-Denkmal stehen auf dem Programm. Vom Bus aus sieht man im Sommer die Teppichwäscher bei der Arbeit und die repräsentativen Bauten entlang der Töölö-Bucht.

Es gibt zwei Versionen der Tour: Die klassische Rundfahrt mit Live-Kommentierung auf Englisch und Schwedisch startet täglich 10.30 Uhr ab Olympia-Terminal, 10.45 Uhr ab Katajanokka-Terminal.

Die Busse mit dem bunten Stadtplandekor brechen alternativ zum AUDIO-SIGHTSEEING auf; über Kopfhörer sind 11 Sprachen wählbar, natürlich Deutsch, als besondere Leckerbissen auch Latein und Slangi, der Helsinki-Slang. Start ab Esplanadenpark / (Ecke) Fabianinkatu, täglich um 11 Uhr, im April auch Sa+So um 13 Uhr, im Mai und September auch täglich um 13 Uhr, von Juni bis August zusätzlich um 10, 12, 14 Uhr.

Auskunft: »Tour Shop« im Touristenbüro. Tickets gibt es ebenfalls hier oder beim Bus: € 20/10 (mit HC € 8 Ermäßigung).

◎ **HELSINKI-RUNDFAHRT IM LONDON-BUS**: der offene britische Doppeldecker ist zwei Stunden unterwegs, um Ihnen die Schönheiten der Stadt näher zu bringen.

In den Monaten Juli und August täglich um 11.15 und 14.30 Uhr ab Keskuskatu 3 vor dem Warenhaus »Stockmann«. Führung auf Englisch und Schwedisch. Tickets gibt es direkt am Bus (15 Min. vor Abfahrt): € 18,50 / 11,80.

MIT DER STRASSENBAHN

◎ Knapp eine Stunde dauert die Rundfahrt mit der **LINIE 3 T**. Die Haltestellen und Sehenswertes werden in vier Sprachen (auch in Deutsch) angezeigt. Im Touristenbüro gibt's eine Broschüre mit kurzen Hinweisen auf Streckenführung und interessante Aussichten. Die Route berührt neben der City die Bezirke an der Töölö-Bucht und das Jugendstil-Viertel Eira.

◎ **KOFF-BAHN**: Sightseeing und Biergenuss gehen eine gelungene Kombination ein in der KNALLROTEN Straßenbahn SPÅRAKOFF. In den Sommermonaten verkehrt sie regelmäßig Di–So im Stundentakt nachmittags bis 19, im Juli bis 20 Uhr ab Restaurant »Fennia«, Mikonkatu 17; im Winter ist die Bahn privat zu mie-

Gemütliche Form des Sightseeings (oben). – Bürgerliche Nationalromantik auch im klassischen Arbeiterviertel Kallio (unten) ▶

ten. Sie bedient die Innenstadt-Route der Linie 3T. Im Preis von € 7 ist ein »Koff«-Bier enthalten; wer mehr Durst verspürt, muss nachzahlen.

Informationen im Verkaufsbüro/Restaurant »La Tour«, Mannerheimintie 5, Tel. 0800 92252.

ZU FUSS

◎ **STADTWANDERUNGEN** bietet die Fremdenführer-Zentrale an: Auskunft unter Tel. 2288 1600 oder im Touristenbüro.

Vier verschiedene Touren werden angeboten – mangels Nachfrage leider nur noch in finnischer Sprache. Themen: Arabianranta und Gustav Vaasa, Friedhof Hietaniemi, Historisches Helsinki. Ende Juni bis Mitte August. Ticket € 10 (HC 5).

Wer auf eigene Faust eine Stadtwanderung unternehmen möchte, erhält das informative Heft »Helsinki Stadtwanderungen« im Touristenbüro, wird auf Deutsch fachkundig durch Kruununhaka, Katajanokka, Zentrum, Töölö-Bucht und Eira geleitet – ausgezeichnet!

MIT DEM BOOT

◎ **KÖNIGSTOR**: Die »M/S Natalia« der »Royal Line« fährt anderthalb Stunden entlang der reizvollen Uferlinie Helsinkis und umrundet die Inselgruppe Suomenlinna mit ihren Festungsanlagen. Sie sehen vom Wasser aus Katajanokka mit den Eisbrechern ebenso wie den grünen Kaivopuisto. Erklärungen auch auf Deutsch. Sehr reizvoll.

◎ **BRÜCKEN UND SUNDE**: Jetzt schickt die »Royal Line« die »M/S Katarina« los. Die Tour führt weit nach Westen, zwischen dem Grün Helsinkis und den Segelmasten der Boote an den Stegen vorgelagerter Schären, an den Werftanlagen vorbei gleitet das Schiff, unter den Brücken nach Lauttasaari hindurch bis an die Stadtgrenze zu Espoo. In großem Bogen, die Badeinsel Pihlajasaari im Visier, geht es zurück mit vom Seewind angenehm zerzausten Haaren und einem weiteren voll geknipsten Film.

Die »Royal Line« fährt im Sommer ab Südhafen. Einzelticket € 14/5, Familienkarte (2+2) € 28.

◎ **HELSINKI – SEE UND KANÄLE**: erwarten Sie auf dem Ausflug mit »Sun Lines«, der die die östlich gelegene Inselwelt erkundet. Die Zoo-Insel Korkeasaari sowie Mustikkamaa ziehen vorbei, durch eine enge Kanaldurchfahrt führt die Route hinaus bis nach Vartiosaari, Villiki kommt in Sicht. Dann geht es heimwärts, Jollas, Laajasalo, Suomenlinna, immer Abwechslung vor Augen. Das Schiff pendelt zwischen Spuren der Großstadtzivilisation und fast unberührter Natur. Auch dieses Vergnügen dauert 1,5 Stunden.

Auch hier gilt: mehrere Fahrten täglich ca. zwischen 10 und 18 Uhr in der Zeit von Juni bis August, Ableger im Südhafen. Tickets € 14/5, Familienkarte € 28.

◎ **VIER ROUTEN** zur Auswahl offeriert »Iha Lines«. Je nach Tageszeit,

Fahrtziel und Dauer können Sie sich entscheiden, ob es nur eine kurze Schnupperfahrt sein oder ob es weiter hinaus in die Schärenwelt gehen soll, an der Militärbasis vorbei, wo das Wasser schon die Ahnung von Meer mit sich trägt?

Die Fahrten dauern rund 60 bis 150 Minuten. Die Tickets kosten: Erwachsene € 12, Kinder € 8, Familie € 24. Abfahrt vom Südhafen, neben der alten Markthalle.

◎ Alle drei Reedereien servieren im Rahmen von **DINNER CRUISES** Speis' und Trank.

◎ Recht neu im Angebot ist die One-way **FÄHRTOUR KUPLAKKA** ab Pohjoisranta / Meritullintori nach Vanhankaupunki zur Geburtsstätte Helsinkis, wo Natur, Technisches Museum und Porzellanmuseum Arabia zur Besichtigung laden. Ende Juni bis Mitte August Mi, Do, Fr, So 10.30 Uhr. € 18/9 inklusive Kaffee und Gebäck.

AUS DER LUFT

Im Heißluftballon langsam über die Stadt schweben – Entdeckungsreise hoch über den Dächern, die im wahrsten Sinne des Wortes neue Einblicke verspricht. Für eine Stunde Frau resp. Herr der Lüfte. Geflogen wird von Mai bis September, abhängig vom Wetter, abends, wenn der Sonnenglanz die Stadt verzaubert...

◎ **BETTER BALLOONS**, Sepänkatu 3–5 D 82, Tel. 608 003. Mehrere Ballons stehen zur Verfügung, für maximal 10 Passagiere. Die einstündige Fahrt kostet € 167 je Person, € 155 ab zwei Passagieren. Der scheinbar hohe Preis relativiert sich, wenn man bedenkt, dass das Erlebnis 4–5 Stunden Arbeit bedeutet. Der Startplatz ist abhängig von der Windrichtung. Fahrtgäste werden bei Bedarf ins Zentrum zurückgebracht.

Telefon

◎ **TELEFONZELLEN** akzeptieren Telefonkarten (€ 6, 10 oder 20) und gängige Kreditkarten. Münztelefone werden seltener. In- und Auslandsgespräche sind möglich. In den meisten Telefonzellen können Sie sich anrufen lassen.

◎ **AUSKUNFT**: Tel. 118. – International Tel. 020 208.

◎ **TELEFONATE INLAND**: Ortsvorwahl, für Helsinki ist es 09, und Rufnummer. Mit Vorwahlen einiger Telefongesellschaften (wie 101, 109, 1041) können Sie zu bestimmten Zeiten Kosten sparen – ähnlich wie hierzulande auch.

◎ **TELEFONATE AUSLAND**: Auslandscode 00 (alternativ Vorwahl der Telefongesellschaft 990, 994 oder 999), dann Ländercode (Deutschland: 49, Österreich: 43, Schweiz: 41), dann die Ortskennziffer ohne die 0, abschließend die Rufnummer.

◎ **TELEFONIEREN NACH HELSINKI**: Die Telefonnummern in diesem Buch sind für »Helsinki ohne Vorwahl« angegeben. Von Deutschland bzw. europäischen Ländern aus wählen Sie den Ländercode 00358, für Helsinki 9 (aus anderen finnischen Städten 09), dann die angegebene Telefonnummer. – Nummern in Helsinki / Südfinnland, die mit 0 beginnen, sind Betriebsnummern (010, 020) oder Verbindungen im mobilen Netz (040, 060, 080 etc.) – hier entfällt die erste Null bei Anrufen aus dem Ausland sowie die Ortsvorwahl.

Toiletten

Öffentliche Toiletten gibt es an den zentralen Punkten der Stadt, etwa am Bahnhof, am Marktplatz und in der Sofiankatu. Die Benutzung der stillen Örtchen ist mit € 0,40–1 relativ teuer. Dafür aber sind die Helsinkier Bedürfnishäuschen häufig ein Muster an Sauberkeit.

Auch in den meisten Restaurants, Hotels, Cafés und Warenhäusern finden Sie öffentlich zugängliche WCs. Restaurants sind verpflichtet, zumindest eine rollstuhlgerechte Toilette zu unterhalten. Angenehm fällt auf, dass Sehenswürdigkeiten, Besucherinseln und Museen reichlich Rückzugsorte bereit halten. Damit Sie sich nicht vertun: Das N *(Naiset)* bezeichnet die Damen-, das M *(Miehet)* die Herrentoilette.

Waschsalons

Itsepalvelupesula nennen sich die Selbstbedienungs-Wäschereien.

»Rööperin Pesula«, Punavuorenkatu 3. – »Easywash«, Runeberginkatu 47. Beide täglich geöffnet.

Das »Café Tin Tin Tango«, Töölöntorinkatu 7, erlaubt dem Besucher nicht nur die Reinigung seiner Wäsche, sondern auch seines Körpers und Geistes – in der Sauna, während die Waschmaschine ihre Arbeit verrichtet.

Zeit

Der Sprung über die Ostsee bedeutet eine Zeitverschiebung: In Finnland gilt die Mitteleuropäische Zeit (MEZ) + 1 Stunde. Kommen Sie also in Helsinki an, stellen Sie Ihre Uhr eine Stunde vor – Sie bekommen sie auf der Rückreise zurück (die Stunde, nicht die Uhr, *Anmerkung der Redaktion)*. Die Sommerzeit gilt auch in Finnland.

Wörterkladde

Nix verstehen! – »En ymmärrä«, könnte der gewöhnliche Finnland- und Helsinki-Besucher dutzendfach am Tag sagen. Denn die Sprache dieser Nordländer klingt für unsere Ohren so ganz anders, so völlig FREMD.

So empfinden es übrigens auch Finnlands nordische Nachbarn. Da wird die/der Uneingeweihte mit ellenlangen Worten konfrontiert, mit ö und ä ohne Ende und gleich im Zweierpack – fast nichts gibt Hinweise auf Sinn und Bedeutung. Vergeblich sucht man in den Resten dessen, was vom schulischem Sprachunterricht und bisherigen Auslandsurlauben hängen geblieben ist.

Zur Entwarnung gleich vorweg: Alles halb so schlimm!

Sonderbares Finnisch

Das Finnische gehört einer völlig anderen Sprachenfamilie an, nämlich der FENNO-UGRISCHEN. Deren Struktur unterscheidet sich fundamental von der uns geläufigen indogermanischen. Nur rund 23 Millionen Menschen gehören dieser Sprachenfamilie an. Den Finnen am nächsten stehen dabei die Esten, mit denen sie direkt und recht problemlos kommunizieren können. Am anderen Ende findet sich das Ungarische. Da ist bereits ein Dolmetscher gefragt.

Das finnische Alphabet kennt 21 Buchstaben, »ä« und »ö« stehen am Ende (... falls Sie etwas nachschlagen wollen). Andere Buchstaben kommen vor, jedoch nur in Lehnwörtern und übernommenen Begriffen.

Die AUSSPRACHE ist nach etwas Übung eher einfach, da SCHRIFTKONFORM. Jeder Laut wird gesprochen, auch Diphtonge einzeln (»ei« zum Beispiel wie »e-i« und nicht wie das deutsche »Ei«). Doppelte Buchstaben werden lang gesprochen/gedehnt – die Finnen würden das deutsche Wort Hose wie Hoose schreiben. Das »h« zwischen Vokal und Konsonant wird wie »ch« gesprochen: nach dunklem Vokal wie bei Lachen, nach hellem Vokal wie bei Küche. Die (Haupt-)BETONUNG liegt immer auf der ersten Silbe, egal wie lang das Wort.

Das Finnische kennt weder eine grammatische Geschlechtsdifferenzierung noch Artikel und kaum Präpositionen. Entsprechendes drücken 15 verschiedene Fälle oder Suffixe aus. Auch bei den Verben wird die Personenbezeichnung angefügt; da ist das Finnische sehr anhänglich...

So wird zum Beispiel aus *talo*/Haus – *talossa*/im Haus – *talossani*/

in meinem Haus – *talossanikin*/ auch in meinem Haus.

SPRACHLICHES ÜBERLEBEN

Sie müssen jetzt nicht anfangen zu büffeln. Zum einen hat das Finnische in Helsinki für sich eine eigene Qualität, denn IM HAUPTSTADT-SLANG wird so viel zusammengezogen und verschluckt, dass der ungeübte Tourist nur verzweifeln kann. Zum anderen sind die Finnen selbst eifrige Sprachenlerner. In Helsinki kommen Sie problemlos mit Englisch durch – und oft sogar mit Deutsch (dies eher bei der etwas älteren Generation). Die schüchternen Finnen möchten nur manchmal ermuntert und gelobt werden – so wie sie sich freuen über den ausländischen Gast, der einige Wörter und Höflichkeitsfloskeln auf Finnisch äußert.

Zugute kommt dem Besucher, dass Helsinki im Straßenbild fast konsequent ZWEISPRACHIG ausgeschildert ist. Das Schwedische hilft bei der Orientierung doch ungemein. Und nochmals: Einmal angesprochen, sind die Finnen in aller Regel höfliche, auskunftswillige Menschen, notfalls unter Zuhilfenahme von Händen und Füßen.

Der alltägliche Umgang ist recht unkompliziert – das zeigt sich etwa darin, dass das *hei* und *hei hei* zu Begrüßung und Abschied auch in Geschäften und sogar am Telefon viel üblicher sind als das steifere und offiziellere *hyvää päivää* und *näkemiin,* dass das DU und die Anrede mit Vornamen die persönliche Kommunikation selbst zwischen den Generationen bestimmen. Das bedeutet nicht, dass damit Höflichkeit und Respekt entfallen.

Im Körperkontakt sind die Finnen zurückhaltend: Die in Schweden übliche Umarmung oder der bei den russischen Nachbarn gern ausgetauschte Wangenkuss beim privaten Treffen sind hier eher fremd, Familie und gute Freunde ausgenommen.

Die nachfolgende Wörterkladde ist notwendigerweise ein subjektiver Steinbruch und soll mit einigen wichtigen wieder kehrenden Begriffen vertraut machen. Wer ein kleines WÖRTERBUCH mitnehmen möchte, der/m empfehlen wir mit gutem Gewissen das:

◎ **PONS REISEWÖRTERBUCH FINNISCH** von *Aila Schlag.*

Mini-Lexikon

ORTSBEZEICHNUNGEN

(im Stadtführer oft vorkommend)

järvi – See
joki – Fluss
kanava – Kanal
katu – Straße
kaupunki – Stadt
keskus – Zentrum
keskusta – Stadtzentrum
kirkko – Kirche
kylä – Dorf

lahti – Bucht
laituri – Kai
linna – Burg
mäki – Hügel
meri – Meer
metsä – Wald
museo – Museum
niemi – Halbinsel
rakennus – Gebäude
ranta – Ufer / Strand
saari – Insel
salmi – Sund
satama – Hafen
silta – Brücke
talo – Haus
tie – Weg
tori – (Markt-)Platz

OFT GEHÖRT
anteeksi – Verzeihung
ei – nein
hei – hallo
hei hei – tschüss
herra – Herr
(hyvää) huomenta – guten Morgen
(hyvää) päivää – guten Tag
(hyvää) iltaa – guten Abend
hyvää yötä – gute Nacht
kiitos – danke
kyllä – ja
lapsi – Kind
mies – Mann
nainen – Frau
näkemiin – auf Wiedersehen
ole hyvä – bitte
perhe – Familie
rouva – Frau (Anrede)
terve – hallo / tschüss
tervetuloa – willkommen

REISE UND UNTERKUNFT
auto – Auto
(rautatie-)asema – Bahnhof
asunto – Wohnung
bensiiniasema – Tankstelle
etelä / etelään – Süden / nach Süden
hinta – Preis
hissi – Fahrstuhl
hotelli – Hotel
huone – Zimmer
hytti – Kabine
itä / itään – Osten / nach Osten
juna – Zug
kerros – Stockwerk
lautta – Fähre
laiva – Schiff
lasku – Rechnung
länsi / länteen – Westen / nach Westen
lentokone – Flugzeug
linja-auto / bussi – Bus
lippu – Fahrkarte/Eintrittskarte
lähtö – Abfahrt
matka – Reise
matkatavara – Gepäck
moottoritie – Autobahn
neuvonta – Auskunft /Information
oikealla – rechts
palvelu – Service / Bedienung
pohjoinen / pohjoiseen – Norden / nach Norden
polkupyörä – Fahrrad
pysäkki – Haltestelle
raide – Gleis
raja – Grenze
saapuminen – Ankunft
sää – Wetter
teltta – Zelt
tulli – Zoll
varattu – besetzt
vapaa – frei

vasemmalla – links
vaunu – Wagen / Waggon
vene – Boot

ESSEN, TRINKEN, EINKAUFEN

aamiainen – Frühstück
avoinna – geöffnet
baari – Schnellimbiss / Selbstbedienungsrestaurant
hedelmä – Frucht
herneitä – Erbsen
hirvi – Elch
illallinen – Abendessen
jäätelö – Eiskrem
juoma – Getränk
juusto – Käse
kaali – Kohl
kakku – Kuchen
kala – Fisch
kana – Huhn
kappale – Stück
kauppa – Geschäft
kahvi – Kaffee
kahvila – Café
keitto – Suppe
kerma – Sahne
kinkku – Schinken
kuppi – Tasse
lautanen – Teller
laatikko – Auflauf
lakkoja – Multebeeren
lasi – Glas
leike – Schnitzel
leipä – Brot
liha – Fleisch
lohi – Lachs
lounas – Mittagessen
makkara – Wurst
maksa – Leber
maito – Milch
mansikoita – Erdbeeren
mehu – Saft
muna – Ei
mustikoita – Blaubeeren
olut – Bier
omena – Apfel
paisti – Braten
perunoita – Kartoffeln
pippuri – Pfeffer
porkkanoita – Möhren
poro – Rentier
pullo – Flasche
rapuja – Flusskrebs
ravintola – Restaurant
ruokalista – Speisekarte
ruokatavarat – Lebensmittel
sieniä – Pilze
silakka – Ostseehering
silli – Hering
sinappi – Senf
sipuli – Zwiebel
sokeri – Zucker
suljettu – geschlossen
suola – Salz
tavaratalo – Warenhaus
tilli – Dill
valkosipuli – Knoblauch
vesi – Wasser
viini – Wein
vihanneksia – Gemüse
voi – Butter

DIENSTLEISTUNGEN

apua – Hilfe!
apteekki – Apotheke
hammaslääkäri – Zahnarzt
huomio – Achtung!
kampaamo – Damenfriseur
kirjasto – Bücherei
lääkäri – Arzt

lähetystö – Botschaft
palokunta – Feuerwehr
pankki – Bank
parturi – Herrenfriseur
poliisi – Polizei
raha – Geld
sairaala – Krankenhaus
varokaa – Vorsicht!

ZAHLEN UND ZEITANGABEN
0 – *nolla*
1 – *yksi*
2 – *kaksi*
3 – *kolme*
4 – *neljä*
5 – *viisi*
6 – *kuusi*
7 – *seitsemän*
8 – *kahdeksan*
9 – *yhdeksän*
10 – *kymmenen*
100 – *sata*
1000 – *tuhat*

aika – Zeit
minuutti – Minute
tunti – Stunde
päivä – Tag
viikko – Woche
kuu – Monat
vuosi – Jahr
tänään – heute
eilen – gestern
huomenna – morgen
maanantai – Montag
tiistai – Dienstag
keskiviikko – Mittwoch
torstai – Donnerstag
perjantai – Freitag
lauantai – Samstag
sunnuntai – Sonntag
kevät – Frühling
kesä – Sommer
syksy – Herbst
talvi – Winter

REDEWENDUNGEN
en ymmärrä – ich verstehe nicht
milloin tulee – wann kommt?
missä on... – wo ist?
mitä kello on – wie spät ist es?
mitä maksaa... – was kostet?
puhutko saksaa / englantia – sprechen Sie (sprichst Du) Deutsch / Englisch?
voisitko autta minua – können Sie (kannst Du) mir helfen?

ÖFFNUNGSZEITEN, TEIL 2

Die Öffnungszeiten in diesem Buch können zum Teil nur Richtzeiten sein – nicht weil Autoren oder Redaktion zu bequem wären, um korrekte Daten zu sammeln bzw. zu überprüfen.
Einige Sehenswürdigkeiten, Unterkünfte sowie Touristenbüros öffnen und schließen oder wechseln ihre Öffnungszeiten nicht an einem runden Datum, sondern an einem dem runden Datum nahe liegenden Wochenende. Darum finden Sie in diesem Buch (auch) Angaben wie »etwa 1.4.–15.9.« oder »von Anfang April bis Mitte September« anstatt einem »3.4.–11.9.«, was bereits ein Jahr später überholt bzw. nur noch Humbug wäre.

HELSINKI VON OBEN

Helsinki ist, von wenigen Ausnahmen abgesehen, eine schöne, gut geplante und sinnvoll gestaltete Stadt. Und deshalb lohnen sich Ausflüge in kleinere und größere Höhen, um sich an Überblicken und Aussichten, an einem ganzheitlichen Eindruck des Zentrums zumindest zu freuen.

Da ist zum einen der OLYMPIATURM am Stadion, der eine weite Sicht mit Erläuterungstafeln erlaubt. Die Aussichtsplattform ist zwar eng und meist windig, aber hoch und für den Ausblick günstig gelegen.

Dann bieten zwei Hotels einen schönen Rundblick: Die ATELJEE-BAR im Hotel Torni in der Yrjönkatu – hier hat sogar die Damentoilette Panoramafenster – und die Aussichtsterrasse im Hotel VAAKUNA im Stadtzentrum, Asema aukio 2. Das Schöne: beim Ausschauen schmeckt noch ein Drink oder Kaffee.

Das Restaurant SAVOY in der Eteläesplanadi 14 serviert im 8. Stock in klassischem Interieur und mit herrlichem Blick.

Ungewöhnlicher ist da die Position am Wendepunkt des Riesenrads im Vergnügungspark LINNANMÄKI – wieder eine neue Perspektive.

Senatsplatz und Kruununhaka

STADTTEIL-BILDER

Von wo man sich dem Zentrum auch nähert – er ist eigentlich immer auszumachen: Über dem Senatsplatz thronend, wenige Meter vom Südhafen, prägt der DOM von Helsinki die Stadtsilhouette.

Wer mit der Fähre aus Deutschland oder Schweden anreist und soeben noch der Manövrierkunst von Kapitän und Lotse bei der Fahrt durch die schmale Fahrrinne zwischen den Schären Tribut zollte, der/m eröffnet sich bei der Einfahrt in den Hafen ein grandioser Anblick. Fährt man doch mitten hinein in die Stadt mit dem schwimmenden Riesen, wird empfangen vom bunten, fast südländisch anmutenden Treiben am Hafen und eben dem erhaben-freundlich strahlenden Dom.

Die eigentliche Innenstadt Helsinkis, die hier beginnt, bietet auf überschaubarer Fläche alles, was man heutzutage von einer Metropole erwartet: sehenswerte Stadtarchitektur und Museen ebenso wie den Markt sowie die Haupteinkaufs- und Flaniermeile der Stadt, gemütliche Cafés, erstklassige Restaurants – und immer wieder das MEER, den Blick auf Häfen, Boote, Schären, aber auch auf grüne Parks und die typischen Granitfelsen.

Senatsplatz

Beginnen wir die Entdeckungsreise durch Helsinki am Senatsplatz: schön, regelmäßig, architektonisch durchdacht – hier sollte das ORGANISATORISCHE HERZ schlagen, als Helsinki Hauptstadt wurde im Jahre 1812. Damals war Finnland russisches Großfürstentum, und Helsinki sollte nach dem Willen des Zaren eine würdige Tochter oder kleine Schwester des großen Sankt Petersburg werden. Verantwortlich für die Bebauungspläne zeichnete *Johann Albrecht Ehrenström.*

Der beauftragte Architekt *Carl Ludwig Engel* (als Berliner personifiziert er eine der vielen, teilweise versteckten deutsch-finnischen Verbindungen in der Geschichte des nordischen Landes) entsprach Ehrenströms Plänen durch den Entwurf des Doms und der öffentlichen Gebäude im NEOKLASSIZISTISCHEN STIL (auch als Empirestil bezeichnet) rund um den Senatsplatz voll und ganz. Engel hatte vorher mehrere Jahre in Tallinn gewirkt sowie unter anderem in Sankt Petersburg seine

Helsinki von oben: Stadtblick vom Riesenrad im Vergnügungspark ◀ Linnanmäki Richtung Süden auf Bahnhof und Küste mit Ostsee-Fähre

Architekturstudien verfeinert. 1816 begann Engel mit den Arbeiten für den Platz; in den folgenden 25 Jahren wurden fast 30 öffentliche Gebäude in Helsinki nach seinen Plänen realisiert. Der Senatsplatz, auf dem schon im 17. Jh. ein Rathaus sowie eine Kirche mit Friedhof standen, wurde erweitert, um Raum zu gewinnen für die majestätischen Bauten, die in ihrer weiß-gelben Farbgestaltung trotzdem nicht erschlagend wirken.

Heute ist der Senatsplatz ein Ort des finnischen Selbstbewusstseins. Hier versammeln sich die Bürger der Stadt am Silvesterabend, um das Neue Jahr zu begrüßen. Hier wurden und werden wichtige Ereignisse der Landes- und Stadtgeschichte mit Konzerten, Tanz und Attraktionen gefeiert. Der wichtigste Tag auf dem Senatsplatz ist der 6. Dezember, der TAG DER UNABHÄNGIGKEIT, wenn der Fackelzug der Studenten sein feierliches Ende findet.

Aber auch ohne politischen Anlass finden auf dem Senatsplatz im Sommer Konzerte und andere Veranstaltungen statt, hier trifft und sonnt man sich bei schönem Wetter, hier ist internationaler Begegnungsort für junge Leute, vor allem Studenten. Bei Konzerten wird die eindrucksvolle Treppe im Norden des Platzes zum Dom hinauf zur Tribüne, gleich einem lebenden Teppich unter den Kuppeln der Kirche. Im August, während des Helsinki Festivals, gibt es jeden Abend Musik, und viele gute Restaurants der Stadt betreiben Zelte auf dem Platz. In manchen Wintern, planungs- und witterungsabhängig, steht auf dem Senatsplatz, am Ort der ersten, alten Kirche, eine ATTRAKTION: LUMIKIRKKO, eine KIRCHE AUS SCHNEE, die innen begehbar ist und in der sich schon Brautleute das Ja-Wort gaben.

Das Hauptgebäude der Universität im Westen, das Senatsgebäude, Symbol der bürgerlichen Selbstverwaltung und stolzer Namensgeber des Platzes im Osten, begrenzen mit ihren säulengetragenen Fassaden fast spiegelbildlich den Senatsplatz. ◎ In dem weiten Karree fängt sich der Blick an der von kleinen Blumenrabatten geschmückten **STATUE DES ZAREN ALEXANDER II**. Der finnische Bildhauer *Walter Runeberg* umgab 1894 den Finnland freundlich gesonnenen russischen Zaren mit Symbolfiguren für Kunst, Frieden, Arbeit, Recht und Wissenschaft. Zu ihren Füßen erhöht sitzend oder an die Säule gelehnt, hat man sich einen guten Platz bei einem Open-Air-Konzert gesichert. Leider wird der Senatsplatz auch von den MÖWEN bevorzugt: keine Statue in der Innenstadt, die nicht beharrlich okkupiert wäre, keine Sicherheit für die Passanten, nicht während der Flugphasen »getroffen« zu werden.

EIN WAHRZEICHEN DER STADT

◎ **DOM (TUOMIOKIRKKO)**, Senaatintori, Unioninkatu 29, Tel. (für bes. Vereinbarungen) 709 2455. Juni bis

August täglich 9–24 Uhr, sonst 9–18 Uhr. Orgelkonzerte in den Sommermonaten meist So 20 Uhr. Eintritt frei. Krypta, Kirkkokatu 18, geöffnet nach Ankündigung.

Im Norden des Senatsplatzes führt die breite Freitreppe in eine Höhe von 9 Metern über das Niveau des Platzes hinauf zur Domkirche. Der STEILE ANSTIEG lohnt sich, vor allem wegen des freien Blicks über das Treiben rund um den Platz bis zum Hafen hinunter, aber auch für einen Rundgang um den Dom herum mit seinen verschiedenen Ansichten und für einen Blick ins Kircheninnere, das seltsam schlicht anmutet – typisch für lutherische Gotteshäuser – gegen das strahlende Weiß des Außen, gegen die goldverzierten grünen Kupferkuppeln und die apostolischen Bildsäulen an den Dach- und Mauerbrüchen.

Der Dom ist das wichtigste Werk Engels in Helsinki, begonnen 1830, fertig gestellt erst 12 Jahre nach Engels Tod, 1852, durch seinen Landsmann und Nachfolger *Ernst B. Lohrmann*. Allerdings hat man die Pläne Engels verändert, zum Teil auch wegen der Baustatik. Sowohl die vier Nebentürme, ebenfalls mit Kuppelhelmen, als auch die beiden Seitenpavillons wurden hinzugefügt; die zwölf Apostel auf dem Dach, aus Zink gegossen, entstanden auf Wunsch des Zaren durch die Bildhauer *Wredow* und *Schievelbein*. Ursprünglich hieß der Dom Nikolaikirche, nach dem russischen Zaren Nikolaij I., aber auch nach dem Heiligen Nikolaus, Schutzpatron für Handel und Seefahrt. Die Domrechte erhielt die Kirche 1959.

Heute finden im Dom regelmäßige Gemeindegottesdienste statt, dazu die festlichen Gottesdienste bei offiziellen staatlichen und universitären Anlässen. Während der Sommermonate beliebt sind die ORGELKONZERTE; die Akustik in der Tuomiokirkko verspricht musikalischen Genuss, und das in der Regel bei freiem Eintritt.

Unterhalb der Kirche befindet sich die kreuzförmige KRYPTA (Eingang von der Rückseite des Doms), mit Raum für Ausstellungen, Meetings und Konzerte. Ein kleines Café ist von Ende Mai bis Ende August täglich von 11 bis 17 Uhr geöffnet.

Der Dom ist das Lieblingsziel der Touristen. Dementsprechend sollte man ihn zu Zeiten besuchen, in denen die Aussicht nicht von Sightseeingbussen verstellt ist – besser am Nachmittag.

UNIVERSITÄT UND VERWALTUNG

◎ Das **SENATSGEBÄUDE** (Regierungspalais), Snellmaninkatu 1, wurde 1822 als Sitz des damals höchsten Verwaltungsorgans im Land, des kaiserlichen Senats von Finnland, im Osten des Platzes fertig gestellt. Bis heute unterhält die finnische Regierung hier Arbeits- und Sitzungsräume, in der ersten Etage das Dienstzimmer des Ministerpräsidenten. Der Präsidentensaal und ehemalige

Thronsaal im Empirestil bildet den würdigen Rahmen für die Unterzeichnung neuer finnischer Gesetze. Für neugierig gewordene Besucher heißt es leider: Wir müssen draußen bleiben! An der Giebelwand zählt die älteste öffentliche Uhr Finnlands ihre Stunden.

◎ **UNIVERSITÄT**, Hauptgebäude Unioninkatu 34, Bibliothek Unioninkatu 36; Postadresse 00014 Helsingin Yliopisto, Tel. 1911.

Das Hauptgebäude der Universität begrenzt den Senatsplatz im Westen; dahinter, Richtung Norden, schließt sich die Universitätsbibliothek an. Beide stammen aus der Feder Engels, ebenso wie die betagten Gebäude des Zentralkrankenhauses der Universität (jetzt humanistische Fakultät) aus dem Jahr 1830 in der weiteren Folge der Unioninkatu. Die Universität Helsinki ist die größte, bedeutendste in Finnland.

Das Universitätshauptgebäude wurde 1832 als Sitz der fünf Jahre zuvor von Turku (Åbo) – der früheren Landeshauptstadt zu Zeiten schwedischer Herrschaft – nach Helsinki verlegten Landeshochschule fertig gestellt. Es wiederholt fast spiegelbildlich Säulen und Proportionen des Regierungspalais' gegenüber.

Die Universität, 1640 als ÅBO-AKADEMIE gegründet, wurde in Helsinki in Zar-Alexander-Universität umbenannt und heißt seit 1919 nur noch Universität Helsinki. Nach wie vor ist sie zweisprachig finnisch und schwedisch.

Lohnenswert ist die Besichtigung der EINGANGSHALLE der Universitätsbibliothek (Yliopiston kirjasto). Die Bibliothek (1844) gilt als eines der schönsten Werke Engels: außergewöhnlich die Innenraumgestaltungen, u.a. mit herrlichen DECKENGEMÄLDEN. Die Eingangshalle ist (wie Innenräume und Lesebestand) der Öffentlichkeit zugänglich, der Eintritt frei: Mo–Fr 9–20, Sa 10–16 Uhr. Die Bibliothek beherbergt nur einen Teil der bibliophilen Schätze der Universität, zu denen u.a. eine Kartensammlung des Seefahrers *A.E. Nordenskiöld* gehört, des ersten erfolgreichen Bezwingers der Nordostpassage von Norwegen bis nach Japan, und eine nahezu komplette Sammlung russischer Literatur des 19. Jhs.

Die Universität Helsinki verteilt sich heute über verschiedene Stadtbezirke; schwerpunktmäßig liegen die Institute in Kruununhaka sowie der Innenstadt. In der Straße rechts vom Hauptgebäude, der Yliopistonkatu (Universitätsstraße), steht der 1957 fertig gestellte PORTHANIA-KOMPLEX mit dem Helsinki-Monument von *Eduardo Chillida*. An der Universität und den anderen Hochschulen in der Stadt sind annähernd 40.000 Studenten eingeschrieben. Im Sommer bietet die Universität für Besucher Kurse im Rahmen der Sommeruniversität (Info-Büro Liisankatu 16 A 8, Tel. 681 1020) an. Seit 2000 öffnet sie sich mehr der Öffentlichkeit und konzipierte die INTERNATIONAL HELSINKI SUMMER SCHOOL.

Dabei gibt es, neben Sprachkursen, einen frei zugänglichen Kurs in englischer Sprache mit dem Titel »Finland in Focus« sowie Themen aus Natur, Kultur, Wirtschaft und Politik.

◎ **ARPPENAUM**: Museum der Universität Helsinki, Snellmaninkatu 3, Tel. 1912 4071. Di–Fr 11–17 Uhr, Sa+So 11–16 Uhr. € 4,20/2,50 (mit HC frei).

Seit 2003 präsentiert das Arppeanum-Gebäude (1896 von *Carl Edelfelt* entworfen), einst Chemisches Institut und Labor sowie bereits konzipiert als Museum der Universität, Forschungs- und Wissenschaftsgeschichte vom 17. Jh. bis heute. Ehrwürdige Häupter, Festbräuche und Studentenbewegung sind festgehalten, grässliche Instrumente aus Medizingeschichte und Zahnmedizin, eine alte Apotheke, ausgewählte Exponate textilen Handwerks erzählen aus früherer Zeit (siehe Seite 153). Erwähnenswert ist die wirklich UMFANGREICHE MINERALOGISCHE SAMMLUNG mit Kristallen, Meteoriten und Fossilien aus aller Welt.

BÜRGERLICHES LEBEN

Der Blick gen Süden des Senatsplatzes gibt eher Unspektakuläres frei: eine Reihe zwei- bis dreistöckiger Bürgerhäuser an der Aleksanterinkatu, heute vorwiegend im Besitz der Stadt. Auch das alte RATHAUS reiht sich ein. Hier, zum Markt und zum Hafen hin, wird es, im Vergleich zum würdevollen Senatsplatz, zunehmend lebendiger.

◎ Direkt am Platz lädt das populäre **CAFÉ ENGEL**, namentliche Anspielung auf den großen Architekten, zu Kaffee, Gebäck, leckeren kleinen Gerichten wie auch frischen Salaten ein (Aleksanterinkatu 26).

◎ Nicht versäumen darf man den **KISELEFF-BASAR,** Aleksanterinkatu 28 – ein EINKAUFSERLEBNIS besonderer Art. In dem früheren Haus des reichen Kaufmanns *Kiseleff* war die zentrale Halle des Kaufhauses »Stockmann« untergebracht, bevor man den großen Saal fachmännisch restaurierte. Er bietet jetzt als zweistöckige Halle mit oben umlaufender Galerie ungefähr 20 kleinen Läden und Ständen Platz. Wer typisch Finnisches, ob klassische Souvenirs oder junges Design, sucht, kann hier einige Zeit verbringen. In der kleinen Nebenstraße Sofiankatu steht das

◎ **STADTMUSEUM HELSINKI**, Sofiankatu 4, Tel. 1693 933, im Internet: www.helsinginkaupunginmuseo.fi/ Mo–Fr 9–17 Uhr, Sa+So 11–17 Uhr. € 3/0 (mit HC frei). Do im gesamten Komplex Eintritt frei.

Das Stadtmuseum (Helsingin kaupunginmuseo) hat neun weitere Filialen in Helsinki. Im Einzugsbereich Senatsplatz und Kruununhaka das SEDERHOLMHAUS und das SPRITZENMEISTERHAUS. Das Gebäude in der Sofiankatu stammt aus den Jahren 1912/13 nd zeigt eine ebenso informativ wie besucherfreundlich und anrührend gestaltete Ausstellung: HELSINKI AM HORIZONT, über Stadt und Stadtgeschichte, die Entwicklung der Lebensumstände in Helsinki in Zahlen und Einzelschicksalen, und über Sonnen- und Schattenseiten aus mehr als 450 Jahren.

Das zugehörige KINO ENGEL 2 zeigt Videofilme über Helsinki und seine Historie. Der gut sortierte Museumsshop hat Geschichte und Geschichten aus Helsinki zum Mitnehmen. Die vollständige Restaurierung des Museumsgebäudes vor wenigen Jahren stand im Zusammenhang mit der Eröffnung vom

◎ **STRASSENMUSEUM SOFIANKATU**. In dieser kleinen, eher unscheinbaren Straße, die von Süden zum Senatsplatz hinführt, hat man die Idee eines zeitnahen, ins heutige Straßenleben integrierten, 24 Stunden geöffneten Museums verwirklicht: Gebäude, Straßenpflasterung und Gestaltung mit Lampen, Bänken etc. sollen ein Gesamtbild ergeben, in dem – immer in einer kurzen Straßenszene – eine Epoche Helsinkis vom frühen 18. Jahrhundert bis um 1930 lebendig wird. Und so zieren Gaslaternen, eine alte Telefonzelle, Briefkasten, Hydranten und ein originaler Trinkbrunnen das historische Straßenbild.

Die Sofiankatu gehört zusammen mit der Katariinankatu und der Helenankatu zu den ältesten erhaltenen Straßen der Stadt – daher war die Sofiankatu für das Straßenmuseum prädestiniert.

◎ Wenn Sie eine Pause brauchen: Das kleine russische **CAFÉ SOFIA** in der Nr. 5 hat zwar keinen Samowar,

FARBSEITEN 153 – 160:

Seite 153 oben:
Moderne trifft Geschichte – vor dem Kunstmuseum Kiasma reitet Marschall Mannerheim

Seite 153 unten:
Im Arppeanum (Universitätsmuseum) – T-Shirts spiegeln die Vielfalt der Studentengruppen

Seite 154:
Havis Amanda – die Liebenswerte des Meeres, ewig jung und ein wenig kokett

Seite 155 oben:
Das Sibelius-Denkmal beflügelt die Fantasie

Seite 155 unten:
Charme verträumter Gassen und stiller Winkel in der Altstadt von Tammisaari

Seite 156:
Jede finnische Region hat ihre eigene Tracht

Seite 157 oben:
Im Rahmen von Feierlichkeiten erstrahlt der Dom in buntem Lichterspiel

Seite 157 unten:
Helsinki zentral – wenn es Nacht wird an der Mannerheimintie

Seite 158 oben:
Die Brauereipferde von »Koff« sind geduldig

Seite 158 unten:
Die Qual der Wahl – Fisch und andere Leckereien in der Alten Markthalle

Seite 159:
Winterimpressionen – vor der Hafeneinfahrt und auf Seurasaari

Seite 160:
Poesie, die durch den Magen geht – die Runebergtörtchen

HÄMIKSEN VAPPU '99
HELSINGIN YLIOPISTON
ETELÄSUOMALAINEN OSAKUNTA
SAARIJÄRVI
OTA AINA
ESO
HELSINGIN YLIOPISTON
SAVOLAINEN OSAKUNTA
Wiipurilainen
Osakunta
NATIO OSTROBOTNIENSIS
EPO PPO VN
HÄRMÄNMAAN
PYRKIMYS
POHJOIS-POHJALAINEN
OSAKUNTA
VASA NATION

MIKKELIN SEUTU
7706,00 €

FORUM
STADIUM
LINDEX
McDonald's
MEHILAINEN
ravintola
MTK

ISO RIISI-PIIRAKKA 1,-
LOHI-PIIRAKKA 2,- KPL
LANTTU-PIIRAKKA 0,80 KPL
PORKKANA PIIRAKKA 0,80 KPL
PUOLUKKA-RÖNTTÖNEN 1,-
BLINIT 18,-
RAPU-LEIPÄ 3,20
SIIKA-LEIPÄ 2,-
LOHI-LEIPÄ 2,-

GABRIELLA

aber leckere Blinis und Piroggen in netter Atmosphäre. Die russischen Souvenirs sind käuflich.

Wieder zurück an der Aleksanterinkatu, setzt sich die Zeile der Bürgerhäuser weiter jenseits der Katariinankatu fort, unter anderem mit dem Haus des amtierenden Stadtdirektors (Nr. 14).

◎ **SEDERHOLMHAUS**, Aleksanterinkatu 16–18, Tel. 169 3625. 2.1. bis ca. 25.6. und ca. 5.8. bis 20.12. So–Do 11–16 Uhr. Eintritt € 3/0 (mit HC frei).

Das älteste erhaltene Steinhaus Helsinkis (1757) ist Teil des Stadtmuseums. Es gehörte dem finnlandschwedischen Kaufmann *Johan Sederholm*. Ausstellungen mit wechselnden Schwerpunkten ermöglichen einen Einblick in Verwaltungs- und Handelsleben und die großbürgerliche Welt Helsinkis im 18. und 19. Jahrhundert und betreiben Spurensicherung in Sachen schwedisch-russischer Vergangenheit.

◎ Ein Stück weiter folgt **VALKOINEN SALI**. Der Weiße Saal, Aleksanterinkatu 16, 1925 von *Walter Jung* entworfen, fungiert heute als Konzert- und Festsaal, der außerdem für Kongresse und Versammlungen genutzt wird.

Regelmäßig werden darin wechselnde AUSSTELLUNGEN arrangiert, und auch historische oder Kulturfilme haben eine Chance – eine gute Adresse, sich über aktuelle KULTURANGEBOTE mit Informationsmaterial zu versorgen. Es gibt ferner ein nettes kleines Café mit Innenhof.

Kruununhaka

LEBENDIGE GESCHICHTE

Beginnend am Senatsplatz und dem Dom, geht es nordostwärts an weiteren historischen und architektonischen Kleinoden vorbei in den von zwei Seiten vom Meer umgebenen Stadtteil Kruununhaka hinein, den ÄLTESTEN Stadtteil. 1640 wurde das damals noch kleine Örtchen Helsinki von den Stromschnellen des Vantaa-Flusses auf die alte Halbinsel Vironiemi in das heutige Kruununhaka verlegt. Kruununhaka bedeutet »Weideland der Krone« – es war als königlich schwedische Länderei mit Jagdmöglichkeiten ausgewiesen.

In Kruununhaka steht das älteste erhaltene Holzhaus der Stadt, neben der nach und nach gewachsenen Architektur u.a. des Jugendstils und der Neorenaissance. Unverändert bewahrt der dicht bebaute Stadtteil mit den schmalen und gewundenen Straßen seinen CHARME und die Beschaulichkeit der alten Zeit, ohne den Anschluss an die Entwicklungen der Moderne verloren zu haben.

Ein sonniger Tag, an dem die alten Frauen draußen vor dem Haus auf der Holzbank sitzen und reden und schweigen, während in der Querstraße junge Modedesigner mit Fotografen und Models vor den Häuserkulissen eine Fotosession für die neue Kollektion abziehen – das beschreibt eine durchaus TYPISCHE SZENE im heutigen Kruununhaka.

Im Gegensatz zu vielen anderen Stadtteilen verfügt Kruununhaka nur über wenige öffentliche Grünflächen – doch mit dem Botanischen Garten und dem Park von Kaisaniemi sowie dem schönen Weg entlang des Pohjoisranta, des Nordufers, und dem fast Klippen-ähnlichen Felsabfall zum Sund hin, der die Ostsee mit der Töölö-Bucht verbindet, finden auch die Naturliebhaber einige Ziele vor Ort wie in der näheren Umgebung.

◎ Östlich des Senatsplatzes nach Kruununhaka hinein liegt an einem kleinen Park zwischen Ritarikatu und Mariankatu das **RITTERHAUS**. Beide Standesgruppen, sowohl das adlige Rittertum als auch die nichtadligen Stände, hatten ihre Repräsentationshäuser nur wenige hundert Meter voneinander entfernt im alten Stadtteil. Das Ritterhaus, 1862 im neogotischen Stil erbaut, dient heute als Veranstaltungssaal vornehmlich für Kammerkonzerte.

Einen würdigen Rahmen dafür bietet der Festsaal, der die Wappen aller finnischen Adelsgeschlechter versammelt. Bis heute treffen sich die blaublütigen Nachfahren hier zu bestimmten Anlässen.

◎ Die **FINNISCHE LITERATURGESELLSCHAFT** hat sich in der Querstraße hinter dem Ritterhaus an der Mariankatu 7 A niedergelassen. Die Vereinigung ist ausgesprochen rührig in der Förderung finnischer Literatur, veranstaltet Lesungen und Informationsabende und unterhält einen kleinen Buchladen; Broschüren liegen in deutscher und englischer Sprache vor. Weitere Informationen: Tel. 1312 3216 und www.finlit.fi.

◎ Zwar ist Kruununhaka kein typisches Shopping-Quartier, doch gibt es, dem Bild des ältesten Stadtteils entsprechend, rund um die Mariankatu ein regelrechtes **ANTIQUITÄTENVIERTEL** (Mariankatu, Rauhankatu, Meritullinkatu, Liisankatu) mit mehr als 25 einschlägigen Adressen, darunter »Karl Fredrik« und »Classic«, beide in der Mariankatu 13, »Vanhaa ja Kaunista«, Liisankatu 6, oder »Antiikitupa«, Mariankatu 26.

◎ Das zweitälteste steinerne Gebäude des Stadtzentrums ist an der Mündung der Aleksanterinkatu in den Meritullintori (Seezoll-Platz) das alte **ZOLL- UND PACKHAUS** aus dem Jahr 1765. Heute unterzieht eine städtische Kindertagesstätte die ehrwürdigen Mauern einer täglichen Verjüngungskur.

WEGE AM WASSER

◎ Am Meritullintori beginnt die Wasserseite Kruununhakas und jener wunderschöne Weg am **POHJOISRANTA** dem Meer entlang. Passend empfängt den Spaziergänger an der Wand des Amtsgebäudes der Helsinkier Domgemeinde das Relief »Der Fischfang des Petrus« von *Carl Wilhelms*. Das Nordufer (Pohjoisranta heißt auch die Straße am Wasser entlang) ist ein baumbestandener Uferboulevard entlang einer Reihe hoher Jugendstilfassaden aus der Zeit des Übergangs 19. / 20. Jh.

Noch schöner wäre der Weg ohne Autoverkehr zur Seite, auch wenn der Fußgängerweg abgetrennt ist. Es ergeben sich jedenfalls HERRLICHE AUSBLICKE auf die Häfen des Nordhafengebietes (Pohjoissatama), darunter einen Yachthafen, in dem auch schöne, alte HOLZBOOTE liegen, und auf Katajanokka mit der Uspenski-Kathedrale. So hingegossen von dieser Seite die Fotomotive des gegenüber liegenden Ufers winken, so lohnend ist auch der umgekehrte Blick vom Bootssteg, von der Teerinsel oder von Katajanokka aus auf das Pohjoisranta – mit schaukelnden Booten im Vordergrund.

Zwischen Rauhankatu und Maneesikatu liegt das wohl ORIGINELLSTE Wohnhaus des Boulevards, 1899 im Renaissancestil nach Plänen der beiden Architekten *S. Gripenberg* und *M. Schjerfbeck* erbaut.

◎ Vor der Liisankatu öffnet sich der kleine Park Liisanpuistikko. Vorbei am Denkmal für Gefallene (*G. und A. Lindgren*, 1921) gelangt man zum Svenska Klubben (Schwedischer Club) in einem alten Wohnhaus englischen Stils.

Nach Überqueren der Liisankatu folgen Militärakademie, Institut für Militätwissenschaften sowie das **MILITÄRMUSEUM FINNLAND** in der Maurinkatu 1 / Liisankatu 1, Tel. 1812 6381 und 1812 6200. Di–Do 11–18 Uhr, Fr–So 11–16 Uhr. (Wegen Renovierung in der zweiten Jahreshälfte 2004 teilweise geschlossen, sonst ganzjährig zu besuchen). Eintritt € 3,5/1 (mit HC frei). Bus 16 von Eteläesplanadi oder Marktplatz, Bus 18 vom Ateneum (Kaivokatu).

In einer 1883 von *E. Lagerspetz* erbauten Backsteinkaserne geht es um die Geschichte des finnischen Militärs, Kriegshistorie und Sammlungen von Waffen, Rüstungen sowie Orden, beginnend mit dem 17. Jahrhundert. Das Museum verfügt über ein umfassendes Fotoarchiv. Ausstellungsräume in der Liisankatu, Grundausstellung in der Maurinkatu. Weitere Museumsabteilungen auf der Festungsinsel Suomenlinna.

◎ Gegenüber der Liisankatu zweigt nach rechts die Brücke zur **TERVASAARI** (Teerinsel) ab.

Der Name verweist darauf, dass hier im 17. Jahrhundert die Händler ihre Teerlager hatten. Lassen Sie sich nicht von dem Namen abschrecken: Heute ist Tervasaari eine nette, parkähnlich gestaltete grüne Insel, mit einer der über die ganze Stadt verstreuten, so FOTOGENEN TEPPICHWASCHANLAGEN: ein breiter, zum Teil umzäunter Holzsteg, ins Wasser hineingebaut, bietet Zugang zum Meer und ist mit groben Holztischen (als Waschbretter) und ebenfalls traditionell hölzernen Trockenständern ausgestattet, auf denen die gereinigten bunten Bodendecker fröhlich in Wind und Sonne abtropfen. Hier auf Tervasaari sind die Einheimischen unter sich und (noch) relativ wenig von Touristen belagert.

TERVASAAREN AITTA: In dieser schönen Lage bietet sich eine Kaffeepause oder ein leckeres Essen in diesem restaurierten Lagergebäude oder auf der zugehörigen Sommerterrasse an. Das frühere Sommerlokal, Tervasaarenkannas 3, hat inzwischen ganzjährig geöffnet: im Sommer täglich 9–2 Uhr, sonst Di–So 16–24 Uhr. – Ein echter Tipp.

HISTORISCHER AUSFLUG

◎ Zurück über die Tervasaarenkannas auf dem Festland, geht es nach links wieder nach Kruununhaka hinein. – Der Spaziergang durch die schmalen Straßen und Gassen vermittelt das vertraute, typische Lokalkolorit. Dazu gehört das **SPRITZENMEISTERHAUS**, Kristianinkatu 12, Tel. 135 1065. 1.6.–31.8. und im Dezember So–Do 11–16 Uhr. Eintritt € 3/0 (mit HC frei).

Auch das älteste (1817/18) an ursprünglicher Stelle stehende Holzhaus der Stadt gehört zum Stadtmuseum Helsinki. Genau genommen, ist es ein Haus mit Nebengebäude, hinter einem dekorativen Holzzaun und in einem Gärtchen gelegen und als Kleinbürgerwohnung der 1860er Jahre eingerichtet.

◎ Richtet man sich von hier nach Norden, öffnet sich neuerlich der **BLICK** zum Wasser: Das Ufer fällt steil und felsig zum Siltavuorensalmi ab, zum Sund, der Wasserverbindung zwischen Meer, Hafengebiet sowie Eläintarhan- und Töölö-Bucht. Leider ist der Blick über den Sund auf den Stadtteil Hakaniemi nicht nur ersprießlich: Hochhäuser und Industrieanlagen säumen das Ufer gegenüber. Da ist es schon faszinierender, genau hinzusehen, wie die Häuser, diesseits in den Fels eingelassen, über dem Abgrund thronen.

Im Norden Kruununhakas gibt es noch eine Grundschule im Jugendstil mit dekorativen Türmen in der kleinen Fußgängerzone an der Oikokatu. Der Rückweg Richtung Senatsplatz trifft wieder auf die Unioninkatu und führt am Domizil der orthodoxen Gemeinde (Dreieinigkeitskirche) in der Liisankatu, der Staatlichen Forstwissenschaftlichen Forschungsanstalt am Varsapuisto und an den bereits erwähnten (siehe Universität) alten Krankenhausgebäuden vorbei.

◎ Die **HEILIGE DREIEINIGKEITSKIRCHE**, Unioninkatu 31, Tel. 669 290, ist wiederum ein Werk Engels (1827). Diese erste orthodoxe Kirche Helsinkis steht unmittelbar hinter dem Dom und wirkt im Vergleich mit dem monumentalen Nachbarn eher schlicht.

Wie es der hohe Eisenzaun vermuten lässt, ist die Heilige Dreieinigkeitskirche nicht für die Öffentlichkeit zugänglich. Samstags um 18 Uhr und sonntags um 10 Uhr finden Gottesdienste statt, und zwar nicht auf Finnisch wie in der »Haupt-Kirche« Uspenski-Kathedrale, sondern im traditionellen Kirchenslawisch. Finnischsprachige Andacht Mo–Do 17 Uhr.

Die orthodoxe Gemeinde belegt ein weiteres Gebäude in Kruununhaka (s.o.), auffallend durch seine kleine vergoldete Kuppel. Das Haus beherbergt eine Kapelle und die Amtswohnung des Metropoliten der finnisch-orthodoxen Kirche. Im Erdgeschoss führt ein kleiner LADEN Ikonen und Requisiten.

◎ Das **STAATSARCHIV** an der Ecke Rauhankatu / Snellmaninkatu beherbergt finnische Staatsdokumente, das älteste aus dem Jahr 1316. *Gustaf Nyström* entwarf das 1890 eingeweihte Gebäude. Auf dem Dach wacht Clio, die griechische Muse der Geschichtsschreibung, über die Echtheit die Dokumente.

◎ Unweit davon stehen sich an der Snellmaninkatu zwei repräsentative Gebäude gegenüber: die Hauptverwaltung der **BANK VON FINNLAND** und das **STÄNDEHAUS**, Ende des 19. Jhs. als Versammlungsstätte für die nichtadeligen Stände im Ständetag – Bauern, Bürger und Geistlichkeit – erbaut. Die stilistische Nähe zum Staatsarchiv erklärt der gemeinsame Architekt, Gustaf Nyström. Das Giebelrelief *(Emil Wikström)* zeigt Zar Alexander I. auf dem Ständetag von Porvoo. Heute dient das Gebäude staatlichen Repräsentationszwecken – für die Innenrestaurierung erhielt es 1993 den »Europa nostra«-Preis.

◎ Die Snellmaninkatu ehrt, ebenso wie die Statue vor der Bank von Finnland (Emil Wikström, 1923), den bedeutenden finnischen Philosophen und Staatsmann **JOHAN WILHELM SNELLMAN**. Snellman (1806–1881) spielte eine wichtige Rolle in der Entwicklung von Kultur und Sprache im damals noch nicht unabhängigen Finnland. Im Sockel der Statue sind EINSCHUSSLÖCHER aus dem Zweiten Weltkrieg zu sehen. Symbolhaft für das unabhängige Finnland hat sie den Krieg überstanden, wenn auch mit Narben. Im Straßenverlauf gesellt sich *W. Runebergs* Büste LEO MECHELINs (1909) hinzu. Der war ein einflussreicher Senator im 19. Jh.

◎ Am Ende der Snellmaninkatu befindet sich das älteste Posthaus der Stadt (1853), darin beheimatet das **MUSEUM DER BANK VON FINNLAND**, Snellmaninkatu 2, Tel. 1832 981. Di–Fr 12–19 Uhr, Sa+So 11–16 Uhr. Eintritt frei.

Das modern konzipierte Geldmuseum weiß das trockene Thema multimedial und spannend darzubieten: Geldpolitik und Geldkreislauf, Aufgaben einer Nationalbank, Geschichte des Geldes und Banknoten auch unter dem Aspekt ihrer künstlerischen Gestaltung.

Top-Tipps im Überblick

SEHEN & ERLEBEN

◎ **DOM**: monumental, Empirestilecht, erhebend – das Wahrzeichen von Helsinki.

◎ **UNIVERSITÄTSBIBLIOTHEK**: Man darf zwar nur in die Eingangshalle, aber die gehört unbestritten zu den schönsten und außergewöhnlichsten öffentlichen Räumen der Stadt. Eintritt frei.

◎ **STADTMUSEUM HELSINKI:** Die Ausstellung, mit Liebe gestaltet, hinterlässt viel Verständnis für die Geschicke dieser nördlichen Stadt. Do Eintritt frei.

ORTE ZUM ENTSPANNEN

◎ **DOMTREPPE:** bei Schönwetter auf einer Stufe lümmeln, den Blick zum Wasser schweifen lassen, Leuten beim Fotografieren (wie kriege ich Platz, Treppe und Kirche auf das Bild?) oder Erbsenessen zusehen...

◎ **KISELEFF-BASAR:** Versinken in Spielzeug und Erinnerungen, schauen, staunen, kaufen...und ein kleines Café gibt es hier auch.

◎ **TERVASAARI:** Teppichwäscherinnen und -wäscher bei der Hausarbeit; schauen Sie zu, genießen Sie einen Kaffee oder mehr im sommerlichen Grün.

ESSEN UND TRINKEN

◎ **CAFÉ ENGEL**: Aleksanterinkatu 26, bekannt-beliebter Treff für alle Altersgruppen, nicht ganz billig.

◎ **TERVASAAREN AITTA**: Herrlich gelegenes Café und Restaurant mit Terrasse und leckerer Auswahl zu erschwinglichen Preisen (mit HC gibt's sogar 15 % Rabatt auf das Menü).

◎ Kein **AUSGEHVIERTEL** ist Kruunuhaka, und versteckt einige Lokale, wo man preiswert unter Finnen isst: »Kolme Kruunua«, Liisankatu 5, und »Kirja«, Kirjatyöntekijänkatu 10.

Katajanokka

STADTTEIL-BILDER

Auf Katajanokka zu wohnen hat seinen Reiz, der Stadtteil ist »in«. Die Atmosphäre dank HAFENBETRIEB, alter und restaurierter Lagerhallen, Jugendstilfassaden der Zeit der vorletzten Jahrhundertwende, moderner Stadtarchitektur, mehrerer neu eröffneter kleinerer Geschäfte sowie Restaurants wirkt anziehend. Dabei liest sich Katajanokkas Vergangenheit eher trist und düster.

Dieses Gebiet war eines der ersten, das sich ganz natürlich dem expandierenden Helsinki zur Bebauung anbot. Die LANDZUNGE, vom Dom in guter Sichtweite und fast ganz vom Wasser umspült, wurde im 19. Jh. in russischer Zeit zum Standort für Marinekasernen sowie zum Wohnquartier für Fischer und Arbeiter. So bestand die Insel Mitte des vorletzten Jahrhunderts – abgesehen von Militärbauten und wenigen öffentlichen Gebäuden (wie dem gar nicht so offenen Gefängnis) aus Stein – hauptsächlich aus einfachen Holzhäusern und vielen eher notdürftig zusammen gezimmerten Bretterbuden – ein krasser Gegensatz zu dem noblen Empire-Helsinki.

VIELFALT AUF ENGEM RAUM

◎ Die **HAUPTWACHE** (1834, C.L. Engel) kann übertragen als Eingangstor nach Katajanokka gesehen werden. Der ursprünglichen Funktion nach diente es der Bewachung des Zarenpalastes, des heutigen Präsidentenpalais'. Die tägliche Wachablösung ist eher unspektakulär, im Gegensatz zur feierlichen WACHPARADE bei Staatsbesuchen oder zu anderen offiziellen Anlässen.

In den 1840er Jahren machte man den »Wacholder-Schnabel« zu einer künstlichen Insel, indem man an der schmalsten Verbindungsstelle einen kleinen Kanal grub, der den Süd- mit dem Nordhafen verbindet.

◎ Sie zieht die Blicke sofort auf sich, ist wahrlich nicht zu übersehen: die russisch-orthodoxe **USPENSKI-KATHEDRALE**, Kanavakatu 1, Tel. 634 267. Mo–Fr 9.30–16 Uhr, Sa 9–14 Uhr, So 12–15 Uhr (im Winter Mo geschlossen). Siehe auch im Farbbildteil die Seite 99.

Auf hohem Fels errichtet, kann das Gotteshaus gleichberechtigt Zwiesprache mit dem Dom halten. 1868 vom russischen Architekten *Gornostajev* errichtet, ist die Kathedrale die größte orthodoxe Kirche außerhalb von Russland. Die 13 vergoldeten Kuppeln versinnbildlichen Flammen, ihre Zahl erinnert an Jesus Christus und die zwölf Apostel. Geweiht ist die Uspenski-Kathedrale Mariä Himmelfahrt, der »entschlafenen Jungfrau Maria«. Der rote BACKSTEINBAU IM ALTRUSSISCHEN KIRCHENSTIL besticht in den Innenräumen durch reich verzierte, in rötlichen, bläulichen und vor allem goldenen Farbtönen gehaltene hohe Deckengewölbe, auf vier mächtigen

DIE FINNISCH-ORTHODOXE KIRCHE

Über 15.000 Gläubige weiß die orhodoxe Kirche in Helsinki in ihren Reihen. – Landesweit bekennen sich rund 55.000 Menschen zur Orthodoxie, das sind ca. 1,1 % der Bevölkerung. Insgesamt gibt es 25 Gemeinden, zugeordnet jeweils einer der drei Diözesen in Helsinki, Oulu und Karelien.

Etwa 140 Kirchen, Kapellen und Bethäuser stehen als Orte der Huldigung Gottes zur Verfügung.

Praktisch seit Bestehen des unabhängigen Finnlands 1918 ist die orthodoxe Kirche zweite Staatskirche. Nach der russischen Oktoberrevolution 1917 folgte eine Trennung vom russisch-orthodoxen Einfluss; seit 1923 besitzt die finnisch-orthodoxe Kirche einen autonomen Status unter dem Patriarchen von Konstantinopel.

Ging die Zahl der Gemeindemitglieder in den 1950er und 60er Jahren stark zurück, verzeichnet der finnisch-orthodoxe Glaube seit den 1980er Jahren eine kleine Renaissance. Dies gilt auch für die spirituellen Zentren in Karelien, für die dortigen Klöster Uusi Valamo und Lintula.

Säulen aus Granit lagernd. Ikonen, Votivtafeln, kunstvolle Kerzen, nicht zuletzt im Zusammenspiel mit der Ikonostase (der Bilderwand, die Gemeinde- und Altarraum voneinander trennt), hinterlassen einen tiefen Eindruck.

Genießen Sie den wunderbaren Ausblick, den der ERHÖHTE STANDORT vom Vorplatz der Kirche aus ermöglicht. Schauen Sie auf den kleinen Park zu Füßen der Kathedrale, blicken Sie auf Katajanokka oder über den Südhafen hinaus auf das Meer. Wechseln Sie den Standort, so kann Ihr Blick das Pohjoisranta entlangwandern.

◎ Gleich nach der Überquerung des Kanals auf der Fußgängerbrücke, über die Sie nach Katajanokka gelangt sind, beginnt linker Hand **KANAVARANTA**, die nördliche Uferfront. Ein in luftiger Höhe von der Wand hängendes Boot weist den Weg. Sie könnten in den erstklassigen Restaurants »Sipuli« und »Nokka« gepflegt speisen oder in den Bars »Kanava« (mit Außenterrasse) und »Navigare« eine Pause einlegen (siehe unten).

Die am Kanavaranta stehenden LAGERHÄUSER aus rotem Ziegel wurden zwischen 1867 und 1903 errichtet. Die umgebauten und im Inneren modernisierten Hafenschuppen beherbergen jetzt Geschäfts- und Büroräume, Restaurant- und Dienstleistungsadressen. Man hat den Gebäuden wie dem erneuerten Kai trotz veränderter Nutzung den maritimen Charakter gelassen. Der freie Blick schweift über den Bootshafen, zur Teerinsel und zur Zoo-Insel Korkeasaari.

◎ Ein Stück weiter des Wegs liegt auf einer kleinen Ausbuchtung das **KATAJANOKKA-KASINO**, ebenfalls ein ehemaliges Lagergebäude, 1911 als Kasino für Marineoffiziere umgebaut. Heute sind auch Zivilisten willkommen, so im hauseigenen GOURMETRESTAURANT mit seiner in den Sommermonaten populären Terrasse. Tel. 622 2722.

◎ Den Windungen des Ufers folgend, steht der Stadtwanderer bald purer geballter Kraft gegenüber: Katajanokka ist Heimathafen des größten Teils der **FINNISCHEN EISBRECHERFLOTTE**. Zumindest im Sommer kann man diese Bullen aus Stahl an ihrem Liegeplatz bewundern. In den Wintermonaten, wenn das Eis für schier endlos anmutende Zeit hartnäckig versucht, den Schiffsverkehr zum Erliegen zu bringen, stemmen sich ihm diese Maschinen mit ihrer Mischung aus roher Kraft und Hochtechnologie entgegen. Die finnische Werftindustrie ist führend im Bau dieser Spezialschiffe.

◎ Wenden wir uns nach rechts, fällt der Blick auf einen stattlichen Gebäudekomplex. Gruppiert um den Platz Merisotilaantori, dienen die frühere MARINEKASERNE und das südlich angrenzende alte LAZARETT (1838, *A. F. Granstedt*) heute dem **AUSSENMINISTERIUM** als Sitz. Gebäudestil und Farbgebung mögen

Ihnen bekannt vorkommen, denn die Baupläne stammen einmal mehr von C.L. Engel, der einen Teil dieses Baus 1920–25 im St. Petersburger Empirestil errichten ließ. Auch der östliche Flügel orientiert sich an Engels Vorgaben, ist jedoch neueren Datums. Das Außenministerium bezog das Gelände Anfang der 1990er Jahre nach einer gründlichen Restaurierung.

Dass Katajanokka nicht nur historische Bausubstanz vorzuweisen hat, zeigt sich, wenn man auf der Merikasarminkatu Richtung Inselspitze schlendert. Teils durch Aufgabe und Abriss unrentabler Gebäude sowie Hafenanlagen, teils durch die Verlegung von Betrieben entstand in den 1970er Jahren eine Freifläche, deren Bebauung (1979) beispielhaft für moderne urbane Architektur ist. Variierend in Geschosshöhe und Ausgestaltung mit Balkons und kleinen Extras, bemühen sich die Backsteinverkleideten Wohnkomplexe um Individualität.

◎ Der **LAIVAPUISTO** (Marinepark) und seine Uferpromenade laden dazu ein, sich auf einer Bank niederzulassen, um das Treiben in den Häfen zu beobachten und frische Seeluft einzuatmen...

◎ Die Inselumrundung forsetzend, gelangt man zum **KATAJANOKKA-TERMINAALI**, manchem Finnland-Reisenden als früherer Anlegeplatz der FINNJET wohl bekannt. Der **KANAVA-TERMINAL** schließt sich an, ebenfalls Stützpunkt für schwimmenden Luxus und für Mini-Kreuzfahrten. Es ist schon beeindruckend, wenn längs am Kai zwei oder drei Riesen-Fähren oder Luxusliner festgemacht haben und ihre Nasen fast bis in die Auslagen der Händler auf dem Markt am Südhafen stecken.

◎ **WANHA SATAMA** (Alter Hafen) an der Pikku Satamakatu ist der gelungene Versuch, alte, umgebaute und restaurierte Lagerhallen und Vorratsschuppen neu zu beleben. Als überdachte Passage ist Wanha Satama heute vor allem im Sommer mit seinen eleganten kleinen Geschäften für Mode, Dies und Das, mit originellen Lokalen, Ausstellungsräumen sowie Begegungsmöglichkeiten ein Anziehungspunkt für Einheimische und Besucher. Gleich um die Ecke hat die Finnische Filmstiftung ihr Zuhause.

So treffen sich auf Katajanokka im Stehcafé um die Ecke Lagerarbeiter, die gerade ihre Schicht beendet haben, der Schlipsträger, der auf dem Weg ins Büro noch schnell einen Espresso trinkt, elegant gekleidete Damen, die ihren Schuheinkauf planen, und natürlich auch die Touristenpaare, die im Wörterbuch blättern, um die Bestellung mit ein, zwei Worten in der Landessprache zu würzen. Diese MISCHUNG aus feinem Zwirn und beflecktem Blaumann ist der reizvolle Alltag auf Katajanokka.

◎ Auch das noble Hotel **GRAND-MARINA** ist ein ehemaliges Lagerhaus (*Sonck* und *Lindgren*). Wie das umgestaltete Hotel passt sich auch das gegenüber liegende, neu errichtete **KONGRESSZENTRUM** harmonisch in die gewachsene Architektur der Umgebung ein. Diesen Komplex stellte man für die KSZE-Folgekonferenz 1992 fertig.

Bevor sich die Satamakatu quer in den Weg stellt, verdient das frühere ZOLL- UND PACKHAUS mit den runden Türmen ein wenig Aufmerksamkeit (1900, Gustaf Nyström). Heute wird in den Büros im Inneren über Wirtschaftsförderungsmaßnahmen für den Großraum Helsinki nachgedacht.

JUGENDSTIL

Eine HAUPTATTRAKTION steht noch aus. Bereits erwähnt wurde, dass Katajanokka im 19. Jh. eine bescheidene Bausubstanz im Wohnsektor aufwies; dies sollte sich schlagartig ändern. Großräumiger Abriss maroder Holzbehausungen schuf zu Beginn des neuen, 20. Jahrhunderts Platz für großzügige, weitläufige stadtplanerische Aktivitäten. Ganz im Stil der Zeit entstanden Straßenzüge und Häuserblocks, die sich konsequent am JUGENDSTIL und seinen finnischen Ausformungen orientierten. Drei junge Architekten verwirklichten sich besonders mit ihren Ideen: *Gesellius, Lindgren* und *Saarinen*.

◎ Schwenken wir an der Satamakatu nach rechts und biegen ein in die **LUOTSIKATU** – der erste Blick die Straße hinunter verdeutlicht die einheitliche Umsetzung der architektonischen Grundhaltung.

Das Eckwohnhaus von 1897 mit seinem Türmchen und den reich verzierten Türen und Einfassungen ist Beispiel genug, worauf der Stadtwanderer achten sollte: auf die FASSADENGESTALTUNG mit vielfältigen Ornamenten, symbolträchtigen Figuren, auf die vielen Rundungen, Türmchen, Balkone und Erker. Es lohnt sich, ab und zu »Hans-guck-in-die-Luft« nachzueifern. In der Luotsikatu 5 geht es ohnehin luftig zu: Das Mietshaus, 1903 vom Architekten-Trio errichtet, trägt den Namen **EOL**, nach Aeolus, dem Gott des Windes.

Am Ende der Straße geht es nach rechts am kleinen Grün entlang, hinter dem vielleicht Kinderlärm zu vernehmen ist (sofern die Schüler der dortigen Grundschule gerade Pause haben), und wieder rechts in die Kauppiaankatu.

◎ In der Kauppiaankatu verdient besonders die Hausnummer 7 Aufmerksamkeit: **OLOFSBORG** heißt das mächtige Gebäude. In der Tat hat dieses Mietshaus, ja, der ganze Block, hat etwas Trutzig-Wehrhaftes an sich. Die Gesellius-Lindgren-Saarinen-Schöpfung (1903) hat ihr Vorbild in einer der mächtigsten Burgen des Landes, in der Olavinlinna, der Olafs-Burg in Savonlinna.

Geht man weiter, passiert man eine alte APOTHEKE, die ebenfalls im Jugendstil gebaut ist: Auf der Fassade geben sich Eulen, Füchse und Eichhörnchen ein Stelldichein und verleihen dem Anwesen einen besonderen Schmuck.

◎ Schon hat man den Katajanokka-Park erreicht, wo der WASSERTRÄGER, eine Plastik (1924) *Viktor Malmbergs,* sein Zuhause hat.

Die alte **MÜNZANSTALT** linker Hand des Parks wurde 1972 im Stil der Neorennaissance restauriert. Sie beherbergt eine Fachbibliothek mit Schwerpunkt Entwicklungszusammenarbeit. Gleich nebenan , in der glasigen Konstruktion (1993, *Olli Pekka Jokela*), hat dazu passend die FINNIDA, die Abteilung des Außenministeriums für internationale Entwicklungszusammenarbeit, ihre Bleibe gefunden.

◎ Bleibt noch – unübersehbar – ein MARMORBLOCK mit WABENGITTERSTRUKTUR und quadratischen Fenstern, wo die Hauptverwaltung des Konzerns **STORA-ENSO** ihren Sitz hat. Der Bau wurde 1962 nach Entwürfen von Alvar Aalto errichtet. Auf jeden Fall ein KONTROVERS diskutiertes Stück. Die einen rühmen die gelungene Fortsetzung der Linien des Marktes und der Esplanade, andere sehen einen alles dominierenden Klotz. In der Tat gelingt es diesem Bauwerk geschickt, von vielen Standpunkten aus den Blick zur Uspenski-Kathedrale zu blockieren. So gesehen, wird das Ding zum Ärgernis. FAZIT: ein interessanter Bau am falschen Ort – Aalto hin oder her.

Zurück zum nahen Marktplatz. Gönnen Sie Ihren Füßen etwas Ruhe und Ihrer trockenen Kehle eine Erfrischung. Einverstanden?

Top-Tipps im Überblick

SEHEN & ERLEBEN

◎ **USPENSKI-KATHEDRALE**: Russlands Herz in Helsinki. Pracht zwischen Gold und Weihrauch.

◎ **EISBRECHER**: Der geballten Kraft der schwarz-gelben Riesen widersteht kein Eis, kein noch so harter finnischer Winter.

◎ **JUGENDSTIL**: Straßenzüge stilistisch ganz aus einem Guss.

ORTE ZUM ENTSPANNEN

◎ **LAIVAPUISTO**: Hier träumen nicht nur Seebären von fernen Häfen – und Seemannsbräuten.

◎ **WANHA SATAMA**: Bummeln Sie durch die umgebauten alten Lagerhallen.

ESSEN UND TRINKEN

◎ **RESTAURANT NOKKA**: Kanavaranta 7 F, Tel. 687 7330. Exzellente Küche. Star-Köche zaubern typisch finnische Gerichte.

◎ **KASINO-RESTAURANT**: Laivastokatu 1, Tel. 62 22 722. Gehobenes Lokal mit Aussichtsterrasse.

Stadtzentrum

STADTTEIL-BILDER
Während der Senatsplatz die Vergangenheit Helsinkis repräsentiert, pulsiert das Leben heute vor allem im Südhafen und am Marktplatz.

Hier besteht eine große Auswahl zum Shoppen und Ausgehen, gibt's Geschäftsstraßen, Lokale, Cafés und STRASSENLEBEN in angenehmster Form. Große Häuserblöcke mit mehreren Eingängen sind ebenso typisch wie prächtige alte Fassaden; sie zeigen, dass hier Reichtum und Ansehen zu Hause waren und noch sind. Oft bemerkt man die Einzelheiten in Architektur und Fassadengestaltung erst auf den zweiten Blick, wenn man die Augen von den verlockenden Auslagen der Geschäfte wieder gelöst hat. Aber auch Verwaltungen von öffentlicher Hand und große Unternehmen sind im Stadtkern beheimatet.

Das südliche KLUUVI, KAARTINKAUPUNKI und, in der Fortsetzung nach Westen, PUNAVUORI sind die Stadtviertel, die das Zentrum bilden. Jenseits der Mannerheimintie finden sich dann, im Unterschied zu den reinen Geschäftsstraßen, auch wieder Wohnhäuser, besitzt der Stadtteil ein Gepräge, das nicht nur Waren, Handel und Tourismus bestimmen.

Punavuori hat sich zum In-Stadtteil für junge Leute entwickelt, auch was die KNEIPENSZENE betrifft. Ohne dass man auf einnehmende Fassaden und manches architektonische Schmuckstück verzichten muss, wie die Alte Kirche oder das frühere Opernhaus – dieser Stadtteil wirkt natürlicher als das geschäftige Zentrum, weniger geschniegelt, dafür bewohnter, auch verwohnter, nicht so reich, nicht so schön, nicht so alterslos. Dafür werden Sie mehr typisch HELSINKIER KOLORIT spüren können, sich schnell zugehörig und heimisch fühlen in Punavuori.

Marktplatz & Südhafen

◎ Am Marktplatz steht die schönste, zumindest »jung gebliebenste« Frau Helsinkis: **HAVIS AMANDA**, die LIEBENSWERTE DES MEERES; nackt, verführerisch, mit wiegenden Hüften und kokett zurückgewandtem Blick (siehe Seite 154) – und, eben wie jede Statue der Stadt, von einer respektlosen Möwe besetzt.

Der Springbrunnen der Schönen, mit Wasser speienden Robben umlegt, ist ein Werk von *Ville Vallgren* (1907), geschaffen als SYMBOL für die Stadt Helsinki, die dem Meer entsteigt. Die Konkurrenz mit dem Dom als WAHRZEICHEN und Fotomotiv braucht die Liebenswerte nicht zu scheuen – beide sind im Gegenteil gelungene Symbole für monumentalen Ernst und heitere Leichtigkeit, für die zwei Seiten der finnischen Hauptstadt.

Heute von den Helsinkiern gemocht und gar mit dem Kosenamen »Manta« gerufen, war Havis Amanda zunächst ausgesprochen umstritten. Die Einen schauten wohlgefällig auf das kurvenreiche Werk, die Anderen, angeführt von einer (sonst durchaus weltoffenen) Schuldirektorin, sprachen von Schmutz, Unzucht, Verhöhnung der Sittlichkeit.

Trotz alledem – die Schöne steht noch, und am 1. Mai, dem Feiertag der Studenten, findet auch sie sich liebevoll mit einer WEISSEN MÜTZE geschmückt.

◎ Der **MARKTPLATZ** am Südhafen, der Kauppatori, ist ein Erlebnis für sich. Schwerpunkt ist der Fisch- und Gemüsemarkt, der vor FRISCHE und Sauberkeit nur so strahlt. Daneben gibt es Touristensouvenirs, aus Rentierfell oder als Helsinki-T-Shirts, genauso zu erstehen wie Kleinkeramik oder handgearbeiteten Schmuck. Nicht selten begleitet Musik das Markttreiben, hört man ein Akkordeon, ein Keyboard, ein Kind im Duett mit dem Vater.

Inmitten des Gewimmels in einem der simplen, in orangefarbenen Zelten untergebrachten und im Winter mit Gasöfen beheizten CAFÉS einen Kaffee zu schlürfen oder zu frühstücken, das gehört einfach dazu; oder sich im Sommer eine Tüte frische Erbsenschoten zu kaufen, sie aufzubrechen, wie die Einwohner es tun, um die Erbsen zu essen und mit den weggeworfenen Hülsen den grünen Teppich zu den eigenen Füßen weiterzuweben. Lange jedoch bleibt er nicht, der Teppich: Nach den Marktzeiten kommen die großen Reinigungswagen und fegen Abfälle und Papier zusammen – dann wirkt der große Platz, als hätte es das lebendige Markttreiben nicht gegeben.

◎ Ein bisschen russische Hinterlassenschaft gibt es auf dem Marktplatz auch: KEISARINNANKIVI, der **STEIN DER KAISERIN**, erinnert an den Besuch von Zar Nikolaus I. und Zarin Alexandra im Jahr 1833. Nach Entwürfen C.L. Engels wurde der Obelisk mit der Kugel und dem vergoldeten russischen Doppeladler an der Spitze 1835 vollendet. Das damit älteste Denkmal der Stadt passt gut auf den Marktplatz; es ist so wenig pompös, wie es die Zarin gewesen sein mag.

◎ Stufen führen zum **SÜDHAFEN** hinunter. Auf der sonnenwarmen Treppe sitzen im Sommer Möwen und Menschen, schauen hinaus, den abfahrenden Schiffen nach, halten die Nase in den frischen Seewind. Am Hauptbecken herrscht Betriebsamkeit an den SCHIFFSANLEGERN: Hier tummeln sich die städtischen Fähren und Wasserbusse (die zum Teil zum öffentlichen Nahverkehrssystem gehören) ebenso wie Ausflugsschiffe privater Linien. Hier legen die Boote zu den Inseln Suomenlinna und Korkeasaari ab, starten die SIGHTSEEING-Touren rund um Helsinki und durch die Schärenwelt. Fahrpläne sowie Preistabellen hängen aus, die Tickets gibt es an kleinen Fahrkartenkiosken.

Etwas ruhiger zu geht es am CHOLERABECKEN, dem kleineren und westlicher gelegenen Hafenbecken. Die Angst vor den großen Epidemien in Europa ist vorbei, doch der Name, der sich gehalten hat, erinnert an Zeiten, als man im Hafen das tote Kleinvieh beseitigte. Heute machen hier kleine Boote der Schärenbewohner fest, die vor allem Fisch, aber auch Gemüse und Blumen feilbieten.

Vom Kai an der Südseite des Marktplatzes aus legten einst die Schiffe nach Tallinn und Reval und später bevorzugt gen Deutschland ab. So entstand der Name Lyypekinlaituri, Lübeckkai. Oft liegt hier ein schwimmendes Restaurant VOR ANKER, im Sommer, nicht selten aber auch im Winter auf einem Motorschiff oder Dreimastschoner, der sommers wieder Kurs auf Inseltour nimmt.

Die Einfahrt zum Südhafen ist eng, so liegt die südliche Stadtseite etwas geschützt gegen Stürme und Fluten. An der Ostseite des Hafens, am Beginn der Hafeneinfahrt, speien am Olympiakai die Riesen-Fähren Menschen und Autos aus; am gegenüberliegenden Kai, auf der Seite Katajanokkas, legen nicht minder große Schiffe an. Schön ist der Blick vom Hafen auf die vorgelagerten INSELN Valkosaari und Luoto, wo man in den Restaurants »NJK« sowie »Klippan« von Wellen umspült speisen kann.

◎ Wer den Markt besucht, sollte es nicht versäumen, am Cholerabecken entlang in südlicher Richtung, am Eteläranta, VANHA KAUPPAHALLI, die älteste **MARKTHALLE** Helsinkis, zu entdecken. Der rote, beige abgesetzte Backsteinbau von Gustaf Nyström stammt aus 1888 und wurde 100 Jahre später von Grund auf restauriert. Keine landestypische LECKEREI, die es im geräumigen Bauch der Halle nicht zu erwerben oder zu probieren gäbe: ob Fisch, Fleisch, ob Käse oder Backwaren, Beerenprodukte oder Süßigkeiten – appetitlich die Auslagen der kleinen halboffenen Läden (siehe unter »Shopping«), die mit ihren Holzeinfassungen auch ein bisschen Nostalgie bewahren.

◎ Das **SUNDMAN-HAUS** gegenüber, Eteläranta 16, ist der ehemalige Wohnsitz eines reichen finnlandschwedischen Kaufmanns, von Engel in den 1830ern erbaut. Heute serviert hier die feine Küche des Restaurants »Sundmans«.

◎ Einige schöne Geschäfte hat das Eteläranta auch, das Goldschmiedeatelier **UNION DESIGN** etwa.

◎ Ansonsten wird rund um die Hafenbecken repräsentiert, wobei sich auch die Handschrift Engels wiederfindet. So hat der Meister mit dem **PRÄSIDENTENPALAIS** an der Nordseite des Marktplatzes, Pohjoisesplanadi 1, 1843 ein privates Wohn-

Die Schärenfischer verkaufen ihren Fang im Cholerabecken im Südhafen. – Zu Besuch im Goldschmiede-Atelier bei Union Design (siehe auch Seite 124) ▶

SIGHTSEEING
SIGHTSEEING

haus zum finnischen Sitz der russischen Zaren umgebaut. Genutzt wurde es erst zwölf Jahre später, aus Anlass des Besuchs von Nikolaus I.

Nach der UNABHÄNGIGKEIT Finnlands 1919 diente die Einrichtung als Amtssitz und Dienstwohnung des finnischen Präsidenten. Heute residiert das Staatsoberhaupt auf der Halbinsel Mäntyniemi, während das Präsidentenpalais bei offiziellen Anlässen und Empfängen zu Repräsentationszwecken genutzt wird.

◎ Es schließen sich **OBERSTER GERICHTSHOF** sowie **SCHWEDISCHE BOTSCHAFT** an, Pohjoisesplanadi 3 und 7. In dieser Häuserzeile haben sich Vater und Sohn, die Architekten *Pehr* und Anders Fredrik *Granstedt,* verwirklicht.

◎ Das **RATHAUS** Helsinkis, Pohjoisesplanadi 11–13, hat eine schöne Empirefassade (Engel, 1833). Durch den säulengetragenen Vorbau gelangt man ins bis auf wenige originale Interieurs modern gestaltete Innere: ein Kontrastprogramm von *Aarno Ruusuvuori* (1970).

Esplanadenpark

Havis Amanda ist die Hüterin des Esplanadenparks, der zwischen südlicher sowie nördlicher Esplanade (Pohjois- und Eteläesplanadi) weit mehr als einen Grünstreifen darstellt. Hier verkaufen kleine Kioske Eis, Kaffee oder andere Dinge »auf die Hand«, stehen Bänke zum Ausruhen und Leute-Gucken, darf man, wie in allen öffentlichen Parks in Helsinki, den Rasen betreten und belagern. Hier ist, vor allem im Sommer, immer etwas los, zu den zahlreichen Freilichtveranstaltungen, Vorführungen sowie Konzerten der Eintritt häufig frei.

◎ Gleich zu Beginn des Parks lädt das **KAPPELI** zu einem Besuch ein: Über 150 Jahre alt ist das Traditionslokal, Café, Treffpunkt, mit eigener HAUSBRAUEREI, gut erkennbar an der Kuppel und den großen Glasfenstern. Im Winter sitzt man nett in den kleinen Erkern, im Sommer auf der Terrasse draußen. Warum ausgerechnet dieser populäre, gar nicht strenge und stille Treffpunkt den Namen Kapelle trägt? Anfang des 19. Jahrhunderts verkaufte an diesem Platz ein Hirte Milch an die Helsinkier – Studenten gaben ihm den Namen Pastor (lateinisch für Hirte) und nannten seinen Stand die Kapelle...

◎ Neben dem Kappeli hat man eine **MUSIKBÜHNE** errichtet, auf der im Sommer fast täglich Konzerte, Tanz, Folklore oder andere Vorführungen stattfinden. Häufig ist, zumal bei Veranstaltungen am Nachmittag, der Eintritt frei.

◎ Zu beiden Seiten der Bühne sind Wasserbassins das richtige Element für die **SKULPTUREN** »Fischjunge« und »Seejungfrau« von *Viktor Jansson* (1942).

INFO-ZENTREN

◎ **TOURISTENBÜRO**, Pohjoisesplanadi 19, Tel. 169 3757. 1.5.–30.9. Mo–Fr 9–20 Uhr, Sa+So 9–18 Uhr, sonst Mo–Fr 9–18 Uhr, Sa+So 10–16 Uhr.

Dieses Lob muss sein: In den Ferienmonaten kann es voll werden im Touristenbüro, doch die mehrsprachigen Helferinnen und Helfer – ihre Namensschilder weisen per Landesfahnen die Sprachkenntnisse aus – bleiben geduldig, bemüht, freundlich, um selbst Unlösbares herauszufinden. Etwa anhand des guten Sortiments an Informationsbroschüren in Englisch und oft sogar in Deutsch: Übersichtshefte, STADTPLÄNE im Kleinformat, Fahrpläne für Fährlinien wie Einzelinformationen zu bestimmten Sehenswürdigkeiten, Hotelverzeichnisse u.v.a. Hat man spezielle Fragen, fördern die Gesprächspartner oft zusätzliches Material zu Tage; fast besteht die Qual der Wahl.

Im Sommer (1.6.–31.8. 8–20 Uhr) unterhält das Touristenbüro einen besonderen SERVICE: Mitarbeiterinnen und Mitarbeiter sind, jeweils zu zweit, als mobile Wegweiser zu Fuß in der Stadt unterwegs, ausgerüstet mit Karte und Handy, zu erkennen am dicken i wie Info auf grünem T-Shirt. Sie sind dazu da, um angesprochen zu werden, gehen jedoch auch auf ratlos wirkende Besucher zu.

Bei dem sehenswerten Domizil handelt es sich um einen Bau von Pehr Granstedt, 1816 vollendet und 1996 für den aktuellen Zweck hell, modern, funktional neu gestaltet.

STRASSENZOO

Die Nebenstraßen der Esplanaden sind, ebenso wie die nördliche Parallelstraße Aleksanterinkatu, Fundgruben für Shopping-Freunde (siehe dort).
Hier, in dem Geschäftszentrum, können Sie sich außer nach Karte und Straßennamen auf eine andere, historisch übliche, heute eher ungewöhnliche Weise ORIENTIEREN: Denn zwischen Unioninkatu und Keskuskatu als Querstraßen zu Esplanaden und Aleksanterinkatu WIRD HELSINKI ZUM ZOO. Die Häuserblocks sind, entsprechend den historischen Benennungen aus 1812, mit TIERNAMEN UND -BILDERN bezeichnet, die damals oft bekannter als die Straßennamen waren. So tummeln sich nördlich der Aleksanterinkatu Giraffe, Esel, Hamster, springender Hase und Zobel, südlich davon Dromedar, Einhorn, Antilope und Gazelle.

◎ Zum Touristenbüro gehört auch der **JUGENDSALI** im Nachbareingang, ursprünglich von Lars Sonck und Walter Jung für eine Bank im nationalromantischen Stil, dem finnischen Jugendstil, entworfen sowie 1999 restauriert. Fungiert als Helsinki-Info und beantwortet Fragen zur Stadt und ihren Dienstleistungsangeboten, zudem als Ort für Ausstellungen und Veranstaltungen. Tel. 169 2278 (Mo–Fr 9–15 Uhr). Mo–Fr 9–17 Uhr, So 11–17 Uhr.

◎ **FINNISCHE ZENTRALE FÜR TOURISMUS**, Eteläesplanadi 4, Tel. 4176 9211. Mo– Fr 9–17 Uhr, 1.5. bis 30.9. auch Sa–So 11–15 Uhr.

Auf der anderen Seite der Esplanade informiert man über die Stadtgrenzen hinaus. Wenn Sie nach dem Aufenthalt in Helsinki weiterreisen möchten, wenn Sie ENTFERNTERE AUSFLÜGE planen, dann lohnt sich der Abstecher. Hier gibt's vielfältige Broschüren über ganz Finnland.

ARCHITEKTOUREN

◎ An der Ecke Unioninkatu / Aleksanterinkatu residiert die **NORDEA-BANK**. Im Schalterraum stehen die Skulpturen »Adlerjunges« und »Glaube an die Zukunft« (*Wäinö Aaltonen*).

◎ Wieder an der Esplanade: Haus Eteläesplanadi 6 im Empirestil steht dem **STAATSRAT** zur Verfügung, nachdem es zunächst das Palais des russischen Generalgouverneurs war (1824, Engel).

◎ Geld im größeren Stil wird in der **BÖRSE**, Fabianinkatu 14, ausgegeben und umgesetzt. Äußerlich wirkt das nationalromantische, schon mit klassizistischen Elementen verbundene Gebäude von Lars Sonck (1911) ehrwürdig und beschaulich; beeindruckend der große Innenhof. Nach Anmeldung ist 1–2 mal im Monat eine FÜHRUNG durch die Börse (auf Englisch und für Gruppen) möglich. Info-Tel. 61667528 (Heidi Ketola).

Der Komplex umfasst neben dem öffentlichen INFO-PUNKT HEXGATE (Tel. 6166 7221, Mo–Fr 9–16 Uhr) das elegante Restaurant & Club »Pörssi«.

◎ Das nach dem Erbauer **GRÖNQVIST-HAUS** genannte Bürogebäude (1883) war angeblich zu seiner Zeit das größte private Etagenhaus Skandinaviens. Die reich verzierte Fassade nimmt den gesamten Häuserblock zwischen Fabianinkatu und Kluuvikatu ein. *Theodor Höijer*, einer der bedeutendsten Architekten Helsinkis im ausgehenden 19. Jahrhundert, entwarf außer diesem Haus das legendäre »Hotel Kämp« sowie das Nachbarhaus Pohjoisesplanadi 31. Höijer war maßgeblich daran beteiligt, das Helsinki der Holzhäuser in eine stabile, repräsentative STADT AUS STEIN zu überführen und die finnische Hauptstadt damit der baulichen Struktur kontinentaleuropäischer Metropolen anzunähern.

◎ Im Esplanadenpark begegnet Ihnen Nationaldichter **JOHAN LUDWIG RUNEBERG**, (1804–1877). Er verfasste den Text der NATIONALHYMNE Finnlands, »Unser Land« (Maamme). Die Skulptur schuf 1855 sein Sohn, der Bildhauer Walter Runeberg, machtvoll und erhaben, die Muse der finnischen Dichtkunst zu seinen Füßen.

Der finnlandschwedische und also auch schwedischsprachige Runeberg hat die finnische Literatur maßgeblich geprägt. Er führte Beschreibungen des Lebens im EINFACHEN VOLK in die hohe Kunst der Sprache und Dichtung ein und war eine wichtige Figur in der Entwicklung der Nationalromantik, des neuen nationalen Selbstbewusstseins zu jener Zeit. Als solchem kommt ihm der Platz im Herzen der Stadt auch in den Augen der Helsinkier zu. – Auch Runebergs Frau schuf sich ein Denkmal: Ganz Finnland isst am 5. Februar die süßen Runeberg-Törtchen.

◎ Anlässlich des 100-jährigen Bestehens von **FAZER**, einem der ältesten finnischen Süßwarenhersteller, schuf Bildhauer und Schmuckdesigner *Björn Weckström* 1992 eine Bronzeplastik. – Unweit davon das süße Paradies: CAFÉ FAZER, Kluuvikatu 3.

◎ Die **KLUUVI**-Passage, Kluuvikatu 5, ist eine Galerie mit Läden, Restaurants und Cafés, die zu Qualität und Vergnügen des Einkaufens beiträgt. Zu empfehlen: Bistro & Pub »Belge«.

◎ Gegenüber der Kluuvikatu führt die Kasarmikatu (Kasernenstraße) nach Süden. Am Kasarmitori öffnet sie sich zu einem Platz. Die militärische Namensgebung geht auf Kaartin kasarmi zurück, die **GARDEKASERNE**, 1822 hier von Engel errichtet. Auch die Stadtteilbezeichnung Kaartinkaupunki hält noch diesen Bezug fest. Die Kaserne wurde im Zweiten Weltkrieg beschädigt und wieder aufgebaut. Der Funktion entsprechend ist der Bau schlicht und quaderförmig gehalten; die Fassade jedoch ist reich verziert und verrät so die Handschrift ihres Planers.

Ebenfalls am Kasernenplatz steht das Gebäude des Obersten Verwaltungsgerichts, ursprünglich 1902 für eine Bank von *W. Aspelin* entworfen, und unweit das Haus der Studentenverbindung »Nylands Nation«, Kasarmikatu 40.

◎ **DEUTSCHE BIBLIOTHEK**, Pohjoinen Makasiinikatu 7 (zwischen Kasarmitori und Eteläranta), Tel. 669 363. Mo 10–18 Uhr, Di–Fr 10–16 Uhr, Nutzung frei. Geschlossen im Juli. – Online: www.kolumbus.fi/deutsche.bibliothek/dbpub.htm.

Ein Tipp nicht nur für Bibliophile: reichlich interessante Informationen, deutschsprachige Literatur über Helsinki sowie Finnland, umfangreiche Bestände an Literatur und deutsche Zeitungen. Lesesaal und Ausleihe.

◎ Zurück zu den Esplanaden: Das Hotel **KÄMP**, Pohjoisesplanadi 29, ist wohl der kulturhistorisch bedeutsamste Treffpunkt Helsinkis, 1887 unter Theodor Höijer im Stil der Neorenaissance erbaut und 1999 nach sorgfältiger Restaurierung als Hotel wieder eröffnet.

Carl Kämp schuf die LEGENDE des alten Hotels, eines Ortes für politischen und kulturellen Austausch, für die Begegnung der Berühmten, Reichen und Intellektuellen des 19. Jhs. Der Maler Akseli Gallén-Kallela (sein Bild »Symposium« gibt davon einen Eindruck), der Komponist Jean Sibelius und andere befreundete Künstler verbrachten hier trinkend und diskutierend ihre Nächte, führten ein BOHEMES LEBEN – und stürzten sich immer wieder in nicht unerhebliche Schulden. Aber auch Politiker und Geschäftsleute traten hier in Verhandlungen; während des Winterkrieges war Kämp Hauptquartier der ausländischen Berichterstatter.

Nach dem Abriss des Hotels 1964 wurde die Fassade originalgetreu aufgebaut – das Innere aber musste einer Bank weichen. Heute ist das Kämp wieder eine der besten Adressen Helsinkis – und das erste Fünf-Sterne-Hotel vor Ort.

◎ Gegenüber trägt das Restaurant **SAVOY**, Eteläesplanadi 14, unverkennbar die Handschrift Alvar und Aino Aaltos. 1937 eröffnet, ist der Blick von der DACHTERRASSE nach wie vor aufregend, einer der tollsten Aussichtspunkte in der Stadt.

◎ Biegt man in die Mikonkatu ein, stößt man auf die Aleksanterinkatu, wo die ehemalige Hauptverwaltung der Versicherungsgesellschaft **POHJOLA**, Aleksanterinkatu 44, zu bewundern ist. Das Haus des berühmten Architekten-Trios Gesellius, Lindgren, Saarinen (1901) ist ein Hauptwerk der Nationalromantik; ganz unklassisch sind die teils erschreckenden, teils liebenswürdig-ungezogen wirkenden FRATZEN als Fassadenskulpturen. Die Fassade ist aus Granit, einem Baumaterial, das als urfinnisch galt und so zur Zeit der Nationalromantik gern verwendet wurde.

AUSGEHEN, SHOPPEN, SEHEN

Die ALEKSANTERINKATU verlässt so rasch nicht, wer den EINKAUFSBUMMEL liebt: Ob das Kaufhaus »Aleksi 13«, Boutiquen oder Cafés – die anspruchsvolle Meile hat viel zu bieten. Und werfen Sie einen Blick in die Seitengassen:

◎ **ALEKSANTERINPIHA** (der Alexanderhof), Aleksanterinkatu 15, führt rechts ab (in Richtung Norden). Im SANTA FÉ und im PICCOLO MONDO sitzt man nett zum Imbiss oder Essen. Im Sommer wird der kleine Platz zum lebendigen Innenhof mit Tischen und Stühlen, Bierbar draußen und abends oft LIVE-MUSIK; und unter den bunten Lampions kommt beinahe südländisch-unbeschwerte Stimmung auf.

◎ **VANHA KAUPPAKUJA** liegt fast gegenüber, mit Verbindung zur Pohjoisesplanadi, und bezeichnet eine alte Einkaufsgasse (1888, *K.A. Wrede),* heute belebt mit den Lokalen MICHELLE (Eingang Mikonkatu 4) und PUB GASELLI (Eingang Aleksanterinkatu 46). Ursprünglich war eine Glasüberdachung geplant, die aber nie zur Ausführung kam. Auch hier sind gutes Essen, Kneipenstimmung und im Sommer Straßenleben angesagt. Kleine intellektuelle Alternative: Bücherstöbern beim heißen Kaffee bei KIRJAPÖRSSI & KIRJACAFÉ.

◎ Gegenüber der Mikonkatu dominieren in der Korkeavuorenkatu (Hochbergstraße) neben weiteren Boutiquen und Einkaufsadressen die Filiale der **STADTBIBLIOTHEK**, Eingang Rikhardinkatu 3, von Theodor Höijer, das Haus der Telefongesellschaft Helsinki, von Lars Sonck in einer düsteren, wild bewegten Variante des nationalromantischen Stils erbaut (Nr. 35), sowie die Hauptfeuerwache, wieder von Höijer, in dazu kontrastierender, filigranerer neugotischer Bauweise (Nr. 26).

◎ Der Esplanadenpark unterteilt sich in drei Sektoren, benannt nach den zuzuordnenden Gebäuden und Denkmälern: Bis zur Fabianinkatu erstreckt sich Kappeliesplanadi, bis zur Mikonkatu Runeberginesplanadi, der letzte Teil heißt – nach dem den Park abschließenden Schwedischen Theater – Teatteriesplanadi. Hier warten zwei Schriftsteller auf einen gefälligen Blick: **EINO LEINO**, von *Lauri Leppänen* 1953 geschaffenes und umstrittenes Denkmal für den bekanntesten, hoch gelobten sowie vom Volk geliebten finnischen Lyriker, sowie *Zacharias Topelius*, geehrt mit der Plastik **DICHTUNG UND WAHRHEIT** (1932, *Gunnar Finne)*. Der 1898 gestorbene Topelius gilt als einer der Großen in der Entwicklung der nationalen Identität Finnlands; er ist in Helsinki mehrfach vertreten: In Töölö trägt eine Straße seinen Namen, und das Denkmal »Topelius und die Kinder« von Ville Vallgren im Koulupuistikko weist auf seine Rolle auch als Kinderbuchautor hin.

◎ Wie bereits erwähnt, endet der Park am **SVENSKA TEATERN** (Schwedisches Theater), Pohjoisesplanadi 2, dem KULTURHAUS für die schwedischsprachige Minderheit in Helsinki und ältesten schwedischen Theater Finnlands. Der halbrunde, weiße und damit typisch-auffällige Theaterbau ist bereits der zweite an dem Platz: Ursprünglich stand hier ein hölzernes Bühnenhaus (1827), bevor *Theodor Chiewitz* 1860 und, nach einem Brand 1863, *Nikolai Benois* aus St. Petersburg 1866 das heutige Aussehen schufen. Die Fassade allerdings ist noch neueren Datums, 1936 gestaltet von *Eero Saarinen* und *Jarl Eklund*. Im ursprünglichen Zustand erhalten ist der ZUSCHAUERRAUM in Rot und Gold. Unverändert stehen allein schwedischsprachige Aufführungen im Theaterkalender.

◎ Im Theatergebäude ist straßenseitig ein nettes kleines Café beheimatet, im Sommer mit Terrasse. Der Clou am **CAFÉ KAFKA**: beim Genuss eines Heißgetränks kann man lesen, die Bücherregale entlang der Tischchen haben viel Schwedisches, aber auch englische Schmöker zur Wahl.

◎ Noch ein Ausgeh-Ziel auf der Parkseite des Theaters: **TEATTERI**, Pohjoisesplanadi 2, Treffpunkt, Restaurant, Lokal mit Sommerterrasse. Trendy, voll und manchmal laut.

◎ **EROTTAJA** heißt der Platz seitlich des Theaters, wo eine zentrale Bushaltestelle eingerichtet ist; hier geht's unter anderem zur Freilichtmuseumsinsel Seurasaari.

◎ Gegenüber dem Theater, im Vorhof des Geschäftshauses an der Eteläesplanadi 22, ist der SPRINGBRUNNEN von Viktor Jansson (1941) Element der **WASSERNYMPHE**.

◎ Vom Theater aus nach Norden führt die Keskuskatu. An der Ecke ist Akateeminen kirjakauppa, die **AKADEMISCHE BUCHHANDLUNG**, ein gerade frisch aufpoliertes Paradies für Bücherfreunde. Alvar Aalto entwarf das Haus mit kupferverkleideter Rasterfassade. Mit dem geschwungenen Türgriff hat man sofort große Architektur in der Hand. Das Innere der Buchhandlung bestimmen Marmor, Licht von oben – die Konzeption von OBERLICHTERN, ob oval oder eckig, ist eine Spezialität Aaltos – und eine Unmenge von Büchern. 150.000 Titel etwa stehen auf 2.800 m^2. Die Abteilung für ausländische Literatur führt neben deutsch- und englischsprachigen Büchern auch ZEITUNGEN sowie Zeitschriften. Die Buchhandlung, 1893 begründet, gehört seit 1930 zur »Stockmann«-Gruppe und zog 1969 in dieses Gebäude.

◎ Das **CAFÉ AALTO** im zweiten Geschoss ist kulinarisch wie architektonisch zu empfehlen: Das Interieur bis hin zu den Stühlen ist Aalto original.

◎ In der Keskuskatu geht es mit Finnlands Vorzeige-Architekten und seinem ebenfalls berühmten Berufskollegen Saarinen weiter. **RAUTATALO**, das Eisenhaus, Keskuskatu 3, wurde als Geschäftshaus 1955 von Aalto fertig gestellt. Die ähnlich wie bei der Akademischen Buchhandlung gerasterte Fassade besticht durch Kupferverkleidungen, das Innere durch den großen Hof mit Glasdach, über alle Stockwerke reichend, und mit Springbrunnen, Marmorboden und Restauration.

Das Nachbarhaus in der Nr. 1 ist ein Bankgebäude nach einem Entwurf von Eliel Saarinen (1921).

◎ Das KAUFHAUS **STOCKMANN**, Haupteingang Aleksanterinkatu 52, wirkt von außen eher groß, dunkel, wuchtig, die sechsstöckige Backsteinarchitektur *von Sigurd Frosterus* (1930) erfährt kaum Auflockerung: Nach Nationalromantik war eben Rationalismus angesagt.

Inzwischen füllt der Stockmann-Komplex das gesamte Dreieck zwischen Aleksanterin-, Keskuskatu und Mannerheimintie aus – ein neuerer, an das alte Gebäude angegliederter Trakt stammt vom Architekten-Trio *Gullichsen, Kairamo* und *Vormala.*

Unter der großen UHR über dem Haupteingang verabredet und trifft man sich gern, im Inneren kann man sich dem Konsum hingeben – kaum vorstellbar, hier kein Souvenir oder Mitbringsel zu finden. Kommt man abends ins Freie und wartet auf die Straßenbahn, dann verabschiedet Stockmann sich mit MUSIKBERIESELUNG – Klassik, versteht sich.

◎ Die **MANNERHEIMINTIE**, nach dem Marschall höchstpersönlich benannt, ist die Hauptverkehrsader im Zentrum der Stadt, sowohl für den Autoverkehr als auch für viele Straßenbahnlinien. Fast gerade durchzieht sie Helsinki vom Schwedischen Theater bis zum Olympiastadion, um sich weiter nordöstlich bis zum Übergang in die E 12 fortzusetzen. So kann man entlang der Straßenschlucht weit in die Stadt sehen.

◎ Die **DREI SCHMIEDE** an der Ecke Mannerheimintie und Aleksanterinkatu gehören zu den bekanntesten

An der Kreuzung Mannerheimintie und Aleksanterinkatu arbeiten die drei Schmiede unermüdlich am Schicksal Helsinkis. ▶

Denkmälern der Stadt. Der Künstler *Felix Nylund* gab der Gruppe 1932 besondere Gesichter – die Züge seiner selbst als Schmied mit dem Hammer, des Dichters *Arvid Mörne* als Meisterschmied und seines Freundes Aku Nuutinen. So arbeiten die drei unermüdlich am Schicksal Helsinkis...

Hier, bei den Schmieden, verbreitert sich der Bürgersteig zu einem kleinen Platz, der im Sommer ebenfalls zum Szenetreff wird: im STRASSENCAFÉ sitzen plaudernde Gruppen, Straßenmusikanten spielen auf, Blumenstände wetteifern in den schönsten Farben.

◎ An den Platz grenzt das **ALTE STUDENTENHAUS**, Aleksanterinkatu 23, zwar über 100 Jahre alt, aber jung geblieben. Noch heute ist es ein beliebter, wichtiger Treff für Studenten und junge Leute, ein richtiger Tipp im Sommer die DACHTERRASSE: Bei einem Bier in der Sonne sitzen, dem bunten Treiben um »Stockmann« und die Drei Schmiede herum zuschauen, ein paar Augenvoll Helsinki pur. Abends herrscht Hochbetrieb in dieser Kneipe, nicht nur wenn VERANSTALTUNGEN wie Theateraufführungen, Konzerte, Performances stattfinden; das Programm ist vielfältig. Übrigens auch für Tanzwütige eine gute Adresse...

Axel Hampus Dalström hat das Neorenaissancegebäude 1870 entworfen, den Fries an der Stirnwand trug Walter Runeberg bei, die Figuren aus dem Nationalepos Kalevala

am Haupteingang *Robert Stigell* – eine echte Gemeinschaftsproduktion. Im Inneren hervorzuheben ist das FRESKO im Musiksaal, von Akseli Gallén-Kallela und ebenfalls ein Motiv aus Kalevala – wie der Maler überhaupt für seine das Epos verbildlichenden Werke bekannt ist.

◎ Shopping-Adressen sind ferner das **KAUFHAUS SOKOS**, Mannerheimintie 9, und das Zentrum **FORUM**, Mannerheimintie 20.

◎ **GOETHE-INSTITUT**, Mannerheimintie 20 A, Tel. 680 3550.

Hier warten Informationen über deutschsprachige Veranstaltungen in der Stadt. Die Goethe-Institute fördern weltweit den Austausch mit deutscher Kultur in anderen Ländern. Viele sind Sparmaßnahmen zum Opfer gefallen, das Helsinkier Institut ist noch aktiv.

Punavuori

Jenseits der Mannerheimintie beginnt das Viertel um BULEVARDI herum, eine Helsinki-typische, baumbestandene, gerade ALLEE, die sich bis zum Westhafen hinzieht. Hier entstand ein vom Publikum her JÜNGERES, weniger traditionsbehaftetes, vielfältiges Einkaufs- und Ausgehzentrum, verbinden sich historische Bedeutung, Wohnen und Leben, Shopping sowie Unterhaltung auf unspektakuläre Weise.

◎ **VANHA KIRKKO**, die Alte Kirche, Lönnrotinkatu 6, ein lutherisches Gotteshaus, wurde 1826 von Engel für die noch junge Hauptstadt Helsinki erbaut. Die Kirche gehört zu den wenigen erhaltenen HOLZBAUTEN aus jener Zeit. Die Kanzel ist noch älter, sie entstammt der Ulrika-Eleonora-Kirche, die einst auf dem heutigen Senatsplatz stand. Ein kleiner Park, bis zum Bulevardi reichend, umgibt die harmonisch, eher unauffällig erscheinende Vanha Kirkko; er wurde vollständig neu angelegt und wirkt trotz der Steine und Grabmäler (für im Bürgerkrieg gefallene finnische sowie deutsche Soldaten) tatsächlich eher wie ein PARK als wie ein Friedhof, eine angenehme Art der Begegnung von Leben und Tod. Der älteste Grabstein stammt aus dem Jahr 1710 (!).

◎ Auf der anderen Straßenseite fällt die Ex-Hauptverwaltung der Versicherung **SUOMI SALAMA** durch ihre pompösen Ausmaße und eindrucksvolle Fassade auf, Ecke Lönnrotin-/Yrjönkatu. Die Architekten Anfang des 20. Jahrhunderts waren *Armas Lindgren* und *Onni Tarjanne;* die Außenwand trägt das Relief »Unerwarteter Gast« von Wäinö Aaltonen.

◎ Ein Stück weiter folgt eine Erinnerung an **ELIAS LÖNNROT**, einen wichtigen Bewahrer finnischer Traditionen. Lönnrot, von Beruf Arzt, stellte sich eine ähnliche Aufgabe, wie sie die Gebrüder Grimm für die deutsche Märchenwelt erfüllten: Er zog durch die Lande und sammelte die bis dahin nur mündlich überlieferten Gesänge und Gedichte des KALEVALA, die 1835 erstmals veröffentlicht wurden. Lönnrot gilt damit als der Vater des finnischen Nationalepos. Das Denkmal ihm zu Ehren an »seiner« Straße schuf 1902 Emil Wikström.

◎ Eine wahre Fundgrube für Galerien, kleine Läden, nette Ecken ist die verwinkelte Yrjönkatu. Besonders zu empfehlen die Lokale des Hotel Torni: Die **SOMMERTERRASSE** »Tornin Piha« und der **IRISCHE PUB** »O'Malley's« (Nr. 28).

◎ Wasserratten suchen in dieser Straße **YRJÖNKADUN UIMAHALLI** auf, Yrjönkatu 21 B, Tel. 3108 7401, in der Regel von 6.30 bis 21 Uhr geöffnet. Eintritt € 3/1,50.

Das alte Schwimmbad (1929) erscheint nach gründlicher Renovierung schöner und strahlender denn je. Das populäre Schwimmbad mit Galerie und hohen Rundbögen, mit römischem Bade-Einschlag, wurde bereits von Marschall Mannerheim frequentiert, war 1952 olympische Wettkampfstätte und diente als eine KULISSE im Thriller »Gorki Park«.

Mit Holz geheizte Saunas gehören zum Wassererlebnis, ebenso mehrere beheizte Pools. – Heiß diskutiert wird die Tradition, dass hier auch das NACKTBADEN zu bestimmten Zeiten erlaubt ist.

◎ **AMOS ANDERSON KUNSTMUSEUM**, Yrjönkatu 27, Tel. 684 4460. Mo–Fr 10–18 Uhr, Sa+So 11–17 Uhr. Eintritt € 7/0 (mit HC frei).

In den ehemaligen Privat- und Geschäftsräumen des Unternehmers und MÄZENS *Anderson* ist eines der größten privaten Kunstmuseen des Landes zu Hause, dessen Sammlung bevorzugt moderne finnische Kunst des 20. Jhs. enthält. Auch wechselnde Ausstellungen.

◎ Ein Abstecher in die Annankatu lenkt den Blick auf das **HOPEATALO** (Silberhaus), Nr. 25, wo die Deutsch-Finnische Handelskammer für rege Wirtschaftsbeziehungen sorgt.

◎ In der Kalevankatu 18 eine feine Kunstgalerie-Adresse: **JANGVA**, arrivierte und noch zu entdeckende Künstler aus In- und Ausland: Bilder, Objekte, Installationen.

◎ Zurück zum Bulevardi: Der **WERNER SÖDERSTRÖM VERLAG** (WSOY), neben »Otava« der größte Verlag in Finnland, geht zurück auf die Verlagsgründung im Jahr 1878. Schwedischsprachige Literatur bildet traditionell einen Programmschwerpunkt, obwohl man in allen Sparten vertreten ist.

◎ Auch fremde Kulturen haben in Helsinki eine Heimat. An der Fredrikinkatu 33 A / Ecke Uudenmaankatu residiert eine islamische **MOSCHEE**. Gebetszeit ist täglich um 12.30 Uhr.

◎ Auf der anderen Seite von Bulevardi, an der Ecke Uudenmaankatu und Erottajankatu, steht ein Neorenaissancehaus von Thomas Höijer, heutzutage der Sitz der finnischen **ZOLLBEHÖRDE**.

◎ Die LUDVIGINKATU, Verbindung zwischen Erottajankatu und Korkeavuorenkatu, ist Ludwig Engel gewidmet.

Hier öffnete 2002 das **ZEITUNGSMUSEUM**, Sanomalehtimuseo, Ludviginkatu 2–4, Tel. 010 – 519 5210. Di–So 11–17 Uhr. Eintritt frei.

Am Beispiel der Hauptstadtzeitung »Helsingin Sanomat« können die Besucher nachvollziehen, wie seit 1889 Nachrichten auf den Frühstückstisch kommen. Da wird finnische Geschichte lebendig in alten Filmausschnitten, dem elektronischen Archiv – und einem interaktiven Ausstellungsbereich für Kinder.

◎ Die Skulptur **TELLERVO** im Park Kolmikulma zeigt wieder einmal ein Kalevala-Motiv, die Göttin der Jagd (1928, *Yrjö Liipola)*. Deshalb spricht der Volksmund auch vom Diana-Park.

JOHANNESPARK-VIERTEL

◎ Die **JOHANNESKIRCHE**, Korkeavuorenkatu 12, liegt zwischen Punavuori und Observatoriumspark; von beiden Stadtteilen und über die Korkeavuorenkatu vom Esplanadenpark aus gut auszumachen und zu erreichen, ist sie dank der beiden mächtige Türme überhaupt eine leicht erkennbare Marke in der Silhouette Helsinkis. So ist Johanneksenkirkko mit stattlichen 2.600 Sitzplätzen die GRÖSSTE KIRCHE der Stadt und die größte neugotische Kirche des Landes. Architekt war der Schwede *A.E. Melander* (1893). Das Altargemälde stammt aus der Hand des bekannten Malers *Eero Järnefelt.*

Natürlich gehört die Kirche der lutherischen Gemeinde zu – wie könnte es im hauptsächlich protestantischen Finnland im Fall der größten Stadtkirche anders sein?

Zu erwähnen ist noch die ausgezeichnete Akustik – die Chorstimmen können sich in den häufigen KONZERTEN wunderbar entfalten. Geöffnet Mo–Fr 12–15 Uhr.

◎ **DESIGNMUSEUM** (Taideteollisuusmuseo), Korkeavuorenkatu 23, Tel. 622 0540. 1.6.–31.8. täglich 11–18 Uhr, sonst Di 11–20 Uhr, Mi–So 11–18 Uhr. Eintritt € 7/0 (mit HC frei).

Unweit der Kirche sind Kunstgewerbe, Kunsthandwerk und Industriedesign vom späten 19. Jh. bis in die Gegenwart zu sehen. 1874 wurde das Museum in einem von Gustaf Nyström errichteten früheren Schulgebäude eröffnet. DESIGN-LIEBHABER freuen sich über die wechselnden und gut präsentierten Spezialausstellungen – und auch über das Museumscafé. In dem angrenzenden Gebäude wartet das:

◎ **MUSEUM FÜR FINNISCHE ARCHITEKTUR** (Suomen rakennustaiteen museo), Kasarmikatu 24, Tel. 8567 5100. Di–So 10–16, Mi bis 20 Uhr. Eintritt € 3,50–5/0 (mit HC frei).

Ausstellungen primär über neuere Architektur, Briefe und Zeichnungen namhafter Gestalter sowie ein Foto- und Bildarchiv. Das Gebäude entwarf 1899 als Haus der Wissenschaften Magnus Schjerfbeck. Im Museumsshop gibt es bevorzugt Veröffentlichungen des Museums.

Die größte Kirche der Stadt und als Konzertort geschätzt: Johanneksenkirkko, die Johanneskirche ▶

◎ Das Denkmal **TOPELIUS UND DIE KINDER** von Ville Vallgren (in Bronze aus dem Jahr 1932) ist dem Dichter Topelius gewidmet, ebenso wie »Dichtung und Wahrheit«. Topelius war vor allem wegen seiner Kinderbücher beliebt – worauf die Plastik Bezug nimmt.

RUSSISCHE SPUREN

◎ Das **ALEXANDERTHEATER**, Bulevardi 23–27, in der russischen Zeit 1879 auf Betreiben des Generalgouverneurs für ein Garnisonstheater erbaut, beherbergte von 1918 bis 1993, bis zum Bau also des neuen Opernhauses an der Töölö-Bucht, die Finnische Nationaloper. Das altrosa–weiß gehaltene, symmetrische Bauwerk ist in seiner Herkunft nicht zweifelsfrei zuzuordnen, die Pläne werden dem Sankt Petersburger Professor *David Grimm* zugeschrieben; allerdings wurden im Laufe der Bauarbeiten mehrfache Umgestaltungen vorgenommen.

Auch heute noch erfüllt das altehrwürdige Haus einen Zweck und ist nicht verwaist: GASTSPIELE auswärtiger Bühnen finden hier ebenso statt wie die alljährlichen Theaterfestspiele für Kinder.

◎ Und dann wird es richtig grün im **SINEBRYCHOFF-PARK**. Den kaum finnisch klingenden Namen verdankt der Park den früheren Eigentümern, der Familie des russischen Einwanderers Sinebrychoff.

Heute steht der Name für drei unterschiedliche und doch gleichermaßen bedeutende Dinge: Für diesen schönen und gepflegten Park, für die Kunstsammlung im Sinebrychoff-Museum und für die 1819 gegründete, älteste noch produzierende BIERBRAUEREI Skandinaviens, die Brauerei Sinebrychoff, der das Koff-Bier entströmt und die werbewirksam klassische Brauereigäule samt Kutschen durch Helsinki schickt.

Bis vor einigen Jahren wurde hier in den alten Fabrikgebäuden aus Backstein noch vergoren; mittlerweile ist »Koff« umgezogen und auf dem verlassenen Brauereigelände entstanden Neubauten.

◎ **SINEBRYCHOFF-KUNSTMUSEUM**, Bulevardi 40, Tel. 1733 6460. Di+Fr 10–18 Uhr, Mi+Do 10–20 Uhr, Sa+So 11–17 Uhr. Eintritt € 4–7/0 (mit HC frei). Straßenbahnlinie 6.

Werke alter europäischer Meister, Ikonen, Miniaturen sowie Antiquitäten bilden die Schwerpunkte: wunderschöne Möbel, altes Silber und Porzellan neben italienischen und flämischen Gemälden.

Hietalahti

An der Bucht Hietalahti ist das Meer wieder in Reichweite. Wo Bulevardi auf die Uferstraße Hietalahdenranta trifft, hält buntes Markttreiben auf dem Hietalahti-Marktplatz (Hietalahdentori) sogar einige der ganz Eiligen auf.

◎ Der größte wie auch farbigste **FLOHMARKT** Helsinkis versammelt Nützliches und Skurriles, Technik und Handarbeit, vermittelt viele Eindrücke und vor allem Atmosphäre!

◎ In der Markthalle sind die Gemüsestände zum großen Teil dem **ANTIK- UND KUNSTZENTRUM** gewichen – hier sind vor allem professionelle Händler in Sachen Altertum aktiv. Die Halle aus dem Jahr 1904 entwarf *Selim Lindqvist:* markant die rote Ziegeloptik mit abgerundeten Seitenvorsprüngen.

◎ Die ehemalige **TECHNISCHE HOCHSCHULE** stammt aus dem Jahr 1877 *(F.A. Sjöström)*. Inzwischen ist die TH vom Hietalahti-Platz nach Espoo umgezogen.

◎ Der Hietalahti-Platz ist offen zum Meer und zum **WESTHAFEN** (Länsisatama) hin – und es ist ein fröhliches Bild, wenn hinter den Marktständen die großen Fähren und die FRACHTER vorüberfahren. Länsisatama ist kein touristisch genutzter, sondern in erster Linie ein Industriehafen.

◎ Das Hafengebiet erstreckt sich über eine beträchtliche Fläche, ist eher grau, nur von den verschiedenen Farben der Container aufgehellt, und riecht nach Arbeit, unter anderem in der **WERFT** »Masa« an der Südseite der Bucht. Hier werden KREUZFAHRTSCHIFFE der Luxusklasse gebaut, aber auch einige Eisbrecher sind vom Stapel gelaufen; die Werft stellt wichtige Industriearbeitsplätze innerhalb der Stadt.

Die ursprünglich finnische Werft »Masa« hatte mit dem norwegischen Konkurrenten »Kværner« fusioniert und auf diese Weise ihre Marktposition halten könnenn. Leider ist eine Besichtigung im touristischen Programm nicht vorgesehen. Gelegentlich aber werden Teile der Werfthallen kulturell genutzt – Interaktion von Fertigungstechnologie und Performance.

◎ Oldtimer-Freaks vergnügen sich in dem leicht skurril wirkenden **AUTOMOBILMUSEUM**, das außer Plastik-Miniaturen und einigen präsidialen Wachsfiguren (aus estnischer Produktion) immerhin auch einige originale Staatskarossen in seinem Fundus hat. Munkkisaarenkatu 12, Tel. 667123. 1.4.–30.9. Di–So 12–15 Uhr, sonst Do–So 12–15 Uhr.

Top-Tipps im Überblick

SEHEN & ERLEBEN

◎ **HAVIS AMANDA**: Gönnen Sie der Schönen mehr als einen Blick, ist die Skulptur doch ein Wahrzeichen von Helsinki. Auf dem Brunnenrand lässt es sich gut sitzen (um eventuell kurz die Füße zu kühlen).

◎ **EINKAUFEN**: Finnische Lebens-Art gibt's vor allem in den Esplanaden sowie den umgebenden Ladenmeilen zu sehen und zu kaufen.

◎ **VANHA KIRKKO**: schmucke, alte Holzkirche mit kleinem Park.

ORTE ZUM ENTSPANNEN

◎ **STUFEN AM SÜDHAFEN**: Sitzen Sie hier, vielleicht ein bisschen frisches Obst oder Gebäck in der Hand, und schauen Sie auf den Hafen hinaus. Sie werden kaum merken, wie die Zeit vergeht...

◎ **MARKTPLATZ**: schauen, kaufen, Marktatmosphäre schnuppern, und einen Kaffee im oder vor dem Zelt?

◎ **ESPLANADENPARK**: Mit einem Eis durch den Park schlendern oder sich mit einer Decke (und Picknick) auf den Rasen legen – Sie verpassen trotzdem nichts an Musik, Vorführungen, Geschäftigkeit.

◎ **SINEBRYCHOFF-PARK**: hügeliges Areal, wo es etwas beschaulicher zugeht, ideal für einen kurzen Spaziergang oder eine Rast.

ESSEN UND TRINKEN

◎ **KAPPELI**: ein unvergleichliches Ambiente in Holz und Glas.

◎ **CAFÉ STRINDBERG**: In-Lokal an der Flaniermeile der Innenstadt; interessanter als draußen sitzt man im Obergeschoss unter Bücherregalen in Wohnzimmer-Atmosphäre. Pohjoisesplanadi 33.

◎ **ALEKSANTERIN PIHA** und **VANHA KAUPPAKUJA**: reichliche Auswahl an netten, unterschiedlichen und trendy Lokalen, dazu im Sommer südländische Innenhof-Atmosphäre und Musik.

◎ **ALTES STUDENTENHAUS**: Auf der Dachterrasse ein Bier zischen, auf die Welt heruntersehen – oder abends im Vanha abfeiern.

Kaivopuisto & Eira

STADTTEIL-BILDER

Die südliche Spitze Helsinkis zum Meer hin gehört zu den architektonisch schönsten, aber auch, sieht man von den Inseln einmal ab, zu den GRÜNSTEN Teilen der Stadt. Das hügelige Terrain auf felsigem Untergrund führt die Straßen und Spazierwege auf und ab.

Der Gang durch Eira vermittelt überschwängliche, ständig neu belebte Eindrücke von JUGENDSTIL. Es ist ein reicher Stadtteil, das Leben in den gut instand gehaltenen Villen kann sich nur leisten, wer zur (pekuniären) Oberschicht gehört. Immer wieder unterbrechen GÄRTEN sowie Grünanlagen die Straßenzüge, tun sich mit üppigen Blüten vor Fassadenornamenten herrliche Motive auf. Nimmt man sich die Zeit, ein wenig in Eira zu verweilen, beginnt die Gegenwart zu verblassen. In Eira gibt es nicht viel Leben auf den Straßen und Wegen, höchstens Spaziergänger, die die Parks aufsuchen.

Zwischen Eira und Kaivopuisto liegt der kleine Stadtteil Ullanlinna, der fast unmerklich in Eira übergeht

Jugendstilfassade in Eira ▶

und namentlich weniger bekannt ist als das mit dem Helsinkier Jugendstil assozierte Eira.

Kaivopuisto, auf Deutsch Brunnenpark, ist nach jenem PARK benannt, der eben den größten Teil des Stadtteils einnimmt. Den Reiz machen nicht nur die Bäume, Wiesen und gepflegten Wege aus, sondern auch die alten Holzhäuser im russischen Stil. Auch Kaivopuisto war immer schon ein teureres Pflaster. Heute ist hier unter anderem das Botschaftsviertel Helsinkis beheimatet, und viele Diplomaten wohnen auch im Viertel. Der Park bietet vor allem mit die schönsten AUSSICHTSPUNKTE in der Stadt. Von dem Südufer schweift der Blick auf Meer und Inseln, auf Bootsanleger und Hafeneinfahrt. Im Hintergrund zeichnet sich die Kirche von Suomenlinna ab, manövriert sich womöglich eine der riesigen Fähren zwischen den Inseln hindurch. Hier ist es nachmittags besonders schön, im Sommer auch bei tief stehendem Abendlicht, das das Wasser fast unwirklich blau und tief erscheinen lässt.

Der Süden der Stadt ist zwar zuerst einmal stilvolles Lustwandeln, doch als NAHERHOLUNGSGEBIET ist der Kaivopuisto nicht nur für Betuchte da: Ein Picknick im Park gehört im Sommer ebenso zum Alltag wie laute Begeisterung bei einem der beliebten Rockkonzerte unter freiem Himmel – gerade junge Leute kommen in den Kaivopuisto, und zu den Konzerten ist öfter sogar der Eintritt

frei. Im Sommer ist der weite Park ein Paradies für Inlineskater und Jogger, im Winter für Skilangläufer und rodelnde Kinder.

Observatoriumspark

◎ Sie stehen an der Westseite der Einfahrt zum Südhafen, am **MAKASIINIKAI**, oder ein Stück weiter südlich am **OLYMPIAKAI** (Straßen Laivasillankatu / Olympiaranta), beobachten die Fähren der großen Reedereien ihrem Ein- und Auslaufen, An- und Ablegen, kommen sich winzig vor gegenüber den überdimensioniert wirkenden, schwimmenden Hotels, die mit wenig Tiefgang stabil im Wasser liegen und die ENGEN FAHRRINNEN zwischen den Schären meistern ohne aufzulaufen. Das Abfertigungsgebäude **OLYMPIATERMINAALI** (in Gelb) nahm, der Name deutet es an, anlässlich der Olympischen Sommerspiele 1952 den Betrieb auf.

◎ Bevor man von hier aus zum Kaivopuisto gelangt, hat man noch ein weiteres grünes Terrain vor sich, das weiter südwestlich, nur durch das Bortschaftsviertel unterbrochen, fast nahtlos in den Kaivopuisto übergeht: den Observatoriumspark.

Am Fuße des Parks, der zum Inneren hin hügelig ansteigt, steht die **DEUTSCHE KIRCHE**, Saksalainen kirkko, Unioninkatu 1. Das rote Backsteingebäude im neugotischen Stil (1864) gilt unter HEIRATSWILLIGEN als beliebtes (lutherisches) Gotteshaus. Sonntags um 11 Uhr finden DEUTSCHSPRACHIGE Gottesdienste statt. Tel. 686 985.

Unweit der Kirche erinnert das von Gunnar Finne geschaffene MONUMENT an die Schiffbrüchigen des 1918 gesunkenen deutschen Kriegsschiffes »Habsburg«.

◎ Mitten im Observatoriumspark erhebt sich 30 Meter hoch der Observatoriumshügel, ein romantischer

FINNISCH-DEUTSCHE URSPRÜNGE

Seit dem 13. Jahrhundert unterhielten deutsche Händler vor allem an der Küste des finnischen Meerbusens Niederlassungen – zunächst, um Salz und Tuch gegen Pelze und Teer zu tauschen, später im Rahmen weit reichenderer Handelsbeziehungen. Zur russischen Zeit Finnlands waren nicht wenige Offiziere und Beamte baltisch-deutschstämmige Adlige und es wuchs eine deutsche Gemeinde. So verblieb ein Stück deutscher Einfluss, sichtbar auch in Kunst und Architektur. In Helsinki und Turku gibt es aktive deutsche Kirchengemeinden, in Helsinki darüber hinaus eine deutsche Schule sowie die seit über 100 Jahren bestehende Deutsche Bibliothek.

Platz für LIEBESPAARE. Das **OBSERVATORIUM** ist eins von Engels Meisterwerken (1833). Heute arbeitet hier das astronomische Institut der Universität. Leider ist das Gebäude nicht zu besichtigen – und Prognosen aus den Sternen für die Liebespaare gibt es auch nicht.

Von den Anhöhen des Parks hat man eine sehr schöne Sicht auf die Fährschiffe, auf Dom und Südhafen, durch die Bäume hindurch. Und die Inseln Valkosaari mit dem grün bedachten Türmchenbau eines Yachtclubs und Luoto mit dem nicht minder ansehnlichen Restaurant »Klippan« unter rotem Dach liegen nahe.

◎ Im südöstlichen Zipfel des Parks steht das Denkmal **DIE SCHIFFBRÜCHIGEN** von Robert Stigell aus dem Jahr 1897. Über vier Meter hoch ist die Menschengruppe im Stil des dramatischen Realismus. Hier befindet sich ein weiterer beeindruckender Aussichtspunkt...

◎ **MISSIONSMUSEUM**, Tähtitorninkatu 18, Tel. 129 7343. Di–So 12–16 Uhr, Mi bis 18 Uhr. Eintritt € 4/1 (mit HC frei).

Eine recht exotische Angelegenheit am Ende des Parks. Die Sammlungen zeigen vor allem afrikanische und chinesische Stücke aus den Missionsgebieten der finnischen Evangelisation.

◎ Über Treppenstufen führt der Weg an der Südseite des Parks ins BOTSCHAFTSVIERTEL. Vor Glasnost und Perestroika und damit vor dem Ende des Kalten Krieges war dies der hauptsächliche gegenseitige Beobachtungsposten zwischen Ost und West. Dementsprechend wirken die Botschaftsgebäude zum Teil wie TRUTZBURGEN, massive Mauern in riesigen, von hohen Zäunen umgebenen Gartenarealen, damals noch mehr als heute mit Antennen und technischer Ausrüstung gespickt.

Mit am beeindruckendsten in diesem Sinn wirkt die **RUSSISCHE BOTSCHAFT** in der Ullankatu, 1952 aus finnischem Granit und Speckstein erbaut; daneben das russische Konsulat und zugehörige Wohnhäuser. Weiter in den Kaivopuisto hinein liegen an der Itäinen Puistotie, der östlichen Parkallee, die ähnlich sehenswerten Botschaften Frankreichs und Großbritanniens. Auch die USA sind hier auf Posten.

◎ Gegenüber der diplomatischen Vertretung Russlands zeigt sich die **ST.- HENRIKS-KIRCHE** in der Puistokatu 1 A. Diese 1860 geweihte Bischofskirche der heute knapp 8.000 finnischen Katholiken im neugotischen Stil plante Ernst B. Lohrmann, der auch den Dom vollendete. Die weißen FIGUREN, die sich auf dem dunkelroten Mauerwerk abheben, gelten als Erkennungszeichen der Kirche.

◎ In dem **MARMORPALAST** genannten ursprünglichen Wohnhaus in der Itäinen Puistotie 1 (1916, Eliel Saarinen) trifft heute das Arbeitsgericht seine Urteile.

Kaivopuisto

In den 1830er Jahren, als Finnland russisches Großfürstentum war, legte man das bis dato unbewohnte Areal als KURPARK an. Quasi vor der Haustür St. Petersburgs suchten die russischen Adligen, die gemäß einer Verordnung Zar Nikolaus I. zufolge nicht ins Ausland reisen durften, Zerstreuung, Abwechslung, Erholung. Hier wurden nicht nur Trink- und Badekuren durchgeführt, sondern etablierte sich auch ein reges GESELLSCHAFTLICHES LEBEN, dies zur finanziellen und kulturellen Bereicherung der noch kleinen Stadt Helsinki. Der Kurbetrieb begründete auch die Dampfschifffahrtlinie zwischen St. Petersburg, Tallinn und Helsinki.

Um 1850 lag die Blütezeit des Kurlebens; sie fand ein Ende durch den Beginn des Krimkrieges, durch mehrere Choleraepidemien, aber dann auch durch die Lockerung des zaristischen Reiseverbots. Und so ging der Kaivopuisto 1886 in den Besitz der Stadt über und entwickelte sich nach und nach zum Naherholungsgebiet.

Einen Festtag erlebt der Park zum 1. Mai, wenn sich die (auch früheren und werdenden) Studenten treffen, um auf VAPPU, den Feiertag der Studenten und Arbeiter, anzustoßen, und der Park weiß von Studentenmützen ist. Andere Helsinkier feiern den 1. Mai mit Picknicks im Park – schließlich ist der Frühling nahe.

◎ Am Rande der Hauptallee, der Iso Puistotie, die sich gerade durch den Park zieht, bietet das **KAIVOHUONE** (1838, Engel), das ehemalige Fest- und Trinkkurhaus, im Zweiten Weltkrieg zerstört und wieder aufgebaut, heute nicht mehr nur Mineralwasserkuren an. Das beliebte Lokal (ist derzeit im Umbau und) umfasst ein Restaurant mit Sommerterrasse sowie Tanzfläche und Club.

Hinter dem »Kaivohuone« wächst ein BAUM MIT SYMBOLKRAFT: die Fichte der Unabhängigkeit, in den 1930er Jahren ein Geschenk Konsul Rudolf Rays an das Parlament.

◎ Gegenüber dem »Kaivohuone« vermittelt der **TRINKBRUNNEN** FISCHENDER BÄR doch noch ein bisschen Kur-Atmosphäre. Die Plastik schuf *Bertel Nilsson* 1916.

◎ Die älteste erhaltene **VILLA** im Park, Itäinen Puistotie 7, datiert aus dem Jahr 1839. *Carl Albert Edelfelt*, der Vater des berühmten Malers Albert Edelfelt, zeichnete für die Villa im Empirestil als Architekt. Hier wohnte seiner Zeit der Besitzer des Kaivohuone – er soll angeblich noch umgehen...

◎ In unmittelbarer Nähe beginnt die Kalliolinnantie, die in einem Bogen verläuft. Die **CYGNAEUS-GALERIE** zeigt vor allem finnische Kunst des 19. Jhs. Kalliolinnantie 8, Tel. 4050 9628. Mi 11–19 Uhr, Do–So 11–16 Uhr. Eintritt € 3/0 (mit HC frei).

Die von *Fredrik Cygnaeus*, als Universitätsprofessor einer wichtigen Figur im kulturellen Leben jener Zeit, aufgebaute Sammlung zählt zu den ältesten im Land (1882). Die ansehnliche Holzvilla stammt aus dem Jahr 1870.

◎ Die Villa **KALLIOLINNA** (Nr. 12) mit Schlosstürmchen entwarf Ernst B. Lohrmann (1845).

◎ **MANNERHEIM-MUSEUM**, Kalliolinnantie 14, Tel. 635 443. Fr–So 11–16 Uhr. Eintritt € 7/5 inklusive Führung (mit HC frei).

Carl Gustav E. Mannerheim, einst Feldmarschall von Finnland und von seinen Verehrern liebevoll *Marski* genannt, wohnte von 1924 bis zu seinem Tod 1951 in diesem Haus. Im Leben Mannerheims spiegelt sich ein wesentlicher Abschnitt jüngerer finnischer Geschichte. Spannend ist auch seine Asienexpedition entlang der Seidenstraße.

◎ Gehen Sie die Itäinen Puistotie durch bis zum Südufer – wo Sie auf Särkkä und die weiter entfernten Inseln der Festung SUOMENLINNA mit dem charakteristischen Kirchturm blicken, auf die Bootsanleger der Yachthäfen, auf das offene Meer. Sie können an der gesamten Landzunge entlangspazieren.

Das **CAFÉ URSULA**, Ehrenströmintie 3, eignet sich prima, um Ausschau zu halten und eine Pause einzulegen. Dieses Strandcafé gehört zu den populärsten, schönsten Kaffeehäusern Helsinkis. Hier befand sich übrigens das frühere Kurbad. Ganzjährig geöffnet.

◎ Im westlichen Teil des Kaivopuisto erwarten Sie ebenfalls ein wunderschöner Uferweg, Spazierwege quer durch den Park und, auf einer Anhöhe, das kleine, runde **OBSERVATORIUM** der Astronomischen Vereinigung Ursa, von wo aus man bei klarem Wetter den Himmel beobachten kann. Besonders klar ist der Himmel in der Regel in kalten Winternächten. Geöffnet bei geeigneter WITTERUNG: 15.10.–15.12. sowie 15.1.–15.3. Di–So 19–21 Uhr; fragen Sie nach: Tel. 653 505. Der Eintritt kommt auf € 2/1.

◎ Ein Stück weiter am Strand entlang folgt eine der fotogensten **TEPPICHWASCHANLAGEN**. An mehreren Holzstegen wird ordentlich mit Mäntysuopa (Kernseife) gearbeitet. Es gibt im Stadtgebiet noch reichlich Gelegenheit, diese alte Tradition zu beobachten, wo es außerdem ruhiger zugeht als hier.

◎ **OPEN-AIR-KONZERTE** gehören zu den Hauptattraktionen im Kaivopuisto. Die bekanntesten finnischen Bands treten hier ebenso auf wie das Finnische Radio-Sinfonieorchester. Bis zu 30.000 Besucher muss der Park dann verkraften – das hügelige Gelände fungiert als TRIBÜNE DER NATUR. Die Veranstaltungen beschränken sich auf den Sommer, bevorzugt Juli/August, und auf die Wochenenden. Der Eintritt ist frei. Genaues erfahren Sie im Touristenbüro oder bei ELMU (Elävän Musiiki), Tel. 681 1880.

◎ Wo die Ehrenströmintie ihren Namen in Merisatamanranta wechselt, an der Querstraße Neitsytpolku, beginnen die Stadtteile Ullanlinna und Eira. Hier legen die Boote nach Uunisaari und, ein Stück weiter, nach Pihlajasaari ab, zu den bevorzugten **BADEINSELN** Helsinkis.

◎ Ein noch recht junger Konkurrent für's Ursula: **CAFÉ CARUSEL**, Merisatamanranta 10. Toller Seeblick – und Kaffee zum Nachschenken im Preis inbegriffen.

Eira im Jugendstil

Der Name Eira geht auf ein Krankenhaus zurück, das der Jugendstil-Architekt *Lars Sonck* entwarf: Eira ist die Göttin der Medizin in der alten skandinavischen, soll heißen: SCHWEDISCHEN MYTHOLOGIE. Nach diesem Krankenhaus trug zunächst der Eira-Park den Namen, bis er den ganzen Stadtteil meinte. Der VILLENBEZIRK Eira wurde innerhalb weniger Jahre, beginnend 1908, nach den Plänen von drei Architekten gebaut: Lars Sonck, *Armas Lindgren* sowie *Bertel Jung*. Dabei entging das Areal nur knapp dem Plan, als Industrieviertel genutzt zu werden – unvorstellbar, geht man heute durch die Straßen.

Merisatamanranta, das Seehafenufer, führt im ganzen Süden Ullanlinnas und Eiras am Meer entlang. Der baumbestandene Weg gibt Eindrücke vom kleinen Hafen Merisatama, mit Anlegestellen für Yachten und Boote, und von den reizvollen vorgelagerten Inselchen.

◎ Bald verläuft neben der Straße ein breiter werdender Grünstreifen, der sich zum Fredrik-Stjernvall-Park und, hinter der Laivurinkatu, zur Ursinin kallio hin erweitert. In diesem Teil leuchtet weithin das **SEEFAHRER-DENKMAL**, ein hohes, dreikantig-stelenförmiges Werk, in dessen Schale an der Spitze ein ewiges Feuer brennt (*Oskari* und *Eero Eerikäinen*, 1968). Die Grünanlagen rundherum sind beliebte Sonnenplätze in den Sommermonaten.

◎ Im bebauten Stadtteil selbst begrüßt die **VILLA ENSI** (Merikatu 23) den Jugendstil-Hungrigen. In dem früheren Krankenhaus von Selim A. Lindqvist ist heute ein Altersheim beheimatet. Ebenso anschauenswerte Jugendstilvillen sind die **VILLA JOHANNA** an der Laivurinkatu, ebenfalls von Selim A. Lindqvist (1906), und die Villen in der **ARMFELTINTIE**, so Nr. 8 (Jarl Eklund) und 13 (Onni Tarjanne).

Eine der stilistisch einheitlichsten Wohnstraßen im Jugendstil ist die sich dem Meer zuneigende **HUVILAKATU**.

◎ An der Juhani Ahontie erinnert ein Denkmal Ville Vallgrens (1927) an den bekannten Maler **ALBERT EDELFELT**.

◎ Auf dem nach Carl Ludwig Engel benannten Platz **ENGELINAUKIO** blickt der Schriftsteller Juhani Aho (geformt 1961 von *Aimo Tukiainen*) ins Weite. Von hier aus eröffnen sich, wie mehrfach in Eira, schöne Blicke aufs Meer.

◎ Das **KRANKENHAUS EIRA**, Ecke Tehtaankatu / Laivurinkatu, ist Namensgeber des Stadtteils und 1905 von Lars Sonck erbaut, ein imposanter Bau im gemäßigten nationalromantischen Stil, der eigentlich eher wie ein Wohnhaus wirkt und nichts mit der Sterilität moderner Krankenhausbauten gemein hat.

◎ Eiran puisto, der **EIRAPARK**, liegt im Dreieck zwischen Armfeltintie, Laivurinkatu und Tehtaankatu. Er ist klein, zählt aber zu den schönsten Parks Helsinkis, zumindest im Sommer. Wie verzaubert wirkt die üppige und adrett gepflegte BLÜTENPRACHT von Fuchsienstämmchen und Blumenbeeten vor all den stilträchtigen Mauern.

◎ Nördlich der Tehtaankatu endet Eira an der eigenwillig anmutenden **MIKAEL-AGRICOLA-KIRCHE**, Tehtaankatu 23 – ein spätes Werk von Lars Sonck (1935), der nach seiner nationalromantischen Bauphase zu einem mehr klassizistischen und strengeren Stil fand. Der Bau besteht aus unverputzten Ziegeln; die Turmspitze ragt NADELARTIG in den Himmel und ist auch von weitem eine gute Orientierungsmarke – weshalb man sie im Winterkrieg 1939 abtrug, damit sie feindlich gesinnten Bombenpiloten nicht als Peilhilfe diente.

Die Kirche ist nach dem finnischen REFORMATOR Mikael Agricola benannt, der Begründer der finnischen Schriftsprache und Schüler Luthers und Melanchthons (mit denen er zusammen im Dom steht).

Top-Tipps im Überblick

SEHEN & ERLEBEN

◎ **JUGENDSTIL-EIRA**: Fast jedes Haus erzählt eine jugendstilistische Geschichte. Entzückt sein wird, wer sich für diese Epoche der Architektur interessiert.

◎ **KONZERTE IM KAIVOPUISTO**: Die Action auf einer Park-Bühne unter freiem Himmel ist besser, aufregender, mitreißender als der schönste Konzertsaal...

◎ **INSELAUSFLUG**: nach Uunisaari oder Pihlajasaari zum Baden, Sonnen und Faulenzen zu pilgern – ideal an warmen Sommertagen.

ORTE ZUM ENTSPANNEN

◎ **KAIVOPUISTO**: Spazierwege, herrliche Aussichten, Bänke, Wiesen, Baumschatten sowie warme Felsen zum Rasten.

◎ **EIRAPARK**: So klein er nur ist, so schön ist er auch. In den Jugendstilfassaden hinter dem Gras- und Blumenmeer fängt sich die Atmosphäre des Viertels: ruhig, beschaulich, fast fern der Realität.

ESSEN UND TRINKEN

◎ **KAIVOHUONE**: Vor allem junge Leute schätzen das alte, jedoch jung gebliebene Lokal zum Essen, Feiern, Tanzen. – Bei Redaktionsschluss fanden Umbauarbeiten statt...

◎ **CAFÉ URSULA**: Das vermutlich bekannteste Kaffeehaus in der Stadt könnte nicht schöner liegen.

Töölö & Meilahti

STADTTEIL-BILDER

Als Helsinki 1640 seine zweite Chance zum langsamen Erblühen bekam und in das Areal des heutigen Kruunuhaka verlegt wurde, gehörte das neue Siedlungsgebiet zu einer kleinen, westlich gelegenen ländlichen Gemeinde namens TÖÖLÖ, die bereits 1476 urkundlich dokumentiert worden war. Ernsthaft ins Visier der Stadtplaner geriet Töölö Ende des 19. Jhs., als Lars Sonck und Gustaf Nyström zwischen 1899 und 1906 einen neuen Stadtteil für Helsinki auf dem Reißbrett entwarfen. Es dauerte aber bis in die 1920–40er Jahre, bis Töölö sein eigenes architektonisches Gepräge angenommen hatte, das sich an Klassizismus und Funktionalismus orientierte.

Im Gegensatz zu den inneren, älteren Stadtbezirken, deren Straßenläufe und als Folge auch deren Bebauung einem schachbrettartigen Muster folgt, ließen sich die Stadtplaner in Töölö von neuen Gedanken leiten: Die Straßen verlaufen UNREGELMÄSSIG und passen sich den natürlichen Gegebenheiten an. Spezifische WOHNMILIEUS werden gefördert, indem Verkehrs- und vor allem Durchgangsstraßen von Wohnstraßen getrennt sind.

Auf diese Weise entwickelten sich NACHBARSCHAFTEN, gleich kleinen Inseln im Stadtstrom. Mal richten sie sich nach Häuserblocks, mal nach den Begrenzungen durch Wasser, Fels oder Verkehrsadern. Zwar sind es nur wenige Minuten mit der Straßenbahn bis ins Zentrum. Dennoch ist es für die Alteingesessenen bereits eine »Fahrt in die Stadt«. Zeitweise als Rastplatz für alte Leute belächelt, ist Töölö heutzutage gerade wegen seiner ein wenig verstaubt anmutenden Struktur unter jungen Leuten und Künstlern beliebt.

Hier schaffen es ungewöhnlich viele KLEINE GESCHÄFTE, Läden, Handwerker, sich gegen die Konkurrenz aus Größe, Kapitalkraft und Konzentration zu behaupten. Der Blumenladen, der Frisör um die Ecke, Tante Emma und ihr Kramladen tragen zur Identität des Stadtteils bei.

Genau genommem, gibt es zwei Töölös: das ursprüngliche ETU-TÖÖLÖ (Vorder-Töölö) mit seinen bis zu siebengeschossigen Häuserzeilen aus rotem Backstein und recht einheitlicher Fassadengestaltung und das später erschlossene TAKA-TÖÖLÖ (Hinter-Töölö), das ein doch eher schmucklos-funktionalistisches Gepräge zur Schau stellt. Ein breiter Parkstreifen trennt den südlichen vom nördlichen Stadtteil. Die Idee zum GRÜNEN BAND hatte Architekt *Bertil Jung* (1912). Es stellt die Verbindung zwischen dem Park entlang der Töölö-Bucht und den Uferparks Hietaniemi und Sibeliuspark her.

Der Gang durch Töölö hält sich links der Mannerheimintie (der rechtsseitige Teil im nächsten Kapitel) und durchquert das Viertel nordwärts; in Meilahti / Tammisaari kehrt er in einer Schleife, am Ufer orientiert, zurück.

Mit »ÖPNV« erreichen Sie Töölö die Mannerheimintie entlang mit den Straßenbahnen 4, 7 A und 10; die 4 fährt nach Meilahti hinein.

Kampintori

◎ Bis 2002 war der Platz im Stadtteil Kamppi eine weite, offene Fläche, genutzt als zentraler Busbahnhof. Derzeit ist das Areal eine der größten BAUSTELLEN in Finnland. Ab 2006 soll Kampintori (Kamppi-Platz) ein völlig **NEUES GESICHT** erhalten: Der Busbahnhof wird in den Untergrund verbannt, darüber eine breite Fußgängerzone mit grünen Inseln, kleinen Geschäften und Cafés, dazu ein neues Luxushotel.

An der Wende zum 20. Jh. diente der Kampintori der zaristischen russischen Armee als Kasernen- und Exerzierplatz. Das Ticket- und Informationszentrum für Fahrgäste stammt noch aus den Gründertagen: 1832 als Militärbaracke errichtet und später als Wartungsgebäude genutzt, hat man es wieder restauriert. Die benachbarten Baracken brannten 1918 während der Bürgerkriegswirren ab.

◎ An der Mannerheimimtie wird das Areal durch das Film- und Medienzentrum **LASIPALATSI** begrenzt, Mannerheimintie 22–24, Büro: Tel. 6126 570, Fax 6126 5715, Internet: www.lasipalatsi.fi.

Der »Glaspalast« entstand 1935 im Stil des Funktionalismus. Drei junge Architekturstudenten planten den Bau, der neben kleineren Geschäften von Frisör bis Süßwarenladen auch die angeblich erste Eisdiele Finnlands und das moderne Kino BIO REX beherbergte. Der Glaspalast sollte nur kurzfristig für die Sommerolympiade 1940 als Dienstleistungszentrum fungieren. Die Spiele fielen wegen des Krieges aus und der geplante Abriss ebenso. Im Laufe der Jahre wirkte die Szenerie leicht verschlafen, um nicht zu sagen bedürftig einer Auffrischung.

Nach intensivem Facelifting umfasst das jetzt hochmoderne FILM- UND MEDIENZENTRUM Fernsehstudios, Internetcafé, eine virtuelle Bibliothek, Dienstleister rund um den Kommunikationsbereich, attraktive Cafés zum Sehen und Gesehen-Werden und ein Restaurant der gehobenen Klasse.

◎ Das Traditions-Kino **BIO REX** ist immer noch Treffpunkt für Freunde der Filmkunst.

◎ Von der SOMMERTERRASSE des **CAFÉ REX** blicken Sie auf das Innenstadt-Treiben.

◎ Auch **YLE**, finnische Rundfunk- und Fernsehanstalt, hat im Glaspalast ein Studio. Von hier aus wird das Morgenfernsehen mit Nachrichten und Interviews gesendet.

◎ **TENNISPALATSI**: Der Bau in der Salomonkatu 15 sollte, ähnlich wie Lasipalatsi, als Servicestation während der Olympischen Spiele 1940 dienen – die aber fanden kriegsbedingt ja erst 1952 statt. Die lang gestreckte Halle wurde nach Plänen von *Helge Lundström* 1937 im Geiste des Funktionalismus errichtet. Zunächst beherbergte der Tennispalast Spielplätze für den weißen Sport und Bowlingbahnen. Später stand die Halle leer und sollte abgerissen werden.

Das **MULTIPLEX-KINO** protzt mit 14 Leinwänden und dem größten Kinosaal Finnlands, ergänzt durch eine nette Café-Ecke mit interessantem Mobiliar sowie die unvermeidliche Fastfood-Beköstigungsstation für die Kinogänger. Und Museen:

◎ **KUNSTMUSEUM DER STADT**, Helsingin kaupungin taidemuseo, Tel. 3108 7001. Di–So 11–20.30 Uhr. Eintritt € 5/0 (mit HC frei).

Wechselnde Ausstellungen finnischer wie ausländischer Kunst in diversen Sparten. Auch Grenzgebiete wie Populärwissenschaft und Science-Fiction werden aufregend und effektvoll präsentiert.

◎ **MUSEUM DER KULTUREN**: Tel. 40501. 2.1.–31.3. Di–Do 11–20 Uhr, Fr–So 11–18 Uhr. Eintritt € 5/0 (mit HC frei).

Das Ethnografische Museum widmet sich den Kulturen der Erde und präsentiert Sonderausstellungen zu unterschiedlichen Themen – und aus so verschiedenen Regionen wie Afrika und Sibirien.

◎ Die kleine jüdische Gemeinde findet ihren geistigen Mittelpunkt in der **SYNAGOGE** in der Malminkatu 26. Gottesdienst auf Hebräisch Sa um 9 Uhr.

Etu-Töölö

Bevor Sie tiefer in den Stadtteil Töölö eindringen, widmen Sie sich doch gleich zwei markanten Bauwerken an der Mannerheimintie, die sich ob ihrer Dominanz ohnehin ins Blickfeld drängen.

◎ Vor dem Arbeitsplatz der 200 finnischen ParlamentarierInnen ehren **DENKMÄLER** zwei frühe Präsidenten des UNABHÄNGIGEN Finnland: KAARLO JUHO STÅHLBERG (Amtszeit 1919–25) und PER EVIND SVINHUFVUD (Amtszeit 1931–37). Geschaffen wurden beide 1959 resp. 1961 von Wäinö Aaltonen. In der unmittelbaren Nachbarschaft, im kleinen Parlamentspark, steht eine weitere Präsidentenstatue in Erinnerung an KYÖSTI KALLIO (Amtszeit 1937–40), ein Werk seines Sohnes *Kalervo Kallio* (1962).

◎ Durch einen kleinen Grünstreifen und eine gepflasterte Auffahrt von der Hauptverkehrsstraße getrennt, erhebt sich auf einem kleinen Hügel das **REICHSTAGSGEBÄUDE** (Eduskuntatalo), Mannerheimintie 30, Tel. 4321. Kostenlose Führungen in den Monaten Juli/August Mo–Fr 14 Uhr, das ganze Jahr über Sa 11 und 12 Uhr, So 12 und 13 Uhr. Telefonische Auskunft zu weiteren Terminen und fremdsprachige Erläuterungen: 432 2027.

Der monumentale Bau aus rötlichgrauem Granit, finnischem Urgestein aus Kalvola, erhebt sich wie ein unverrückbarer Klotz auf hohem Sockel über die Umgebung; errichtet als ein Bollwerk der noch jungen Demokratie. Das KLASSIZISTISCHE Bauwerk von *Johan Sigfrid Sirén* wurde 1931 eingeweiht. Die Strenge bricht lediglich die Säulenreihe der Hauptfassade, zu der eine breite Treppe hinaufführt.

Das Innere des Gebäudes wirkt überraschend leicht. Sachlich, funktionell und »geschmacklich durchkomponiert« präsentiert sich auch der kreisrunde PLENARSAAL mit der Kuppel im Zentrum. – Der Ergänzungsbau hinter dem Parlament (1978, *Pitkänen, Laiho, Rainio*) birgt u.a. eine große Bibliothek. Derzeit (2004) wird an der nördlichen Rautatiekatu das Platzangebot erneut erweitert, es entstehen Büros für Parlamentarier und Verwaltung.

◎ Einige Schritte weiter folgt das **FINNISCHE NATIONALMUSEUM** (Suomen Kansallismuseo), Mannerheimintie 34, Tel. 4050 9544. Di+ Mi 11–20 Uhr, Do–So 11–18 Uhr. Eintritt € 5,50/0 (mit HC frei). Shop.

Die Sammlungen geleiten den Besucher auf eine Reise durch die Geschichte, immer mit Bezug zur nördlichen Region und den dort lebenden Menschen. Sie führt von den Anfängen menschlicher Besiedlung, archäologischen Funden über die schwedische und russische Zeit bis zur Gegenwart. Umfangreich ist das Material zu sakralen sowie ETHNOLOGISCHEN Themen. Was den Finnen wichtig ist – vom Kaiserthron bis zum ältesten Fischernetz.

Das Gebäude gilt als ein Hauptwerk des nationalromantischen Baustils (1904–12, Gesellius, Lindgren, Saarinen); die künstlerischen Innenarbeiten wurden erst 1916 abgeschlossen. Zur Verwendung kamen nur EINHEIMISCHE Materialien. Markant ragt ein schmaler Turm pfeilartig in den Himmel. Wie dieser zitieren weitere Fassaden und Ecken des wie eine Burg anmutenden Gebäudes für die finnische Geschichte bedeutsame Bauwerke, zum Beispiel die Burgen von Savonlinna und Turku. Was im äußeren Erscheinungsbild zusammengewürfelt erscheint, ist Strukturprinzip und verweist gleichzeitig auf verschiedene Abteilungen der Museumssammlung.

Am Eingang hält seit 1918 ein Bär aus Granit Wacht, eine Skulptur von Emil Wikström; einen Blick wert sind ebenso die schmucken Sandsteinornamente am Entrée. Und in der Eingangshalle geht der Blick gleich an die DECKENGEWÖLBE. Vier Fresken von *Akseli Gallen-Kallela* nach Motiven aus dem Kalevala ziehen die Aufmerksamkeit auf sich. Diese Fresken aus den 1920er Jahren sind Repliken von Malereien des Künstlers im Finnischen Pavillon der Pariser Weltausstellung 1900, wo Finnland sich erstmals als Nation präsentierte.

◎ Zwischen Parlament und Museum steht in einem kleinen grünen Umfeld ein **DENKMAL** für den Sprachwissenschaftler und Ethnologen *M.A. Castrén* (1813–52), 1921 geschaffen von *Alpo Sailo*. Castrén war erster Lehrstuhlinhaber für finnische Sprache und Literatur an der Universität Helsinki.

◎ Von der Mannerheimintie biegt die Arkadiankatu ab. Gleich links erinnert eine abstrakte Skulptur mit dem Titel **OST UND WEST** an den Präsidenten JUHO KUSTI PAASIKIVI (1980, *Harry Kivijärvi)*.

◎ Nun steht man an der Nervanderinkatu. Scharf rechts liegt die **SIBELIUS-AKADEMIE** in der Pohjoinen Rautatiekatu 9, gleich hinter dem Parlamentsgebäude. Diese Institution ist Finnlands musikalische Kaderschmiede. Die Hochschule für Musik (aller Stilrichtungen) genießt einen international hervorragenden Ruf. Regelmäßig veranstaltet die Akademie Konzerte, vor allem mit Werken aus dem sogenannten E-Bereich. Auskunft erhält der Musikfreund unter Tel. 405 4685.

◎ **KUNSTHALLE** Helsinki (Helsingin Taidehalli), Nervanderinkatu 3, Tel. 4542060. Di, Do, Fr 11–18 Uhr, Mi 11–20 Uhr, Sa+So 12–17 Uhr (je nach Ausstellung, im Sommer zeitweise kürzer). Eintritt € 5/0.

Zu betrachten gibt es Ausstellungen vorwiegend moderner Kunst. In Kontrast zum benachbarten Parlamentsgebäude wirkt die neoklassizistische Kunsthalle (1928, *Hilding Ekelund)* trotz ihrer Dimension weniger erdrückend. Der Versuch, Symmetrisches mit Unsymmetrischem zu verbinden mag für die relative Leichtigkeit verantwortlich sein.

◎ Wer noch nicht genug Kultur geschnuppert hat und bereit ist, sich experimentellen und avantgardistischen Kunstformen zu öffnen, geht gleich weiter in die **GALERIE MUU**, Nervanderinkatu 10, Tel. 625972.

◎ **NATURHISTORISCHES MUSEUM** (Luonnontieteellinen museo), Pohjoinen Rautatiekatu 13, Tel. 1912 8800. Di–Fr 9–17 Uhr, Sa+So 11–16 Uhr. Eintritt € 4,20/2,50 (mit HC frei).

Draußen – passend zum Thema – von einer Elchskulptur bewacht, präsentieren im Inneren jede Menge Schaukästen in natürlich arrangierter Umgebung die Tierwelt des Nordens, komplettiert von Skelettfunden und einer beachtlichen Sammlung von Meteoriten und Fossilien. Attraktive Sonderausstellungen verdienen der Nachfrage. Anbei ein Museumsshop und Kiosk.

◎ **FELSENKIRCHE** (Temppeliaukiokirkko), Lutherinkatu 3, Tel. 494 698. Mo–Fr 10–20 Uhr, Sa 10–18 Uhr, So 12–17.45 Uhr.

Die einzigartige, in das Gestein gesprengte Felsenkirche (oben). – Der Kopf musste nachträglich der ursprünglichen Skulptur beigefügt werden: das Sibelius-Denkmal (siehe auch die Seiten 155 und 208 f.). ▶

Dieses einzigartige Gotteshaus ist eine Hauptattraktion Helsinkis: Die Felsenkirche liegt zentral und doch wieder beinahe versteckt auf leicht erhöhtem, felsigem Terrain. Doch nicht nach oben, sondern himmelwärts strebt die Kirche, in den Fels ist sie getaucht. Mitten zwischen sie halbkreisförmig umgebenden hohen Mietshäusern hat sie ihren Platz, der schon in den frühen Plänen von Sonck und Nyström als Ort für einen Kirchenbau vorgesehen gewesen war. 1969 war das Projekt nach Entwürfen der Brüder *Timo* und *Tuomo Suomalainen* fertig. Der runde Kirchenraum ist in den Fels hineingesprengt. Das rohe, unbehauene Gestein bildet die Wände. Den wie eine GROTTE anmutenden Raum überspannt eine kreisrunde Kuppel, mit einer großen Spirale aus Kupferdraht im Zentrum und getragen von zahlreichen Betonrippen, zwischen denen Glasscheiben das Tageslicht hineinlassen.

Die geniale Schlichtheit und die Konfrontation mit den Elementen verleihen diesem Sakralbau eine unvergleichliche AUSSTRAHLUNG. Der Ort bietet fürwahr ein Fest für die Sinne. Besuchen Sie eines der regelmäßigen Konzerte in diesen Wänden, die eine hervorragende Akustik schenken.

◎ An der Runeberginkatu 14–16 macht eine Fassade aufmerksam: Die **FINNISCHE WIRTSCHAFTSHOCHSCHULE** (Kauppakorkeakoulu) entstand 1948–50 nach den Plänen der Architekten *Harmia* sowie *Baeckmann*. Das Fassadenrelief aus Keramik von *Michael Schilkins* symbolisiert den Aufschwung von Wirtschaft und Handel.

Taka-Töölö

◎ **STIFTUNG REITZ,** Apollonkatu 23 B 64, Tel. 442 501. Mi und So 15–17 Uhr, Juli geschlossen. Eintritt frei.

Das kleine Museum liegt etwas abseits des Touristenstroms. Zu sehen gibt es Möbel, Silber, Porzellan und Schmuck, in erster Linie aus dem 19. Jh. Ferner Gemälde von einigen Großen aus der finnischen Malerei, darunter Albert Edelfelt und *Helene Schjerfbeck*. Es ist ein typisches Wohnungsmuseum der Hauptstadt.

◎ **KIRPILÄ KUNSTSAMMLUNG,** Pohjoinen Hesperiankatu 7. Tel. 494 436. Mi 14–18 Uhr, So 12–16 Uhr. Eintritt frei.

Ähnlich wie bei der Stiftung Reitz handelt es sich um ein privates Vermächtnis einer Wohnungseinrichtung und einer beachtlichen Kunstsammlung finnischer Kunst aus der Zeit von 1850–1960.

◎ **MIKA WALTARI** (1908–79) wohnte mehrere Jahre in Töölö, in der Tunturikatu. Aus seiner Feder stammen Bestseller wie »Sinuhe, der Ägypter« oder »Mikael, der Finne«. In einem kleinen Park findet sich zu Ehren des literarischen Tausendsassas eine Skulptur von *Veikko Hirvimäki* (1935).

◎ In der Nähe ist das traditionsreiche Café-Restaurant **ELITE** beheimatet: Eteläinen Hesperiankatu 22. Seit jeher ein beliebter Treffpunkt unter Künstlern, zahlte so mancher Stammgast die Zeche mit Gepinseltem. Hinter vielen Bildern an den Wänden verbergen sich Anekdoten. Ein angenehmer Ort...

◎ Die Hesperia-Esplanade kreuzt den Weg. Begrenzt wird sie von den Straßenzügen der südlichen und der nördlichen Hesperiankatu.

Sie überqueren den Parkstreifen, gehen die Runeberginkatu hoch und stoßen bald auf **TÖÖLÖNTORI**, den Marktplatz des Viertels. Es sind vor allem die Einheimischen, die hier ihre kleinen Besorgungen machen, Gemüse oder frische Blumen kaufen. Die Marktbestücker bieten werktags in der Regel von 7 bis 14 Uhr ihre Waren und Produkte feil. Die Fassaden der Häuser, die den Marktplatz umrahmen, blieben seit den 1930er Jahren stilistisch unverändert.

◎ Schräg gegenüber vom Marktplatz steht die **TÖÖLÖ-KIRCHE**, Topeliuksenkatu 4. Errichtet wurde sie 1929 im neoklassizistischen Stil unter Leitung von Hilding Ekelund. Ihre strenge symmetrische Form orientiert sich an altchristlichen italienischen Basiliken. Von der Kirche aus erstreckt sich der TOPELIUS-PARK bis hin zur Bibliothek des Viertels. Zwei Krankenhäuser flankieren den Park:

◎ Das **KRANKENHAUS TÖÖLÖ** rechter Hand, erbaut in den frühen 1930er Jahren als ein Hospital des Finnischen Roten Kreuzes, heute Bestandteil des Zentralkrankenhauses der Universität.

◎ Das **KIVELÄ-KRANKENHAUS** ist in eine weitläufige Grünanlage eingebettet. Die ersten Gebäude des Komplexes entstanden um 1900, die dominanten großen Backsteinbauten etwa 30 Jahre später nach Plänen von *Gunnar Taucher*.

◎ Die **BIBLIOTHEK** von Töölö, entworfen von *Aarne Ervi*, wurde 1970 eröffnet. Die Lesehungrigen empfängt am Eingang die Skulptur »Lesesaal« von *Kari Juva*.

◎ **STRASSENBAHNMUSEUM**, Töölönkatu 51 A, Tel. 169 3576. 2.1.–31.5. und 1.9.–30.12. So–Do 11–16 Uhr. Eintritt € 3/0 (mit HC frei).

Kleine und große Schienenfans sehen sich satt an Straßenbahnwaggons, Triebwagen sowie vielen anderen Objekten und Utensilien. Viel Historisches rund um die Straßenbahn, und ein Miniatur-Modell zeigt Helsinki um 1870.

Die Zweigstelle des Stadtmuseums hat man im ältesten STRASSENBAHNDEPOT von Helsinki untergebracht, nach Plänen von *Valdemar Aspelin* 1900 errichtet.

◎ An der Nordenskiöldenkatu 12, dort wo sie auf die Mannerheimintie stößt, steht das MONUMENTALE Hauptgebäude der finnischen **SOZIALVERSICHERUNGSANSTALT**. ALVAR AALTO entwarf das 1956 fertig gestellte Gebäude – kubische Formensprache, die Kombination der Materialien Backstein, Granit und Kupfer geben dem Komplex den eigenständigen Charakter.

Meilahti

Damit überschreiten wir jetzt auch schon die Grenze nach Meilahti, das uns mit sehr viel Grün begrüßt. Die Bebauung schiebt sich wie ein kleiner Keil zwischen den sich östlich ausbreitenden Zentralpark und die Bucht Laajalahti im Westen. Was den Spaziergänger hier in Meilahti zunächst erwartet, ist eine Vielzahl von Krankenhausgebäuden, Spezialkliniken und medizinischen sowie pflegerischen Ausbildungsstätten. Vor allem zwischen den Straßen Haartmaninkatu und Paciuksenkatu dürften sich Hypochonder wie im Paradies fühlen. Dabei ist ein Spaziergang durch das Areal mit den gepflegten Anlagen allemal anzuraten, nicht nur für Erholungsbedürftige.

◎ Der gesamte **KRANKENHAUS-KOMPLEX** umfasst u.a. die Medizinischen Institute Meilahti (Entwurf: *Einari Teräsvirta*), die Gynäkologische Klinik (1934, von *Jussi Paatela*), die Kinderklinik (1946, von den Architekten *Ullberg/Linnasalmi*), ferner eine Krankenschwesternschule und ein Ausbildungskrankenhaus sowie diverse Verwaltungseinrichtungen.

◎ Das **SPORTZENTRUM** Meilahti, mitten im Grünen, bietet mit seinen Wettkampfanlagen, Tennisplätzen und dem Pesäpallofeld nicht zuletzt den Freizeitsportlern vielfältige Betätigungsmöglichkeiten. Auch unter den Radfahrern ist die Umgebung beliebt.

◎ Halten Sie sich parallell zur Paciuksenkatu (noch ein Stück) nordwärts, stoßen Sie auf die Meilahdentie. Sie biegen nach links und erreichen bald das **ARBORETUM**, eine Park- und Gartenanlage mit Bäumen und Sträuchern, wie sie für die Gegend typisch sind. Dokumentiert wird die Artenvielfalt der heimischen Pflanzenwelt. Überall gibt es kleine Hinweisschilder und Erklärungen. Das ab 1967 als Arboretum gestaltete Areal lockt zudem mit Rosenbeeten, bepflanzt mit Raritäten und ausgefallenen Arten.

◎ **STÄDTISCHES KUNSTMUSEUM** (Kaupungin taidemuseo), Tamminiementie 6, Tel. 3108 7031. Mi–So 11–18.30 Uhr (nur während der Laufzeit der einzelnen Ausstellungen). Eintritt € 4,20/0 (mit HC frei).

Im Mittelpunkt steht die finnische Kunst des 20. Jahrhunderts. Zusammengetragen werden Ausstellungen mit Themen aus den Bereichen Bildende Kunst, Kunstgewerbe, Fotografie, Videokunst etc. Das Museum gibt auch den Rahmen für Konzertveranstaltungen.

Das Gebäude aus Ziegelstein stammt aus den 1970er Jahren. Die Gebäude neben dem Museum sind älteren Datums und gehören zum ehemaligen GUTSHOF MEILAHTI.

◎ Das Holzhaus stammt aus den Jahren um 1840 und dient heute nicht nur den Museumsbesuchern ob seiner schönen Lage als Treffpunkt zu Kaffee und Hefekuchen: **TAMMINIEMEN KAHVILA**, Tamminiementie 8, ist eine wunderbare Café-Adresse im Grünen. Die Route führt anschließend rund um den Park MEILAHDEN PUISTO.

◎ **URHO-KEKKONEN-MUSEUM**, Seurasaarentie 15, Tel. 4050 9650. Mi 11–19 Uhr, Do–So 11–17 Uhr, 15.5.–15.8. auch Mo+Di 11–17 Uhr. Eintritt € 3,50/0 (mit HC frei); Besichtigung nur im Rahmen von Führungen.

Lektionen in FINNISCHER HISTORIE auf besondere Art. Die imposante, schön gelegene Villa SCHENKTE der wohlhabende Geschäftsmann, Kunstsammler und Mäzen *Amos Anderson* 1940 dem finnischen Staat und de facto dem damaligen finnischen Staatspräsidenten Kallio. Das 1904 von Frosterus und *Strengell* errichtete Gebäude wurde Wohn- und Arbeitsstätte auch für die nachfolgenden Präsidenten.

So auch für Urho Kekkonen, der von 1956 bis zu seinem Tod 1986 dort residierte. Darauf machte man die Villa als Museum der Öffentlichkeit zugänglich. Die persönlichen Gegenstände, die geschmackvolle Einrichtung, viele Geschenke an den Präsidenten und die ausgestellten Dokumente zeichnen ein auch subjektiv-emotionales Bild von prägenden Ereignissen aus der finnischen Nachkriegsgeschichte.

◎ Sie stehen nun am Anfang bzw. Ende der Seurasaarentie. Von hier geht es über die schmucke weiße Holzbrücke zur Insel SEURASAARI mit ihren verschlungenen Wanderwegen, mit einer Badeanstalt und nicht zuletzt dem Freilichtmuseum. Der Brücke schräg gegenüber: die Holzvilla **TOMTEBO**, Sitz und Ausstellungsgebäude der Seurasaari-Stiftung und des Folklorezentrums mit Gartencafé (siehe unter »Helsinkis Inseln«).

An diesem Rondell befindet sich die Endstation der Buslinie 24, die zurück ins Stadtzentrum, bis zum Schwedischen Theater, führt. Wir jedoch setzen unseren Rundgang zurück in die Stadt zu Fuß fort: Immer nahe zum Wasser verläuft ein WANDERWEG, der stets wechselnde Ein- und Ausblicke auf Felsen, Uferböschungen, schilfbewachsene Buchten und Inseln freigibt und den Finger auf dem Auslöseknopf des Fotoapparates nervös werden lässt. Der Pfad mündet in eine Parkanlage mit Skulptur:

◎ **TOCHTER DER OSTSEE** heißt das Denkmal zu Ehren der Schriftstellerin *Maila Talvio* (1871–1951) im nach ihr benannten Park. Anlässlich ihres 100. Geburtstages wurde das von der Bildhauerin *Laila Pullinen* geschaffene Werk enthüllt, fast vor der Haustür der Literatin.

◎ **MÄNTYNIEMI** ist der Name des neuen Amtssitzes der finnischen

Staatspräsidenten, gelegen auf der gleichnamigen Halbinsel. Die Architekten *Raili* und *Reima Pietilä* zeichnen für das allseits gelobte repräsentative Gebäude verantwortlich, das 1993 seiner Bestimmung übergeben wurde. Diese schwungvolle Komposition aus Holz, Stein und Glas ist auf angenehme Art auffällig, passt sie sich doch ungezwungen in ihre natürliche Umgebung ein. Leider ist das Haus nicht zu besichtigen; Präsidentin Tarja Halonen hat verständlicherweise um Wahrung ihrer Privatsphäre gebeten.

◎ Der Weg führt nun entlang der Bucht Humallahti und zweigt, der Uferlinie folgend, in südlicher Richtung ab. Im **HUMALLAHTI**-Park bildet breiter nackter Fels eine natürliche Anhöhe, die einen guten Rundblick erlaubt. Bei schönem Wetter lassen es sich hier viele Fahrradfahrer nicht nehmen, den Drahtesel abzustellen und ein Päuschen einzulegen, um ein Sonnenbad zu nehmen.

◎ Ganz in der Nähe fanden Archäologen Reste von **GRABSTÄTTEN** aus der **BRONZEZEIT**.

Töölö und Meer

◎ Welch positive Assoziationen der Name Sommerstrand weckt. So jedenfalls, **KESÄRANTA**, heißt der Amtssitz des finnischen Ministerpräsidenten. Auf einer kleinen Landzunge liegt die Villa, 1904 errichtet als Sommerresidenz für den russischen Generalgouverneur von Finnland.

◎ **LASTENLINNA**, Kinderschloss, ist ein Kinderkrankenhaus jenseits der Uferstraße (1948, *Elsi Borg*). Die Gebäude weisen vielfältige Ornamente auf. Besonders ins Auge fällt die halbrunde Fassade am Hochbau. Die üppigen Skulpturen an den Fensterpfeilern stammen vom Bildhauer *Sakari Tihka*.

◎ Die Anzahl der zu bestimmten Zeiten an der Mechelininkatu parkenden Busse weist darauf hin, dass eine touristische ATTRAKTION nicht weit sein kann: Zwischen besagter Straße und dem Uferweg erstreckt sich der Sibeliuspark und mittendrin steht das **SIBELIUS-DENKMAL**. Die Parkanlage und das abstrakte Monument kann man unschwer als Einheit auffassen, denn in beiden spiegelt sich viel von der aus der Kraft urwüchsiger Natur gespeisten Kreativität von Finnlands bekanntestem KOMPONISTEN.

Das Denkmal stammt von der international renommierten Künstlerin *Eila Hiltunen*. Als es 1967, zehn Jahre nach dem Tod Sibelius', enthüllt wurde, nahm es die Öffentlichkeit äußerst kontrovers auf, weil es nicht den Meister selbst portraitierte, sondern seine Musik interpretierte, und dies in abstrakter, verschlüsselter Form. Man verständigte sich auf einen Kompromiss, der darin bestand, dass einige Meter weiter eine kleine naturalistische Büste dem Denkmal fortan »beistand«.

Heute zeigen sich fast alle Finnen STOLZ auf das Sibelius-Denkmal (... immerhin mögen es ja auch die Touristen). Vier Jahre hatte die Künstlerin an der Komposition aus Hunderten von Röhren aus säurebeständigem Stahl gearbeitet. Sich der Konstruktion von verschiedenen Seiten und Perspektiven aus zu nähern ist eine sinnliche Erfahrung.

◎ Wenn auch im Schatten der Monumentalskulptur, sollte eine kleine Plastik, ebenfalls im Sibeliuspark, auf keinen Fall unerwähnt bleiben: **IILMATAR UND REIHERENTE**, nach einem Motiv aus dem Kalevala-Epos, geschaffen 1946 von *Aarre Aaltonen*.

◎ Richten Sie Ihren Blick wieder wasserwärts. Wo die Rajasaarentie auf die Uferstraße Merikannontie stößt, geht es auf die Insel **RAJASAARI**, nur durch eine Brücke von einer künstlich aufgeschütteten und schmalen Landzunge getrennt, an der links und rechts eine Menge FREIZEITBOOTE, zumindest in der Saison, ihre Heimatadresse haben.

Rechter Hand findet sich hinter den Booten einer der traditionellen hölzernen Stege mit Tischen zur Reinigung von Teppichen, eine TEPPICHWASCHANLAGE. Da sieht man dann bei schönem Sommerwetter Damen im Bikini beim Schrubben, erschöpfte Männer beim Bier im Grase sitzend, neben sich die zum Trocknen aufgehängten bunten Vierecke.

◎ Auf der gegenüberliegenden Seite pflegt ein traditionsreicher **RUDERCLUB** sein Quartier, Rajasaarenpenger 8. Auch hier herrscht emsiges Treiben, sobald das Wetter es zulässt. Ob solo oder im Zweierpack; es wird mit Ruder und Paddel eifrig in See gestochen. Fragen Sie nach geführten **KANUWANDERUNGEN** vor Helsinkis Küste!

Wer ungewöhnlich viele Frauchen und Herrchen mit Vierbeinern der Rajasaari-Insel zustreben sieht, kann dem Geheimnis gerne auf den Grund gehen: Auf der Insel hat nämlich HUND ein großes Areal mit freier Bahn zum Beinchen-Heben, wo er denn möchte. Im Übrigen ist grundsätzlich positiv anzumerken, dass es in fast allen Siedlungen öffentliche kleine und abgezäunte Bedürfnisanstalten gibt, die von Bello und Besitzer auch angenommen werden.

◎ Dass sich vor Ort ein Ruderclub etablierte, kommt nicht von ungefähr. Wieder auf dem Festland, gerät rasch das **RUDERSTADION** mit seiner Zuschauertribüne in das Blickfeld. Hier finden im Sommer allerlei wassersportliche Wettbewerbe sowie weitere Freiluftveranstaltungen statt. – Ursprünglich wurde das Stadion für die Olympischen Sommerspiele 1952 gebaut.

◎ Das Stadion grenzt an den kleinen **TOIVO-KUULA-PARK**. Sein Namensgeber ist der Komponist *Toivo Kuula,* dem zu Ehren 1988 auch die Statue von *Anu Matilainen* enthüllt wurde.

Hietaniemi

An der Taivallahti-Bucht warten wieder Bootsstege für viele in der Brise vor sich hin dümpelnde Segelboote. Manchmal scheint es, als müsste jeder Bewohner von Helsinki Mitglied in einem Yachtclub sein. Café und Restaurant am Wasser sorgen sich um das Wohl nicht nur der passionierten Wasserratten. Hält man sich weiter dicht am Wasser, passiert man einen MINIGOLFPLATZ.

◎ Und jetzt wird der Untergrund zunehmend sandiger. Voraus öffnet sich der lang gezogene **STRAND VON HIETANIEMI**. Der durchaus breite, in einen grünen Gürtel eingebettete Badestrand mitten in der Stadt erfreut sich verständlicherweise großer Beliebtheit. Da wo der aufgerichtete Pfahl mit der Holzmöwe am Kopfende signalisiert: hier ist bewachter Strand, kreischt die Kinderschar, balzen die Jungen um die Verkörperungen ihrer Träume, ölen sich die Eltern, ist MUNTERES TREIBEN mit Frisbeescheibe und Volleyball angesagt. Trotzdem verbleiben ruhigere Eckchen und Fleckchen, wo man, im Sand liegend oder erhöht auf felsigem Platz, seinen Gedanken nachhängen kann.

◎ Gehen wir noch ein Stück, werden wir mit einem wunderschönen Wegstück belohnt zwischen dem **HIETANIEMI-FRIEDHOF** (Hietaniemen hautausmaa) und der Lapinlahti-Bucht. Der Friedhof überrascht als großer, gepflegter Stadtpark, wo die Lebenden Ruhe und Entspannung finden, trauern dürfen und Trost empfinden.

Der Hietaniemi-Friedhof unterteilt sich in verschiedene Bezirke, nicht nur in einen alten und jungen Teil. Es gibt innerhalb des großen Areals SPEZIELLE Begräbnisstätten für Menschen jüdischen, orthodoxen und islamischen Glaubens. Zahlreiche Persönlichkeiten des politischen und öffentlichen Lebens fanden hier ihre letzte Ruhestätte. Auf dem Soldatenfriedhof liegt auch C.G. Mannerheim, neben Gefallenen des Winter- und Fortsetzungskrieges 1939–44. Im neuen Friedhofsbereich ist Urho Kekkonen beigesetzt (siehe oben). Alvar Aalto ruht hier ebenso wie C.L. Engel und einige Mitglieder der Fabergé-Familie (die mit den kostbaren russischen Emaille-Eiern).

Es ist ein beeindruckendes Bild, wenn sich die Finnen mit ihren Familien an Heiligabend nach alter Tradition um die Gräber der Verstorbenen versammeln und auf den Gräbern Kerzen entzünden. So ist an diesem dunklen Winterabend der ganze Friedhof ein großes LICHTERMEER und Zeichen der Hoffnung.

Der gesamte Uferweg ist ein Paradies für Spaziergänger und Radfahrer. Bei schönem Wetter zeigt sich (nicht nur) Helsinki wirklich von einer Schokoladenseite...

Meilahti: Winterspaziergang auf der schmucken Holzbrücke nach Seurasaari (siehe die Seiten 207 und 239 ff.) ▶

Top-Tipps im Überblick

SEHEN & ERLEBEN

◎ **FELSENKIRCHE**: einzigartiges, in den Fels gesprengtes Gotteshaus.

◎ **SIBELIUS-DENKMAL**: obwohl eine klassische Touristenattraktion – in ruhigeren Stunden meint man, aus den Röhren die Finlandia des Maestros klingen zu hören.

◎ **NATIONALMUSEUM**: was die Finnen bewegt, was zu ihrer Identität beiträgt, was den Fremden hilft, dieses Land und seine Menschen zu verstehen.

ORTE ZUM ENTSPANNEN

◎ **HIETANIEMI STRAND**: Strandsport, Baden oder Faulenzen an einem der schönsten (Sand-)Strände Helsinkis, fast im Herzen der Stadt.

◎ **BÄNKE AN DEN UFERPROMENADEN**: den Freizeitkapitänen zuschauen und in aller Ruhe »jäätelöä« (Eis) schlecken...

◎ **ARBORETUM**: Verbindung von Lehrreichem und Erholsamem.

ESSEN UND TRINKEN

◎ **RESTAURANT ELITE**: ein echtes Künstlerlokal – bei finnischer Musik auf der Sommerterrasse sitzen, gut essen oder an der Bar lümmeln – alles in bequemem Bistro-Plüsch.

◎ **TAMMINIEMENTIEN KAHVILA** beim Städtischen Kunstmuseum: populäre Gastronomie mit Sommerterrasse.

◎ Lasipalatsi ist nur eines der Restaurants mit **NEUER FINNISCHER CUISINE** in Töölö und Meilahti. Ob »Perho«, »Manala, »Lehtovaara« (siehe »Kulinarische Entdeckungen«).

Rund um Töölönlahti

STADTTEIL-BILDER

Die Bucht Töölönlahti reicht von allen am weitesten in die Stadt hinein, zusammenfließend mit ihren kleineren »Schwestern« Eläintarhanlahti, an die Kallio grenzt (siehe dort), sowie Kaisaniemenlahti. Fast wirkt sie wie ein großer Binnensee, wäre da nicht die Anbindung an das offene Wasser über den schmalen Sund Siltavuorensalmi.

Töölönlahti ist zweifelsohne so etwas wie ein VORZEIGE-HELSINKI, eine blaue Wasserfläche im Herzen der Stadt, mit grünen Ufern, repräsentativen Bauwerken und, als unübersehbares Erkennungszeichen, dem hohen SPRINGBRUNNEN, der selbst von der Aussichtsplattform des Olympiaturms oder vom Riesenrad im Vergnügungspark Linnanmäki auszumachen ist und der bei Sonnenschein die herrlichsten Regenbögen über Töölönlahti spannt.

Der Weg vom Stadtzentrum zur Töölö-Bucht führt über die Bahnhofsgegend – und auch sie ist ein bisschen anders als in vergleichbaren Hauptstädten üblich.

Bahnhof & Umgebung

Das geschäftige Bahnhofsviertel gleicht einem Umschlagplatz für Waren und Menschen, steht für eine Welt in Bewegung – was ja noch nicht automatisch in Hektik, Chaos oder Dreck ausarten muss.

Verglichen mit einigen mitteleuropäischen Großstädten samt ihren zweifelhaften Bahnhofsmilieus, geht es in Helsinki geradezu GESITTET zu. Eine offensichtliche Prostituierten-, Stricher- und Drogenszene ist derzeit nicht auszumachen. Und die alkoholisierten Zeitgenossen stehen in Finnland da auf einem anderen (gleichwohl tragischen) Blatt.

◎ **HAUPTBAHNHOF** (Rautatieasema): Der mächtige Kopfbahnhof gilt als das bedeutendste Werk von Eliel Saarinen. Ursprünglich hatte der Architekt den Ausschreibungswettbewerb mit einem nationalromantischen Modell gewonnen. Da sich inzwischen der Rationalismus als Architekturidee durchzusetzen begann, legte Saarinen, auch nach zum Teil polemischer Kritik von Kollegen, 1909 einen total veränderten Entwurf mit KLARER LINIENFÜHRUNG vor, der darauf zur Ausführung kam.

1919 wurde der Bahnhof eingeweiht, ein mit moderner Technik errichtetes Gebäude aus Stahlbeton. Die GRANITFASSADE besteht aus Blendsteinen. Zwei Strukturelemente fallen sofort ins Auge. Auf der rechten, östlichen Seite sticht ein alles überragender Uhrenturm (48 m) in den Himmel. Und rechts und links neben dem bogenüberspannten Haupteingang hat Emil Wikström je zwei riesige steinerne Figuren postiert, die Lampen in ihren Händen halten. Die LAMPENTRÄGER sind in der Tat etwas Besonderes.

Das Innere des Bahnhofs ist noch heute so durchdacht-funktionell gegliedert wie zur Zeit seiner Planung. Trotz der Größe der Hallen wird sich der Besucher und Reisende weder verloren fühlen, noch mit Platzangst kämpfen müssen. Es geht beinahe vertraut-familiär zu. Daran ändert auch die jüngste behutsame Renovierung nichts. Die Innengestaltung und die Verkaufskioske in der Halle erhielten ein frischeres Aussehen, die Gleisstränge wurden erweitert und im vorderen Teil durchsichtig und kundenfreundlich überdacht – mit Glas.

Vor der Haustür halten mehrere Straßenbahnlinien, und unterirdisch geht es hinab zur Metro. Zudem gelangt man durch den Bahnhofstunnel trockenen Fußes rasch in andere Passagen.

◎ Zu empfehlen ist ein Besuch des **RESTAURANTS ELIEL** mit seiner geschmackvollen Einrichtung und seinem Lounasbuffet – zumal *Bertold Brechts* Protagonisten aus den »Flüchtlingsgesprächen« hier gesessen haben.

◎ Unter Tage tut sich eine Menge: Im **ASEMATUNNELI** haben viele Geschäfte täglich und auch an den Wo-

◀ **Die Finlandia-Halle ist eine der großen Attraktionen an der Töölö-Bucht (siehe Seite 218).**

chenenden, bis 22 Uhr geöffnet. Die Warenpalette reicht von Bekleidung über Bücher bis zu CDs und Lebensmitteln.

◎ Der **BAHNFHOFSPLATZ** (Rautatientori) hat beträchtliche Ausmaße. Ihn begrenzen die beiden sich gegenüberliegenden bedeutsamen Gebäude von Ateneum und Nationaltheater, für deren Größe und Pracht er den ausreichenden Raum bietet. Hier fahren einige der städtischen Buslinien.

◎ **KUNSTMUSEUM ATENEUM**, Kaivokatu 2, Tel. 1733 6401, Internet: www.fng.fi/ateneum. Di+Fr 9–18, Mi+Do 9–20 Uhr, Sa+So 11–17 Uhr. Eintritt € 5,50 –7,50/0 (mit HC frei).

Die Finnische Nationalgalerie gilt als das ÄLTESTE und bedeutendste Kunstmuseum des Landes. Es beherbergt auch die Finnische Kunstakademie. Die Vorgeschichte beginnt 1846 mit der Gründung des Finnischen Kunstvereins, der die Resultate seiner Sammeltätigkeit erstmals 1863 einer breiten Öffentlichkeit präsentierte.

Errichtet wurde der prunkvolle Museumsbau 1884– 87 nach den Plänen von Carl Theodor Höijer im Neorenaissancestil. Die REICH VERZIERTE Fassade zeigt Skulpturen von Ville Vallgren sowie *C.E. Sjöstrand*. »Concordia res parvae crescunt« (Eintracht lässt auch kleine Dinge wachsen) lautet die Giebelinschrift.

Als Nationalgalerie legt das Museum den Schwerpunkt auf die Sammlung FINNISCHER KUNST vom 18. Jh. bis um 1960. Aber auch bedeutende Werke ausländischer Kunst ab dem 19. Jh. gehören zum Repertoire. Das Spektrum der Sammlungen umfasst Gemälde, Aquarelle, Zeichnungen, Grafiken und Skulpturen. Alle bedeutenden finnischen Künstler sind mit Hauptwerken vertreten. Kunsthandwerk und Gebrauchsgegenstände in der geschichtlichen sowie ethnografischen Abteilung runden die Vielfalt der Exponate ab. Die Sammlung umfasst insgesamt beinahe 18.000 Kunstgegenstände!

Kunst-Schau kann auch anstrengend sein. Das Museum hat ein ansprechendes CAFÉ zum Ausruhen und zum Diskutieren über das Gesehene. Im Übrigen verfügt das Ateneum über einen gut bestückten Buch- und Kartenladen.

◎ **FINNISCHES NATIONALTHEATER** (Suomen Kansallisteatteri), Läntinen Teatterikuja 1, Tel. 1733 1331.

Vis-à-vis, am anderen Ende des Bahnhofsplatzes, erinnert auch dieser von finnischem Granit geprägte nationalromantische Musentempel an ein wehrhaftes SCHLOSS, 1902 nach Entwürfen Onni Tarjannes errichtet. Im Foyer verdienen Fresken von *Juho Rissanen* und das Deckengemälde von *Yrjö Ollila* Beachtung. Angefügt wurde 1954 eine Kleine Bühne von *Kaija* und *Heikki Siren*. Diese beiden Architekten zeichnen auch für die grundlegende Neugestaltung der Inneneinrichtung im Jahr 1962 verantwortlich.

Dem Theater, übrigens 1872 gegründet, stehen insgesamt vier Bühnen zur Verfügung. Entsprechend VIELSEITIG ist das Repertoire, von Klassik bis Experiment.

◎ Vor dem Theater steht auf dem Bahnhofsplatz ein DENKMAL für den finnischen Nationaldichter **ALEKSIS KIVI**. Der Schriftsteller (1834–1872) ist Wegbereiter finnischer Dramatik und Prosa. Mit seinem Roman »Die sieben Brüder« schuf er ein warmherziges, derb-humoristisches Portrait des ländlichen Finnland und seiner Bewohner. Wäinö Aaltonen, der dieses Denkmal mit Sockel 1939 errichtete, ließ Kivi recht nachdenklich dreinblicken.

Wirft man, vor dem Bahnhof stehend, einen Blick über die viel befahrene Kaivokatu mit den Straßenbahnschienen und Wartehäuschen in der Mitte hinweg auf die andere Straßenseite, dann blickt man ebenso nachdenklich drein:

◎ Was dort das **CITY CENTRUM**, Kaivokatu 6, als Fassade ausgibt, ist keine Wohltat – wohl typisch für Geschäftsbauten der 1960er Jahre (*Viljo Revell* und Heikki Castren, 1967): Fensterreihen, schmuddelig wirkende Zwischenflächen, ein Sammelsurium von Neonreklamen. Ähnlich aufregend ist die dominante, breite Betonrampe an der Keskuskatu, die zu der Hochgarage führt und sich durch dunkel-muffige Ecken auszeichnet. Inzwischen überlegt man, ob man dem im Volksmund wegen seiner Un-Form Makkaratalo (Wursthaus) genannten Gebäude nicht eine ansehnlichere Fassade verpasst. Auch die sich anschließende Passage KAIVOPIHA, mit Durchgang zur Mannerheimintie, könnte schon ein Facelifting vertragen.

Brandneu dagegen ist die Gestaltung der Fläche zwischen Bahnhof und Hauptpost. Im Vordergrund ein ansprechend moderner Busterminal, dahinter, direkt an den Bahnhof gekoppelt, das 2003 eröffnete Hotel »Holiday Inn Centrum«. Die Gestaltung des Areals mit Kiasma und Sanomatalo ist damit abgeschlossen.

◎ Das **SOKOS**-Gebäude, zwischen Kaivo- und Postikatu, beherbergt eines der großen Warenhäuser vor Ort und ein Hotel. Den 1952 eingeweihten Block entwarf *Erkki Huttunen*.

◎ Das **HAUPTPOSTAMT**, Mannerheiminaukio 1 A, stammt aus dem Jahre 1937 (*J. Järvi* & *R. Lindroos*). Der gelbe Bau beherbergt das:

◎ **POSTMUSEUM**, Asema-aukio 5, Tel. 020 451 4908, im Internet: www.posti.fi/postimuseo. Mo–Fr 9–18 Uhr, Sa+So 11–16 Uhr. Eintritt € 4/0 (mit HC frei).

Mehr als 360 Jahre zählt die finnische Postgeschichte. Das Museum vermittelt spannend aufbereitet allerlei Wissenswertes aus Vergangenheit, Gegenwart und der Zukunft des Postwesens. Mitmach-Aktionen und Multimedia sprechen Jung und Alt an. Es gibt jede Menge BRIEFMARKEN zu sehen – und zu kaufen; um den Briefmarkenshop mit dem freundlichen Personal wird der Philatelist kaum herumkommen.

◎ **SANOMATALO**, das Zeitungshaus, ist nicht der Glaspalast – es sieht nur so aus mit seiner eckigen Form mit großen Fenstern und vorgebauten Glasflächen. U.a. dient es als Verwaltungssitz der Hauptstadtzeitung »Helsingin Sanomat«. *Jan Söderlund* und *Matti Siikala* schufen den Bau (1999), in dem Läden und Galerien eine Heimat gefunden haben. Erwähnenswert vor allem die Ausstellungen des DESIGN FORUM FINLAND über Gebrauchs- und Industriedesign mit Verkaufsshop. Ein Modesty-Café – ein weiteres gibt's im Tennispalast – oder leckeres Ostasiatisches im Namaskaar Wok sorgen für Erfrischung. Mannerheiminaukio 3.

◎ **KIASMA**, Mannerheiminaukio 2, Tel. 1733 6501. Di 9–17 Uhr, Mi–So 10–20.30 Uhr. Eintritt € 5,50/0 (mit HC frei).

Das WUNDERBARE MUSEUM für zeitgenössische Kunst ist selbst ein Kunstwerk, geschaffen von dem US-amerikanischen Architekten *Steven Holl* (1998). Es fügt sich harmonisch in die Umgebung ein und strahlt dennoch souveräne Eigenständigkeit aus, ein BLICKFANG in der Stadt: Geschwungene Wände, asymmetrische Fenster, Bögen und Abbrüche verschmelzen zu einer EINHEIT, außen wie innen.

Die ungewöhnliche Raumaufteilung, die Übergänge zu den einzelnen Stockwerken sowie die überraschenden Aussichten aus den Fenstern begeistern und bilden einen idealen Rahmen für die Präsentation neuer und neuester Kunst.

◎ Das Museum will den DIALOG: Ansprechpartner stehen dem Besucher zur Verfügung. Das sympathische **CAFÉ KIASMA** und der Museumsladen bieten Zeit und Raum zur Reflexion. Das Programm enthält auch Filmvorführungen sowie Theater- und Tanzdarbietungen im Kiasma-Theater.

◎ Bevor das Kiasma hinzu kam, hatte das **REITERSTANDBILD** Marschall Mannerheims viel freien Platz um sich. Der Feldherr und Staatspräsident thront hoch zu Ross – die 1960 enthüllte, traditionalistische Ausführung von Aimo Tukiainen kam erst infolge einer zweiten Ausschreibung zustande, nachdem die Ideen von Aaltonen und Konttinen, die den ursprünglichen Wettbewerb für die Denkmalsplanung 1954 gewonnen hatten, nicht zur Ausführung gekommen waren. Auf ihren Entwurf hin war eine heftige öffentliche DEBATTE darüber entstanden, wie eine patriotische, imponierende Statue auszusehen hätte...

◎ **VRen MAKASIINI**: Auf dem Gelände des alten Güterbahnhofs mit seinen Baracken haben sich eine alternative KULTURSZENE und ein FLOHMARKT etabliert, sind Kneipen und eine Galerie entstanden. Skater finden auf dem Gelände eine Bahn. Wie lange die Szene noch bleiben darf, das steht in den Sternen – sticht die Fläche doch den Stadtplanern ins Auge. Musiikkitalo, ein Konzert-

Riechausstellung im Kiasma, Museum für zeitgenössische Kunst ▶

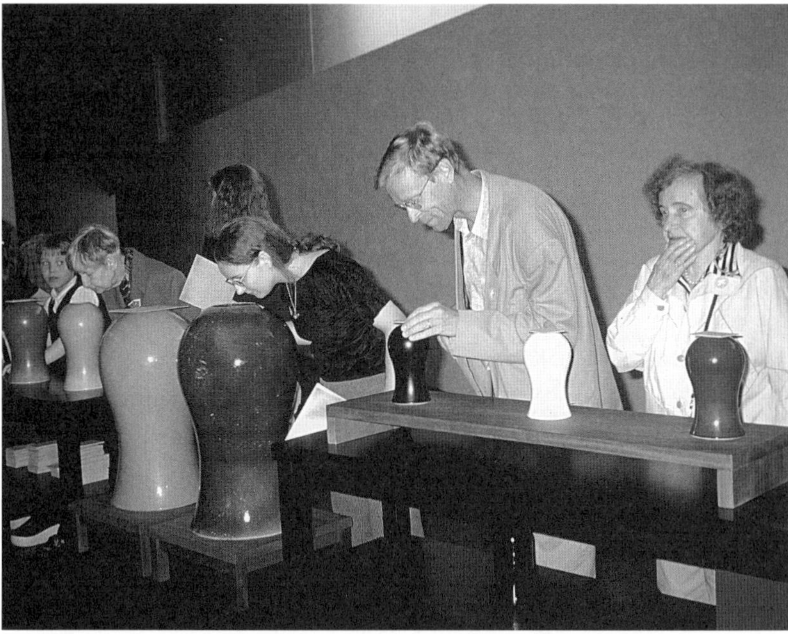

haus mit Proberäumen u.a. für die Sibelius-Akademie soll hier entstehen – dieser Schwebezustand dauert jedoch schon Jahre.

Westliche Töölö-Bucht

◎ **VILLA HAKASALMI**, Karamzininkatu 2, Tel. 169 3444. So–Do 11–16 Uhr, im Januar und im August geschlossen. Eintritt € 3/0 (mit HC frei).

Ein wenig von der geschäftigen Hauptstraße zurückversetzt steht das erhaben-schöne ehemalige Privathaus, das seine Inhaberin, die Mäzenin *Aurora Karamzin* (1808– 1902) einst der Stadt vermachte und das einen Teil des Stadtmuseums darstellt. In einem Nebengebäude ist ein kleines CAFÉ untergebracht, im Sommer sitzt man draußen bei einem heißen Getränk mit Kardamomgebäck und genießt den schönen Garten, während die frechen Spatzen sich freuen.

◎ **FINLANDIA-HALLE**, Mannerheimintie 13 E, Tel. 40 241 (Termine für Führungen auf Englisch, dort zu erfragen). Führung € 6/4 (mit HC frei). Info-Shop Mo–Fr 9–16 Uhr, im Sommer täglich 9–16 Uhr.

Helsinkis KONZERT- UND KONGRESSZENTRUM am Ufer der Bucht ist eine Schöpfung von Alvar Aalto. Die Eröffnung des Hauptgebäudes wurde 1971 gefeiert, der Kongressflügel 1975 fertig gestellt – rechtzeitig zu der Unterzeichnung der KSZE-Schlussakte.

Der Gebäudekomplex ist ein GESAMTKUNSTWERK, das die Bau- und Design-Philosophie eines der größten Architekten des 20.Jhs. zum Ausdruck bringt: in der Verwendung der Materialien, in der Formengebung außen wie innen. Von den Möbeln über die Lampen bis hin zur letzten Eckengestaltung lief alles über Aalto; nicht aus Pedanterie oder purer Detailversessenheit, sondern weil er die Arbeit als Gesamtheit verstand.

Nur bei der Auswahl des Carrara-Marmors zur Verkleidung der Außenwände hatte sich der Meister VERSCHÄTZT. Sei es, dass der finnische Winter zu streng oder der Marmor zu empfindlich war, jedenfalls platzten die Platten nach und nach ab, so dass Ende der 1990er Jahre die Fassade restauriert werden musste. Den Marmorbruch gab's als Souvenir zu kaufen.

In dem Gebäude finden jedes Jahr gut 500 Veranstaltungen statt: klassische Konzerte, internationale Kongresse und Meetings, auch Empfänge und Ausstellungen.

◎ Und hier beginnt nun das grüne Areal am Wasser, der PARKSTREIFEN zwischen Mannerheimintie und der Töölö-Bucht, der sich bis zur Helsinginkatu hinzieht, der sich zunächst **HAKASALMEN-** und darauf **HESPERIAN-PARK** nennt. Der Weg direkt an der Bucht entlang ist sehr beliebt und damit belebt. Da hat Mutter Stadt lieber gleich Fahr- und Laufspuren festgelegt, damit sich Spaziergänger, Radfahrer und die vielen Jogger nicht permanent vor die Füße und Räder laufen.

Die Szenen sind gewöhnlich und strahlen doch etwas aus: Da tollen die Kinder unter den wachsamen Augen der schwatzenden Mütter; schweigsam-vertieft beugen sich Rentner über das RIESENSCHACH, dringen Hip-Hop-Fetzen hinter einem Gebüsch hervor. Platz genug für alle, für einen Blick auf die Wasserfontäne, die mitten in dem See Gischt in den Himmel staubt.

◎ Ein Auge für die kleinen Dinge: Am Rande des Parks, an der Straßenseite, steht die kleine STATUE von Bildhauer *Alpo Sailo*, die die Runosängerin **LARIN PARASKE** darstellt (1949).

◎ **FINNISCHE NATIONALOPER**, Helsinginkatu 58, Tel. 403 021 und, Kartenvorverkauf, Tel. 4030 2211.

Sie hätte sich kaum einen besseren Platz für ihr neues Zuhause suchen können, als hier an der Bucht, wo sie Platz hat, verkehrstechnisch günstig und doch naturnah liegt. Der Eindruck der Leichtigkeit des Gebäudes ist den hellen Keramikfassaden, den großen Glasflächen (in denen sich wunderschön die Wolken spiegeln können) und der insgesamt klaren Linienführung zu verdanken. Die Oper entstammt den Federn des Architekten-Trios *Hyvämäki, Karhunen, Parkkinen*.

Die erste Aufführung fand 1993 statt. Der Zuschauerraum der großen Bühne fasst knapp 1.400 Personen. Daneben gibt es eine kleinere Studiobühne. Räume für Proben, Workshops etc. ermöglichen paralleles Arbeiten an verschiedenen Projekten, die Bühnentechnik auf dem neuesten Stand. Das Opernhaus ist übrigens auch die Adresse des Finnischen NATIONALBALLETTS.

◎ An der der Bucht zugewandten Seite des Geländes hat sich ein allein durch seine Lage schon verlockendes Restaurant und Café platziert: **TÖÖLÖNRANTA**, Helsinginkatu 56.

Bevor man die Wanderung an der Bucht entlang fortsetzt, empfiehlt sich ein großer Bogen, der ganz im Zeichen finnischer Sportgeschichte steht, auf den Spuren bekannter finnischer Athleten.

Auf sportlichen Spuren

Die Helsinginkatu überquerend, sehen Sie ein lang gestrecktes Gebäude vor sich.

◎ **TÖÖLÖN KISAHALLI**, Paavo Nurmen kuja 1, Tel. 3108 7830. Ursprünglich als Messehalle errichtet (1935/52, *A. Hytönen, R.-V. Luukkonen)*, fungiert Töölön Kisahalli als Stätte für Leibesübungen, ein Freizeitzentrum inbegriffen. Von Karate bis Basketball, von Gymnastik bis Fechten ist alles möglich; auch eine Bogenschießanlage für Behinderte ist installiert.

Ein Hallenende belegt das OOPPERA, ein angenehmes Restaurant mit großer Sommerterrasse.

Am anderen Hallenende wartet eine Polizeistation auf Klientel. Hinter der Halle erstreckt sich der großflächige Parkplatz des Olympiastadions. Da läuft uns doch plötzlich einer über den Weg, kein Geringerer als:

◎ **PAAVO NURMI** (1897–1957) ist Finnlands Wunderläufer und Nationalheld. Aufgestellt hat man dieses Denkmal 1952; Wäinö Aaltonen hatte den nackten Langstreckenläufer schon 1924/25 im Auftrag des Staates geschaffen, nach der Rückkehr des Athleten von den Olympischen Sommerspielen in Paris. Aber eben der Nacktheit wegen dauerte es, bis der Öffentlichkeit die PROVOKATION zugemutet werden konnte. Nurmi jedenfalls geht beschwingt: Das Gewicht der Statue ruht auf einer Fußspitze.

◎ Er fand einen Weggefährten: Nahebei hat der flinke Polizist **LASSE VIRÉN**, Olympiasieger 1972 in München und 1976 in Montreal über die 10.000 m, sein Ehrenmal.

◎ Das **OLYMPIASTADION** gilt als Funktionalismus in Reinkultur, war seinerzeit Aushängeschild des modernen, selbständigen Finnlands.

Die Ausschreibung gewannen *Yrjö Lindgren* und *Toivo Jäntti*. Gedacht war das Stadion für die dann kriegsbedingt verschobene Sommerolympiade 1940. Als die Sportler 1952 in die Arena Einzug hielten, war das Stadionrund den Erfordernissen entsprechend umgebaut und erweitert worden. Erst in den 1990er Jahren wurden an der Stahlbetonkonstruktion umfangreiche Sanierungsarbeiten durchgeführt. Heute fasst das Stadion rund 40.000 Zuschauer.

◎ **STADIONTURM** (Stadionin torni), Tel. 436 6010. 1.6.–31.8. Mo–Fr 9–19 Uhr, Sa+So 9–18 Uhr, sonst Mo–Fr 9–20 Uhr, Sa+So 9–18 Uhr. Eintritt € 2/1 (mit HC frei).

Dank seiner schlanken, weißen Gestalt und der Höhe von 72 Metern eine weithin sichtbare Landmarke von schlichter Eleganz. Mit dem Lift können Neugierige HINAUFFAHREN – bei schönem Wetter bietet sich ein GRANDIOSES BILD rundum: Helsinki liegt dem Betrachter zu Füßen. Eine gute Möglichkeit, bisher Gesehenes aus ungewohnter Vogelperspektive in die Umgebung einzuordnen, oder erst einmal wiederzufinden. Während Stadionwettkämpfen ist der Turmaufgang (leider) geschlossen – keine Chance auf Gratis-Kiebitzen.

◎ **FINNISCHES SPORTMUSEUM** (Suomen urheilumuseo), Tel. 4342 250. Mo–Fr 11–17 Uhr, Sa+So 12–16 Uhr. Eintritt € 3,50/ 1,70 (mit HC frei).

Nur wenige Schritte hinter dem Turm gelegen. Wie bitter die Niederlagen, wie köstlich die Siege! Die sportbegeisterten Finnen zittern und feiern mit ihren Idolen. Hier finden sie so manche Kostbarkeit und Devotionalie aus dem Besitz ihrer Helden. Ob Trikot, Schläger, Medaille oder Nurmis VERGOLDETER RENNSCHUH – alles ist Teil einer Historie, die hier nacherzählt wird. Eine Sportbibliothek und ein Shop für Fanartikel runden das Angebot ab.

Um das Olympiastadion herum, entlang der URHEILUKATU, verteilen sich weitere Sportplätze und Trainingsfelder. Das Gelände wurde in den letzten Jahren erheblich umgestaltet. So ist ein kleineres Tribünenrund, das Finnair-Stadion, für Fußballspiele sowie Konzerte hinzugekommen, immerhin das erste speziell für Fußball konzipierte Finnlands.

Direkt neben dem Stadion liegt ein Spielfeld, das gerne von bulligen Herren, die einem Lederei nachjagen, genutzt wird: American Football heißt ihre Leidenschaft. Auf der Grünfläche dahinter können Hellhörige häufiger Jubelgeschrei und Anfeuerungsliedchen von jungen Damen vernehmen. Wendet man den Kopf dorthin, sieht man sie in kurzen Röckchen Pyramiden bauen: Cheerleader bei der Arbeit. Wenn es knack, Ball auf Holz, tönt, dürften PESÄPALLOSPIELER ihrer Leidenschaft frönen. Hier scheint immer jemand aktiv zu sein...

◎ Aufregend hektisch wird es aber nur, wenn im Sommer unzählige Kinderteams von nah und fern um den **HELSINKI-CUP** spielen und dafür Tausende fußballbegeiserte Jungen und Mädchen in die Stadt einfallen...

◎ **UIMASTADION**, Hammarskjöldintie, Tel. 3108 7854. Anfang Mai bis Mitte September Mo–Sa 6.30–20 Uhr, So 9–20 Uhr. Eintritt € 3/1,50.

Helsinkis größtes Schwimmstadion, samt Freibad mit Wasserrutschen, Saunas und Sprudelanlage, Kinderbecken, einer behindertengerechten Rampe ins 50-m-Becken und einem Café.

◎ An der Nordenskiöldinkatu steht die alte **EISSPORTHALLE**. Eishockey heißt das Zauberwort, das die Finnen in seinen Bann zieht. Hier bestreitet HIFK seine Heimspiele.

◎ Eine versteckte politische Geste im Park hinter dem Stadion: Das bronzene Denkmal **CRESCENDO** *(T. Martiskainen)* für die gefallenen Roten im weiß-roten Bürgerkrieg.

◎ Der Rückweg zur Töölö-Bucht passiert das OUTDOORZENTRUM **TÖÖLÖNLAHTI**, Mäntymäentie 1, Tel. 4776 9760. 1.9.–30.4. Mo–Fr 12–18 Uhr, Sa 10–17 Uhr, sonst Mo–Fr 12–20 Uhr, Sa 10–17 Uhr, im Juli Mo–Fr 15–20 Uhr.

Wanderer können AUSRÜSTUNG MIETEN, Aktivitäten sowie KURSE in Freizeitsport buchen. Fahrradvermietung (mit HC 50 %). Café Kuksa, Lappenzelt, Lagerfeuer und Sauna.

Östliche Töölö-Bucht

◎ **WINTERGARTEN**, Hammarskjöldintie 1, Tel. 166 5410. Di 9–15, Mi–Sa 12–15 , So 12–16 Uhr. Eintritt frei.

Ein Platz der Ruhe und Stille – seit 1893 besteht diese Oase, angelegt vom Finnischen Gartenverein. Mit seinen GEWÄCHSHÄUSERN ist Talvipuutarha vom Eläintarha-Park umgeben. In den Glashäusern erwartet den Besucher ein PFLANZENMEER, entsprechend der Jahreszeit eher bunt oder eher grün, jedoch immer voller Leben; dazu trägt das Gezwitscher der Kanarienvögel bei.

Die PLASTIK »Kullervo spricht mit dem Schwert« und die BÜSTE des Gewächshäuser-Stifters *J.J. af Lindfors* setzen künstlerische Akzente.

◎ Queren Sie die Helsinginkatu, stehen Sie wieder an der Bucht Töölönlahti. Nun gilt es, die andere Uferseite zu erkunden, die auf den ersten Blick über keine Glanzlichter verfügt, aber doch ihre schönen Stellen und kleinen Überraschungen hat.

Langsam geht es hügelauf auf der Linnunlauluntie, dem Vogelsangweg. Sie passieren einige hübsche **HOLZVILLEN**. In der VILLA KIVI verfasst die Autorenschaft Helsinkis Geschichte(n). Ein Teil der Villa dient als Sommercafé, und in der Nähe finden gelegentlich Flohmärkte statt.

Der Hauptweg zweigt links ab, um über eine Brücke in Richtung Kallio zu führen (siehe dort). Man geht nur bis auf die Brücke. Unter Ihnen liegt eine kleine Granitschlucht, ein Kanal in den felsigen Grund gesprengt, um Platz zu schaffen für die Schienentrassen der Eisenbahn. Ausgehend vom Kopfbahnhof verlaufen die gebündelten Gleise unter Ihnen bis Pasila und ab dort in alle Richtungen.

◎ Ein paar Schritte zurück, wieder am Uferweg, hat man auch schon

IM VISIER DER STADTPLANER

Alvar Aaltos Finlandia-Halle sollte erst der Anfang sein. Kiasma und das Zeitungshochhaus gehören zum Projekt, einem neuen REPRÄSENTATIVEN Zentrum. Mittlerweile hat man die Pläne für die Bebauung des verwaisten Bahngeländes (siehe »Niemandsland«, Seite 223) modifiziert: Grünflächen sollen nicht geopfert; vielmehr soll der ZENTRALPARK noch mehr in die Stadt hineingezogen werden.

Ansonsten jedoch bleiben viele Fragezeichen. Was wird aus den Gebäuden des ehemaligen Rangierbahnhofs? Das Thema bleibt den Helsinkiern gewiss noch einige Jahre erhalten.

Bis dahin herrscht vor Ort die MINI-WILDNIS – Mutige verlassen den geteerten Fußgänger- und Fahrradweg und schlagen sich gleich nach der Brücke auf dem Trampelpfad ins Dickicht. Es erschließen sich unbekannte PERSPEKTIVEN von bekannten Fotomotiven, zum Beispiel der Oper.

Ansonsten sind viele Enten unterwegs. Also bitte Vorfahrt den Tieren! Ab und zu sieht man auch Mensch, trinkend, musizierend oder malend. Dann aber hat uns die Zivilisation wieder, und wir schleichen uns von hinten an die Finlandia-Halle heran, die übrigens von der Rückseite interessanter erscheint als von der Straße aus.

den Gipfelpunkt des hügeligen Geländes erreicht. Bei schönem Wetter haben Sie Glück, denn in einem kleinen, einfachen Sommercafé können Sie eine Pause einlegen: Piha kahvio, **PARK-CAFÉ**, nennt sich der reizvolle Ort. Kaffee gibt es im Pappbecher, dazu ein Hefeteilchen oder eine andere Kleinigkeit – die freundliche Frau im kleinen Verkaufshäuschen aus Holz reicht es Ihnen lächelnd. Im kleinen Garten sitzend, ergibt sich von erhöhter Warte aus ein schöner Blick auf das gegenüberliegende Ufer, die Finlandia-Halle, den Park oder die Oper im Visier.

◎ Es geht wieder abwärts, neben den Gleisen über eine lange, provisorisch wirkende Brücke, die die Töölönlahti-Bucht mit der Eläintarhanlahti-Bucht verbindet. Vor dem Betrachter breitet sich so etwas wie **NIEMANDSLAND** aus – gleich einer Wildnis fast im Stadtzentrum.

Das brachliegende Eisenbahngelände, ja, die ganze Umgebung der Bucht von Töölö befindet sich schon seit Jahrzehnten im Visier der Stadtplaner (siehe den Kasten in der links angrenzenden Spalte):

Kluuvi und Kaisaniemi

Hinter dem Nationaltheater öffnet sich der KAISANIEMI-PARK, der zum Stadtteil Kluuvi gehört. In seinem Kernbereich:

◎ **BOTANISCHER GARTEN**, Unioninkatu 44, Tel. 1912 4453. 1.4.–30.9. Mo–Fr 7–20 Uhr, Sa+So 9–20 Uhr, sonst Mo–Fr 7–17 Uhr, Sa+So 9–17 Uhr. – Gewächshäuser 1.4.–30.9. Di–So 10–17, sonst Di–So 10–15 Uhr. Eintritt € 4/2 (mit HC frei).

Angelegt wurde der Garten in den 1830er Jahren vom St. Petersburger *Franz Falderman*. Hunderte Pflanzen, Einheimische wie »Migranten«, sind in den Glas- und Treibhäusern zu bewundern, die umfangreichste botanische Sammlung des Landes. Etwa 4.000 lebende Pflanzen sind, sofern angebracht, ordentlich mit Schildchen versehen, die Namen, Ursprungsheimat und anderes Wissenswerte verraten. In dem stattlichen Steingebäude wohnten früher die Botanik-Professoren.

◎ Flanieren Sie entlang der kurzen, aber schönen Uferpromenade **KAISANIEMENRANTA**, die an der Pitkäsilta-Brücke beginnt und die kleine Bucht Kaisaniemenlahti begleitet. Zwischen Fußweg und Wasser verläuft ein zweiter Weg aus Holzbohlen, Anlegestelle für KLEINE BOOTE, nicht für die prahlenden Segler, die die direkte Berührung zum offenen Meer suchen. Weit mag der Blick streichen und ein Ziel an jenseitigen Ufern suchen, oder sich auf einen Petrijünger richten, der in einer dümpelnden Nussschale an seinem Angelgerät hantiert.

◎ Das GRAB DES FREIMAURERS *Frederik Granatenhjelm* liegt am Rande des **SPORTPLATZES** von Kluuvi.

Ungezwungen und lässig geht es hier oft zu. Man trifft sich mit Freunden, spielt auf dem Schotterplatz in gemischten Mannschaften Pesäpallo, aus Vergnügen, man zeigt Zähne beim Lachen, weniger aus Verbissenheit. Es sei denn, es geht um ein Ligaspiel und damit um Punkte. Dann füllen sich die niedrigen Holztribünen auch mit ein paar Zuschauern. Aber sonst geht es FAMILIÄR und gelassen zu im Kaisaniemi-Park.

Frau *Wahllund* betrieb hier einst ein Restaurant, eine beliebte Pilgerstätte besonders für die Studenten. Nach der Wirtin, der guten Kaisa, ist der Park benannt.

◎ Unter Birken fand eine BÜSTE zu Ehren von **FREDERIC PACIUS** ihren Platz (1885, Erik Wikström). Pacius (1809–1891), als Friedrich in Hamburg geboren, vertonte Runebergs »Vård Land« (Unser Land), später die Nationalhymne im unabhängigen Finnland. Außerdem komponierte Pacius die erste finnische Oper, das schwedischsprachige »König Karls Jagd« (1852).

◎ Reiben Sie sich ruhig die Augen: Am Hang bei den Bahngleisen steht tatsächlich ein Elch, der aber garantiert nicht tritt. Die Skulptur **JUNGER ELCH** (1930) stammt von *Jussi Mäntynen*, einem Meister der naturalistischen Tierskulptur, dem seine Tätigkeit als Tierpräparator und Konservator des Zoologischen Museum offensichtlich zugute kam.

◎ **SPRINGBRUNNEN**: Hoch schießen die Fontänen aus dem Wasserbecken; mal kerzengerade, mal zur Seite ruckend. als wolle der Wind sie gänzlich forttragen, besinnen sie sich auf ihre Aufgabe und sprühen, tanzen, zaubern Regenbogenketten – das alles im Beisein betörend duftender Rosen, in ihren Beeten am Beckenrand.

◎ Bei dem Springbrunnen steht die 1931 aufgestellte Bronze-Plastik **CONVOLVULUS** von Viktor Jansson (1886–1958). Die Frauenfigur gilt als eine der SCHÖNSTEN Schöpfungen des Künstlers. Nebenbei bemerkt, ist Jansson der Vater von Tove Jansson, der Schriftstellerin sowie Schöpferin der Mumins.

◎ Am Eingang zur kleinen Bühne des Nationaltheaters ist das Denkmal **VORHANG** platziert. Diese abstrakte Arbeit aus Bronze stammt von *Raimo Utriainen,* 1972 enthüllt. Erinnern soll sie an die Schauspielerin *Ida Aalberg* (1857–1915), die an der Wende zum 20. Jahrhundert eine gefeierte Theaterdiva war.

◎ Einen kulturellen Abschluss bildet das Internationale KULTURZENTRUM **CAISA**, Mikonkatu 17 C, Tel. 169 3897.

Caisa hat sich der Förderung MULTIKULTURELLER Begegnung und Entwicklung in Helsinki verschrieben. Das relativ junge Zentrum kümmert sich um Hilfe für finnische Neubürger bei der Integration ebenso wie um die Organisation von Konzerten, Kulturabenden und Ausstellungen.

Top-Tipps im Überblick

SEHEN & ERLEBEN

◎ **KIASMA**, Museum für Gegenwartskunst: Die Frage lautet, was spannender ist – die Architektur des Gebäudes oder die Kunst im Inneren zu entdecken und bei einer Tasse Kaffee zu erörtern.

◎ **ATENEUM**: Wem das Kiasma zu modern und schräg ist, begibt sich zum Stelldichein mit allen bedeutenden finnischen Künstlern hinter ehrwürdiger Fassade.

◎ **OLYMPIATURM**: Die Plattform hoch über der Stadt gibt einen faszinierenden Rundblick frei.

◎ **FINLANDIA-HALLE**: Auf Alvar Aaltos Spuren darf dieses Hauptwerk nicht fehlen. Erleben Sie eins der vielen Konzerte – oder begnügen Sie sich mit großer Architektur samt zahlreichen Details in schöner Umgebung.

ORTE ZUM ENTSPANNEN

◎ **BOTANISCHER GARTEN**: prächtige, mächtige Bäume, betörende Blumendüfte – wirken mal entspannend, mal aufregend, mal anregend.

◎ **SCHWIMMSTADION**: Spaß auf der Wasserrutsche, Erholung in der Sauna, Ehrgeiz auf der Bahn oder nur Faulenzen auf der Liegewiese...

◎ **UFERRAST**: Überall an der Bucht warten einladende Plätze und Bänke, wo Sie »in der ersten Reihe« sitzen. Das Programm: Natur, Architektur, Menschen rund um Töölönlahti.

ESSEN UND TRINKEN

◎ Restaurant **TÖÖLÖNRANTA**: gutes Essen, schöner Blick, einmal mehr eine unschlagbare Kombination.

◎ **PARK-CAFÉ** (Piha kahvio): einfach, schlicht – und toll, diese kleine Sommeridylle über der Bucht und abseits vom Trubel.

◎ ...und die vielen **EISBUDEN** im Sommer für das leckere Hörnchen auf die Hand!

SELBST ENTDECKEN werden Sie neben den unter »Shopping« geschilderten Verführungen so manches nette kleine wie größere Geschäft IN DEN EINZELNEN STADTTEILEN.
Selbst entdecken werden Sie jedoch auch einige **KURIOSA**. Sofern Sie zum Beispiel SCHNITTBLUMEN kaufen, werden diese verpackt und, die Blüten nach oben, an einem Griff aufrecht getragen: viel praktischer als das Stiele-Greifen, das vom Gefühl her immer alle Hände füllt.
Und: Machen Sie sich keine Sorgen um Ihre Frisur! Helsinki dürfte die Hauptstadt mit den meisten Figaros sein. PARTURI heißen die Herrenfriseure, KAMPAAMO die Künstler am Damenhaar. Fast in jeder Straße finden Sie ein bis zwei davon – genau das richtige Pflaster für einen neuen Schnitt.

Kallio und Vallila

nen mancherorts Anständigkeit und Rechtschaffenheit wie auch der gewisse STOLZ einer durch das Industriezeitalter entstandenen Identität wie greifbar zu sein.

STADTTEIL-BILDER

Der Siltavuorensalmi (Brückenbergsund) trennt das südlich gelegene bürgerliche Helsinki (Kluuvi sowie Kruununhaka) von den traditionellen ARBEITERVIERTELN der Stadt, mit dem Zentrum in Kallio und den dazugehörigen Vierteln HAKANIEMI, Sörnäinen, Alppiharju sowie Vallila. Über die Lange Brücke (Pitkäsilta) betritt man ein anderes Helsinki, das historisch geprägt ist von der Industrialisierung sowie vom politischen und familiären Leben der Fabrikarbeiter und -arbeiterinnen, unter anderem in den Gewerkschaften. Die regelmäßige Struktur der Häuserblocks drängt so manchem Betrachter die Assoziation eines schmucklosen Arbeitslebens auf.

Dass diese Brücke Marken von Granateneinschlägen trägt, belegt ihre Geschichte als Trennungslinie zwischen zwei Helsinki: Sie stammen aus dem Bürgerkrieg 1918 zwischen den Weißen und den Roten.

Trotz der bescheidenen Wohn- und Lebensverhältnisse, auch heute noch niedriger im Standard als im Süden, sind Kallio und Vallila nie Elendsviertel gewesen; eher schei-

Kallio

Die Geschichte Kallios begann mit dem Vormarsch industrieller Fertigung und Produktion Ende des 19. Jhs. Kallio war ein relativ weißer Fleck auf der Stadtkarte, bevor Fabriken und Arbeiterwohnungen entstanden und Arbeitssuchende in die Landeshauptstadt strömten.

Schnurgerade führt die Verlängerung der Unioninkatu, die Siltasaarenkatu, über die Pitkäsilta direkt auf die Kallio-Kirche zu. Die bildet das HERZSTÜCK Kallios, mit dem hohen, mächtigen Turm Orientierungsmarke und Nationalromantik klassischer Prägung. Auf einem Hügel thronend, überblickt sie das Stadtviertel.

Wenige Areale in Kallio sind ästhetisch schön, wie das westlich der Kirche gelegene Torkkelinmäki oder wie die Umgebung des Marktplatzes von Hakaniemi. Solche DOSIERTEN SCHÖNHEITEN gilt es zu entdecken – daneben hinterließen die 1960er und 70er Jahre im stetig wachsenden Stadtteil viel Klotziges und Liebloses.

Die Ufersilhouette des Hakaniemenranta am Siltavuorensalmi ist eher hässlich, da geprägt von hohen, einfallslos hingestellten Geschäftshäusern und Fabrikgebäuden. Aber das ist nicht alles, was Hakaniemi und Kallio an Ufer zu bieten haben. Zumal Kallio zunehmend zum In-Stadtteil (auch) bei jungen Leuten wird, mit angesagten Kneipen und viel Lokalkolorit.

RUND UM DEN MARKTPLATZ

◎ Westlich der Brücke beginnt am Kai **PITKÄNSILLANRANTA** ein Fußgängerweg mit vorgelagerter Holzpromenade, der sich an der Bucht Eläintarhanlahti, der kleineren, östlich gelegenen Schwester der Töölö-Bucht, als traumhafter Spazierweg vorbei an beeindruckenden Häuserfassaden und einigen Bootsstegen und durch einiges Grün fortsetzt, mit unverstelltem Blick auf das Wasser.

◎ Hinter der Langen Brücke rechter Hand öffnet sich der weite **MARKTPLATZ** von Hakaniemi, der Hakaniementori. Mit seinem unmittelbaren Anschluss ans Wasser und seinen offenen Seiten wirkt er noch grenzenloser, als es seiner real ohnehin stattlichen Größe entspricht. Auf dem Marktplatz werden Gemüse, Obst, Fisch und Blumen feilgeboten, Angebot und Preise sind reell und ohne Schnörkel, die Bürger der Nordstadt leben zumeist preisbewusst.

Auch hier ist der Einschlag des Arbeiterviertels lebendig: Auf dem Hakaniementori beginnen die Demonstrationen und Umzüge der Gewerkschaften, zum Tag der Arbeit u.a.

Am Hakaniementori legen die Wasserbusse zur Insel Korkeasaari und damit zum Zoo von Helsinki an/ab, und der Ausgang der Metrostation Hakaniemi mündet direkt auf den Platz – bequemer kann man kaum einkaufen.

◎ An der Platz-Ostseite ist die **STATUE DER FREUNDSCHAFT** von *O.S. Kirjuhin* (1990) kein zaristisches Relikt, sondern ein Geschenk Moskaus an Helsinki.

◎ Beherrscht wird der Marktplatz jedoch von der zweigeschossigen **MARKTHALLE** an der Nordseite. *Einar Flinckenberg* schuf 1912 eine der größten Markthallen Europas. Das Angebot reicht von verschiedenen Lebensmittelsortimenten im Erdgeschoss bis zu Haushaltswaren, Handarbeiten, Textilien und Kunsthandwerk in der oberen Etage. Einige kleine Cafés und Imbissstände sorgen für das leibliche Wohl.

◎ Gegenüber der Markthalle, jenseits der Hämeentie, erhebt sich ein rotes, dreitürmiges Backsteinhaus: Das **ARENA-GEBÄUDE** von Lars Sonck wirkt ähnlich imposant wie die Markthalle, ist im Grundriss dreieckig und bildet einen kompletten Straßenblock.

Das Komödientheater Arena hat sich den Namen seines Sitzes zu Eigen gemacht.

◎ Das **RUNDHAUS**, Ympyrätalo, gegenüber an der Siltasaarenkatu, ist ein neunstöckiges modernes Bürohaus mit Innenhof (1969, von *Kaija* und *Heikki Sirén*).

◎ Nur ein paar Schritte sind es bis zur **LEGOSHOW** im Arena-Center, Sörnäisten rantatie 6, Tel. 2706 6640. Anfang Mai bis 31.8. täglich 11–20 Uhr. Eintritt € 7/5 (mit HC € 5/3).

Einlass gewährt diese Sommerattraktion immer für 3-stündige Zeitabschnitte. Nicht nur fertig gebaute Figuren aus Märchen- und Fantasiewelten sind zu bestaunen, vor allem kann man Kind sein – und wieder werden – beim Bauen und Spielen mit den bunten Steinen, ob nur zum Spaß oder im Wettbewerb.

RUND UM DIE KIRCHE

Die Siltasaarenkatu führt geradewegs die Anhöhe hinauf zur Kallio-Kirche. Der Weg kreuzt ein Feld diagonal verlaufender Straßen, die die EINFALLSREICHEN Namen Erste bis Fünfte Linie tragen. Hier reihen sich Häuserblocks aneinander, wie sie für Kallio typisch sind – und die Straßennamen erinnern an ähnliche in Sankt Petersburg.

◎ **KALLIO-KIRCHE** (Kallion Kirkko), Itäinen Papinkatu 2, Tel. 5868 7058. Mo–Fr 12–18 Uhr, Sa+So 10–18 Uhr.

Lars Sonck, der große Architekt der Nationalromantik, der vorwiegend in Eira wirkte, zeichnete 1912 auch für diesen wuchtig-kantigen Bau verantwortlich, der mit dem hohen Turm das aufstrebende Element verwirklicht, der trotz aller Massivität in keiner Weise schwer oder erdrückend wirkt. Schmale, hohe Fenster und senkrechte abgesetzte Linien im Mauerwerk und der halbrunde Vorbau am Turm mildern den machtvollen Eindruck.

Die Kallio-Kirche, deren Entwurf Wettbewerbssieger einer Ausschreibung war, lässt stilistisch schon den Übergang zum Neoklassizismus ahnen, gilt aber noch als eine der wichtigen Schöpfungen nationalromantischen Stils. Einfach und behaglich, anders, als es die Fassade vermuten ließe, ist das Innere der lutherischen Kirche. Das Altarrelief aus Holz schuf *Hannes Autere*. Die ORGEL verdient besondere Aufmerksamkeit: Sie hat einen herrlichen Klang und macht die Kirche zu einer zentralen Bühne für Orgelkonzerte.

Die Kallio-Kirche ist sicher eine der schönsten Helsinkis, zumal sie noch eine weitere Gabe bereit hält: Täglich um 12 und um 18 Uhr ertönt das GLOCKENSPIEL, für das der finnische Komponist Jean Sibelius eigens die melodische Klangfolge komponierte. Die sieben Glocken übrigens wurden in Deutschland gegossen.

Die Kirche ist komplett restauriert – lange war sie eingerüstet, wurde die Granitfassade Stein für Stein abgetragen, nummeriert, gesäubert, ergänzt und wieder aufgebaut, bis sie wieder im neuen alten Glanz dastand, unverrückbar und verlässlich.

◎ **TORKKELINMÄKI** heißt die nette Gegend östlich der Kirche, die Agricolakatu entlang drei Querstraßen weiter. Die Straßen Torkkelinkatu und Torkkelinkuja zeigen harmonische Fassaden kleiner Apartment-

Eine feste Burg – die Kallio-Kirche im nationalromantischen Stil, der als die finnische Variante des Jugendstils bezeichnet werden kann. ▶

häuser im neoklassizistischen Stil der 1920er Jahre.

◎ Nett und ein bisschen schräg: die **KAHVILA TAIKALAMPPU**, Torkkelinkatu 21. Hefegebäck aus eigenem Ofen in niedlichem SPIELZIMMERambiente – Kirsti Lakopoulos strickt beim Plausch mit den Gästen. Wenn Sie Glück haben, singt die Chefin gerade mit ihrer Folk-Hausband »Bandoliino« kapverdische Lieder.

UFERWEGE

Eine andere Route durch Helsinkis Norden wendet sich vom Hakaniementori aus nach Westen, Richtung Bucht und Ufer.

◎ Westlich des Marktplatzes treffen Sie auf den kleinen Park Paasivuorenpuistikko sowie die Skulptur **DIE BOXER** (1932, von *Johannes Haapasalo).*

◎ Das **ARBEITERHAUS**, Paasivuorenkatu 5, ist ein graues Granitgebäude im nationalromantischen Stil von *Karl Lindahl* aus dem Jahr 1908. Hier finden nicht nur politische Veranstaltungen statt, sondern ebenso Events für junge Leute, wie Disco und Techno-Parties.

◎ Nun beginnt der grüne Uferweg an der Bucht **ELÄINTARHANLAHTI** entlang. Schöne Holzvillen lösen den Uferabschnitt der reich gestalteten Steinfassaden ab. Der Bahndamm trennt Eläintarhanlahti von der größeren TÖÖLÖ-BUCHT; dahinter lässt sich der Spaziergang nach Töölö hinein fast rund um die Buchten fortsetzen, falls Sie den herrlichen Uferweg der weiteren Erkundung Kallios und der Nachbarstadtteile vorziehen.

◎ **STADTTHEATER HELSINKI**, Eläintarhantie 5, Tel. 394 0422.

Der Bühnenteil überragt turmartig das restliche, zum Teil in den Fels hineinreichende Gebäude (1967, *Timo Penttilä).* Von den Foyers aus haben die Besucher einen wunderbaren Blick über die Töölö-Bucht.

Das Theater ist im Krisenfall als einer der größten LUFTSCHUTZRÄUME der Stadt vorgesehen.

◎ Vor dem Theater, das in einen kleinen Park eingebunden ist, tummeln sich **THALIA UND PEGASUS** – als Skulptur.

◎ Gegenüber steht die restaurierte **VILLA ELÄINTARHA 14**, Eläintarhantie 14, in der Wohn- und Arbeitsräume für von der Stadt eingeladene und geförderte KÜNSTLER untergebracht sind.

◎ Welchen Weg Sie auch wählen, Sie treffen auf die belebte Hauptverkehrsader **HELSINGINKATU**.

In dieser Ecke Kallios war ehemals das Rotlichtmilieu der Stadt zu Hause, Sexshops und Prostituierte vor allem aus Osteuropa. Jedoch wirkt die Bezeichnung Kallios als Bronx Finnlands reichlich übertrieben. Inzwischen dünnt sich die Rotlichtszene aus und verlagert sich eher ins benachbarte Vantaa.

◎ **DIAKONISSENANSTALT**, Alppikatu 2, Tel. 7750 7520. Mitte September bis Mitte Mai Mi 13–15 Uhr, oder nach Vereinbarung. Eintritt frei.

Im Karree zwischen Bahnlinie und Helsinginkatu vollzieht das kleine Museum dieser Anstalt den Werdegang der Krankenpflege und das Leben der Diakonissen nach, die im benachbarten Krankenhaus Dienst taten und tun.

VERGNÜGUNGSPARK

Bevor Sie der Helsinginkatu in östlicher Richtung folgen, gilt es sie zu überqueren: Auf dem Weg an der schönen Bucht, dann die Eläintarhantie und Ensi linja entlang, erreichen Sie jenseits der Helsinginkatu ALPPIHARJU, eine felsig-HÜGELIGE, GRÜNE LANDSCHAFT, deren Name übersetzt etwas hochtrabend »Alpenrücken« bedeutet – für Helsinkier Verhältnisse ist Alppiharju tatsächlich ein kleines Gebirge für sich.

◎ Die große Attraktion ist der Vergnügungspark **LINNANMÄKI**, Tivolikuja 1, Tel. 773 991 u. 020 385 677, www.linnanmaki.fi. Öffnungszeiten sowie Eintritt auf Seite 83 im Kapitel »Unterhaltung«. Hin mit den Straßenbahnlinien 3 B, 3 T und 8; Bus 23.

Auf 5 ha Land warten über 30 Attraktionen auf Neugierige, Erlebnishungrige, Wagemutige – ob Kettenkarussel, Achterbahn (Wilde Maus), Autoselbstfahrer, der neuere Space-Shot oder fliegender Teppich – der größte Rummel Finnlands ist (nicht nur) für Helsinkier Kinder ein Spaß. Für die Kleineren gibt es eine kleine Eisenbahn, eine Pferdebahn und das Kinderkarussell, das bereits 1996 seinen 100. Geburtstag feierte und viel älter ist als Linnanmäkis Tradition als Vergnügungspark. Wer es beschaulicher mag, genießt auf dem Panoramaturm oder dem Riesenrad einen unvergleichlichen RUNDUMBLICK (siehe Seite 146) oder schaut zu, was gerade im Peacock-Teatteri oder in der virtuellen Show Superstition geboten wird. Dem Vergleich mit den großen europäischen Erlebnis- und Freizeitparks hält Linnanmäki nicht stand. Gerade die »familiäre« ÜBERSCHAUBARKEIT hat aber ihren Reiz.

◎ Zum Park gehört auch das **LINNANMÄEN MUSEO**, Tel. 7739 9287. Anfang September bis Ende März Mi–So 12–16 Uhr, sonst wie Linnanmäki. Im Sommer kein separater Eintritt, sonst € 2,50/1.

Spielzeugmuseum mit Museumsladen und Ausstellung zur Historie des Spielens, nicht nur für Kinder.

◎ **SEALIFE HELSINKI** ist eine noch junge Attraktion gleich in der Nachbarschaft. Tivolitie 10, Tel. 7739 9304. Mai bis August jeden Tag 10–20 Uhr, sonst Do–Di 10–17, Mi 10–20.30 Uhr. Eintritt im Sommer € 12/9, sonst € 11/8 (mit HC € 9/6 bzw. € 8/5).

Ein MEERWASSERAQUARIUM verspricht Erlebnisreisen von tropischen Meeren bis auf den Grund der Ostsee. Farbenfrohe Korallenbewohner, Furcht erregende Haie und fragil wirkende Seepferdchen – und ein Ozeanbecken mit Besuchertunnel.

KULTUR, SPORT – UND SAUNA

Östlich des Linnanmäki-Areals führt die Sturenkatu, von der Helsinginkatu abzweigend, in Richtung des Viertels Vallila.

◎ **KULTTUURITALO**, Sturenkatu 4, Tel. 7740270. – Kartenvorverkauf Tel. 77402711.

Alvar Aalto entwarf das Arbeiter-Kulturhaus (1955–58) u-förmig mit Innenhof, die Fassade in Rohziegel und rotem Backstein gestaltet. Dazu gehört ein Büroflügel. Der fächerförmig angelegte Konzertsaal hat einen ausgezeichneten Ruf. Ihn prägen die für Aalto typischen Wellenstrukturen. In dem Kulturhaus finden außer Konzerten Kongresse und andere Veranstaltungen statt.

◎ **ARBEITERWOHNUNGSMUSEUM** (Työväenasuntomuseo), Kirstinkuja 4, Tel 146 1039. Anfang Juni bis Ende August So–Do 11–16 Uhr. Eintritt € 3/0 (mit HC frei). Hin mit der Straßenbahnlinie 3.

Ein Stück weiter sind in einem der ersten städtischen Arbeiterwohnhäuser überhaupt die Wohnverhältnisse HELSINKIER ARBEITERFAMILIEN zwischen 1909 und 1985 authentisch und eindrucksvoll dargestellt. Zum Stadtmuseum gehörig. Im kleinen BEGRÜNTEN Hof wachsen alte Gartenblumensorten.

◎ Zurück zur HELSINGINKATU. In Höhe der Kallio-Kirche erstreckt sich linker Hand der Sportplatz von Kallio. Das Sportzentrum **URHEILUTALO**, Helsinginkatu 25, Tel. 3488 6419, umfasst u.a. auch Schwimmbad und Sauna, für nicht mehr als € 3 Eintritt! Geöffnet von Anfang August bis Mitte/Ende Juni. Passend dazu sind in Kallio die LETZTEN ÖFFENTLICHEN Schwitzbäder der Stadt beheimatet.

◎ **ARLAN SAUNA**, Kaarlenkatu 15, Tel. 7192 1821. Do+Fr 13.30–18 Uhr, Sa 12–17 Uhr. Mit rund € 5 sind Sie dabei. Stammt aus den 1920er Jahren – samt originalem Inneren. Geheizt wird mit Gas und Holz.

◎ **KOTIHARJUN SAUNA**, Harjutorinkatu 1, Tel. 75 31 535. Di–Fr 14–20 Uhr, Sa 13–20 Uhr. Aus derselben Zeit stammt die letzte öffentliche holzbeheizte Sauna. Total renoviert, bietet sie TYPISCH FINNISCHE Atmosphäre (mit Birkenzweigen) ebenso wie modernen Komfort.

◎ So frisch erholt und gereinigt, mag man sich gern an die Kindheit erinnern. Hilfestellung gibt das **KINDERGARTENMUSEUM** (Lastentarhamuseo), Helsinginkatu 3–5, Tel. 73 101 40. 1.8.–30.6. Mi 12–15 Uhr. Eintritt € 4/1.

Fühlen Sie pädagogischen Strömungen auf den Zahn, stöbern Sie in den liebevoll mit Puppen und Spielzeug ausgestatteten Räumen.

◎ Die Helsinginkatu führt in westlicher Richtung an der Töölö-Bucht vorbei nach Töölö hinein, östlich zur Metrostation und in den Stadtteil Sörnäinen und weiter als Hauptverbindungsstraße Itäväylä nach Kulosaari, Herttoniemi und Itäkeskus. In Sörnäinen ist neben einem Elektrizitätswerk das große **HAFENGELÄNDE** zu erwähnen. Am Hanasaarenlaituri legen die Fährschiffe von und nach Travemünde an; die Abfertigung erfolgt im Hansaterminaali.

Das Hafengelände ist nicht frei zu begehen, sondern bewacht; die Öffnung des Ostens zum Westen hat die Handelsstrukturen verändert, doch an diesem Schnittpunkt der beiden Welten wird nach wie vor auf strenge KONTROLLEN geachtet. Die Touristen auf den Fähren bemerken davon wenig – und wenn man ehrlich ist, verleitet der für industriellen Transport genutzte Hafen nicht unbedingt zu privaten Exkursionen.

Nördlich der Helsinginkatu beginnt das Gebiet von Alppiharju im Westen, Vallila und schließlich Hermanni im Osten mit den ausgedehnten Arealen von Tiermedizinischer Hochschule und ZENTRALGEFÄNGNIS – sicher kein sehr überzeugendes Ausflugsziel. Deshalb auf nach Vallila...

Vallila

Vallila ist ein hügeliges und im Untergrund felsiges Gebiet, von inmitten des Gebietes gelegenen Felsenhügeln sowie kleinen Parks hat man einen erhöhten Rundblick über das alte, verträumte Stadtviertel. Zu den Häusern gehören meist kleine Gärten oder Grünhöfe, die von den Anwohnern bei schönem Wetter rege genutzt werden; im Garten stehen dann die bunt gedeckten Kaffeetische, hier werden Hand- und Gartenarbeiten erledigt.

Vallila hat sein spezielles, familiäres, beinahe idyllisch-romantisches Flair.

◎ Der Vorstoß nach Vallila verspricht unter anderem wunderschöne **HOLZHÄUSER**, nicht nur vereinzelte, wie das Spritzenmeisterhaus im alten Stadtkern, sondern ganze erhaltene Häuserzeilen und Straßenzüge. Vielleicht haben Sie Glück und können dem einen oder der anderen beim Fassaden-Streichen zusehen. Die Straßen mit den schönen Holzhäusern beginnen an der Vallilantie und Suvannontie. Fahren Sie mit der Straßenbahn 7 und starten Sie hier Ihre Stadtteil-Erkundungen.

◎ Unklar ist leider noch, was aus der vom »Sonera«-Konzern betriebenen **TELEGALLERIA**, Elimäenkatu 9 A, wird. Die FERNMELDEAUSSTELLUNG mit Museum ist seit 2002 (angeblich vorläufig) geschlossen.

◎ Auf der sicheren Seite sind Sie bei **VALLILA**, dem GRÖSSTEN INDOOR-Flohmarkt Finnlands, Aleksis Kivenkatu 17. Kleidung und Trödel meist von Privatleuten, zu reellen Preisen.

Top-Tipps im Überblick

SEHEN & ERLEBEN

◎ **KALLIO-KIRCHE**: ein Ohr voll Orgelklang, Glockengeläut und viel zu entdecken, wie die dezenten goldenen Stuckverzierungen in den Fensteröffnungen.

◎ **LINNANMÄKI!** Kreischen auf der Achterbahn, Schwerelosigkeit im Fliegenden Teppich und Stadtrundblicke vom Riesenrad, Popcorn und dann Unterwasserwelten bei Sealife.

ORTE ZUM ENTSPANNEN

◎ **ELÄINTARHANLAHTI**: spazieren gehen, Rast am Ufer der Bucht, ein Liebäugeln mit der Fortsetzung nach Töölö hinein.

◎ **KOTIHARJUN SAUNA**: Es darf auch eine andere in Kallio sein – was ist entspannender als Schwitzen vor einem holzgeheizten Ofen, sich reinigen und läutern, der Duft des Birkengrüns?

◎ Fast jeder **HÜGEL IN VALLILA** lädt zum Schauen ein – auf Holzhäuser, auf im Sommer mit Leben gefüllte Gärten.

ESSEN UND TRINKEN

◎ **FACTORY**, Siltasaarenkatu 3–5 in Hakaniemi: gut für Snacks, Live-Musik und stilvolle Atmosphäre, geprägt von Industriedesign.

◎ Familientauglich ist das größere Bistro **KETTUNEN**, Porthaninkatu 4.

◎ AUSGEHEN in Kallio – ein Viertel im Kommen: **KUIKKA**, Helsinginkatu 32, für ein gutes Bier. **RYTMI**, Toinen Linja 2, für Jazzmusik und Künstlertouch.

GRÜNES HELSINKI – PARKS IN DER STADT

Immer wieder bezaubert Helsinki durch Park- und Erholungsflächen zur Freude der Einwohner wie der Besucher. Bei weitem gibt's da nicht nur die bekannten Adressen wie ESPA (den Esplanadenpark), Kaivopuisto oder den riesigen Zentralpark. Jeder Stadtteil hat sein Grün.

Im Karhupuisto, dem BÄRENPARK, in Kallio beispielsweise pflanzen und pflegen alljährlich die Anwohner als sogenannte »Paten« ein Meer von Sommerblumen.

In den Außenbezirken der Stadt locken ungeahnte Kleinode: In Tapanila im Norden der HIIDENKIVENPUISTO mit Trockenwiesen, Buschrosen und Kirschbäumen; in Vuosaari im Osten ILVESKORVENPUISTO am Teich Kangaslampi; oder Uutela zum offenen Wasser hin mit dem NATURSCHUTZGEBIET SÄRKKÄNIEMI und eiszeitlichen Felsbuchten.

Helsinkis Inseln

STADTTEIL-BILDER

Eine der Besonderheiten der finnischen Landeshauptstadt ist die Vielzahl der vorgelagerten Inseln, von größeren, waldbestandenen Eilanden bis zu kleinen und kleinsten nackten, aus einem einzigen Felsenrücken gegossenen Schären. Einige dieser Inseln sind für jede/n mit Fähre oder Wasserbus erreichbare, herrliche AUSFLUGSZIELE.

So haben der Zoo und das Freilichtmuseum ihre Heimat auf den Inseln gefunden, ermöglichen Badestrände und Wanderwege unbeschwerte Stunden draußen in der Natur. Das Schönste aber an den Besucherinseln ist, dass man selbst im Sommer bei sonnigem Wetter noch ein Plätzchen für sich findet, dass die Inseln nicht von Ausflüglern überlaufen sind, dass man hier zwar Touristen, aber auch den typischen Helsinkier trifft, dass die Menschen sich integrieren in das Erlebnis Natur und Kultur. Auf Pihlajasaari zum Beispiel, der klassischen Badeinsel Helsinkis, treffen wir ab und zu eine Familie beim Picknick, ein paar Kinder beim Baden, ein Pärchen beim Sonnen – meistens Einheimische – ohne dass Kämpfe um Liegeplätze auf sonnenwarmen Felsen oder in der feinsandigen Bucht entstehen.

Nur zum Mittsommerfeuer Ende Juni kann es auf Seurasaari schon mal eng werden, vor allem wenn auf der Freilichtmuseumsinsel halb Helsinki singend, tanzend und feiernd auf den Beinen ist, um das Juhannus-Fest gebührend zu begehen.

Korkeasaari, Hylkysaari, Mustikkamaa

Korkeasaari, zu Deutsch Hohe Insel, ist als eher felsige Insel der Stadt im Osten vorgelagert. Da sie recht nahe zum Stadtzentrum hin liegt, war sie schon in früheren Zeiten beliebtes Ausflugsziel für die Helsinkier, die mit ihren Ruderbooten zum Baden oder Erholen dorthin fuhren. Die Insel bietet einen schönen Ausblick zur Stadt und zum Nordhafen hin. Die alten Häuser sind mit aufwändigen HOLZARBEITEN verziert, und die Strand- und Meerlandschaft ist einfach eine Augenweide.

Korkeasaari ist mit zwei weiteren Inseln über jeweils eine Brücke verbunden: mit der kleinen Insel Hylkysaari sowie der größeren Erholungsinsel Mustikkamaa, VERLOCKENDES finnisches Wort für BLAUBEERLAND. Mustikkamaa wiederum schließt mit einer Brückenverbindung an den

Ortsteil Kulosaari an, so dass Korkeasaari inzwischen über eine direkte Verbindung zum Festland verfügt.

KORKEASAARI

Seit 1889 ist auf Korkeasaari der Zoologische Garten beheimatet.

◎ **HELSINKI ZOO**, Korkeasaari, für Informationen auf Englisch sowie Schwedisch Tel. 060 095 911, für Reservierungen u. Kundenservice Tel. 169 5969, www.hel.fi/zoo. 1.5.–30.9. täglich 10–20 Uhr, 1.10.– 28.2. täglich 10–16 Uhr, sonst täglich 10–18 Uhr. Eintritt € 5/3, inklusive Überfahrt mit dem Wasserbus € 8/4,50 (beides mit HC frei).

Finnlands einziger Zoo mit Arten aus aller Welt. Spezialisiert ist Korkeasaari auf Tiere aus gebirgigen Regionen und kalten Klimazonen; viele der Tierarten sind so gut adaptiert, dass sie ganzjährig im Freien leben können. Allerdings bietet der Zoo auch Protagonisten aus wärmeren Gefilden dank entsprechend klimatisierter Häuser eine Heimat.

Anfahrt: Wasserbusse ab Marktplatz (Kauppatori Ostseite) zu jeder halben Stunde täglich von Mai bis September oder vom Hakaniementori alle 30 Min. täglich von Juni bis August, Mai und September nur Sa+ So. Oder Bus 11 ab Herttoniemi–Metrostation von Mai bis September; im Winter Bus 16 oder Metro bis Kulosaari plus Fußweg (ca. 2 km) über Mustikkamaa.

◎ Herauszuheben ist **AMAZONIA**, die südamerikanische Sektion mit Arten aus den dortigen Regenwäldern, dazu mit über 150 verschiedenen typischen Pflanzenarten sowie Wandmalereien südamerikanischer Künstler.

◎ Auf Korkeasaari leben weit mehr als 1.000 Tiere und rund 200 Arten, davon mehr als 60 Säugetier- sowie etwa 80 Vogelarten. Es ist gelungen, den Tieren auf Korkeasaari einen je nach Möglichkeit artgerechten, natürlichen und großzügigen Lebensraum zu gewähren; wozu auch 1.000 verschiedene Pflanzen beitragen.

Helsinki arbeitet mit anderen europäischen Zoologischen Gärten in der Frage des **SCHUTZES BEDROHTER ARTEN** zusammen. Allein 20 Arten, die internationalen Schutzprogrammen angehören, leben auch auf Korkeasaari. Zu beobachten sind natürlich Elch und Waldrentier, aber auch seltene Tiere wie Katzenbär und Schneeleopard. – Anziehungspunkte sind die Bärenburg, die Eisbäranlage und das Robbenbecken, aber auch die Affen etwa in der Pavianburg. Dem Besucher bieten sich viele unverstellte Einblicke, und so werden die Mittagsschläfchen im Katzental, die FÜTTERUNGEN bei Pavianen und Robben, die Erziehungsmethoden der Pavianmütter, die ihre ungehorsamen Kleinen am Schwanz hinter sich her ziehen, zum Beobachtungserlebnis.

◎ Die touristische Infrastruktur auf Korkeasaari besteht aus dem Restaurant **RAVINTOLA PUKKI** (Geißbock) in der Inselmitte, aus zwei

Cafés (das Restaurant und ein Café sind ganzjährig geöffnet, ein Café nur in den finnischen Ferienzeiten im Sommer, um Weihnachten und Ostern), Kiosken, öffentlichen WCs, Postamt und Kinderspielplatz.

HYLKYSAARI

Hylkysaari ist von Korkeasaari aus zu Fuß zu erreichen, der Besuch vor allem in Verbindung mit dem Zoobesuch sinnvoll. Hylkysaari ist eine kleine, Korkeasaari südöstlich vorgelagerte Insel.

◎ **FINNISCHES SEEFAHRTMUSEUM** (Suomen merimuseo), Tel. 4050 90 51. 2.5.–30.9. täglich 11–17 Uhr. Eintritt € 2,50/0 (mit HC frei).

Das Seefahrtmuseum schildert die Geschichte des Schiffsbaus in Finnland und das typische Leben der Seeleute der Marine und Handelsschifffahrt in Sommer- und Winterzeit. Eine Attraktion sind unterwasserarchäologische Exponate.

Staatstragend die MOTORYACHT »Kultaranta II« (Stapellauf 1929), mit finnische StaatspräsidentInnen ihre Runden drehten.

◎ Am Ufer kann man das als Museum hergerichtete **FEUERSCHIFF KEMI** besichtigen. Es war von 1901 bis 1974 im Einsatz an der Küste, zunächst bei Rauma im Süden und später in der Nähe von Kemi im Norden. Museumsschiff ist es seit 1989.

MUSTIKKAMAA

Mustikkamaa ist eine wenig bebaute, grüne Insel vor Helsinki, durch eine Brücke mit dem Festland verbunden. Sie gilt weder als typische Ausflugsinsel noch als touristische Attraktion. So entdeckt man sie auf dem Fußweg nach Korkeasaari eher wie zufällig.

Beliebt ist Mustikkamaa als TREFFPUNKT, als Ort für Feiern, Sonnen sowie Erholung unter jungen Leuten. Ihren Höhepunkt erreicht diese Popularität zur Mittsommerzeit: Während auf Seurasaari das offizielle JUHANNUSFEST für ganz Helsinki die Insel in Schwingung versetzt, tobt auf Mustikkamaa die Alternativ-Veranstaltung der Helsinkier Jugend, ohne Programm oder gar öffentliche Ausschreibung, unkoordiniert als Ausdruck jungen Lebensgefühls.

Aber auch jenseits des Tages der Sonnenwende lohnt sich der Ausflug ins Grüne, so nahe vor der Stadt, und vielleicht gibt es ja doch Blaubeeren aufzuspüren, so wie es der Inselname verspricht.

Pihlajasaari

◎ Pihlajasaari (Vogelbeereninsel) besteht aus zwei begrünten Inseln, die eine Fußgängerbrücke miteinander verbindet. Die Inselgemeinschaft verfügt über die schönsten **BADESTRÄNDE** Helsinkis – und das will bei über 20 Stränden im Stadtgebiet etwas heißen. Anbei die Auswahl zum Gebrauch...

Der größte und SCHÖNSTE SANDSTRAND liegt gleich im Nordwesten des westlichen Inselteils, neben dem Bootsanleger. Im Süden eignen sich glatte Felsen zum Sonnen mit Blick auf das offene Meer. Betrachtet man die Felsen auf Pihlajasaari näher, fällt an vielen von ihnen eine parallele Linienzeichnung mit Farbveränderungen auf, spätes Zeugnis der einzelnen Stadien von Auswaschung in der EISZEIT. Das Wasser um die Insel herum gilt als klar, sauber, kühl und erfrischend.

Allerdings ist Pihlajasaari nicht nur ein Ziel für Badelustige. Stundenlang kann man durch den Nadel- und Laubwald im Inselinneren laufen, streckenweise am Ufer entlang, mit überraschenden Blicken durch die Zweige auf das blau und grün spielende Meer, auf die ins Wasser wie hinausgeworfenen einzelnen großen rötlich und sand gefärbten Steine und Felsen in rundgewaschenen Formen. Lässt man den Blick weiter schweifen, ergibt sich nordöstlich eine schöne Sicht auf die Stadtsilhouette, während der Industriehafen im Nordwesten zwar weniger anheimelnd wirkt, jedoch als Kontrastprogramm durchaus etwas hergibt.

Wasserbusse starten vom Hafen Merisatama, westlich Kaivopuistos (Ende Laivurinkatu), von Mitte Mai bis Ende August bei gutem Wetter täglich alle 30 Minuten, sonst nach Bedarf und Nachfrage: 9.30–21 Uhr. Fahrpreis retour € 4,50/2,50.

Es gibt eine weitere Verbindung von Ruoholahti aus (100 m von der Metrostation), die aber nur in den Ferien von etwa Ende Juni bis Anfang / Mitte August verkehrt.

Der Zugang zu den Inseln kostet nichts. Tel. INSELWÄCHTER (nur im Sommer) 3108 7772. Nette Website: www.pihlajasaari.net.

◎ Der durstige und hungrige Ausflügler findet auf Pihlajasaari ein nettes **CAFÉ-RESTAURANT** mit Aussichtsterrasse über dem Meer, einen Strandkiosk und, auf dem östlichen Inselteil, einen überdachten KOCHPLATZ, auf dem sich Mitgebrachtes zubereiten lässt.

Die Umkleidekabinen und WCs sind sauber und gepflegt. Und für besonders Sonnenhungrige ist ein kleiner Strand auf dem östlichen Inselteil zum Nacktbaden zugelassen. Auf jeden Fall verspricht Pihlajasaari einen unvergesslichen Sommertag.

Seurasaari

Auch Seurasaari hat schöne Strände und Spazierwege an den Ufern und über die ganze Insel. Immerhin zwei Drittel der Insel bedecken Wälder und Parkland; seit über 100 Jahren ist Seurasaari NATIONALPARK, also Naturschutzgebiet.

Die Helsinkier schätzten Seurasaari schon damals als Ausflugs- und Erholungsinsel, zunächst nur mit dem Boot zu erreichen. Wie populär die Insel war, zeigt sich daran, dass bereits 1882 die erste Brücke zum Festland und das erste Restaurant vor Ort entstanden.

Trotz der vielen Besucher und einiger Feste wirkt der größere, dicht bewaldete, naturgeschützte Inselteil fast unberührt. Der Zugang ist auch hier kostenlos. Bus 24 fährt von Erottaja (vor dem Svenska Teatern) bis zum Beginn der mit reichen Holzschnitzereien verzierten, 100 m langen Fußgängerbrücke, die sich von Tamminiemi aus zur Insel spannt. Die Alternative ist der Wasserbus ab Marktplatz (Kauppatori). Im Winter ist Seurasaari ein PARADIES für Skilangläufer und Rodler.

◎ **STRANDBAD**, Tel. 458 2640. Mitte Mai bis 31.5. 10–16 Uhr, 1.6.–31.8. 9–19 Uhr. Das ausgewiesene Strandbad mit Café unterhält für Männer und Frauen auch separate Nacktbademöglichkeiten. Im Winter ist Eislochschwimmen angesagt.

◎ Weiter sorgen auf der Insel das **SEURASAAREN KESÄRAVINTOLA** (Sommerrestaurant Seurasaari), ein Café und Kioske dafür, dass die Besucher nicht verhungern. Die Lokale sind im Winter geschlossen; lediglich eins der Kiosk-Cafés öffnet in der kalten Jahreszeit am Wochenende.

◎ Im Sommer finden auf dem Festplatz **JUHLAKENTTÄ** regelmäßig Volksmusik- und Tanzveranstaltungen statt. An Sonntagen können die Kinder auf Ponies reiten, während die Grillwürste in jeder Altersgruppe Abnehmer finden.

◎ HÖHEPUNKT der **FESTE** ist die Mittsommerfeier, die seit 1955 die Seurasaari-Stiftung ausrichtet.

> Schon im 19. Jh. kamen die Helsinkier nach Seurasaari, um **JUHANNUS** zu feiern. Auf einem Inselchen vor Seurasaari wird ein hoher Holzhaufen aufgeschichtet; mit Beginn der Dämmerung (in dieser kürzesten aller Nächte recht spät) fährt ein Boot hinaus; dem Brauch entsprechend wird das Juhannusfeuer entzündet. Ein feierlicher Augenblick, und es bricht Jubel aus, wenn die Flammen auflodern und das Boot zurückkommt. Aus Tausenden Kehlen klingen die immergleichen alten Lieder, die die Sonne und Wärme begrüßen und beschwören. Später wird getanzt und gefeiert; was ausgesprochen angenehm ist: Alkohol wird vor Ort nicht ausgeschenkt in dieser Nacht (auch wenn manch eine/r einen Vorrat mitgebracht hat).

Daneben werden hier Ostern und Weihnachten STIMMUNGSVOLL begangen: Zu Ostern brennen große Osterfeuer, und die Kinder verkleiden sich als kleine Hexen, wie es ÜBERLIEFERTEN ostrobottnischen Bräuchen entsprach. – In der Weihnachtszeit gibt es den Weihnachtspfad mit Märchenerzählern, Krippenspielen und gemeinsamem Singen – und dem unvermeidlichen Reisbrei mit Zucker und Zimt.

FREILICHTMUSEUM SEURASAARI

◎ **SEURASAAREN ULKOMUSEO**, Seurasaari, Tel. 4050 9660, im Winter 4050 9574, www.nba.fi. 1.6.–31.8. täglich 11–17 Uhr, Mi 11–19 Uhr, 15.5.–31.5. u. 1.9.– 15.9. Mo–Fr 9–15 Uhr, Sa+So 11–17 Uhr. Eintritt € 5/0 (mit HC frei). 1.6.–31.8. Führungen in Deutsch täglich um 12 Uhr. Die Führung dauert 60 bis 90 Minuten und ist im Eintrittspreis enthalten.

1909 gründete man das älteste und größte Freilichtmuseum Finnlands auf Seurasaari, auf Initiative des Ethnologen *Prof. Axel O. Heikel*. Seine Absicht war es, typisch finnische Lebensart und finnische Architektur aus den verschiedenen Landesteilen zu erhalten und bekannt zu machen. Auf diese Weise sind inzwischen mehr als 80 ORIGINALGEBÄUDE mit der entsprechenden Einrichtung und den zugehörigen Gerätschaften aus allen Landesteilen nach Seurasaari transportiert und hier wieder aufgebaut worden. Insgesamt liegt der Schwerpunkt auf LÄNDLICHER FINNISCHER KULTUR und Lebensform im 18. und 19. Jahrhundert. Auch karelische Häuser aus dem jetzt russischen, bis zum Zweiten Weltkrieg finnischen Ostkarelien finden sich im Museum. Das erste Gebäude, das 1909 den Anfang der Freilichtanlage machte, ist ein Kätnerhof aus Niemelä in Zentralfinnland. Hinzu kam die kleine sámische Hütte inklusive einer auf einem Baum stehenden Vorratshütte – die Vorräte mussten vor den Tieren, vor allem Bären und Wölfen, geschützt werden. Weitere Kleinode sind der Hof aus Säkylä in Südwestfinnland, als Beispiel für die Historie der finnischen Land- und Viehwirtschaft, ferner Windmühlen, unvorstellbar lange hölzerne KIRCHBOOTE, Speichergebäude, ein Kaufladen auf dem Land, eine originale Rauchsauna u.a.

Fast alle Häuser sind zu begehen und von innen zu besichtigen, sind liebevoll detailgetreu ausgestattet. Der bleibende Eindruck der Besichtigung ist, wie einfach, wie bescheiden, oft eingeschränkt die Lebensverhältnisse im kargen Finnland waren, wie schwierig das Leben in den rauer werdenden Gebieten nordwärts, wo es galt, dem Boden noch das Notwendigste abzuringen. Museumsangestellte, oft in regional typischer TRACHT, beaufsichtigen die Häuser und geben gern Auskunft.

◎ Das älteste Gebäude übrigens ist die **HOLZKIRCHE** von Karuna (in der Nähe von Turku) aus dem 17. Jh. Im Kircheninneren fallen besonders die sorgfältig geschnitzten Armleuchter auf, die in ihren Händen Kerzen tragen. Sonntags finden hier regelmäßig GOTTESDIENSTE in finnischer und schwedischer Sprache statt. Im Sommer ist die Kirche ein bekannter Rahmen für klassische Konzerte.

Unter BRAUTPAAREN ist die alte Holzkirche heiß begehrt, um sich

Spinnerin im Freilichtmuseum auf Seurasaari (oben). –
Idylle auf Iso Mustasaari / Suomenlinna (siehe Seite 242 ff.) ▶

dort das Jawort zu geben. Besonders umkämpft ist ein Trauungsdatum rund um Mittsommer.

◎ Im Sommer belebt die TIERHALTUNG bei den Bauernhäusern (Hühner, Schweine, Schafe) das Freilichtmuseum. Gleiches gilt für die Vorführungen TRADITIONELLER **HANDWERKE** und kunsthandwerklicher Tätigkeiten, auch dies getreu der dargestellten Zeit: Spinnen, Weben, Schnitzen und Dreschen sind dabei nur eine Auswahl.

◎ Der **MUSEUMSSHOP** offeriert Souvenirs, vor allem Produkte aus Birkenrinde, Süßigkeiten und Backwaren nach alten Rezepten, und in einem der historischen Gebäude ist ein **CAFÉ** untergebracht.

◎ Auf der westlichen Seite der Brücke nach Seurasaari liegt die kleine Insel Pukkisaari mit Funden von Gebrauchsgegenständen und Überresten von **WOHNSTÄTTEN AUS DER EISENZEIT**.

FOLKLORE-ZENTRUM TOMTEBO

◎ **TOMTEBO**, Tamminiementie 1, Tel. 484 234. 1.6.–31.8. täglich 12–18 Uhr, 1.1.–31.5. und 1.9.–31.10. Sa+So 11–16 Uhr. Eintritt zu Ausstellungen frei, zu Veranstaltungen Einzelpreise. € 8 bei Volkstanz (mit HC frei).

Das Folklore-Zentrum liegt zwar noch am Festlandufer, ist aber eng mit dem Freilichtmuseum verbunden. Unmittelbar vor der Holzbrücke nach Seurasaari, am Ufer von Tamminiemi, finden in Tomtebo wechselnde Folklore- und Volkskunstausstellungen in einer Holzvilla aus dem 19. Jahrhundert statt.

◎ Auf der Volkskunstbühne hinter der Villa, die im Besitz der Stadt ist, werden im Sommer **VOLKSTANZ-AUFFÜHRUNGEN**, Volksmusikkonzerte und Vorführungen alter Kunsthandwerke und Handarbeiten geboten. Auch das Erlernen und Einüben von Tänzen oder jahreszeitlichen Dekorationen ist vor Ort möglich – wenn auch nur auf Finnisch.

◎ Dem Zentrum angeschlossen ist ein kleines **CAFÉ** mit einem zauberhaften Sommergarten zu eher günstigen Preisen.

Suomenlinna

Auch diese Inselgruppe kann besucht werden, ohne dass man einen Obolus für den Zutritt entrichten muss. Die FÄHRE verkehrt ganzjährig in der Regel stündlich vom Marktplatz / Südhafen hinüber zu der Landungsbrücke auf Iso Mustasaari; das Nahverkehrticket kostet € 2/1 (mit HC frei). Der WASSERBUS verkehrt von Mai bis September vom Südhafen aus ab Cholerabecken zur Tykistölahti-Bucht, mit einem Stopp am Restaurant Walhalla; das Ticket kostet € 5,50/2,20 retour (mit HC frei).

Einen zusätzlichen Bootsservice gibt es von Katajanokka aus zur Ostseite von Iso Mustasaari. Daneben offerieren diverse kommerzielle An-

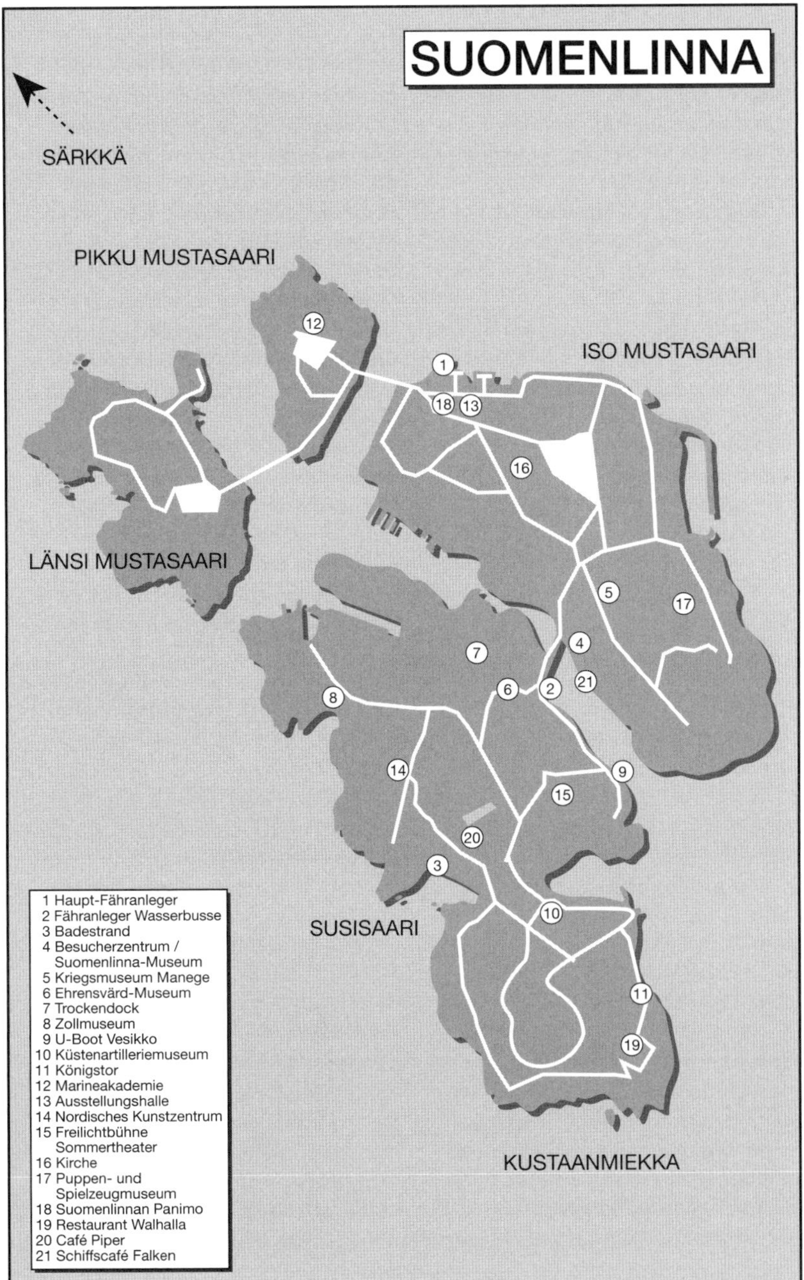
SUOMENLINNA
SÄRKKÄ
PIKKU MUSTASAARI
ISO MUSTASAARI
LÄNSI MUSTASAARI
SUSISAARI
KUSTAANMIEKKA
1 Haupt-Fähranleger
2 Fähranleger Wasserbusse
3 Badestrand
4 Besucherzentrum / Suomenlinna-Museum
5 Kriegsmuseum Manege
6 Ehrensvärd-Museum
7 Trockendock
8 Zollmuseum
9 U-Boot Vesikko
10 Küstenartilleriemuseum
11 Königstor
12 Marineakademie
13 Ausstellungshalle
14 Nordisches Kunstzentrum
15 Freilichtbühne Sommertheater
16 Kirche
17 Puppen- und Spielzeugmuseum
18 Suomenlinnan Panimo
19 Restaurant Walhalla
20 Café Piper
21 Schiffscafé Falken

bieter Fahrten nach Suomenlinna, Abfahrt: Marktplatz / Cholera-Becken, Haltestellen auf Suomenlinna: Tykistölahti-Bucht / Susisaari, teilweise auch am Königstor.

Auskunft und Fahrpläne gibt's im Touristenbüro am Marktplatz / Ecke Pohjoisesplanadi. Tel. Fährauskunft 0100–111.

◎ Nach rund 15 Minuten Überfahrt betritt der Besucher Suomenlinna (Finnlands Burg) – beinahe eine kleine Welt für sich. Auf sechs der Stadt vorgelagerten Inseln mit einem Gesamtareal von gut 60 ha gilt es, eine der größten **FESTUNGSANLAGEN** Europas zu erkunden. Viel Grün und verzweigte Wege überreden zu Picknick und Spaziergang, Felsen und Badebucht im Sommer zum Sonnen und Baden. Museen machen mit der Geschichte bekannt, bieten Kriegerisches sowie Spielerisches.

Der LEBENDIGE STADTTEIL Suomenlinna empfängt jeden Abend seine heimkehrenden Pendler; er ist fester WOHNORT für fast eintausend Helsinkier Bürger.

Die meisten der Insel-Helsinkier sind auf Iso Mustasaari zu Hause. Hier ist ihre kleine Infrastruktur mit Kiosk, Bibliothek, Schule und Poststelle. Hier lebten also einmal mehr Menschen als in ganz Helsinki... Eine Brücke ermöglicht die Verbindung nach Südwesten zu den beiden »zusammengewachsenen« Inseln Susisaari und, südlich davon, Kustaanmiekka. Die Festungsanlagen befinden sich größtenteils dort.

◎ Den **BADESTRAND** finden Sie an der schmaleren Verbindungsstelle zwischen Susisaari und Kustaanmiekka am westlichen Ufer. Ebenfalls über Brücken gelangt man von Iso Mustasaari westlich nach Pikku Mustasaari (Sitz der Marineakademie) und von dort weiter nach Länsi Mustasaari.

◎ Die sechste und westlichste Insel, **SÄRKKÄ**, ist nicht mit den anderen Inseln verbunden, sondern nur per Schiff zu erreichen. Fährverbindungen bestehen von der Südstadt, vom Anleger am Kaivopuisto, aus. Auf Särkkä befinden sich ein YACHT-CLUB, ein Sommerrestaurant und eine weitere Bastion, die zu den Suomenlinna-Festungsanlagen gehört.

◎ **SÄRKÄNLINNA**, Tel. 134 561. 1.5.–15.9. Mo–Sa 18–24 Uhr, sonst nach Vereinbarung. Gehobenes Festungs-Restaurant auf Särkka.

GESCHICHTE

Nach dem Frieden von Turku (1743), der den Verlust weiter Landstriche in Südostfinnland an Russland festschrieb, sah sich das schwedische Reich veranlasst, eine neue befestigte Linie gegenüber dem östlichen Machtrivalen aufzubauen. Wegen der strategisch günstigen Lage im Finnischen Meerbusen sollte ein Eckpfeiler der Verteidigungslinie auf der Inselgruppe vor den Toren des noch unbedeutenden Städtchens Helsinki entstehen.

◎ **1748** begann die Errichtung der umfangreichen Festung. 40 Jahre sollte die Bautätigkeit dauern – und spätere Machthaber bauten weiter.

Die finanziellen Mittel kamen aus Frankreich. Sveaborg, SCHWEDENBURG, nannten die Auftraggeber ihr Bollwerk, **VIAPORI** die Finnen das Areal. Baumeister war der schwedische Graf *August Ehrensvärd* (1710–1772). Sveaborg hatte nicht nur den Charakter einer Verteidigungsbastion, sondern diente auch als Basis der in den Schärengebieten operierenden KÜSTENFLOTTE.

Das imposante »Gibraltar des Nordens«, wie es später hieß, fiel 1808 fast ohne Blutvergießen an die Russen. Der schwedische Festungskommandant ließ sich täuschen und kapitulierte vor einer NUR SCHEINBAR übermächtigen Belagerungsfront.

Ein mehrtägiges Höllenspektakel aus Kanonendonner und Feuerblitzen mussten die verschreckten Helsinkier von den Anhöhen des Kaivopuisto miterleben, als während des KRIMKRIEGES 1855 über 70 Kriegsschiffe der französisch-englischen Allianz Suomenlinna bombardierten.

Zwar konnten die Alliierten Sveaborg nicht erobern; doch nach dem schweren Bombardement lagen gut die Hälfte der Bauten in Trümmern.

◎ Mit FINNLANDS **UNABHÄNGIGKEIT 1917** wurde die finnische Armee Herr der Inseln. Aus Sveaborg wurde nun Suomenlinna. Nach dem Bürgerkrieg 1918 / 19 diente die Festung als Internierungslager für rund 11.000 Angehörige der »Roten Garden« sowie ihre aktiven Anhänger. Hunger und Krankheiten forderten Tausende von Opfern.

1973 gab das Militär den Garnisonsstandort auf – nur eine Marineoffiziersschule blieb erhalten. Seitdem ist Suomenlinna vollständig ziviler Verwaltung unterstellt, wurde die alte Bausubstanz aufwändig restauriert und komplettiert. Seit 1991 steht Suomenlinna auf der oft zitierten UNESCO-Liste als ein »Kulturerbe der Menschheit«.

Einige Museen widmen sich der militärisch geprägten Vergangenheit. Die Geschichte leitet die Beschreibung ein, bevor die »leichteren« Seiten zu Worte kommen.

SUOMENLINNA MUSEEN

◎ Zentrale Anlaufstelle ist das attraktive **BESUCHERZENTRUM** am Zeughaus (Iso Mustasaari), Tel. 68 4 1 880, www.suomenlinna.fi. 2.5.–31.8. täglich 10–18 Uhr, April sowie September 11–16 Uhr, sonst Di–So 11–16 Uhr.

Zum Jubiläumsjahr 1998 eröffnet (250 Jahre Suomenlinna): modernste audiovisuelle Technik, Information und Wissen satt. An der Touristeninformation werden Sie Ihre Fragen los, und im »Ulrikashop« heißt es: Souvenirs, Souvenirs...

◎ Mehrmals täglich (vom 1.6. bis 31.8., sonst nach Bestellung bzw. Bedarf) beginnen rund einstündige geführte **RUNDWANDERUNGEN**, die einen kurzweiligen Streifzug durch Vergangenheit und Gegenwart beinhalten und vorbei an markanten

Sehenswürdigkeiten führen; in Englisch um 11 und 14 Uhr, bei Bedarf bis zu 18 Sprachen, auch Deutsch. Tickets gibt's im Besucherzentrum: € 6/3 (mit HC frei). Tel. 684 1850.

Führungen zu speziellen Themen auf Anfrage auch auf Englisch: russisches Suomenlinna; Werft und Küstenflotte; Kunst und Kultur.

◎ **SUOMENLINNA MUSEUM**, Tel. 40501. Geöffnet wie Besucherzentrum. Eintritt € 5/2,50 inklusive Suomenlinna Experience (mit HC frei).

Das Museum im Besucherzentrum zeichnet anhand von Modellen, Originalen und Schautafeln in Verbindung mit Seh- und Hörerlebnissen die Geschichte der Festung Suomenlinna nach. Dabei kommen der Alltag auf den Inseln und der kulturelle Einfluss, der von ihnen ausging, nicht zu kurz.

◎ **SUOMENLINNA EXPERIENCE**: Eintritt € 5 / 2,50 (mit HC frei); siehe Suomenlinna Museum.

Die 20-minütige MULTIVISIONS-SHOW ist die ideale Ergänzung zum Museumsbesuch. Das Breitwandspektakel wird mehrfach täglich gezeigt, per Kopfhörer ÜBERSETZT in mehrere Sprachen (auch Deutsch).

◎ **MANEGE**, Tel. 1814 5296. Mitte Mai bis Ende August täglich 11–18 Uhr. Eintritt € 3,50/1 (mit HC frei).

Unweit des Besucherzentrums beherbergt eine Artilleriehalle aus der russischen Zeit (1881) schweres Gerät unterschiedlicher Waffengattungen, Schwerpunkt rund um den Zweiten Weltkrieg.

◎ **EHRENSVÄRD-MUSEUM**, Susisaari, Tel. 684 1850. 1.3.–30.4. und Oktober Sa+So 11–16 Uhr, 2.5.– 31.8. täglich 10–17 Uhr, September tägl. 11–16 Uhr. Eintritt € 3/1 (mit HC frei).

Das Haus, eines der ältesten auf Suomenlinna, war die Adresse des Gründers und Kommandanten der Seefestung. In originalgetreuer Einrichtung erwartet Sie ein Kaleidoskop von Portraits, Schiffsmodellen, Gemälden, Waffen und diversen Gegenständen aus dem 17. / 18. Jahrhundert. Vor dem Gebäude befindet sich die Grabstätte Ehrensvärds.

◎ Auf dem Gelände der ehemaligen **MARINEWERFT** (C.L. Engel) restauriert im TROCKENDOCK auf Susisaari ein privater Verein historische Holzschiffe.

◎ Im Inselwesten steht das **ZOLLMUSEUM** auf dem Gelände des Hamilton-Polhem-Zwischenwalls, Tel. 614 2401. In der Hauptausstellung geht es um die Geschichte des Zollwesens. Zudem werden Sonderausstellungen arrangiert. Juni bis August Di–So 12–17 Uhr. Eintritt frei.

◎ **UNTERSEEBOOT VESIKKO**, Tel. 1814 6238. Von Mitte Mai bis Ende August täglich 11–18 Uhr. Eintritt € 3,50/ 1 (mit HC frei).

Sich durch ein enges U-Boot zu zwängen ist schon eine interessante Erfahrung, besonders bei der Vorstellung, dass es sich bei der Vesikko um keine Attrappe handelt, sondern um ein Tauchgerät, das 1936–47 im Schärengebiet im Einsatz war. Gebaut wurde dieser 250-Tonner nach deutschen Plänen 1931/32 in Turku; an der Einfahrt zu der Tykistölahti-Bucht vor Susisaari fand er seinen Ruheplatz.

◎ **KÜSTENARTILLERIEMUSEUM**, Kustaanmiekka, Tel. 1814 5295. Öffnungszeiten siehe Manege. Eintritt € 2/1 (mit HC frei).

In einem alten Pulvermagazin begleiten gewichtige Exponate die Geschichte der finnischen Küstenverteidigung über einen Zeitraum von 300 Jahren.

◎ Südöstlich vom Pulvermagazin liegt das Haupttor der Festung, das 1754 erbaute **KÖNIGSTOR**. Es verweist auf die Grundsteinlegung auf Suomenlinna unter König Fredrik I. und die Vollendung mit dem »letzten Stein« unter Gustav III.

◎ Auch Länsi Mustasaari und Pikku Mustasaari sind zu begehen. Die **MARINEAKADEMIE** auf Pikku Mustasaari bildet unverändert aus. Sie werden die jungen Männer häufiger auf der Fähre auf Landgang antreffen.

KUNST UND KULTUR

Nach so viel Martialischem wird es Zeit zu erläutern, dass von Anbeginn an auf Suomenlinna ein reges kulturelles Leben herrschte und wesentliche künstlerische Impulse von hier ausgingen. Schon besagter Ehrensvärd war den Musen zugeneigt und selbst ein passabler Maler, wie es heißt; nebenbei ein Pflanzenliebhaber, verdanken die Finnen ihm ihren Flieder, den er von einer England-Reise mitbrachte, bei seinem Wohnhaus pflanzte, von wo aus die Pflanze ihren Siegeszug antrat.

◎ Schon wenn man auf Suomenlinna ankommt, steht man wenige Meter von der Hauptanlegestelle entfernt vor der Ausstellungshalle **RANTAKASARMIN GALLERIA**, wo wechselnde Ausstellungen vielfach auch junger und avantgardistischer Künstler durchgeführt werden. Eintritt in der Regel frei. Tel. 668 200.

Träger ist das Nordische Kunstzentrum, das junge skandinavische Künstler mit Stipendien fördert und ihnen ein Podium für Ausstellungen gibt.

◎ Die **GALERIE AUGUSTA**, Tel. 668 143, arrangiert im Haupthaus des Nordischen Instituts für Gegenwartskunst WECHSELNDE Ausstellungen. Angeschlossen eine Fachbibliothek.

◎ **KUNSTSCHULE MAA**, Susisaari, Tel. 668102. Ausstellungen am Hamilton-Polhem-Zwischenwall.

◎ **POT VIAPORI**, Susisaari, Tel. 668151. Ein ganzjährig arbeitendes Atelier für Keramikkunst. In den 70er Jahren gründeten sechs Keramikerinnen Pot Viapori als KOLLEKTIV. Im Sommer Verkaufsausstellung im Atelierhaus, sonst nach Absprache.

◎ In der Nachbarschaft finden Sie das **HYTTI** Glasstudio, Tel. 668 727. Die Vielfalt an Material und künstlerischem Ausdruck bildet ein gutes Gegengewicht zum kriegerischen Überhang auf Suomenlinna.

◎ Kunsthandwerkliches findet sich auch im **B34-SHOP** (Viapori Arts & Crafts), Tel. 4110 0636.

◎ **SOMMERTHEATER**, Susisaari: In den Monaten, wenn das Tageslicht kaum weichen will, ist die große Zeit dieses Sommervergnügens. Viele Helsinkier lassen sich vom dramatischen oder komischen Treiben auf der Freilichtbühne Hyvä Omatunto (400 Plätze) für einige Stunden entführen. Juni bis August. Tel. 490 022.

◎ Gerade in den Sommermonaten finden auf Suomenlinna viele Sonderausstellungen und Konzerte statt. So steht die **KIRCHE** von Suomenlinna inmitten Iso Mustasaaris oft auf dem Terminplan der Musikfreunde. Tel. 7092665. Kernöffnungszeit 1.6.–15.8. Mi–Fr 12–16 Uhr.

Erbaut wurde das Gotteshaus im Jahre 1854 als orthodoxe Garnisonskirche für die russischen Soldaten, Offiziere und deren Familien. Nach dem Abzug der Russen verlieh man dem Gebäude ein lutherisches Gepräge. Imposant der mächtige Turm, der lange Zeit als Landmarke und Leuchtfeuer den Seeleuten den Weg wies. Zu Füßen der Kirche, auf der leicht ansteigenden dörflichen Straße reihen sich alte Holzhäuser aneinander, ebenfalls aus russischer Zeit.

◎ Podium für Konzerte und Veranstaltungen ist auch der Festsaal der **TENALJI VON FERSEN**, Susisaari.

◎ **KULINARISCHE KONZERTE**, mit Konzert in der Kirche, anschließendem, zur Musik und deren Zeit passendem Speisen im Festsaal Tenalji, samt musikalischer Begleitung. Eine gelungene Idee, in unregelmäßigen Abständen verwirklicht.

◎ **PUPPEN- UND SPIELZEUGMUSEUM**, Iso Mustasaari, Tel. 668 417. Mitte Mai bis 31.8. täglich 11–17 Uhr, 1.9.–14.9. 11–16 Uhr, sonst Sa+So 11–16 Uhr. Eintritt € 3,50/1,50.

Die mit Liebe und Sorgfalt zusammengetragene Sammlung von historischem Spielzeug, Püppchen und Knuddeltieren entzückt nicht nur die Kinderherzen. Ab und an finden Sonderausstellungen statt. Und ein reizendes CAFÉ gibt es auch.

KULINARISCHES

◎ BRAUEREI-Restaurant **SUOMENLINNAN PANIMO**, Tel. 228 5030. 1.5.–31.8. Mo–Sa 11–24 Uhr, So 12–20 Uhr, April und 1.9.–31.12. Mo–Sa 15–22 Uhr, So 12–18 Uhr, sonst Mi–Fr 15–22, Sa 12–24, So 12–18 Uhr.

In der Kaserne direkt gegenüber der Hauptanlegestelle hat man dieses angenehm geräumige Kneipenrestaurant eingerichtet. Hier lässt es sich gut auf die Fähre warten. Bei entsprechendem Wetter kann man sein Bier auch draußen serviert bekommen. Helsinki Menue.

◎ Restaurant **WALHALLA**, Tel. 668 552. 1.5.–15.9. Mo–Sa 18–24 Uhr, sonst nach Vereinbarung.

Das traditionsreiche Gourmetrestaurant, untergebracht in einer KASEMATTE, befindet sich auf Kustanmiekka, nahe dem Königstor. Dazu gehört auch eine Bar, eine Sommerterrasse und die »Pizzeria Nikolai«.

◎ **CAFÉ CHAPMAN**, Tel. 668 692. Mo–Fr 10.30–15 Uhr, sommers auch abends und an den Wochenenden.

Restaurant und Café mit Sommerterrasse auf Susisaari im Adlerfelt-Querwall (1770), benannt nach einem lokalen Schiffbaumeister.

◎ **CAFÉ PIPER**, Tel. 668 447. 1.6. bis Mitte August täglich 10–19 Uhr, Mai und Mitte August bis Mitte September 10–17 Uhr.

Von dem gemütlichen Pavillon auf einer kleinen Anhöhe auf Susisaari haben Sie einen tollen Blick auf das Meer. Das Café (mit Gartenwirtschaft) liegt inmitten der angeblich ältesten ENGLISCHEN Gartenanlage Finnlands. Der jetzige Bau stammt aus dem Jahr 1928. An dieser Stelle stand einst eine katholische Kapelle.

◎ **SCHIFFSCAFÉ FALKEN**, Tel. 040 5465466. 1.6.–1.9. täglich 10–22 Uhr.

Nahe des Besucherzentrums vor Anker liegend, gewährt dieser Drei-Mast-Schoner Durstigen und Hungrigen ein schönes Plätzchen.

◎ Am Bootshafen ist die **CAFÉ-BAR VALIMO** zuständig für den Snack zwischendurch, für den Hafen und die zugehörige Sauna. Tel. 692 6450.

ZU GUTER LETZT

Obwohl Suomenlinna eine der großen Attraktionen Helsinkis ist, hat man selten das Gefühl, die Inseln seien überlaufen. Auf Suomenlinna ist Platz genug für alle. Gehen Sie ruhig einmal die NEBENWEGE. Sie entdecken viele malerische Winkel, bunt gestrichene Holzhäuschen mit Blütenpracht davor; Sie gehen Berg und Tal über Fels und Dünen, das offene Meer oder die Stadtsilhouette im Visier. Unser Tipp: Nach einem Bad im frischen Seewasser abends auf den warmen Klippen sitzend das Auslaufen der FÄHRSCHIFFE beobachten. Und schauen Sie auch mal auf Pikku und Länsi Mustasaari vorbei. Sofern Sie einen herrlichen Sommertag erwischen: Bleiben Sie bis zum SONNENUNTERGANG, bis zu der späten Fähre. Sie stehen auf Felsen oder am Badestrand, die Sonne spielt in Rot, taucht Insel, See, die gelbe Blütenpracht am Meeresufer in unwirkliches Licht...

Kleine Inseln

Außer diesen größeren Ausflugszielen gibt es unter den 315 Eilanden weniger bedeutende, die ebenfalls mit der Fähre zu erreichen sind. Ein solcher Ausflug ist anzuraten, falls man länger als nur ein paar Tage in Helsinki verweilt oder in Inselatmosphäre gepflegt speisen möchte.

◎ Vom Anleger Ullanlinna / Kaivopuisto aus ist neben Särkka / Suomenlinna im Sommer das westlich davon gelegene **HARAKKA** mit derselben Fähre erreichbar. Harakka ist zunächst als KÜNSTLERINSEL ein Begriff, aber auch als Naturschutzgebiet und Vogelbeobachtungsplatz.

Harakka war einst im Besitz des Militärs, seit 1989 ist die Insel frei zugänglich. Schulkinder können Harakka als grünen Klassenraum nutzen, sich dabei als Seeungeheuer verkleiden und so spielend lernen. Einige Künstler wohnen und arbeiten auf der Insel, das Künstlerhaus (früher Chemielabor) verfügt über Ausstellungsräume. Das NATURZENTRUM öffnet von Mai bis September Di–Fr 10–17, Sa+So 12–16 Uhr; im Sommer ab Juni sonntags um 14 Uhr geführte Touren über die Insel.

◎ Weiter zum Festland schließt sich nordöstlich **UUNISAARI** an, zu erreichen ab Anleger Merisatama. Hier gibt es beste Voraussetzungen zum Sonnen, Saunen und Schwimmen.

In dem denkmalgeschützten roten Backsteinbau des »Restaurants Uunisaari« lässt es STILVOLL speisen. – Sommerfrischler schätzen das Café und die große Sommerterrasse. Tel. 636 870. Ganzjährig geöffnet.

◎ Auf **VALKOSAARI**, unweit vom Südhafen, residiert der YACHTCLUB »Nyländska Jaktklubben«, der das sehr gute Restaurant »NJK« betreibt. Die Nachbarinsel **LUOTO** konkurriert mit dem Restaurant »Klippan«. Beide werden ab Eteläranta (kurz vor dem Olympiaterminaali) angesteuert. **LIUSKASAARI** ist die dritte Restaurant-Insel, westlich von Uunisaari, Verbindung ab Merisatama. Hier gibt es einen Yachtclub sowie das »HSS Restaurant«. Diese Inselrestaurants sind nur im Sommer geöffnet.

◎ Wer sich WEITER HINAUSWAGT, kann von Vuosaari aus (südlich der gleichnamigen Metrostation, Hiekkajaalanranta) nach **KAUNISSAARI** fahren, weiter gen Osten. Dort winken neben einer Sauna Wanderwege, Angelreviere und ein Zeltplatz.

◎ Vorausbuchen muss man Saunafreuden MITTEN IM MEER: **SAUNASAARI** ist die Nordspitze der Insel Vasikkasaari, Zugang an bestimmten Tagen per Wasserbus (keine reguläre Linie!) ab Marktplatz. Tel. 279 00410 oder 0400 454 447. Um € 25.

Top-Tipps im Überblick

SEHEN & ERLEBEN

◎ **MITTSOMMER** AUF SEURASAARI: wenn Sie erleben wollen, was Finnen bewegt. Auch ohne den 23. Juni ist das Freilichtmuseum ein Ziel.

◎ **UNTERSEEBOOT VESIKKO**: Lassen Sie sich unter Wasser versenken – innen die schmale Enge, draußen unendliche Weite.

◎ **FOLKLORETANZ** bei Tomtebo: zusehen oder mitmachen.

ORTE ZUM ENTSPANNEN

◎ **SONNENUNTERGANG** auf Suomenlinna – schließlich geht die letzte Fähre erst gegen 2 Uhr früh.

◎ **BADEN** und Sonnen auf Pihlajasaari: etwas abseits vom Sandstrand ist es ruhig und das Wasser klar...

◎ **TIERE** auf Korkeasaari – ein Besuch auf der Zoo-Insel.

ESSEN UND TRINKEN

Reichlich Auswahl finden Sie auf den zurückliegenden Seiten 248–250.

Außenbezirke

Mit diesem Kapitel verlassen Sie den erweiterten Innenstadtbereich Helsinkis, doch auch in den zentrumsnäheren wie -ferneren Außenbezirken gibt es genug Natur, Kultur, Sport- und Badefreuden und moderne Stadtplanung zu entdecken.

Die die Stadt nach drei Richtungen umgebende Ringstraße KEHÄ I markiert im Wesentlichen das Areal der hier vorgestellten Stadtteile.

◎ **INFORMATIONEN** über Ausflüge in die NATUR erhalten Sie beim Helsinki Umweltzentrum, Helsinginkatu 24, Tel. 7312 2730 (Mo–Fr 9–16 Uhr), oder im Jugendsali.

Westhafen & Lauttasaari

RUOHOLAHTI

Beginnend im Westen, schließt sich dem Stadtzentrum sowie der Bucht von Hietalahti der als Wohnquartier relativ junge Stadtteil Ruoholahti an. Er ist das erste der zum Westhafen-Gebiet zählenden Viertel, das zum Wohngebiet umgestaltet wurde, nachdem sich die Industrie mit ihren Fabriken und Lagerhallen zurückgezogen hatte. Ruoholahti ist ein gutes Beispiel für effektive und gleichzeitig doch humane moderne Wohnraumgestaltung: Gärten umgeben die Häuserblöcke, die der Expansion der Stadt Rechnung tragen und entsprechend viele Hauptstädter und Zugezogene beherbergen müssen. Ruoholahti durchzieht ein KANAL, den kleine Brücken überspannen, so dass hier etwas vom Leben im Grün und am Wasser, typisch für Helsinki, bewahrt ist: Idylle und Abwechslung trotz Beton auf begrenzter Fläche.

Wie DURCHLÄSSIGKEIT gestaltet werden kann, zeigt ein Haus mit einem großen Ausschnitt, der auch für die dahinterliegenden Wohnungen den Blick zum Kanal freigibt. Stufen führen zum Wasser hinunter und im Sommer sitzen und treffen sich hier die Nachbarn; für Kinder sind ausreichend Spielplätze vorgesehen. Übrigens ist die Internationale Schule in Ruoholahti beheimatet.

Ähnliche Veränderungen wie in Ruoholahti sind auch in den übrigen Westhafen-Vierteln geplant: Speicher, Magazine und Hafengebäude des Industriehafens sollen weichen oder andere Funktionen erhalten; das Gebiet Westhafen soll am Ende Wohnraum für insgesamt gut 20.000 Bürger geben. In der Planungs- und Aufbauphase sind die Stadtteile Jätkäsaari, Länsisatama sowie Munkkisaari (mit Parkgelände).

◎ An die frühere Stadtteil-Nutzung erinnert noch die ehemalige Kabelfabrik, erhalten, restauriert sowie als eins der spannendsten KULTURZENTREN genutzt: **KAAPELITEHDAS**, Tallberginkatu 1 C, Tel. 4763 8330, www.kaapelitehdas.fi. Reguläre Öffnungszeit Mo–Fr 8–18 Uhr (und zu Events und Veranstaltungen). Metrostation Ruoholahti, Busse 15, 20, 65 A, 66 A oder Straßenbahnlinie 8.

Wo »Nokia«, heute international bekannter Kommunikations-Riese, früher Kabel und Gummiprodukte herstellte, hat sich mit Kaapelitehdas die größte und vielseitigste Kulturstätte in Finnland etabliert. Hier versammeln sich diverse interessante Museen, ebenso wie die alternative sowie EXPERIMENTELLE Kunst- und Kulturszene von hier aus Impulse in ganz Helsinki verbreitet.

Kunstausstellungen, Tanztheater, Konzerte, Live-Events bestimmen das Programm in den alten Backsteinhallen. Die vibrieren vor allem an Wochenendabenden im Strom und Takt der Happenings.

◎ **FOTOGRAFIEMUSEUM** FINNLANDS, Tel. 6866 3621. Di–So 12–19 Uhr. Eintritt € 5/0, je nach Ausstellung (mit HC frei).

Finnische und ausländische Fotografie und Medienkunst, Basisausstellung über die Geschichte der Fotografie. Zum Museum gehört auch ein Buchladen.

◎ **HOTEL- UND RESTAURANT-MUSEUM**, Tel. 68593700. Di–So 12–19 Uhr. Eintritt € 2/0 (mit HC frei).

Das Fachmuseum für Gastgewerbe und finnische Speisekultur gibt in seiner permanenten Ausstellung einen historischen Rückblick auf Gasthöfe, Bierkneipen, Cafés, Festtafeln. Zusätzliche Themenausstellungen.

◎ **THEATERMUSEUM**, Tel. 6850 9150. Di–So 12–19 Uhr. Der Eintritt kommt auf € 5,50/2,50 (mit HC frei).

Dieses Museum stellt Buntes aus Theater und Theatergeschichte vor. Kunst & Events vervollständigen die Bühnenatmosphäre. Eine wunderbare Welt öffnet sich für Kinder wie Erwachsene gleichermaßen. Im MUSEUMSKINO sind bekannte SchauspielerInnen zu sehen und zu hören, es gibt eine Jukebox und eine Wind- und Donnermaschine, Puppentheaterfiguren können ausprobiert werden – und der Clou: Besucher dürfen in (einige der) Kostüme schlüpfen, sich selbst verwandeln und in verschiedenen Rollen agieren – sicher eines der interessantesten Museen der Stadt, obwohl leider auch viele Texte nur in Finnisch sind (Info-Blatt in Englisch beim Eingang).

◎ Zum Kulturangebot gehören ferner die beiden **TANZTHEATER** Hurjaruuth und Zodiak, die Galerie und das **KERAMIKZENTRUM** Septaria, Kurse in Jazztanz, Kunstschulen, Galerien und vieles mehr.

INSELSTADTTEIL LAUTTASAARI

Zwei ausladende BRÜCKEN verbinden Ruoholahti mit der großen Insel Lauttasaari, einem Wohngebiet, dessen Silhouette der von weitem sichtbare pilzförmige Wasserturm kennzeichnet.

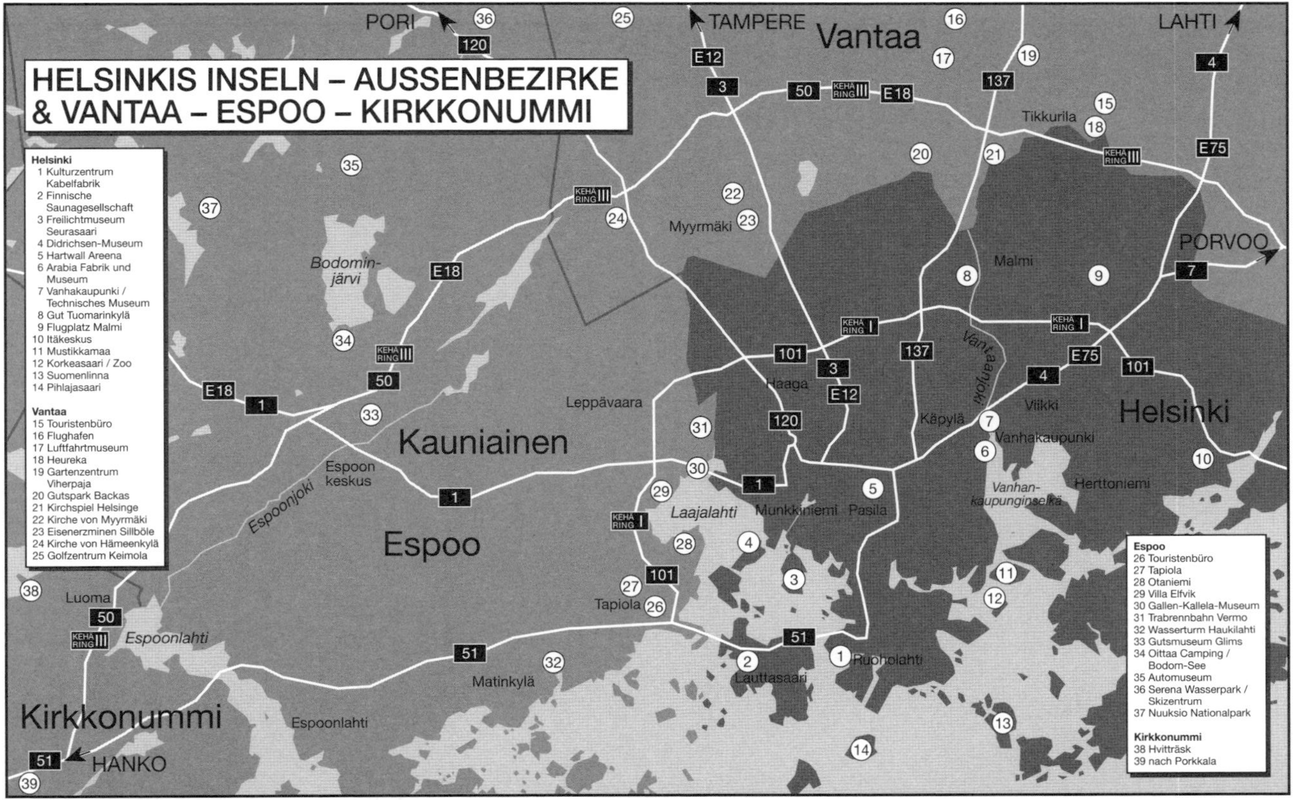
HELSINKIS INSELN – AUSSENBEZIRKE
& VANTAA – ESPOO – KIRKKONUMMI
Helsinki
1 Kulturzentrum Kabelfabrik
2 Finnische Saunagesellschaft
3 Freilichtmuseum Seurasaari
4 Didrichsen-Museum
5 Hartwall Areena
6 Arabia Fabrik und Museum
7 Vanhakaupunki / Technisches Museum
8 Gut Tuomarinkylä
9 Flugplatz Malmi
10 Itäkeskus
11 Mustikkamaa
12 Korkeasaari / Zoo
13 Suomenlinna
14 Pihlajasaari
Vantaa
15 Touristenbüro
16 Flughafen
17 Luftfahrtmuseum
18 Heureka
19 Gartenzentrum Viherpaja
20 Gutspark Backas
21 Kirchspiel Helsinge
22 Kirche von Myyrmäki
23 Eisenerzminen Sillböle
24 Kirche von Hämeenkylä
25 Golfzentrum Keimola
Espoo
26 Touristenbüro
27 Tapiola
28 Otaniemi
29 Villa Elfvik
30 Gallen-Kallela-Museum
31 Trabrennbahn Vermo
32 Wasserturm Haukilahti
33 Gutsmuseum Glims
34 Oittaa Camping / Bodom-See
35 Automuseum
36 Serena Wasserpark / Skizentrum
37 Nuuksio Nationalpark
Kirkkonummi
38 Hvitträsk
39 nach Porkkala
PORI
TAMPERE
LAHTI
PORVOO
HANKO
Vantaa
Kauniainen
Espoo
Helsinki
Kirkkonummi
Bodominjärvi
Leppävaara
Myyrmäki
Tikkurila
Malmi
Haaga
Käpylä
Vantaanjoki
Viikki
Vanhakaupunki
Herttoniemi
Vanhankaupunginselkä
Pasila
Munkkiniemi
Laajalahti
Espoon keskus
Espoonjoki
Tapiola
Luoma
Espoonlahti
Matinkylä
Lauttasaari
Ruoholahti
KEHÄ RING III
KEHÄ RING I
E18
E12
E75

◎ Auf der Insel residiert die **FINNISCHE SAUNAGESELLSCHAFT**, Suomen Saunaseura, Vaskiniemi, Tel. 68 605 60 und 6860 5622. Saunagebühr € 12 (Anmeldung erforderlich!). Bus 20 ab Erottaja.

In einem TRAUMHAFT gelegenen Strand- und Waldareal am Westufer Lauttasaaris betreibt diese Gesellschaft drei RAUCHSAUNAS und zwei HOLZBEHEIZTE klassische finnische Saunas. Nach dem Schwitzen können Sie sich im Sommer im Meer und im Winter beim Eislochbaden erfrischen. Ein Café sorgt für das innere Wohl. Als weiteren Service können Sie die traditionelle Saunawäsche in Anspruch nehmen: Eine Wäscherin seift Sie von Kopf bis Fuß ein und spült Sie ab! Auch Massagen sind im Genussangebot.

Die Saunas sind ganzjährig mit Ausnahme der Sonn- und Feiertage und der Sommerferien im Juli geöffnet, normalerweise von 13 oder 14 bis 21 Uhr; es gelten allerdings für Männer und Frauen getrennte Badetage. Näheres erfahren Sie bei der Anmeldung.

◎ Ansonsten lockt Lauttasaari mit schönen, grünen Uferstreifen, großzügigen Parkflächen vornehmlich im Süden und im Westen, mit Rad- und Spazierwegen (fast) rundum sowie zwei **BADESTRÄNDEN** im Südteil, der bei Familien und Kindern wegen der seichten Ufer besonders begehrt ist. Der Süden der Insel ist auch ein gutes Revier für Forellenfischer.

Munkkiniemi

An der großen Bucht Laajalahti liegt der Stadtteil Munkkiniemi, Mönchshalbinsel auf Deutsch, der Helsinki nach Espoo begrenzt. Sie kommen mit der Straßenbahnlinie Nr. 4 hin, an deren Endhaltestelle treffen Sie auf das empfehlenswerte STRAND-CAFÉ Torpanranta. Die Bucht ist so groß, dass der Blick aufs Wasser nahezu keine Grenze findet. Der felsige Strand gilt im Sommer als ein gut frequentierter Badeplatz.

Nahe Munkkiniemis, auf der vorgelagerten, durch die Straßenbrücke angebundenen Insel Kuusisaari, zwischen den Buchten Laajalahti sowie Seurasaarenselkä, empfehlen sich den Kulturbeflissenen unter uns zwei Adressen:

◎ **DIDRICHSEN KUNSTMUSEUM**, Kuusilahdenkuja 1, Tel. 489 055. Geöffnet während Ausstellungen Di–So 11–18 Uhr. Eintritt € 7/5. Bus 194, 195 oder die Straßenbahnlinie Nr. 4 (plus 2 km zu Fuß von der Endhaltestelle).

Das Museum legt seinen Schwerpunkt auf finnische und ausländische MODERNE KUNST; dazu widmet sich eine Abteilung speziell der älteren Kultur Chinas, des Mittleren Ostens und der präkolumbianischen Zeit.

◎ **VILLA GYLLENBERG**, Kuusisaarenpolku 11, Tel. 481 333. 1.8.– 30.6. Mi 16–20 Uhr, So 12–16 Uhr. Eintritt € 5/3 (mit HC frei). Anfahrt siehe Didrichsen-Museum.

In der Halle der Villa, einst das Domizil der Bankiersfamilie *Signe* und *Ane Gyllenberg,* finden wechselnde Kunstausstellungen statt.

◎ Östlich Munkkiniemis haben die Stadtplaner **PIKKU HUOPALAHTI** an der gleichnamigen schmalen Bucht neu erschlossen und das vertraute Prinzip der neuen Stadtgebiete Helsinkis angwendet: Wasser, Grün, Häuserblocks mit zwar regelmäßigen, allerdings nicht uniformen Strukturen. Markant erscheint ein terrassenförmig angelegter, hoher, teilweise farbig gestalteter Bau.

Pasila

Hinter den Parkanlagen ums Olympiastadion und den Vergnügungspark Linnanmäki herum beginnt der KERNSTADTTEIL Pasila, in Helsinki ein wichtiges urbanes Milieu. Einst waren hier Arbeiterfamilien in kleinen Holzhäusern ansässig, von denen fast alle dem Abriss zum Opfer fielen – der nördliche Abschluss des dicht bebauten Zentral-Helsinki sollte eine konkurrenzfähige »Nebencity« werden. Viel genannte Architekten und Stadtplaner wie Alvar Aalto oder Eliel Saarinen arbeiteten Bebauungen für das Viertel aus. Schon 1918 schlug Saarinen vor, den Hauptbahnhof, gerade erst fertig gestellt, nach Pasila zu verlegen.

◎ Das ist nicht geschehen – aber wenn Sie zum Beispiel vom Olympiaturm nach Pasila schauen, sehen Sie den großen, mit halbrundem Kuppeldach versehenen modernen **BAHNHOF**, Ratapihantie 6, sehen Sie breite Stränge silberner Gleise sich in das Landesinnere ziehen. Alle Strecken nach und von Helsinki berühren Pasila, um sich erst dann zu verzweigen. Als Bahnstation besitzt Pasila allemal seine Bedeutung, liegt dieser Bahnhof doch ungleich zentraler als der drüben in der Südspitze gefangene Kopfbahnhof.

Die Schienen teilen den Stadtteil in eine westliche und östliche Hälfte: LÄNSI-PASILA und ITÄ-PASILA, verbunden nur über Brücken sowie Unterführungen, vornehmlich die Pasilansilta. Falls Sie einen Eindruck von Pasila gewinnen wollen, unternehmen Sie am besten eine Rundfahrt mit der Straßenbahnlinie 7 A oder 7 B.

ITÄ-PASILA

Der Osten folgt einer streng geometrischen Straßenführung, mit einem Terrassensystem, das Fußgängern und Autos die Bewegung auf unterschiedlichen Niveaus erlaubt. Ost-Pasila ist eins der zum Glück wenigen Beispiele kalter, ABWEISENDER Bauten und misslungener Stadtplanung in Helsinki: ein Labyrinth monströser Büroblocks.

◎ **MESSEZENTRUM**, Messukeskus, Messuaukio 1, Tel. 15 091, Internet: www.finnexpo.fi.

Das Messezentrum gehört zu dieser Hälfte: 30.000 m^2 Ausstellungs- und Kongresshallen, Konferenzräume, Gastronomie sowie eine moderne technische Ausstattung machen Helsinki zu einem international immer beliebter werdenden Kongress- und Messestandort.

◎ Nach Nordosten, Richtung Käpylä, stoßen Sie im Karree zwischen Koskelantie und Mäkelänkatu auf den **SPORTPARK**, mit Laufbahnen und Plätzen für verschiedene Ballsportarten, und auf das **VELODROM**, das große Radstadion. Auf dem Gelände gibt sich der Helsinkier Freizeitsport sein Stelldichein, ebenso wie bedeutende Wettkämpfe hier stattfinden.

LÄNSI-PASILA

Gegen die verbaute Ost-Hälfte ist der Westteil fast eine Wohltat. Drei große Plätze bilden die Einkaufszonen des eher ruhigen Wohngebiets; Geschäfte und Läden konzentrieren sich hier, zumeist hinter Arkaden gelegen. Unter den Plätzen sind Parkhäuser angelegt, so dass die Wohnquartiere weitgehend autofrei bleiben können.

◎ Einen angenehmen Ausflug ermöglicht der schon kurz hinter dem Olympiapark, in Laakso beginnende **ZENTRALPARK**, an den die Häuserzeilen durch eine Fußgängerzone und Promenade in sanftem Übergang herangeführt wurden. Der Zentralpark ist mit 11 km Länge der größte der Stadt und steht als GRÜNE LUNGE HELSINKIS unter gesetzlichem Schutz, mit Park- und Wasseranlagen und WALDGEBIET. Bis weit nach Norden, bis an die Stadtgrenze Vantaas, zieht sich der Zentralpark, ein Paradies für Wanderer und Radfahrer, aber auch im Winter für Skilangläufer. Ein Teil der Hauptwege wird in der kalten Jahreszeit von Eis und Schnee befreit, gleichzeitig weisen genügend Loipenführungen die Spur.

Während der südliche Parkteil immer noch sehr angelegt erscheint, werden Wälder und Landschaftsformen nach Norden hin doch NATURWÜCHSIGER und lassen die Nähe und die Zugehörigkeit zur Großstadt mehr und mehr vergessen. Über das gesamte Areal des Zentralparks verteilen sich Hütten, in denen Sie nicht nur Kaffee und Erfrischungen erhalten, sondern auch Ski- und andere Sportausrüstungen mieten können. Zum Teil ist auch der Saunagang im Angebot.

Nach Norden hin verbreitert sich der Park, bis er an der Stadtgrenze zu Vantaa eine lange Uferlinie des Vantaa-Flusses mit einbezieht. Zu dem nördlichen Teil siehe Seite 263 über »Helsinkis Norden«.

◎ **YLE**, die Finnische Rundfunk- und Fernsehanstalt Yleisradio, arbeitet in der Radiokatu 5, bereits seit 1993 im eindrucksvollen, von *Ilmo Valjakka* geschaffenen, »Iso Paja« (große Werkstatt) gerufenen Hauptgebäude. Der zugehörige Fernsehturm bildet eine weithin sichtbare Orientierungsmarke.

Mit ihrer Gründung 1926 ist YLE eine der ältesten Rundfunkanstalten überhaupt. Der öffentlich-rechtliche Sender hat offensive private Konkurrenz, befindet sich aber weiterhin am Puls der Zeit. Seine Stärken: Nachrichtensendungen gerade auch der eigenen Nachrichtenredaktion, einheimische Musikproduktionen, Angebote für junge Hörer und Zuschauer, natürlich das HAUSEIGENE RUNDFUNK-SINFONIEORCHESTER – und nicht zuletzt Auslandssendungen, leider nicht mehr auf Deutsch, aber einmal wöchentlich tatsächlich in lateinischer Sprache: Nuntii latini, lateinische Nachrichten.

◎ **HARTWALL-AREENA**, Areenakuja 1, Tel. 0204 1997, Internet: www.hartwall-areena.com. Kartenverkauf Mo–Fr 8–20 Uhr und während der Veranstaltungen. Anfahrt mit Straßenbahn 7 A, 7 B; allen Nahverkehrszügen; den Bussen 23, 69.

Das 33 m hohe Konzert- und Sportveranstaltungszentrum zwischen den Pasila-Hälften wurde als imposanter ovaler Bau mit sechs Stockwerken ausgeführt, die größte VIELZWECKHALLE Skandinaviens, in der neben Konzerten, Revuen und Show u.a. auch EISHOCKEYSPIELE stattfinden, darunter auch die Heimspiele des international vertretenen Spitzenclubs »Jokerit«.

◎ Die **GASTRONOMIE** besteht vor allem aus Bars, Sportrestaurants und (als besonderen GAG) dem in den Fels gebauten RESTAURANT LAPIN KULTA, gleich einer Mine mit Goldgräberaccessoires gestaltet. Wer es anspruchsloser mag, lässt sich an einer der Fastfood-Oasen bedienen.

Käpyla und Haaga

KÄPYLA

Am Velodrom beginnt bereits der Stadtteil Käpylä – ein Kontrastprogramm zu Itä-Pasila, wie man es sich krasser nicht denken könnte. Dabei wäre auch Käpylä in den 1960er Jahren beinahe ähnlichen Abriss- und Erneuerungsplänen zum Opfer gefallen wie der benachbarte Stadtteil. Straßenbahnlinie 1 bringt Sie nach Käpylä.

◎ Ein geradezu ästhetisches Erlebnis ist **PUU-KÄPYLÄ**, das Areal der alten, erhaltenen Holzhäuser. Pohjolankatu / Samposantie markieren das Gebiet. In den 1920er Jahren gestaltete *Martti Välikangas* die Häuser mit großen Gärten in einfachem, klassischem Stil. Bis heute vermittelt Käpylä eine grüne, ruhige, beschauliche Vorstadtszenerie, besonders gefragt unter Künstlern und Musikern.

Fast noch schöner als in Vallilla ist der Spaziergang IM SONNENSCHEIN an den in zahlreichen Farben leuchtenden Holzfassaden vorbei, an hellem Blau und Grün, frischem Gelb oder Rosa, dunklem Rot mit weißen Brüstungen und Geländern, bunten Blumenampeln, Spielzeug, wehender Wäsche und Gartenidylle.

◎ Zwei funktionalistische Gebäude bzw. Komplexe seien hervorgehoben: Die **KIRCHE** von Käpylä, Metsolantie 14 (1930, *Ilmari Sutinen),* und das Olympische Dorf an der Väinölänkatu (1940, *Hilding Ekelund* und Martti Välikangas).

◎ Neben der Galerie in der Innenstadt ist das Handarbeitsmuseum besuchenswert: **VIRKKI KÄSITYÖ-MUSEO**, Käpylänkuja 1, Tel. 7572597, Mi–Sa 11–15 Uhr. € 3,50/0. Die kleine Welt kunsthandwerklicher Techniken passt gut in diesen Stadtteil.

KUMPULA

Ähnlich wie in anderen Großstädten haben die Helsinkier Citybewohner ihr Herz für Gartenkultur entdeckt. Südlich Käpyläs liegt in Kumpula ein sehr schönes Kleingartengelände, beim Durchschlendern könnte man mancherorts an »Puu-Käpylä en miniature« denken. Die Blumenpracht ist eine Nasen- und Augenweide sowie ausgesprochen gepflegt. Was auch für das Freibad Kumpula an der Allastie gilt.

HAAGA

Es geht weiter mit Pflanzen und Blütenpracht: Der RHODODENDRON-PARK im Laajasuonpuisto ist eine 5 ha große Anlage mit Wiesen, Baumbestand, Aussichtsplattformen und einem Meer von Rhododendren und Azaleen, die in der Regel im Juni ihre Hauptblütezeit haben. Der Park gehört als landwirtschaftliches Forschungsareal zur Universität Helsinki. Sie erreichen ihn von der Bahnstation Huopalahti aus.

Arabianranta & Vanhakaupunki

Nach Osten stößt der Kreis um Helsinki wiederum auf eine Bucht, Vanhankaupunginselkä, nördlich der Inseln Mustikkamaa und Korkeasaari.

Die Stadtgebiete Arabianranta und Vanhakaupunki, die Alte Stadt, ziehen sich nordwestlich der Bucht entlang. Auch sie sind neue Stadtplanungsgebiete mit Rücksicht auf die Natur. Vanhakaupunki, das den ursprünglichen Gründungsort Helsinki bezeichnet, liegt an der Mündung des Flusses Vantaa, der hier von Norden her ins Meer eingeht.

Vor allem Arabianranta besticht durch famose Wander- und Radwege entlang dem Wasser: Sie können ungehindert die Bucht bis Viikki und Herttoniemi umrunden und kommen dabei der Natur nahe.

PORZELLANMANUFAKTUR ARABIA

Arabianranta – dieser Name ist Programm: Sind doch hier Verwaltung und Fabrikation der finnischen Porzellanmanufaktur überhaupt, ARABIA, angesiedelt. Das neu gestaltete Arabiakeskus ist Dach für das Porzellanmuseum (9. Stock) und den Werkverkauf des Hackman-Konzerns,

In der Porzellanfabrik Arabia (oben). –
Die Helsinkier sind die Südländer unter den FinnInnen... ▶

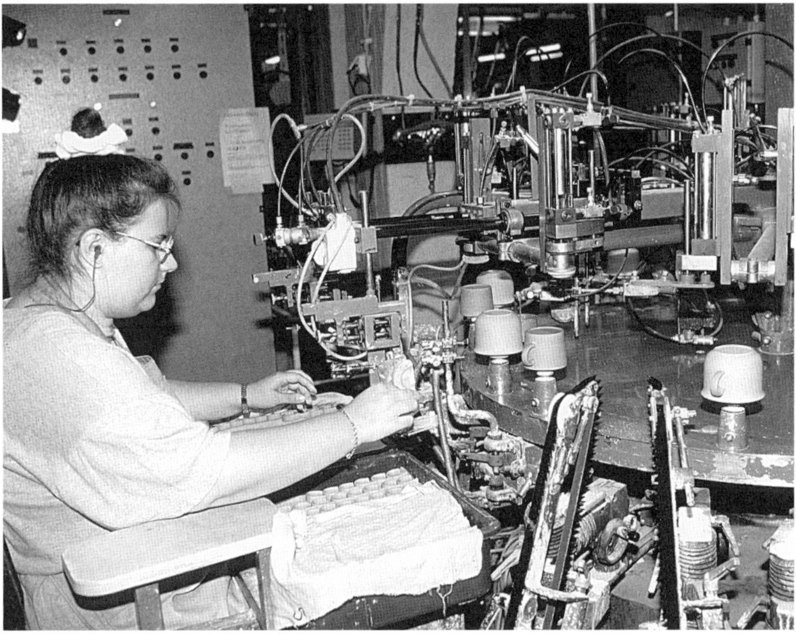

in dem »Arabia«, die Glashütte »Iittala«, der ursprüngliche Edelstahl- und Haushaltwarenhersteller »Hackman« sowie die altbekannte schwedische Porzellanmarke »Rörstrand« vereint sind. In Fabrikshops finden Sie ferner »Pentik« sowie den Edelstahlwaren-Namen »Opa«.

Hinter Aralis verbergen sich Infozentrum und Bibliothek. Das Café-Restaurant »May« serviert selbstverständlich vom »hauseigenen« Gebrauchsgeschirr.

◎ **ARABIA MUSEUM**, Hämeentie 135, Tel 0204 3911. Di–Fr 12–18 Uhr, Sa+So 10–16 Uhr. Eintritt € 2/1 (mit HC frei). Straßenbahn 6 bis Endhaltestelle; Busse 71, 73 B oder 76.

Das Museum zeigt eine Dauerausstellung von Gebrauchsporzellan / -keramik sowie Keramikkunst aus der rund 130-jährigen Geschichte der Arabia-Fabrik. Zusätzlich gibt es kleine Sonderausstellungen. Keramik und Porzellan sind in Finnland stark auch Teil der Entwicklung generellen finnischen Designs; darum sind im Museum DESIGNTRENDS gut einzuordnen und nachzuvollziehen. »Arabia« arbeitet vorwiegend mit einheimischen Formgebern.

◎ Ein unvergessliches EREIGNIS ist eine **WERKSFÜHRUNG** (mögliche auf Voranfrage) in der »Arabia«-Fabrik. Vom ersten, maschinell gegossenen Rohling einer Tasse oder eines Tellers bis hin zur Bemalung, Vergoldung und zum letzten Brand können Sie den Werdegang eines Services verfolgen. Vor allem den PORZELLANMALERINNEN bei der Arbeit zuzuschauen macht Freude, sie lassen sich auch von Neugierigen nicht beirren in ihrer ruhigen, präzisen Pinselführung. Dabei wird nicht mehr alles von Hand gemacht: Für komplizierte Dekore, etwa das klassische in blauen und gelben Früchtemotiven gestaltete »Paratiisi«, gibt es eine spezielle, patentierte Schablonentechnik. Auch wenn Sie alles sehen können – dies bleibt eins der gehüteten Geheimnisse.

◎ Im **WERKVERKAUF** »Hackman Shop« können Sie vieles von dem käuflich erwerben, was Sie in der Fabrik gesehen haben, nicht nur Geschirr, auch Zierrat wie Vasen, Schalen, Wandbilder sowie Dekoration werden angeboten, neben Glaswaren, Töpfen und Bestecken. Oft gibt es Sonderangebote wie auch (gute) Zweite-Wahl-Artikel.

DER URSPRUNG HELSINKIS

In Vanhakaupunki stehen Sie auf dem Boden, wo Helsinki einstmals wachsen und blühen sollte. Das hat nicht geklappt; erst die Verlegung nach Kruununhaka mit offenem Ostseezugang brachte den Erfolg.

Trotzdem ist die MÜNDUNG des Vantaanjoki einen Besuch wert: Ein Fußweg begleitet das Flussbett und seine Stromschnellen bis zum Mündungsbett, wo sich der Fluss verbreitert. Westlich der Stromschnellen ist das alte Wehr (19. Jh.) erhalten. Die Kraftwerkstation war von 1911 bis in die 1970er Jahre in Betrieb.

Am Hügel KELLOMÄKI liegen die alten Stadtviertel, Holzhäuser zwischen Wiesen und Pferdeweiden. Der Hügel selbst trägt eine Gedenktafel für die Gründung der Stadt.

Nach einem Blick auf den Vantaa-Fluss können Sie im Restaurant-Café »Kuningaskalastaja« einkehren und den geschichtsträchtigen Ausflug verdauen. Im Café erhalten Sie Angellizenzen; eine Bootsvermietung ist angeschlossen. Tel. 728 1251. Die Bucht Vanhankaupunginlahti gilt als ein hitverdächtiger Fischgrund.

◎ **TECHNISCHES MUSEUM**, Viikintie 1, Tel. 797 066. 1.5.–31.8. Di–So 11–17 Uhr, sonst Mi–So 12–16 Uhr. Eintritt € 5/1 (mit HC frei). Busse 71, 73 B ab Bahnhofsplatz.

Auf einer kleinen Insel mitten im Fluss gelegen, über eine Brücke zu erreichen, erwartet Sie ein Einblick in die Entwicklung diverser Industriezweige, in Nachrichten- sowie Haushaltstechnik, Computer und Strom.

◎ Gleich nebenan das **MUSEUMSKRAFTWERK**, Hämeentie 163, Tel. 31087064. Anfang Juni bis Ende August So–Do 11–16 Uhr. Eintritt € 3/0 (mit HC frei).

Zu besichtigen: Mühle, Turbinenpumpanlage, Thermalkraftwerk.

Viikki & Herttoniemi

Im Nordosten Helsinkis jenseits des Vanhankaupunginselkä erstrecken sich weitläufige Grünflächen und NATURSCHUTZGEBIETE. Die lokalen Neubebauungen stehen, den Vorgaben der Stadtplanung gemäß, unter dem Anspruch, die Naturareale nicht anzutasten. Vor allem Viikki ist gesegnet mit Wäldern, Feldern, kulturhistorischem Landwirtschaftsraum. 254 Hektar Natur- und Erholungsgebiet sind ein ungewöhnlicher Luxus für eine europäische Landeshauptstadt – aber eben das ist (auch) Helsinki. Schließlich sind in Viikki die ältesten noch betriebenen Höfe und Landwirtschaftsbetriebe der Stadt ansässig.

VIIKKI

Viikki gilt als Zentrum der Zukunft von WISSENSCHAFT und ÖKOLOGIE in Helsinki. Universitäre Forschung und Studenten sollen hier tätig sein, jedoch auch Wohnraumplanungen nach Energiespar- und anderen ökologischen, zukunftsorientierten Modellen umgesetzt werden.

◎ Das Herz Viikkis ist der **WISSENSCHAFTSPARK**, ein Forschungszentrum in den Bereichen Biowissenschaften und Biotechnik. Die Mehrzahl der Gebäude steht bereits. Das ehemalige Hauptfarmhaus aus den 1830er Jahren steht unter Denkmalschutz.

HELSINKI GARDENIA, die »Gartenstadt«, gehört mit Wintergarten, Umweltinstituten und einem Gartenbau-Zentrum für die Bewohner zu dem Projekt. Sieben Kilometer von der City entfernt werden neue

Lebens- und Wohnideen umgesetzt. Koetilantie 1, Tel. 347 8400. Mo–Do 10–18 Uhr, Sa+So 10–17 Uhr. Eintritt € 3,50/1,80.

◎ Am NORDUFER von Vanhankaupunginselkä erstrecken sich die Wälder von Hakalanniemi. Sie umfassen ein 20 ha großes **ARBORETUM**, mit heimischen sowie exotischen Bäumen. Zwei VOGELBEOBACHTUNGSTÜRME gibt es vor Ort. Die Bucht war schon vor der Mitte des 19. Jhs. als Vogelparadies geschätzt.

HERTTONIEMI

Auf der Halbinsel Herttoniemi betreffen die städtebaulichen Veränderungen vor allem den alten Hafen und das Gebiet der ehemaligen, abgerissenen Ölraffinerie mit ihren Lagern. Das neue Wohngebiet soll für etwa 9.000 Menschen Platz schaffen.

◎ **GUTSMUSEUM HERTTONIEMI**, Linnanrakentajantie 12, Telefon 789 874. 1.5.–31.10. So 12–14 Uhr. Eintritt € 3,40/1,70. Metrostation Herttoniemi.

Das Bauernmuseum liegt inmitten eines BAROCKEN Parks, umgeben von Parkanlagen im englischen Stil. In den benachbarten Wäldern hat auch C.L. Engel wieder einmal Spuren hinterlassen – in einem kleinen Sommerhaus.

In Herttoniemi finden Sie außerdem das Restaurant WANHA MYLLY, ein Steakhaus in originaler Gutshof-Atmosphäre. Tel. 759 7520.

Herttoniemi liegt im Osten der Bucht Vanhankaupunginselkä; ein ähnlicher Gutshof befindet sich in Tullisaari / Laajasalo, etwa 2 km von Herttoniemi entfernt. Reizvoll ist der alte Baumbestand.

◎ Sowohl Viikki als auch Herttoniemi laden zu ausgedehnten Spaziergängen und Wanderungen ein: **NATURPFADE** führen jeweils in der Nähe des Vanhankaupunginselkä entlang. In Viikki gibt es sogar einen eigens für Kinder angelegten Weg, VUOKON VAELLUS. In KIVINOKKA, Halbinsel südwestlich Herttoniemis, wird Natur speziell für Körper- und Sehbehinderte erfahrbar. Und auch das Gebiet Mölylä lohnt eine Erkundung zu Fuß.

Itäkeskus

Nicht vergessen im Helsinkier Osten soll Itäkeskus sein, das seinen lokalen Bekanntsheitsgrad dem riesigen, gleichnamigen EINKAUFSZENTRUM verdankt. So gewaltig dessen Anziehungskraft auch ist, für die Helsinkier wie für Auswärtige und Touristen bleibt der Stadtteil eine eher gedrängte Gegend aus Wohnblöcken, der wenig verlockend wirkt. Kulturell jedoch ist Itäkeskus auf der Höhe.

◎ Das Kulturzentrum **STOA**, Turunlinnantie 1, Tel. 3108 8405, steht den Einrichtungen in der Stadt in nichts nach, sei es in den Sparten Musik, Film, Ausstellungen, Theater. Als Namensgeber fungiert die kobaltblaue

Skulptur von *Hannu Siren* vor dem Gebäude.

Wagen Sie sich ruhig noch weiter nach Osten vor: in die schönen Naturregionen von Hallahti und Uutela zum Beispiel, nach Merirastila und Rastila (nicht nur zu Badestrand und Campingplatz), oder nach Vuosaari, auch ein Planungs-Stadtteil, in den Teile des Hafens aus der Innenstadt verlegt werden. Und ab dort zur Insel Kaunissaari.

Der Helsinkier Norden

◎ In **MALMI** ist einer der ältesten Flugplätze Finnlands beheimatet. In den 1920er Jahren flog die junge »Finnair«, damals »Aero«, noch von einer schwimmenden Rampe in Katajanokka aus. Malmi war danach bereits ein Landflugplatz.

◎ Ein Erlebnis vor allem für Kinder: **FALLKULLAN** Kotieläintila, Fallkullantie: Haustierhaltung und STREICHELZOO. Tel. 3108 9094. Mo–Do 10–18 Uhr, Sa 10–15 Uhr, So 10–16 Uhr.

◎ Auch Malmi hat sein Kulturzentrum: **MALMINTALO**, Ala-Malmintori 1, Tel. 3108 0822. Erwachsenenbildung, Jugendzentrum und Kulturhaus für rund 100.000 Einwohner im Helsinkier Norden. Nahverkehrszüge P, I, N, und K.

◎ Westlich davon, zwischen Malmi und Pakila, empfiehlt sich noch ein Museumsausflug: **TUOMARINKYLÄ**, Tel. 728 7458. Geöffnet etwa 10.8. bis 24.6. So–Do 11–16 Uhr. Eintritt € 3/0 (mit HC frei).

Museum und Kindermuseum in einem Gutshof (1790) schildern das ländliche Leben von Erwachsenen wie auch, dies ist das Besondere, von KINDERN. Sehr gut gemacht.

◎ Im nördlichen **ZENTRALPARK** sind die FELDER UND WÄLDER von Haltiala westlich von Tuomarinkylä zu erkunden. Als Startort für Exkursionen dient die Wanderhütte Paloheinä. Anfahrt mit Bus 66 oder 67.

Nahe zum Vantaanjoki liegt das ARBORETUM Niskala. Schon sind Sie am Flusslauf, der mit zwei STROMSCHNELLEN überrascht: Ruutinkoski im Osten und Pitkäkoski im Westen des Parks.

Gestreichelt und geschaut wird in der HAUSTIERFARM HALTIALA, Laamannintie (Tuomarinkylä): Mo–Fr 18–20 Uhr, Sa+So 11–18 Uhr.

Südfinnland – Hauptstadtregion

Ortsunkundige bemerken es kaum, wenn sie die Stadtgrenzen von Helsinki überqueren. Die Übergänge in die Nachbarstädte VANTAA und ESPOO erscheinen fließend.

Mit zunehmender Entfernung vom Fixpunkt Helsinki jedoch wird es immer ländlicher: zunächst regionale Zentren mit urbanem Charakter werden allmählich von Vorortsiedlungen im Grünen sowie schließlich von Landwirtschaftszonen und von Wäldern abgelöst.

Wer erwartet, die Helsinki umgebenden Gemeinden seien reine Satellitenstädte, irrt. Obwohl als Stadtgebilde sehr jung, strotzen allen voran Espoo und Vantaa vor Selbstbewusstsein. Innerhalb weniger Jahrzehnte haben sie sich zu PROSPERIERENDEN Großstädten entwickelt. Was für Helsinki gilt, gilt auch für den Großraum: Die Bevölkerung ist überdurchschnittlich jung, qualifiziert und ausgebildet. Zu behaupten Espoo und Vantaa bildeten eine Art Speckgürtel um die Hauptstadt ist keineswegs despektierlich gemeint, sondern entspricht ganz einfach der Wahrheit. Beide besitzen hohes Innovations- und Wirtschaftspotenzial, primär im Hightech- und Dienstleistungsgewerbe, in Forschung sowie Technologie. Reich sind sie auch in anderer Hinsicht, denn sie umfassen viele Fleckchen herrlicher Natur, die es zu entdecken gilt.

Zu der Hauptstadtregion gehören auch das kleine, vom Espoo-Stadtgebiet umschlossene KAUNIAINEN und das sich westlich an Espoo anschließende KIRKKONUMMI.

Noch stärker als Helsinki weisen die umliegenden südfinnischen Gemeinden schwedische kulturelle wie sprachliche Wurzeln auf, die bis tief ins Mittelalter reichen.

Vantaa

Das sich Helsinki im Norden anschließende Vantaa ist dank Gebiets- und Verwaltungsreformen sowie einem steten Zuzug von Menschen aus Mittel- und Nordfinnland innerhalb weniger Jahrzehnte zur VIERTGRÖSSTEN Stadt Finnlands angewachsen.

Erst seit 1974 besitzt Vantaa das Stadtrecht. Heute bevölkern rund 182.000 Menschen ein Gebiet von 243 km^2. Die Bevölkerungsdichte liegt bei 730, zum Vergleich in Finnland bei durchschnittlich 17.

Auch Vantaa kennt verschiedene Zentren; die wichtigsten sind TIKKURILA, der Verwaltungsstandort, und

MYYRMÄKI, das Hauptziel zum Einkaufen. Recht verkehrsgünstig gelangt man von Helsinki nach Vantaa / Tikkurila und zurück mit dem Nahverkehrszug (Linien H, I, N, K, P, R, T) oder der Buslinie 611.

Vantaa bezeichnet sich als Stadt mit FLÜGELN und WURZELN. Zum einen zielt das auf den internationalen Großflughafen, auf Wirtschaftspotenz und Innovation, zum anderen auf die seit 1351 feste Besiedlung an dem Fluss Vantaanjoki, dem Namensgeber der Stadt. Außerdem verdankt Vantaa seiner Lage im Grünen einen hohen Freizeitwert.

◎ **TOURISTENBÜRO**: Ratatie 7 in Tikkurila, Tel. 8392 3086, Fax 8392 2371, www.vantaa.fi. Mo 8–18 Uhr, Di–Do 8.30–16 Uhr, Fr 7.30–15 Uhr.

Das Büro in Tikkurila hält die üblichen Informationen und Broschüren bereit und bietet freundliche und individuelle Hilfestellung.

◎ Der Rundgang beginnt dort, wo viele Besucher den ersten Bodenkontakt haben: Der internationale **FLUGHAFEN HELSINKI-VANTAA** wird gerne als Aushängeschild dargeboten. Info-Tel. 0200 4636 rund um die Uhr; Führungen und Besichtigungen Tel. 8277 3103 (Dauer rund zwei Stunden).

Der zu den Olympischen Spielen 1952 eingeweihte Flugplatz ist in den letzten Jahren vollständig umgebaut und erweitert worden. Die Gebäude mit ihrer modernen Anmutung aus Holz, Glas und Stahl wirken luftig, dabei funktionell und übersichtlich. So nimmt es nicht Wunder, dass der Airport unter den Fluggästen beste Noten bekommt.

Die Zahl der Passagiere liegt inzwischen bei rund 10 Millionen pro Jahr. Das Flughafengelände umfasst 1.500 ha und hat zwei Landebahnen von 3.400 bzw. 2.900 Metern vorzuweisen; eine dritte Bahn ist geplant. Arbeitsplätze bestehen für mehr als 7.500 Beschäftigte.

KUNST hat auch hier ihren Platz: Im Auslandsterminal in der Transithalle findet sich ein Kupferrelief (Laila Pullinen), betitelt »Sonne in den Fjälls«. Im Inlandsterminal ist die Installation »Concorde« *(Stefan Lindfors)* beheimatet.

◎ Nebenan erwartet alle Technikfans Suomen ilmailumuseo, das **FINNISCHE LUFTFAHRTMUSEUM**, Tietotie 3, Tel. 870 0870. Täglich 11–18 Uhr. Eintritt € 5/2,50, Familien € 10.

Dokumente, Miniatur-Modelle sowie audiovisuelle Medien erläutern die Geschichte der finnischen Luftfahrt bis in die Gegenwart. Attraktionen sind die rund 80 Flugzeuge, davon gut 20 Segelflieger.

WISSENSCHAFT UND KULTUR

Tikkurila, in schwedischer Variante: Dickursby, taucht erstmalig in einem Dokument von 1501 auf. Hier gibt es nicht nur Verwaltungen, Warenhäuser, Dienstleistungen und die attraktive Fußgängerzone Tikkuraitti.

Sogar weit über Finnlands Grenzen hinaus bekannt ist das Wissenschaftszentrum Heureka:

◎ **HEUREKA**, Tiedepuisto 1, Tel. 85 799, www.heureka.fi. Im Juli täglich 11–19 Uhr, sonst Mo–Mi und Fr 10–17 Uhr, Do 10–20 Uhr, Sa+So 10–18 Uhr. Tickets für alle Bereiche: € 18/11,50 (mit HC € 14,50/10). Der zugehörige Wissenschaftspark Galilei ist von Anfang Mai bis Ende September geöffnet.

Das wissenschaftlich orientierte MITMACH-ZENTRUM öffnete 1989 seine Pforten – Interaktivität lautet der Schlüsselbegriff, oder auch Lernen durch Begreifen!

Schon äußerlich wirkt das von *Mikka Heikkinen* und *Markku Mamanen* gestaltete Gebäude futuristisch dank seiner Glasfassade, die sich, je nach Lichteinfall, farblich verändert, mit der silber glänzenden Halbkugel, in der sich die Wolken spiegeln. Das Außengelände umfasst einen botanischen Bereich, nach ökologischen Kriterien didaktisch gestaltet, und eine Sammlung von Gesteinsbrocken verschiedener Art und Herkunft, typisch – oder spezifisch – für Finnland.

Im Inneren präsentiert Heureka mehr als 200 Objekte, Installationen, Versuchseinrichtungen aus diversen Wissenschaftszweigen, meist in Bezug gesetzt zu Alltagserfahrungen seiner Besucher. Das Spektrum reicht von Sauriern über Chemie und Genetik bis zur Automation ... und weiter. Die Hauptausstellung ergänzen zwei SONDERSCHAUEN zu speziellen Themen, die etwa alle sechs Monate wechseln. Sie selbst werden zum Experimentator, Versuchsleiter. Um es richtig einzuschätzen: Heureka ist so spannend, dass Sie rasch einen ganzen Tag hier verbringen.

Im VERNE-THEATER werden (im wahren Sinne des Wortes) atemberaubende Szenen auf eine Halbkugel-förmige Leinwand projiziert. Mit Hilfe aufwändiger Technik und 3 D sehen Sie sich inmitten sprühender Lava oder schweben durch den Sternenhimmel.

Heureka wendet sich als Erlebnis an die ganze Familie, ist allerdings nicht billig. Für Kinder gibt es einen eigenen Wissenschaftsbereich: Spaß soll das Ganze machen. Auch Hobby-Wissenschaftler werden hungrig und durstig, das RESTAURANT ARCHIMEDES sorgt für Abhilfe. Und damit man auch etwas nach Hause tragen kann, gibt es einen Shop, der neben teurem Schnickschnack einige ganz interessante wissenschaftliche Spielereien und Kniffliges führt.

◎ **STADTMUSEUM VANTAA**, Hertaksentie 1, Tel. 8392 4007. Mi sowie Fr–So 11–16 Uhr, Do 13–18 Uhr (während laufender Ausstellungen). Eintritt € 2/0 (mit HC frei).

Untergebracht ist das Museum in einem ANSEHNLICHEN alten Bahnhofsgebäude (1861), errichtet unter C.A. Edelfelt. Es ist der einzige noch bestehende ursprüngliche Bahnhofsbau aus Stein an der ersten finnischen Eisenbahnlinie von Helsinki nach Hämeenlinna. Seit 1990 beherbergt er das Museum. WECHSELNDE AUSSTELLUNGEN beleuchten Ausschnitte aus Historie und Kultur des Kirchspiels Helsinge sowie der Stadt Vantaa.

◎ Vantaa ist aktiv und erfolgreich bemüht, die **SCHÖNEN KÜNSTE** auf breiter Front ZU FÖRDERN. Es gibt Sprech- und Tanztheater, Orchester, jede Menge Chöre, Folk- und Rockgruppen. Nicht zu vergessen die Festivals und Kulturevents: BRAVO!, Kindertheaterfestival im März, ON!, Kulturwochen ebenfalls für Kinder und Jugendliche im November, ANKKAROCK im August, die Barock-Woche auch im August und SILKKIJAZZ im Oktober, um nur einige zu nennen.

Wie in anderen Kommunen fällt auch in Vantaa auf, dass neben Naturwissenschaft und Technik musische Fähigkeiten schon in der Kindererziehung hier in Finnland einen gleichberechtigten Stellenwert haben. (Die viel zitierte PISA-Studie sah Finnland weit oben, wofür es noch mehr Gründe gibt.)

LANDLEBEN

◎ **GUTSHOF NISSBACKA**, Sotungintie (Hakunila), Tel. 040 – 5012346, 1.6.–31.8. Mi 12–18, So 12–16 Uhr. Eintritt € 5.

Das beliebte Ausflugsziel ganz im Osten von Vantaa zeigt im Sommer eine Ausstellung von Skulpturen der renommierten Künstlerin Professor Laila Pullinen und macht weitergehend mit den Schaffensperioden der Bildhauerin bekannt. Imponierend das ERDRELIEF »Prähistorisches Meer«.

◎ Den Ortsteil **SOTUNKI** kennzeichnet ERHALTENES DÖRFLICHES MILIEU wie sonst kaum um Helsinki.

Neben Feldwegen durch landwirtschaftliche Nutzflächen bietet Sotunki Möglichkeiten zu ausgedehnten Wanderungen durch dichten Waldbestand, dazu im Herbst leckere Beeren und Pilze.

◎ **TROLLBERGA-MUSEUM**, Nybyggetintie 21, Tel. 876 4732. Mitte Mai bis Ende August So 11–16 Uhr, oder nach Absprache. Eintritt € 4/2.

Werfen Sie einen nostalgischen Blick auf das nicht immer einfache bäuerliche Leben in gar nicht so entfernter Zeit. Dieses Traktoren- und Landmaschinenmuseum vermittelt mit seinen Werkzeugen und Gerätschaften ein plastisches Bild von den Tätigkeiten und Arbeitsmethoden im bäuerlichen Betrieb. Berücksichtigt wird auch das Leben der Bäuerinnen und Mägde, innerhalb und außerhalb der Küche.

◎ **KUPPIS GÅRD**, Mäntykummuntie 6, Tel. 876 7339. Von Ende Mai bis Mitte August Führungen So um 11 und um 12 Uhr; oder nach Absprache. Eintritt € 3, Familienkarte € 10.

Bauernhof mit Kühen, Schweinen, Schafen, Ziegen, Pferden und anderen Streicheleinheiten zugeneigten Haustieren.

◎ Stärken Sie sich in einem zünftigen **LANDGASTHOF**: »Nygård«, Uunirinne 2. In der Scheune wird im Sommer auch zum Tanz aufgespielt.

◎ In Honkanummi liegt ein kleiner **SOLDATENFRIEDHOF**, letzte Ruhestätte von 370 deutschen Soldaten, vorwiegend Marineangehörige, die in Finnland während beider Weltkriege starben. Den Friedhof betreut der Volksbund deutsche Kriegsgräberfürsorge e.V.

◎ **GARTENZENTRUM VIHERPAJA**, Meiramitie 1 (Tikkurila), Tel. 822 628. Im Sommer Mo–Fr 8–18 Uhr, Sa+So 9–16 Uhr, sonst jeweils 1 Std. länger. Eintritt Japanischer Garten € 1.

Unweit vom Flughafen sind alle Freunde von exotischem und schönem Blüten- und Blattwerk recht am Ort: Zu dem Gelände mit Gewächshäusern und Außenflächen gehören ein echter JAPANISCHER GARTEN (Kirschblüte Ende Februar /Anfang März), ein kleines Reich für Schmetterlinge sowie eine originelle Kakteensammlung.

◎ **GUTSPARK BACKAS**, Ylästöntie 28 (Pakkala), Tel. 010 802 299. Mo–Fr 8–19 Uhr, Sa+So 8–16 Uhr.

Schon Mitte des 16. Jhs. war Backas als Reiterhof bekannt. Das Hauptgebäude des heutigen Herrenhauses wurde 1818 errichtet, die Flügel 1844. Der umgebende weitläufige Park ist ein populäres Ausflugsziel. Das GUTSRESTAURANT gilt als feine Adresse für Banketts und Feste.

HELSINGE

Das altehrwürdige Kirchspiel Helsinge ist eine der großen Sehenswürdigkeiten in Vantaa. Von kulturhistorischer Bedeutung ist das dörfliche Milieu aus der Zeit des späten 18. und frühen 19. Jhs., mit Dorfstraße und MÜHLE. An Sommerabenden finden regelmäßig Veranstaltungen statt, die der lokale Heimatverein organisiert.

◎ Die Sammlung des **HEIMATMUSEUMS** am Kirchplatz spiegelt das Leben der Einwohner bis ins 20. Jh. Untergebracht ist das 1963 gegründete Museum in einem alten Kornspeicher von 1822. Das Nebengebäude stammt gar von 1797. Tel. 040 0876 611. Im Sommer Mi 17–20 Uhr, So 11–15 Uhr.

◎ **ST. LAURENTIUS-KIRCHE**, Kirkkotie 45, Tel. 83 061 (Kirchenzentrum). Mo–Fr 9–12 Uhr und 13–15 Uhr, im Sommer Mo–Fr 15–20 Uhr. Führungen möglich.

Die imposante Feldsteinkirche datiert um das Jahr 1460; andere Quellen sprechen von der Kirchweihe in 1494. Sie ist damit einer der ältesten Bauten im Großraum Helsinki. Das lutherische Gotteshaus mit SEPARATEM GLOCKENTURM wurde Ende des 19. Jhs. durch einen Brand schwer beschädigt. Unter Anleitung von Architekt Theodor Höijer, der ebenso die innere Raumgestaltung vornahm, wurde die Kirche wieder aufgebaut.

Aufgrund der ausgezeichneten Akustik wird die Kirche ausgiebig als Konzertraum genutzt. So konzentriert sich die alljährlich im August zelebrierte BAROCK-WOCHE auf die St. Laurentiuskirche.

Auf dem zugehörigen Friedhof erinnern Monumente von Aimo Tukiainen an die Gefallenen des Winter-

und Fortsetzungskrieges (1939–44) und ein Gedenkstein von 1918 an in Finnland gefallene deutsche Soldaten. Hier legt die Deutsche Botschaft einmal im Jahr einen Kranz nieder.

Wer in der stimmungsvollen Dorfatmosphäre ein wenig länger verweilen möchte, kehrt ein in die KAHVITUPA LAURENTIUS, Kirkkotie 47, ein reizendes kleines Café, das Sie in ruhiger, beschaulicher Umgebung mit duftendem Kaffee und frischem Gebäck verwöhnt. Im Sommer täglich geöffnet, sonst nur sonntags.

DAS ZENTRUM IM WESTEN

In Myyrmäki, im Westen Vantaas, blüht nicht nur die Kultur in Form von Ausstellungen, Theater, Konzerten. Sehr gefragt ist auch das Shoppingzentrum »Myyrmanni«.

◎ Ein Beispiel für ein regionales Dienstleistungs- und Kulturzentrum bietet das **MYYRMÄKITALO**, Kilterinraitti 6, Tel. 8393 5469, für Ausstellungen 8393 5570. Di–Fr 12–19 Uhr, Sa 10–15 Uhr, Führungen auch nach Vereinbarung.

Es beherbergt neben Versammlungsräumen für Bürgervereine, Bücherei und Kino, Bank und Restaurantbetrieben vor allem Vantaas Zentrum für bildende Kunst mit entsprechenden Ausstellungen, Workshops und Veranstaltungen.

◎ **KIRCHE VON MYYRMÄKI**, Uomatie 1, Tel. 830 6440. Im Sommer sind Führungen möglich.

Wenn das Kirchenschiff in helles Licht getaucht ist, kann es seine ausgetüftelte Ausstrahlung voll entfalten. Die Kirche (1984, *Juha Leiviskä)* wird ebenfalls für Orgelkonzerte genutzt, ist während der ORGELWOCHE der Stadt eine gefragte Bühne.

◎ Die **EISENERZMINEN** Sillböle / Kaivoksela liegen nahe der Kirche. 1744 entdeckte man diesen Reichtum der Erde, und mit kleinen Unterbrechungen beutete man die Mine bis 1866 im Tagebau aus. Diese zehn Gruben sind heute umzäunt und als Gebiet mit historischer Bedeutung geschützt.

◎ **KIRCHE VON HÄMEENKYLÄ**, Auratie 3, Tel. 830 6450. Das Gotteshaus entstand 1992 unter Leitung von Olli Pekka Jokela. Hervorzuheben die künstlerische Umsetzung des Leidensweges Christi von der Verurteilung bis zur Auferstehung in 14 Einzelwerken, geschaffen von Malerin *Silja Rantanen* und Bildhauer *Martti Aiha*.

◎ **AQUARIUM**, Tiilenlyöjänkuja 3 (Petikko, nördlich Ring III), Tel. 854 0517. Di–So 12–17 Uhr, 1.9.– 31.12. nur Sa+So 12–17 Uhr. Eintritt € 6/4.

Tukane, sprechende Papageien, possierliche Kaimane, viel tropische Salz- und Süßwasserfische, Schildkröten und Piranhas. Übrigens dürfen Kinder die Fische füttern...

SPORT / OUTDOOR

Sport ist in der Hauptstadtregion vielerorts möglich: Wandern, Reiten, Angeln, Skilanglauf im Winter. Im Nordwesten Vantaas erstreckt sich in herrlicher Natur der großzügig angelegte GOLFPARK des Golfclubs »Keimola«, Kirkantie, Tel. 089 6991.

In Tikkurila ergänzen die Eishalle VALTTI AREENA mit Sportangebot und Vorstellungen gleichermaßen sowie die Schwimmhalle, in der die finnischen Kunstspringer trainieren, die örtlichen Möglichkeiten aktiv zu sein.

◎ Im **OUTDOOR-ZENTRUM KUUSIJÄRVI**, Kuusijärventie 3, Tel. 874 3383, finden Sport- und Outdoorfreaks Informationen, Karten und Angebote für geführte Touren per pedes oder Boot. Vor Ort kann man sich am Strand, in der Sauna, im Café und im Winter beim Eislochschwimmen (Avantouinti) vergnügen.

◎ Südlich Kuusijärvis, schon wieder an der Grenze zu Helsinki, liegt die einzigartige Moorlandschaft **SLÅTMOSSEN**. Auf nur 7 ha Fläche wachsen Wollgras, Koniferen und ist jene für Moore typische trügerische Stille zu vernehmen.

◎ Und dann natürlich **VANTAANJOKI**, der lebendige, abwechslungsreiche Fluss mit Stromschnellen wie auch ruhigen Gewässerabschnitten. Mit dem Boot kann man zwischen Helsinki und Nurmijärvi und weiter bis Riihimäki längere Touren unternehmen – eine weitere Art, Südfinnland zu entdecken.

◎ Man mag **FORMEL-I-RENNEN** für Sport halten oder nicht: Zwei Mikas machten Vantaa zur Rennfahrer-Hauptstadt, auch wenn sie mittlerweile Veteranen sind. *Mika Häkkinen* und *Mika Salo* sind sozusagen Nachbarjungs aus Martinlaakso. Auf der nahen Speedwaybahn in Keimola begannen sie damals ihre Karrieren. Nach dem zweifachen Weltmeister Häkkinen wurde 1999 sogar ein Platz in seinem Stadtteil benannt.

◎ Kein Wunder also, dass in Vantaa **KART-BAHNEN** Konjunktur haben, etwa VM Karting Center, Myllykyläntie 3, Tel. 894 6100. Mo–Fr 9–22 Uhr, Sa 12–20 Uhr, So 14–22 Uhr. Wer einmal ein paar fliegende Runden drehen will, sollte rund € 15 für 10 Minuten kalkulieren.

Nach so viel Aufregung kehrt der Fan noch im Motorrestaurant ALLUN GRILLI ein, zugegeben weniger bekannt als Gourmet-Tempel denn als kleine PILGERSTÄTTE für Häkkinen-Fans. Meint doch der Besitzer Arno Kotilainen von sich, er sei Mikas erster Sponsor gewesen – während er ein »Häkä Spezial« serviert: Steak mit grüner Pfeffersoße.

Espoo

In vielen Dingen zeigt Espoo Parallelen zu Vantaa, vor allem in Bezug auf die wirtschaftliche Potenz und den rasanten Bevölkerungsanstieg. Lebten in den 1960er Jahren 40.000 Menschen in Espoo, sind es heute 222.000. Damit ist Espoo die zweitgrößte finnische Stadt. Die hat keine dominierende Stadtmitte, sondern besteht aus fünf REGIONALEN ZEN-

TREN: Tapiola, Matinkylä, Leppävaara, Espoonlahti und Espoon keskus. Verglichen mit dem restlichen Finnland, gleicht jedes dieser regionalen Zentren einer mittelgroßen Stadt. Dennoch ist die Natur immer um die Ecke.

1972 erhielt das 508 km² große Espoo die Stadtrechte. Das älteste erhaltene Gebäude, die Kirche von Espoo, stammt aus den 1430er Jahren und belegt die weit reichenden Wurzeln als Siedlungsgebiet.

Von Helsinki aus erreichen Sie Espoon keskus bequem mit den Nahverkehrszügen S, U, L und E, Tapiola etwa mit Bus Nr. 194 vom Zentralen Busbahnhof aus.

◎ **TOURISTEN-** und **KONGRESS-BÜRO**, Tapiola, Pohjantie 3, Tel. 8164 7230, Fax 8164 7238, Internet: www.espootravel.com. 1.6.–31.8. Mo–Fr 9–17 Uhr, Sa 10–14 Uhr, sonst Mo–Fr 8.30–16 Uhr.

OTANIEMI

Die Erkundung beginnt im Stadtteil Otaniemi, am westlichen Ufer der Bucht Laajalahti. Otaniemis Erfolgsgeschichte begann mit der Verlegung der Helsinkier Technischen Hochschule Mitte der 1960er Jahre auf diese kleine Halbinsel. Seither entwickelte sich Otaniemi im Sektor Hochtechnologie zum Standort Nr. 1 für Forschung und Lehre im Land. Es siedelten sich diverse Forschungseinrichtungen und international tätige Firmen aus diesem zukunftsorientierten Marktsegment an.

◎ Der Bebauungsplan entstammt dem kreativen Architekten-Kopf Alvar Aaltos. Besonders markant der CAMPUS der **TECHNISCHEN UNIVERSITÄT**; eingebettet in die Natur liegen die roten Ziegel- und Backsteinbauten, die auch im Detail die Handschrift des ganzheitlich denkenden Aalto verraten. Werfen Sie einen Blick in Hörsaal und Bibliothek. Das Gebäude des AUDIMAX, gerundet mit terrassenförmigen Stufen, wirkt wie aus einem antiken Theater geschnitten.

◎ Das KONGRESSZENTRUM **DIPOLI**, ganz in der Nähe, erregt ebenso rasch die Aufmerksamkeit (1966). Das bizarr wirkende, unregelmäßige, aus grobem Naturstein, Holz und Beton errichtete Konstrukt ist das Werk der international renommierten Baukünstler *Reima Pietilä* und *Raili Paatelainen*. Das Zentrum im Besitz der Studentenschaft wirkt ebenso irritierend wie anziehend: ein gelungenes Unikat.

◎ Damit die harte Kopfarbeit ein physisches Gegengewicht erfährt, gibt es auf Otaniemi ein **SPORTZENTRUM**, eine Schwimmhalle – und natürlich Saunas.

◎ **MUSEUM POLYTEEKKARI** – das MUSEUM DER STUDENTEN des Polytechnikums, Jämeräntaival 3 A (Eingang beim Schornstein), Tel. 4682 120. Mi 16–18 Uhr, So 12–14 Uhr (während der Semester), sonst nach Vereinbarung. Eintritt frei.

Das Museum mag Antwort geben, wie lustig das Studentenleben wirklich ist. Zu sehen gibt es Fotos, Dokumente und Schaustücke.

◎ **MINERALOGISCHES MUSEUM**, Betonimiehenkuja 4, Tel. 020 5502 243. Mo–Fr 8–15 Uhr, sonst nach Vereinbarung. Eintritt frei.

Die kleine, aber feine Sammlung zeigt Mineralien, Erze, Fossilien und eine Auswahl schöner Schmucksteine.

◎ **KAPELLE** von Otaniemi, Jämeräntaival 8, Tel. 465 005. 1.6.–31.8. Mo–Fr 12–17 Uhr, sonst Mo–Do 9–19 Uhr, Fr 10–17 Uhr, Sa 10–18 Uhr, So 10–15 Uhr.

Eingebettet in ein Umfeld lichter Kiefern, bezieht die fassadenfüllende Fensteröffnung die Natur mit ein, macht ihr wechselndes Spiel der Lichter und Farben das schlichte, kleine Gotteshaus (1967, Raija und Heikki Sirén) zu einem Erlebnis.

◎ Wandert man die Bucht weiter nach Norden hinauf, führt ein 3 km langer Naturpfad von Otaniemi zur **VILLA ELFVIK**, Elfvikintie 4, Tel. 8165 4400. 1.4.–30.9. Mo–Fr 9–16 Uhr, Sa+So 10–16 Uhr, sonst Mo–Fr 9–15 Uhr, So 11–16 Uhr. Führungen.

Der Jugendstilbau dient als Informationsstützpunkt zum Thema Naturschutz, gibt Auskunft über Fauna und Flora der Umgebung. Der Uferstreifen am Laajalahti ist ein VOGELSCHUTZGEBIET und einer der besten Plätze in ganz Südfinnland, um Wasservögel und andere Flieger zu beobachten.

Auf dem Gelände befinden sich ein BEOBACHTUNGSTURM und ein renoviertes Bootshaus, das ebenfalls der Information über die gefiederten Freunde an Laajalahti dient.

◎ **GALLEN-KALLELA-MUSEUM**, Gallen-Kallelan tie 27, Tarvaspää, Tel. 541 3 388. Mitte Mai bis Ende August täglich 10–18 Uhr, sonst Di–Sa 10–16 Uhr, So 10–17 Uhr. Eintritt € 8/4. Führungen möglich.

An der Grenze zu Helsinki, an der nördlichen Spitze Laajalahtis, hat das ATELIER- UND WOHNHAUS des finnischen Nationalmalers Akseli Gallen-Kallela (1865–1931) einen Platz oberhalb eines Sees gefunden. Die Pläne zu dem 1911–13 entstandenen Gebäude stammen vom Künstler selbst.

Die im Jugendstil errichtete Villa zitiert mittelalterliche Kirchenarchitektur mit mediterranen Anspielungen. Die originale Inneneinrichtung, die vielen Gemälde, Drucke, anderen Kunsterzeugnisse und Exponate, die der Künstler von seinen Reisen zum Beispiel aus Afrika mitbrachte, vermitteln ein vielschichtiges Bild von Leben und Gedankenwelt Gallen-Kallelas.

In einem separaten Gebäude bemüht sich ein hübsches und empfehlenswertes Café-Restaurant ums leibliche Wohl der Besucher.

◎ **VERMO TRABRENNBAHN**, Mäkkylä, Leppävaara, Tel. 348 834. Die größte ihrer Art in Finnland. Rennen finden in der Regel mittwochs, ab und zu auch an den Wochenenden statt. Ob auch hier die Damen gewagte Hüte tragen und mit Feldste-

Gallen-Kallela-Museum (oben). –
Typisch skandinavisch: Im Frühjahr werden müde Fassaden aufgefrischt. ▶

chern bewaffnete Herren mit Tippscheinen in den Händen wedeln?

◎ **LEPPÄVAARA-KIRCHE**, Veräjäkallionkatu 2, Tel. 4766 8580. Mo–Fr 10–18 Uhr, sonst nach Absprache.

Nahe der Trabrennbahn wurde der Sakralbau aus rotem Backstein 1979 nach den Vorgaben des Architekten *Olli Kuusi* errichtet.

TAPIOLA

Der Stadtteil in Nachbarschaft Otaniemis gilt als Musterbeispiel für ein BESONDERES städtebauliches Konzept, für die spannende Idee einer GARTENSTADT. Rund 35.000 Menschen leben heute in Tapiola, dessen Planung und Verwirklichung in die 1950er Jahre zurückreicht. Die bekanntesten und innovativsten Architekten jener Zeit beteiligten sich am Aufbau. Kerngedanke war die Einbeziehung der natürlichen Umwelt in die Bebauungspläne; konkret bedeutete dies viel Grün sowie Parkstreifen zwischen den mehrgeschossigen, allerdings nicht überdimensionierten Wohnblöcken sowie eine geringe Populationsdichte. Die MENSCH-ZENTRIERTE Bebauung sollte die Bereitstellung umfangreicher Dienstleistungseinrichtungen unterstützen. Die Gartenstadt Tapiola fand ein hohes Maß an internationaler Aufmerksamkeit. Heute wartet die beliebte Wohngegend mit eigenem Bootshafen, Stränden sowie großzügigen Freizeitanlagen auf. Auch viele Firmen wählten hier ihren Sitz.

◎ Einen guten Überblick haben Sie hoch oben auf der Terrasse des unübersehbaren, weißen Turms, des **TAPIOLAN KESKUSTORNI** im Zentrum des Stadtteils. Sie blicken auf einen künstlichen See zu Ihren Füßen, auf Verwaltungs-, Geschäftsbauten, Kultur- und Sporteinrichtungen, Kirche und Apartmentblöcke. Die sehenswerten Orte Tapiolas liegen nur wenige Schritte oder Gehminuten voneinander entfernt.

◎ **KIRCHE VON TAPIOLA**, Kirkkopolku 6, Tel. 8625 0460. Mo–Fr 8–21 Uhr, Sa+ So 8–18 Uhr.

Nach den Vorstellungen des Planers Aarno Ruusuvuori sollte die Kirche (1965) zwischen all den beeindruckenden Gebäuden der Umgebung eher einen bescheidenen tempelartigen Eindruck erzeugen.

◎ **FINNISCHES UHRENMUSEUM**, Opinkuja 2, Tel. 452 0688. Mi 14–20 Uhr, So 12–16 Uhr. Eintritt € 3/2.

Das Museum für Horologie ist das einzige seiner Art in Nordeuropa. Die Geschichte der Zeitmessung dokumentieren Texte, Bilder und natürlich Uhren – eine Auswahl aus fast 8.000 Objekten. Der älteste zur Schau gestellte Chronometer stammt aus dem 17. Jh. Ihre defekten Erbstücke können Sie in der angeschlossenen Reparaturwerkstatt richten lassen...

◎ **KULTURZENTRUM ESPOO**, Kaupinkalliontie 10, Tel. 816 5051. Mo–Fr 8–21 Uhr, Sa+So 9–18 Uhr, im Juli nur Mo–Fr.

Das von *Arto Sipinen* entworfene Gebäude wurde 1989 eingeweiht.

Das Zentrum fungiert als Forum für Konzerte, Theateraufführungen und Ausstellungen, als Stadtbücherei sowie Herberge des Instituts für Erwachsenenbildung. Zudem haben hier STADTORCHESTER und Musikinstitut ihre Heimat gefunden. Die »Mondbrücke« wird das Kulturzentrum übrigens genannt.

◎ Espoo ist auch eine **FESTIVAL**-Stadt. In internationalen Kennerkreisen bekannt: Filmfest ESPOO CINÉ und eines der heißesten Jazz-Events des Landes, APRIL JAZZ; nicht zu vergessen: die internationalen PIANO-WOCHEN. Einen formidablen Ruf genießt das STADTORCHESTER TAPIOLA SINFONIETTA. Sehr lebendig sind ferner Chorkultur und Theaterszene.

◎ **HELINÄ RAUTAVAARA MUSEUM**, Ahertajantie 5, Tel. 412 9439. Di, Do, Fr 11–17 Uhr, Mi 11–19 Uhr, Sa, So 11–16 Uhr. Eintritt € 5/3,50. So um 13 Uhr kostenfreie Führung.

Die rund vierzig Jahre währende SAMMELWUT von Frau Rautavaara (1928–1998) führte zu einem Fundus von mehr als 3.000 Objekten von ihren Reisen quer durch die ganze Welt. Zur Sammlung gehören Filme, Tonaufnahmen sowie Fotografien ethnischer Rituale, Tänze und Zeremonien – aus Westafrika, Südostasien, Lateinamerika, islamischer Welt und noch einigen anderen Regionen der Erde.

◎ **GALERIE OTSO**, Ahertajankuja 4, Tel. 8165 7512. Di–Fr 11–19 Uhr, Sa, So 12–17 Uhr, im Juli Di–Fr 11–16 Uhr, Sa+So 12–16 Uhr.

Eine Plattform für Gemälde und andere Kunstwerke, vornehmlich Gegenwartskunst. Vorträge, Performances und Workshops lassen die Galerie zum Treffpunkt kultureller Inspiration werden.

◎ In der Nachbarschaft noch mehr Kunst: **GALERIE AARNI**, Ahertajantie 5, Tel. 455 5016. Di–Fr 11–18 Uhr, Sa+So 12–16 Uhr.

Geführt wird die Galerie von der Künstlervereinigung Espoo. Die Ausstellungen wechseln alle drei Wochen und geben ein vielfältiges Bild aktueller lokaler Strömungen. Übrigens: Donnerstags von 18 bis 20 Uhr steht ein Modell für zeichenbegabte Gäste zur Verfügung.

◎ **THEATER UND GALERIE HEVOSENKENKÄ**, Juhannusmäki 2 (in Mankkaa, westlich von Tapiola), Tel. 4391 220. Di–Fr 11–15 Uhr.

Große Augen machen kleine wie große Kinder, wenn sie durch die Tür in die Welt von Puppen, Märchen und Marionettentheater eintreten. In der Puppenmacherwerkstatt finden sogar Kurse statt.

◎ KIRCHE VON **ST. HERMANN VON ALASKA,** Kaupinkallliontie 2, Tel. 455 3436. Den neuen sakralen Ort orthodoxen Glaubens entwarf *Paul Hesse*, orthodoxer Priester und Architekt. Das Gebäude realisiert eine originelle Synthese zeitgenössischer Baukunst mit byzantinischer Tradition.

◎ In HAUKILAHTI fällt schon von weitem der **WASSERTURM** als Landmarke und Wahrzeichen auf. Wer sich in das »Storchennest« begibt – so heißt das luftige Restaurant –, wird mit einem schönen Blick auf die reizvolle Landschaft, eine abwechslungsreiche Küstenlinie und vorgelagerte Inseln belohnt.

NACH NORDEN

◎ **KIRCHE VON OLARI**, Olarinluoma 4, Tel. 8625 0751. Mo–Do 8–21 Uhr, Fr 8–18 Uhr, Sa+So 9–17 Uhr.

Eine moderne Kirche (1981) aus den Zeichenstiften von *Käpy* und *Simo Paavilainen*.

◎ **KIRCHE VON ESPOONLAHTI**, Kipparinkatu 8, Tel. 8625 0640. Mo–Do 8–21 Uhr, Fr 8–17 Uhr, Sa 9–17 Uhr, So 9–21 Uhr, 1.6.–31.8. bis auf Mi, Sa, So verkürzte Öffnungszeiten.

1980 vom Brüderpaar *Timo* und *Tuomo Suomalainen* geschaffen, die Erbauer der Felsenkirche in Helsinki übrigens.

◎ **ESPOO-KIRCHE**, Kirkkopuisto 5 (Espoon keskus), Tel. 8625 0370. Täglich 10–18 Uhr.

Sicher das Highlight unter den sakralen Bauten dieser Stadt, immerhin das älteste MITTELALTERLICHE Gebäude von Espoo, aus dem frühen 15. Jh. Große Feldsteinquader und der Giebel mit Ornamenten aus Ziegelstein verleihen der Kirche ein beeindruckendes und Ehrfurcht einflößendes Gepräge. Mehrfach musste das Gotteshaus restauriert werden, ebenso wie das alte hölzerne Kruzifix. Im Rahmen der letzten Arbeiten legte man an Wänden und Decken interessante originale KALKMALEREIEN frei.

Während des Sommers ist die Kirche immer gut besucht, wenn einmal die Woche am Donnerstag um 22 Uhr zu festlichem KONZERT eingeladen wird. Eintritt € 10–20.

◎ **GUTSMUSEUM GLIMS**, Glimsintie 1 (Karvasmäki), Tel. 863 2979. 1.5.–30.9. Di–So 11–17 Uhr, sonst Di–Fr 10–16 Uhr, Sa+So 12–16 Uhr; oder nach Vereinbarung. Eintritt € 2/0.

Der Besuch verspricht eine Reise in das ländliche Finnland des 19. Jhs. Der Besucher sieht landwirtschaftliche Gerätschaften, Requisiten des täglichen Lebens. Daneben bietet das Museum den Gästen während des Sommers auch FOLKLORE und Tanz. Arbeitsdemonstrationen verdeutlichen, wie früher auf einem Landgut gearbeitet wurde. Auch ein Landgasthof befindet sich unter den historischen Gebäuden.

In der Nähe eine weitere leckere Adresse: das Kaffeehaus BEMBÖLEN KAHVITUPA, Bellinmäki 1, ein früherer bäuerlicher Hof von 1737. Das Gemäuer weiß manche Geschichte zu erzählen, beherbergte es doch schon vieles von der Krankenstation bis zur Schuhmacherwerkstatt.

◎ Wir sind jenseits der Ringstraße III, wo die Besiedlung dünner wird, die Zahl der Bäume aber überproportional anwächst. Etwas nördlich des BODOM-SEES, der größten Wasserfläche in Espoo (mit dem Campingplatz »Oittaa«) liegt das **ÖKUMENISCHE ZENTRUM** DER PETER-UND PAUL-KIRCHE, Myllyjärventie 9 (Myllyjärvi), Tel. 855 7148. GOTTES-

DIENST So um11 Uhr, Öffnungszeiten nach Vereinbarung. Zu der in byzantinischer Bauweise gehaltenen Kirche gehört eine IKONEN-MALSCHULE, deren Arbeiten käuflich zu erwerben ist.

◎ **AUTOMUSEUM** in Pakankylä, Tel. 855 7178. 1.5.–31.8. Di–So 11–17.30 Uhr, 1.9.–31.10. Sa+So 11–17.30 Uhr. Eintritt € 4/2.

Das größte Automuseum in Finnland und angeblich eines der größten in Europa. Mehr als 130 fahrbare Untersätze aus verschiedenen Epochen der automobilen Geschichte lassen nicht nur die Augen passionierter Oldtimer-Fans glänzen. Auto und Lkw, Motorrad und Moped berichten von der Entwicklung des Verkehrs in dem skandinavischen Land.

NATUR UND SPORT

◎ **SERENA**, Tornimäentie 10 (Lahnus), Info-Tel. 88705555. Täglich 11–20 Uhr. Eintritt € 15, ab 16 Uhr € 11.

»Serena« ist ein Zauberwort für alle, die etwas mit Fitness, Fun und Sport anzufangen wissen, bezeichnet es doch einen AQUA-VERGNÜGUNGSPARK der Sonderklasse. Die Freudenjauchzer der Backfische, wenn sie von den langen Rutschen in die Becken schießen, gedämpfte Töne in der Saunahöhle, und immer obenauf die Leute in dem Becken des »Toten Meeres«, jede/r nach ihrer/seiner Art.

◎ Im Winter verwandelt sich Serena in ein **SKIZENTRUM**. Mo–Fr 12–20 Uhr, Sa+So 10–20 Uhr.

Für Abfahrthasen ebenso wie für Langlaufwölfe – beleuchtete, ständig frisch gespurte Loipen, eine Skischule für die kleinen und größeren ABC-Schützen des Schnees, Gerätevermietung, Lifte sowieso etc.

◎ **NUUKSIO-NATIONALPARK,** Info-Zentrum im FORSTHAUS Haukkalampi, Tel. 020 5644790. 1.5.–15.9. täglich 11–18 Uhr.

Der 28 km^2 große Nationalpark wurde 1994 ausgewiesen. Dutzende von Seen, unberührte Wälder, Wasserläufe – ein ideales Revier zum Wandern, für Kanu-Trips, Mountainbike-Exkursionen – solange man sich an die Spielregeln hält. Sie können allein auf Erkundungstour gehen oder sich einem Wildnisführer anschließen, der eine Menge über die lokale Flora und Fauna zu berichten weiß.

Viele SELTENE PFLANZEN sind im Park anzutreffen, viele Wildtiere finden ein geschütztes Refugium. Vielleicht entdecken Sie ja ein fliegendes Eichhörnchen, das SYMBOLTIER dieses Nationalparks.

Wer länger bleiben möchte, findet ausgewiesene Zeltplätze sowie Übernachtungshütten.

Kauniainen

Vergleichsweise klein gegen Helsinki, Vantaa und Espoo, innerhalb dessen Stadtgebiet sie sich erstreckt, ist die im Jahr 1906 begründete Kommune Kauniainen mit gerade einmal 6 km² und 8.600 Einwohnern, davon 58 % finnisch- sowie 39 % schwedischsprachig.

Das seit 1972 als Stadt geltende Kauniainen verfügt über Bahnhof, Shoppingzentrum, zwei Kirchen – und VIEL GRÜN: Wälder und Pfade, Parks, Sportplätze, schöne Villen sowie Gärten ermöglichen Naturerlebnisse. Erstaunlich bei aller Kleinheit und Bescheidenheit: Rund 80 Clubs und Organisationen sind in Kauniainen aktiv!

Viele finnische Schriftsteller, Maler und Bildhauer haben sich in Kauniainen von der Ruhe, fernab und doch nahe dem Hauptstadttreiben, inspirieren lassen.

◎ **INFORMATION**: Stadtkanzlei Kauniainen, Kauniaistentie 10, Tel. 505 61, Fax 505 6535. Mo–Fr 8–15.45 Uhr.

Kirkkonummi

Westlich Espoos bildet Kirkkonummi den äußersten Rand der Hauptstadtregion. Ursprünglich eine klar bäuerlich geprägte Gemeinde, sind heute Industrie und das Dienstleistungsgewerbe die wirtschaftlichen Grundpfeiler für die rund 29.500 Einwohner.

◎ **INFORMATION**: Gemeindebüro Kirkkonummi, Vanha Sairaalantie 5, Tel. 296 71, Fax 296 7521. Di 8.30–17 Uhr, Mo, Mi–Fr 8.30–15.30 Uhr.

Touristisch wendet sich Kirkkonummi vor allem an sport- und naturbegeisterte Besucher. Wer Meer und Seen liebt, freut sich über 150 Kilometer Küstenlinie, den SCHÄRENGARTEN mit fast 900 Inseln und Inselchen im Süden und natürlich über die 100 größeren und kleinen Seen zwischen ausgedehnten Wäldern im Norden.

◎ Allein 10 offizielle **BADESTRÄNDE** sind ausgewiesen. Populär unter Sportfreunden sind Reiten, Golf, Skilauf und Angeln.

◎ **REITERHOF** Rehndahl, Hilantie 80, Tel. 298 2098. Neben Erkundungen hoch zu Ross gibt's eine Kleintierfarm mit Haustieren, Federvieh und Eseln. Eintritt € 5. Und ein nettes Wochenendcafé und Übernachtungsmöglichkeiten (B & B).

◎ **HVITTRÄSK**, Hvitträskintie 166 (Luoma), Tel. 4050 9630. 1.4.–31.10. täglich 11–18 Uhr, sonst Di–So 11–17 Uhr. Eintritt € 4/2 (unter 7 J. frei).

Die wohl bekannteste Attraktion, auch von Helsinki aus zu erreichen, ist das Atelierhaus des berühmten Architekten-Trios Eliel Saarinen, Armas Lindgren und Herman Gesellius, ein fast schlossähnliches Gebäude aus Granit und Holz, ein wahres GESAMTKUNSTWERK, außen wie innen. 1903 wurde dieses nationalromantische Haus mitten in den Wald gebaut. Es fügt sich in einen naturbelassenen Park ein, Stufen führen hinunter zum Seeufer, dort wo das später gebaute Saunahaus (Reima Pietilä) steht. – Grün wächst ins Gemäuer, Steine wachsen ins Grün: Architektur und Natur verschmelzen.

Zeitweise fungierte Hvitträsk als Wohnhaus der Künstlerfamilien. Das Innere besticht mit Form- und Farbharmonie zum GEBÄUDE-KONZEPT; Teppiche und Textilkunst, Keramik und Geschirre, Möbel und Holzinterieurs stammen aus der Hand der Künstlerfamilie Saarinen; sie vermitteln Wärme und Lebendigkeit.

Bis zur Mitte der 1920er Jahre war Hvitträsk ein Künstlertreff, für die finnische Avantgarde ebenso wie für berühmte Kollegen, wie Mahler und Gorki.

Sowohl im Park als auch im Museum warten Ausstellungen auf offene Augen. Ein Restaurant-Café versorgt hungrige Mägen, der nahe STRAND die Wasserratten.

Ab Helsinki mit Nahverkehrszug L (plus 3 km Fußweg); oder Bus 166; oder mit dem eigenem Fahrzeug auf Ring III.

◎ Im alten Zentrum Kirkkonummis ist die **FELDSTEINKIRCHE** mit Teilen aus dem 13. Jahrhundert sehenswert. Sie wurde mehrfach instandgesetzt und auch verändert. *Lennart Segerstråle* zeichnet für die Glasmalereien, *Dora Jung* für die Altartextilien verantwortlich.

Interesse am Leben auf Bauern- und Herrenhöfen befriedigen RAGVALDS HOFMUSEUM oder das Herrenhofmuseum SARFVIK GÅRD. Zugänglich sind beide nur im Sommer; erfragen Sie die aktuellen Öffnungszeiten besser im Touristenbüro.

◎ Kirkkonummi ist verknüpft mit **PORKKALA**, jener LANDZUNGE im Südwesten, die 1944 als Kriegsmarinebasis an die Sowjetunion zwangsverpachtet und 1956 vorzeitig dann doch der Hoheit Finnlands zurückgegeben wurde. – Ältere FinnInnen erinnern sich an die Zeit, als die Zugfenster auf der Strecke entlang des Militärgebiets verdunkelt wurden...

Heute ist Porkkala ein beliebtes Ausflugsziel mit Bade- und Angelplätzen und vor allem ein guter Aussichtspunkt zur Beobachtung von ZUGVÖGELN. Sommerhäuschen auf Porkkala sind gefragt.

Südfinnland – von Lahti bis Turku

Zentral an der finnischen Südküste gelegen, ist Helsinki ein idealer Startpunkt für TAGESAUSFLÜGE wie für längere Exkursionen in umliegende Städte und Regionen. Gerade wenn Sie mehrere Reiseziele ansteuern, ist ein eigenes Fahrzeug oder Leihwagen von Vorteil – jedoch keineswegs erforderlich, denn die im Folgenden aufgeführten Ziele sind allesamt bequem mit öffentlichen Verkehrsmitteln zu erreichen, sei es mit der Bahn oder mit Bussen im Nah- oder Fernverkehr, An- und Abfahrten erfolgen meist mehrmals am Tag.

In vielen Fällen können Sie wählen, ob Sie auf eigene Faust aufbrechen oder sich einer Gruppenfahrt anschließen möchten – so offeriert der Helsinki Expert »Tour Shop« in Helsinki Halbtages-Fahrten mit Führungen nach Porvoo oder nach Tuusula / Järvenpää.

◎ Für Besucher Helsinkis ist sogar ein Abstecher nach **TALLINN** überlegenswert, liegt doch die estnische Hauptstadt nur gut 80 km Wasserweg von der finnischen entfernt. Der Ausflug in diese kulturhistorisch bedeutende, quirlige und aufblühende Metropole lohnt – ob Sie sich nun für alte Gemäuer oder die moderne Lebensart der neuen EU-Nachbarn interessieren. Täglich finden Fahrten statt – wählen und vergleichen Sie zwischen den Reedereien »Tallink«, »Nordic Jetline« und »Linda Line«. Nur 20 Minuten über das Meer benötigt der Hubschrauber von »Copterline«. Auskunft bekommen Sie im Touristenbüro oder bei »Tour Shop« in Helsinki (siehe Seite 43 f.).

◎ Zunehmender Popularität erfreuen sich Reisen entlang der sogenannten **KÖNIGSTRASSE**, einer im Mittelalter viel genutzten Postverbindung zwischen Stockholm und Sankt Petersburg, die auf finnischem Boden von TURKU die Südküste entlang bis nach LAPPEENRANTA führt. Oft auf alten Landstraßen geht es durch kulturhistorisch bedeutende Landschaften, immer ganz nahe an der Natur. Die Touristenbüros halten spezielles und hilfreiches Informationsmaterial (nicht nur) über diese Strecke bereit.

Fragen Sie in diesem Zusammenhang nach dem »Kings Road Pass«: € 25 kostet diese Karte, die Ihnen, ähnlich der »Helsinki Card«, einiges an Ermäßigungen beschert.

◎ Die anschließenden Hinweise zu touristisch interessanten Städten und Gemeinden entlang des südfinnischen Küstenstreifens sollen nur **APPETITHÄPPCHEN** sein, um den Reiz und die Vielfalt Südfinnlands auf eigene Faust zu entdecken.

Ostroute

LAHTI

Von Helsinki aus ostwärts geht die Richtung, auch wenn der Kompass zunächst nach Norden zeigt. Wer an die rund 100 Kilometer nördlich Helsinkis gelegene, etwa 98.000 Einwohner zählende Stadt am See Vesijärvi denkt, dem kommt vermutlich der Sport in den Sinn. Weltcup-Skispringen sowie -Langlauf aus Lahti flimmern regelmäßig auch über die deutschen Bildschirme.

◎ **TOURISTENBÜRO**, Aleksanterinkatu 16, Tel. 03 – 877 677, Fax 877 6700, www.lahtitravel.fi.

◎ In dem großzügig angelegten **SPORTZENTRUM** (Urheilukeskus) stehen gleich drei mächtige Sprungschanzen. Trauen Sie sich ruhig auf die 116-m-Schanze. Oben auf der Aussichtsterrasse werden Sie mit einem fantastischen Blick belohnt – und der Respekt vor den tollkühnen Skifliegern wächst. Diverse Anlagen für Winter- und Sommersport liegen Ihnen zu Füßen. Geöffnet wie das im Folgenden vorgestellte Museum:

◎ **SKIMUSEUM**, Tel. 03 – 8144523. Geöffnet (wie die Schanze) Mo–Fr 10–17 Uhr, Sa+So 11–17 Uhr. Eintritt € 4,30/1,30.

Und viel Erfolg wünschen wir auf dem Skisimulator.

◎ **AKTIV IN LAHTI**: Auf Loipen stößt man um Lahti allenthalben, und Abfahrt ist im Skizentrum MESSILÄ angesagt. Dass in Lahti auch im Sommer viel Sport getrieben wird, macht (nicht nur) das dichte Netz der Wander- und Fahrradwege deutlich.

◎ Neben der Besichtigung des HISTORISCHEN und des KUNSTMUSEUMS bietet das **RUNDFUNK- UND FERNSEHMUSEUM**, Radiomäki, besonders interessante und amüsante Einblicke in die Realität der Massenmedien. Alle Museen sind geöffnet: Mo–Fr 10–17 Uhr, Sa+So 11–17 Uhr. € 4,30/1,30.

◎ Im **KARINIEMI-PARK** finden Sie zwölf SKULPTUREN des Bildhauers *Olavi Lanu* versammelt, eines anerkannten Künstlers hier aus Lahti. Im selben Park sollten Sie den MUSIKBRUNNEN inspizieren, die EINZIGE WASSERORGEL Finnlands bzw. die angeblich größte in Skandinavien – eine im wörtlichen Sinne spritzige Angelegenheit mit Musik und Lichteffekten.

◎ Jährlich findet in Lahti ein international renommiertes ORGEL-FESTIVAL statt. Hauptspielort im Rahmen dieses Festivals ist die **KREUZKIRCHE**, Kirkkokatu 4, entworfen von Alvar Aalto – sein letztes Werk – und vollendet 1978. Zu besichtigen täglich 10–15 Uhr.

◎ Stolz ist die Stadt auf ihre multifunktionale **SIBELIUSHALLE**, Ankkurikatu 7, Tel. 03 – 81418, das größte Holzgebäude, das in den letzten 100 Jahren in Finnland gebaut wurde (*Hannu Tikka* und *Kimmo Lintua*). Sie zeichnet eine hervorragende Akustik aus und ist Heimat des Sinfonieorchesters Lahti.

PORVOO

Dem Charme dieser zweitältesten Stadt Finnlands (1346) sind schon viele namhafte finnische Künstler verfallen. Über der Stadt thront der imposante, geschichtlich bedeutsame Dom. Ihm zu Füßen erstreckt sich die ALTSTADT, die ihr mittelalterliches Gepräge bewahrt hat. Kleine Holzhäusschen, holprige, schmale Gassen, hübsche Hinterhöfe – Vergangenheit und Gegenwart verweben sich; eingesponnen kunsthandwerkliche Läden, Galerien, Restaurants sowie viele zauberhafte Cafés und Lokale.

Porvoo, die STADT DER RADFAHRER, weist bei einer Einwohnerzahl von rund 46.000 einen schwedischsprachigen Bevölkerungsanteil von gut 34 % auf.

◎ **TOURISTENBÜRO**: Rihkamakatu 4, Tel. 019 – 52 023 16, Fax 52 023 17, www.porvoo.fi.

◎ **DOM**, Kirkkotori. 1.5.–30.9. Mo–Fr 10–18 Uhr, Sa 10–14 Uhr, So 14–17 Uhr, sonst Di–Sa 10–14 Uhr, So 14–16 Uhr.

Das einzige erhaltene Bauwerk Porvoos aus dem Mittelalter, mit separatem Glockenturm und schönen Backsteinornamenten.

◎ Als ein WAHRZEICHEN der Stadt gelten die am Ufer des Porvoo-Flusses aufgereihten roten, HÖLZERNEN **SPEICHERGEBÄUDE**, Zeugnis früher intensiver Handelsbeziehungen – ein herrliches Bild, wenn sich das Rot unter blauem Himmel im Wasser spiegelt...

◎ In Porvoo lebten und arbeiteten u.a. Finnlands Nationaldichter Johan Ludvig Runeberg, der Bildhauer Ville Vallgren und der Maler Albert Edelfelt. U.a. diesen Künstlern begegnen Sie im **PORVOO-MUSEUM**: 1.5.–31.8. Mo–Sa 10–16 Uhr, So 11–16 Uhr, sonst Mi–So 12–16 Uhr. Eintritt € 5 / 1. Es besteht aus den historischen Ausstellungen im Alten Rathaus, Vanha Raatihuoneentori, Tel. 019 – 5747500, und der Kunstsammlung im Edelfelt-Vallgren-Museum, Välikatu 11.

◎ Das frühere **WOHNHAUS** von J.L. Runeberg in der Aleksanterinkatu 3 gilt als ältestes Wohnungsmuseum Finnlands, bereits 1882 der Öffentlichkeit zugänglich gemacht sowie nach sorgfältiger Restaurierung zur Sommersaison 2004 anlässlich Runebergs 200. Geburtstag neu eröffnet. Tel. 019 – 581 330. 1.5.–31.8. Mo–Sa 10–16 Uhr, So 11–17 Uhr, sonst Mo+Di geschlossen. Eintritt € 5/2 (Kombi-Ticket mit Skulpturensammlung Walter Runeberg).

◎ In Porvoos unmittelbarer Umgebung verteilen sich gleich mehrere **GUTSHÖFE**, darunter KIIALA, das Geburtshaus *A. Edelfelts*, mit Galerie und nettem Kellercafé. Oder KULLO GÅRD mit originellem Landhandel. Nicht zu vergessen das Herrenhaus HAIKKO, bekannt als Spa und Wellness-Oase.

LOVIISA

Das kleine Städtchen mit knapp 8.000 Einwohnern bringt es gar auf

41 % Schwedisch sprechende Bürger. Im Jahr 1745 gegründet und nach Schwedenkönigin Lovisa Ulrica benannt, erhielt das Ortszentrum nach einem verheerenden Brand in der Mitte des 19. Jhs. durch den Architekten *Georg Chiewitz* sein heutiges Aussehen. BLICKFANG sind das RATHAUS (1856) im Stil der Neorenaissance und die neugotische KIRCHE (1865). Die Erkundung Loviisas führt durch kleine Straßen und grüne Parks, vorbei an pittoresken Holzhäuserni.

◎ **TOURISTENBÜRO**: Mannerheiminkatu 4, Tel. 019 – 555 234, Fax 532 322, www.loviisa.fi.

◎ Loviisa wurde an der Stelle des alten Gutes **DEGERBY** aufgebaut. Ein Teil dieser Gehöfte aus 1662 blieb erhalten – eines der ältesten Holzgebäude Finnlands. Tipp: Speisen Sie in der historischen, freundlichen Atmosphäre im Restaurant »Degerby Gille«.

◎ In Loviisa komponierte Jean Sibelius 1892 eines seiner bekanntesten Werke, die Kullervo-Sinfonie. Im **SIBELIUS-HAUS** sind Ausstellungen über den Komponisten und Konzerte zu sehen und zu hören. Der Maestro verbrachte einen Teil seiner Jugend in Loviisa, was vor Ort dokumentiert ist. Sibeliuksenkatu 10, Tel. 019 – 555 499. Von Mitte Juni bis Mitte August Di–So 11–16 Uhr.

◎ In etwa 10 Kilometer Entfernung vorgelagert ist eine Insel mit der **SEEFESTUNG SVARTHOLM**. 1748 errichtet, stammt sie aus demselben Jahr wie die große Schwester Suomenlinna in Helsinki, ebenfalls von Ehrensvärd konzipiert. Während des Krimkrieges wurden die Befestigungsanlagen weitgehend zerstört, doch aus Anlass der 250-Jahrfeier 1998 fanden umfangreiche Restaurierungsarbeiten statt. Seither kann die Festung in voller Pracht im Sommer wieder besichtigt werden; die Fähre stellt den Zugang sicher. Ausstellung: 1.6.–31.8. 10–18 Uhr. Für Kinder gibt es Abenteuerexkursionen auf der Insel.

KOTKA

Das Zentrum der Stadt Kotka (mit 55.000 Einwohnern) liegt auf einer Insel, Kotkansaari, jedoch mit dem Festland verbunden. Die Gemeinde an der Mündung des Kymijoki ist ein bedeutender finnischer Hafen, vor allem im Exportsektor für Holz- und Papierprodukte. Dementsprechend prägen Hafen- sowie Industrieanlagen Stadt und Umgebung. Platz für Schönheiten in der Natur bleibt dennoch genug.

◎ **TOURISTENBÜRO**: Keskuskatu 6, Tel. 05 – 2344 424, Fax 2344 407, www.kotka.fi/matkailu.

◎ **KIRCHE ST. NIKOLAUS**, 1.6. bis 31.8. Di–Fr 12–15 Uhr, Sa+So 12–18 Uhr. Erbaut 1799–1801, ist die orthodoxe Kirche das älteste Gebäude der Stadt. Das Gotteshaus im PALADINISCHEN STIL beherbergt eine Reihe wertvoller Ikonen. In der Eingangshalle hängt ein Kristallleuchter, gestiftet von Zarin Katharina II.

◎ Sehenswert ist auch die neugotische lutherische **BACKSTEINKIRCHE** (1898). Das Altargemälde stammt von Pekka Halonen.

◎ Der **EISBRECHER TARMO** liegt als Museumsschiff im Hafen: Mitte Mai bis August Mo–Fr 10–18 Uhr, Sa+So 10–16 Uhr. Das älteste noch funktionstüchtige Schiff seiner Art überhaupt, gebaut 1907 in England.

◎ Berühmt ist Kotka unter Anglern wegen des Lachsreichtums in den Stromschnellen am Fluss KYMIJOKI. Die kaiserliche **FISCHERHÜTTE** von Langinkoski, unweit der Stadt im gleichnamigen Naturschutzgebiet, schenkte der finnische Senat 1899 dem Zaren, der die Hütte in der Tat mehrfach nutzte, um sein Anglerglück zu versuchen. 1.5.–31.8. täglich 10–19 Uhr, 1.9.–31.10. Sa+So 10–19 Uhr, Eintritt € 4/2.

◎ Fische eher fürs Auge gibt es im neueren **MARETARIUM**: Mehr als 50 Fischarten, Tauchvorführungen und Wissenswertes über die ÖKOLOGIE der Ostsee. Sapokankatu 2, Tel. 05 – 234 4030. 1.1.–30.6. und 11.8.–30.9. täglich 10–18 Uhr, 1.7.–10.8. 10–20 Uhr, Oktober bis etwa 17. Dezember bis 16 Uhr. Eintritt € 9,50/6.

◎ Beliebt bei den Einheimischen ist die kleine Insel **VARISSAARI** mit ihren jetzt in Ruinen liegenden Verteidigungsanlagen, die ins Jahr 1792 zurückreichen. Im Sommer ist Varissaari Schauplatz von Tanzveranstaltungen und Theateraufführungen, Picknick und Badefreuden.

◎ Überhaupt machen Ausflüge in die herrliche SCHÄRENWELT vor der Küste den Besuch Kotkas rund. Auf **HAAPASAARI** vermittelt das kleine FISCHERDORF die typische Schärenatmosphäre.

◎ Aber auch in der Stadt gibt es Wasser: Der WASSERGARTEN **SAPOKKA** präsentiert sich im Sommer als eine Blumenidylle mit kleinen Brücken, Bänken und Pavillons.

◎ Jeden SPÄTSOMMER ist Kotka Schauplatz eines großen maritimen **FESTIVALS** mit allem, was dazu gehört: Segelschiffveteranen, Ausstellungen, Kunsthandwerk, Musik und Tanz, kulinarischen Köstlichkeiten aus dem Meer sowie Bootstouren.

HAMINA

Geschichtsbewusste verbinden mit dem Frieden von Hamina die Jahreszahl 1809 und damit den Wechsel Finnlands aus der schwedischen in die russische Herrschaft. Seit 1653 im Besitz der Stadtrechte, ist Hamina ein wichtiger Warenumschlagplatz und Exporthafen für Produkte der Holz- und Papierindustrie.

◎ **TOURISTENBÜRO**: Raatihuoneentori 1, Tel. 05 – 749 2641, Fax 749 2640, www.hamina.fi.

◎ Fast eine Sehenswürdigkeit für sich ist der Stadtplan mit seinen **FESTUNGSANLAGEN**. Vom Zentrum der Altstadt mit dem achteckigen Rathausplatz gehen strahlenförmig die Straßen aus. Eingefasst wird die Altstadt von sternförmig angelegten Wallanlagen (1722, *Axel Löwen).*

◎ In dem rund 10.000 Seelen zählenden Städtchen stehen mehrere Gebäude, die von Helsinkis historischem Baumeister Nr. 1, C. L. Engel, stammen. Das **RATHAUS** Haminas (1796) wurde 1840 unter seiner Leitung im neoklassizistischen Stil umgebaut. Von Engel stammt auch der Turm auf dem Dach.

◎ Die **EVANGELISCHE KIRCHE** von 1843, einem griechischen Tempel nachempfunden, ist ebenfalls auf Engels Zeichenblöcken entworfen worden. Als besonderen Schatz hütet sie eine BIBEL aus dem Jahr 1703. Am Rathausplatz.

◎ Das **STADTMUSEUM**, Kadettikoulunkatu 2, residiert im ältesten Haus der Stadt. 1783 fanden hier Verhandlungen zwischen Schwedens Gustaf III. sowie Zarin Katharina II. statt. Tel. 05 – 749 4193. Im Sommer Di–So 10 –16 Uhr, sonst Mi–Sa 11–15 Uhr, So 12–17 Uhr.

◎ Im Terminkalender von Hamina fett angestrichen ist, alle zwei Jahre Anfang August, das **HAMINA TATTOO**, ein internationales Treffen von Militärmusikkapellen.

Westroute

JÄRVENPÄÄ UND UMGEBUNG

Die Erkundung des westlichen Südfinnlands, des westlichen Küstenstreifens beginnt nördlich von Helsinki und Vantaa in der Gemeinde Järvenpää, nur eine halbe Fahrstunde von Helsinki entfernt am See Tuusulanjärvi, dessen Ufer für Spaziergänge geradezu prädestiniert sind.

Zu Ruhm gelangt ist der kleine Ort, weil sich hier vor gut 100 Jahren eine KÜNSTLERKOLONIE ansiedelte, der Komponist Jean Sibelius ebenso angehörte wie Schriftsteller Juhani Aho und seine Frau, die Malerin *Venny Soldan-Brofeldt*. Sie und viele andere, eher vergessene Personen lebten hier in wechselseitigem künstlerischen Austausch, bezogen aus der famosen Seen- und Waldlandschaft Schaffenskraft und Inspiration. Järvenpääs Anziehungskraft auf Kreative hat sich gehalten, u.a. zeugen einige Ateliers zeitgenössischer Maler davon. Am See sind einige Wohn- und Atelierhäuser zu besichtigen (siehe unten).

◎ **TOURISTENBÜRO**: Hallintokatu 4, Tel. 09 – 2719 2718, Fax 2719 2791.

◎ **AINOLA**, Ainolantie, Tel. 287 322. Anfang Mai bis Anfang Oktober Di–So 10–17 Uhr. Eintritt € 5/1.

Das Wohnhaus von Sibelius, benannt nach seiner Frau – und Muse – Aino. Der Architekt Lars Sonck war ein guter Freund der Familie und entwarf das Haus, das dank seiner originalen Einrichtung Einblick in das damalige Künstlerleben auf dem Land gewährt.

◎ **AHOLA**, Sibeliuksenväylä 57, Tel. 291 6685. 1.5.–30.9. Di–So 11–18 Uhr. Eintritt € 5/1.

Das Heim des Schriftstellers Aho und seiner malenden Lebensgefährtin (siehe oben).

◎ **VILLA KOKKONEN**, Tuulimyllyntie 4, Tel. 286 204. 1.6.–31.8. Do–So 11–18 Uhr, Mai und September Sa, So 11–18 Uhr. Eintritt € 5/1.

Das Haus des 1996 verstorbenen *Joonas Kokkonen,* eines bekannten Komponisten zeitgenössischer Musik, entwarf Alvar Aalto; so ein wenig fühlt man sich an die Finlandiahalle erinnert.

◎ Ebenfalls am Ufer des Tuusulanjärvi liegt **TUUSULA**, Namensgeberin des Sees. TOURISTENBÜRO: Jääkerinpolku 2, Tel. 09 – 8718 3465.

◎ Auch hier hinterließen Künstler ihre Spuren, so die **VILLA HALOSENNIEMI**, Rantatie, Tel. 8718 3461. 1.5.–31.8. Di–So 11–19 Uhr, sonst Di–So 11–17 Uhr. Das Atelierhaus des Malers *Pekka Halonen* im nationalromantischen Stil macht Sie mit Werken bekannter finnischer Maler des Goldenen Zeitalters (19. und beginnendes 20. Jh.) vertraut: Albert Edelfelt, Akseli Gallen-Kallela, Eero Järnefelt und eben Pekka Halonen. Hinzu kommen wechselnde Kunstausstellungen – und im Sommer ab und zu eine Matinee in der zweigeschossigen Halle.

◎ Eher unscheinbar zeigt sich das kleine STERBEHAUS von Aleksis Kivi, Finnlands erstem Romancier. Rantatie. 1.5.–31.8. Di–So 11–18 Uhr, September Sa+So 11–17 Uhr.

Im **LOTTAMUSEUM** Syväranta erwarten Sie eine Ausstellung sowie Ruhe und Rast in einem netten Café. Die Lotta-Bewegung heißt die freiwillige finnische Frauenhilfsorganisation, die während des Winter- und Fortsetzungskriegs hinter der Frontlinie Verletzte versorgte, Suppenküchen organisierte und andere unersetzliche (Hilfs-) Dienste versah. Rantatie 39, Tel. 274 1077. 1.5.– 31.8. Di–So 11–18 Uhr, September Di–So 11–17 Uhr, sonst Mi–So 11–17 Uhr.

◎ Eine Fülle von **FESTIVALS** belegt, dass das Gebiet am Tuusulanjärvi sich auch heute noch als Region der Künste und Künstler versteht. Die bunte Palette reicht von den SIBELIUSWOCHEN in Järvenpää über die KAMMERMUSIKFESTSPIELE am Tuusulasee und die NACHT DER KÜNSTE in Tuusula bis zu PUISTO BLUES in Järvenpää im Sommer, einem der größten Festivals seiner Art in Europa.

HÄMEENLINNA UND UMGEBUNG

Die Region Häme befindet sich im Herzen Südfinnlands; ihre zentrale Stadt ist Hämeenlinna (46.000 Einwohner), Verwaltungszentrum der Regierungsprovinz Südfinnland, benannt nach dem majestätischen Wahrzeichen: Der Name Hämeenlinna bedeutet »Hämes Burg«. In die Stadt gelangen Sie von Helsinki über die E 12 oder mit Zug- und Fernbusverbindungen.

◎ **TOURISTENBÜRO**: Raatihuoneenkatu 11, Tel. 03 – 621 3373, Fax 621 3374, www.hameenlinna.fi.

◎ **BURG HÄMEENLINNA**, Kustaa III:n katu 6, Tel. 03 – 675 6820. 1.5.–15.8. Mo–So 10–18 Uhr, sonst 10–16 Uhr. Eintritt € 5/3.

Die Bauarbeiten an der mittelalterlichen Burg begannen vermutlich bereits Ende des 13. Jhs., worauf die Reste in Feldstein-Bauweise hindeuten; der wesentliche Aufbau fällt in das 14.–16. Jh. mit seiner Backsteinarchitektur. Ausstellungen gehören in den Rahmen der Führungen (auch auf Englisch und auf Deutsch). Im Inneren ragt vor allem der Königssaal heraus.

Im Umkreis der Burganlage sind das ARTILLERIE- und das GEFÄNGNISMUSEUM sehenswert. Die Burg ist rund um das Jahr Schauplatz einiger Festivals und Aktivitäten, vom Mittelaltermarkt bis zum Kinderfest.

◎ Versäumen Sie nicht den Gang durch die **LINNANKATU**, Hämeenlinnas Kunst- und Kulturstraße mit vor allem kunsthandwerklichen Textilarbeiten.

◎ Das **GEBURTSHAUS VON JEAN SIBELIUS**, der uns schon durch Südfinnland begleitet hat, ist in der Hallituskatu 11 zu besichtigen: 1.5.–31.8. täglich 10–16 Uhr, sonst 12–16 Uhr. Tel. 03 – 621 2755.

◎ Hämeenlinna umfasst den einzigen finnischen (und zweiten überhaupt) Städtischen NATIONALPARK sein Eigen. Der 2001 zum Status gekommene Park hat sein historisches Herz im Umkreis der Burg, zieht sich am Vanajavesi entlang bis weit nach Nordosten und umschließt auch das bekannte **AULANKO**-Areal mit Aussichtsturm, Panorama und Café.

◎ Machen Sie einen Abstecher zum **GLASMUSEUM** in RIIHIMÄKI, Tehtaankatu 23, Riihimäki, Tel. 019 – 741 7494. 1.5.–31.8. täglich 10–18 Uhr, sonst Di–So 10–18 Uhr, im Januar und in den Schulferien geschlossen. Eintritt € 5/2,50.

In Häme beginnt die Region der Glashütten und des GLASDESIGNS. Das Museum arrangiert dementsprechend wechselnde Ausstellungen von Glasdesign und Glasinstallationen; Museumsshop vorhanden.

◎ Auch das Finnische **EISENBAHNMUSEUM** in Hyvinkää ist einen Ausflug wert: Hyvinkäänkatu 9, Tel. 030 725241. 1.6.–15.8. täglich 11–17 Uhr, sonst Di–Sa 12–15 Uhr, So 12–17 Uhr, in den großen Ferien geschlossen.

Im Park stehen ein altes Bahnhofsgebäude, ein Bahnarbeiterhaus und ein Lokschuppen als Ausstellungsräume zur Verfügung. Restaurierte Lokomotiven, Modelle und Sammlungen geben einen guten Einblick in die teilweise besondere finnische Eisenbahngeschichte.

LOHJA

ZURÜCK GEN SÜDEN. Das Gebiet am See Lohjanjärvi hat von jedem etwas, sei es Historie, Kultur, wunderschöne Natur, Wasser, Landschaft, Obstgärten – sogar ein Bergwerk. Nehmen Sie sich Zeit, auch durch die KLEINEN DÖRFER zu fahren, Kirchen, Gutshöfe und immer wieder Seeufer zu entdecken. Lohja zählt übrigens 35.000 Bürger.

◎ **TOURISTENBÜRO**: Karstuntie 4, Tel. 019 – 369 1309, Fax 369 1326, www.lohja.fi.

◎ **KIRCHE ST. LAURENTIUS**, Tel. 019 – 322 444. Im Sommer täglich 9–16 Uhr, sonst 10–15 Uhr.

Eine der bedeutendsten mittelalterlichen Kirchen. Die Schmuckmalerei (16. Jh.) ist ungewöhnlich reichhaltig, ausdrucksstark und bedeckt das ganze Innengewölbe. Im Sommer ertönen ORGELKONZERTE.

◎ Im Umland haben sich ein paar Höfe und **GUTSHÄUSER** bewahrt, darunter das Landgut KIRKNIEMI.

◎ **LOHJA MUSEUM**, Iso-pappila, Tel. 369 4204. Di, Do–So 12–16 Uhr, Mi 12–19 Uhr. Eintritt € 3,50/2.

Verrät Ihnen mehr zum ländlichen Leben, zur Geschichte der Höfe und des Ortes.

◎ Die Kate PAIKKARIN TORPPA in Sammatti ist das Geburts- und Elternhaus von **ELIAS LÖNNROT,** »Vaters« des Nationalepos Kalevala. In der einfachen Holzbehausung sehen sind eine Reihe originaler Einrichtungsgegenstände bewahrt. So wenig anspruchsvoll das Haus ist – das Umland ist eine Wohnung der Natur, die ihresgleichen sucht. Tel. 019 – 356 659. Mai bis Ende August So–Fr 11–18 Uhr, Sa 11–16 Uhr, September täglich 11–17 Uhr.

◎ Die **GRUBE TYTYRI**, Tytyrinkatu, Tel. 019 – 020 455 3945, ist eine alte Kalksteingrube, die man als Grubenmuseum hergerichtet hat, während in den unteren Stollen noch gearbeitet wird. Alte Gerätschaften, Informationen über Abbau und Leben in der Grube, Steinskulpturen und die Kalksteinaufschlüsse selbst sorgen für viel Abwechslung während des Rundgangs in 110 m Tiefe. 1897 begann hier der manuelle, 1911 der industrialisierte Bergbau. Für Kinder wie Erwachsene gibt es jeweils spezielle Abenteuerarrangements. 1.6.–31.8. täglich 11–18 Uhr, sonst Sa+So 12–16 Uhr. Eintritt € 10/5.

INKOO, KARJAA, POHJA

Hier steht die Wiege der finnischen Bergbau- und Eisenindustrie.

◎ **EISENHÜTTE VON FISKARS**: Diesen Namen kennt, wer gut über MESSER Bescheid weiß; Pohja, Fiskars, Info-Tel. 019 – 277 7504, www.fiskarsvillage.net. Mai bis September täglich 11–16 Uhr, sonst Sa+So 13–16 Uhr.

Inzwischen umfasst das ehemalige Hüttengelände für Besucher ein ganzes Dorf, dessen Wurzeln bis ins Jahr 1649 zurück reichen, mit dem eigentlichen Fiskars-Museum, Arbeiterwohnungen, Ausstellungen, Verkauf, Cafés und Restaurants und diversen Handwerkerläden: Glasstudio, Keramik, Silberschmiede sowie textiles Design – und man kann einem Schmied bei der Arbeit zusehen. Ein spannender und abwechslungsreicher Ausflug!

◎ **EISENHÜTTE FAGERVIK,** Inkoo. Zwei restaurierte Schmieden, Park und Werkstraße geben Aufschluss über die Metallverarbeitung in Finnland. Die Hütten stammen aus den 1640er Jahren, die letzten Schmiedehämmer verstummten zu Anfang des 20. Jhs.

Holzkirche in der Gemeinde Sammatti bei Lohja (oben). – Sommer, Sonne, Wassersport an der finnischen Südküste, in diesem Fall in Tammisaari bzw. Ekenäs (siehe Seite 290) ▶

◎ Herrliche Schärenblicke und eine entspannende Rast verspricht die Fahrt weiter gen Süden (Str. 1104) nach **BARÖSUND**. Wo die Straße endet und die Fähre zum Übersetzen wartet, sitzt es sich wunderbar im Café: Segler ziehen vorüber, Motorboote legen zum Tanken an, in der Sonne vergeht die Zeit wunderbar urlaubsfaul.

◎ **SCHLOSS MUSTIO**, Karjaa, Tel. 019 – 36 231. Einer der ansehnlichsten Gutshöfe des Landes, angeblich Finnlands größtes Holzhaus in Privatbesitz, wurde Ende des 18. Jhs. im stilistischen Übergang zwischen Rokoko und Neoklassizismus erbaut. Führungen sowie Veranstaltungen, wie etwa die Antikwochen. Ein englischer Garten umgibt das Schloss, das auch einen Hotelbetrieb führt.

TAMMISAARI (EKENÄS)

Schon 1546 erhielt Tammisaari die Stadtrechte. Die Kleinstadt mit viel Natur rundum und idyllischen Holzhäusern ist ein Ort der Ruhe und Erholung. MÄRCHENSCHÖN der Gang durch die Altstadt mit Häusern ab dem 18. Jh. und verwinkelten Gassen. Übrigens: 83 % der rund 15.000 Einwohner sprechen Schwedisch.

◎ **TOURISTENBÜRO**: Raatihuoneentori, Tel. 019 – 263 2100, Fax 263 2212, www.ekenas.fi.

◎ **SCHLOSS RASEBORG**, Snappertuna (15 km östlich der Innenstadt Tammisaaris), Tel. 019 – 234 015. 1.5.–31.8. täglich 10–20 Uhr, sonst auf Anfrage.

Entstand im 14. Jh. als Festung. Die restaurierte Burgruine ist häufig Kulisse für Sommertheater und für Open-Air-Konzerte. Machen Sie eine Rast im kleinen Burgcafé.

◎ Ähnlich historisch bedeutungsvoll stellt sich die **KIRCHE VON TENHOLA** aus dem 13. Jh. dar. Zu dem massiven Granitsteinbau gehört ein Glockenturm mit der angeblich ältesten Glocke Finnlands (12. Jh.).

◎ In Tammisaari, rund 18 km vom Zentrum entfernt, hat man 1989 ein 5.200 ha großes Gelände als **NATIONALPARK** ausgewiesen. Es umfasst nicht nur Inseln, Schären, einen betagten Baumbestand und ein historisches Fischerhaus, sondern gibt darüber hinaus Information und Anleitung zum Kennenlernen der für den FINNISCHEN MEERBUSEN typischen Flora und Fauna. Zum Park gehören Campinggelände und Sauna.

NATUR- und BESUCHERZENTRUM STALLÖRSPARKEN, Tel. 020 – 564 46 13. Von Mai bis August täglich 10–18 Uhr, sonst Di–So 10–15 Uhr.

HANKO

In Hanko ist die SÜDLICHSTE Spitze Finnlands erreicht, ein Ausläufer der zwischen Schären gelegenen größeren Halbinsel Hankoniemi mit total 130 Kilometern Küstenlinie. Die Str. 52 führt von Tammisaari aus direkt dorthin.

Rund 10.000 Einwohner zählt das fast zu 44 % schwedischsprachige Städtchen, das sich als traditionellen Badeort, als typische Hafenstadt versteht, war Hanko doch schon in Finnlands Zeit als russisches Großfürstentum ein beliebter Kur- und Badeort bei den St. Petersburger Adligen, die gerne einmal Abwechslung vom Helsinkier Kaivopuisto suchten.

◎ **TOURISTENBÜRO**: Raatihuoneentori 5, Tel. 019 – 2203 411, Fax 220 3261, www.hanko.fi.

◎ Kilometerlange **SANDSTRÄNDE** eignen sich zum Baden, Faulenzen, Sonnen, Volley- oder Handballspiel. – Wer aktiv sein möchte, kann ferner reiten, Rad fahren, (in Täktom) golfen und Wassersport betreiben.

◎ IM JULI weht in Hanko für eine Woche ein besonderer Wind, wenn die **SEGELREGATTA** Aktive sowie Schaulustige in Scharen anlockt.

◎ Im **OSTHAFEN** können Sie in Cafés und Restaurants auf Sommerterrassen Platz nahmen, um schaukelnde Boote und geschäftige Menschen zu beobachten. Der lokale Yachthafen soll der größte in Finnland sein. Von hier aus starten Ausflugsboote in den reichen SCHÄRENGARTEN vor der Halbinsel.

◎ An der Appelgrenintie erheben sich herrliche HOLZVILLEN. Die **ORTHODOXE KIRCHE** in der Täktomintie ist auch aus Holz, im Innenraum mit kunstvollen Mosaiken verziert (1896).

◎ Wenn Sie den kleinen Hügel Vartiovuori »besteigen«, werden Sie mit der lutherischen Kirche von Hanko und einem Blick von der Aussichtsplattform des 50 m hohen, betagten **WASSERTURMS** belohnt – eine famose Aussicht auf Kurpark, Bäderarchitektur in Holz, Meer und Schären. Eintritt € 1/0,50. Vor Ort Außenstelle des Touristenbüros.

TURKU (ÅBO)

Turku markiert auf finnischem Boden den westlichen Endpunkt der Königstraße – und vermittelt vielen Reisenden, deren Fähre nicht direkt in Helsinki anlegt, ihren ersten Eindruck von dem Land im Norden.

Mit 175.000 Einwohnern ist Turku die fünftgrößte Stadt im Land; es war seine Hauptstadt und alte Universitätsstadt, bevor das Machtzentrum nach Helsinki umzog. Die Gründung Turkus reicht in die Mitte des 12. Jhs. zurück, in die Zeit der einsetzenden schwedischen Eroberungen. Da entsprechende Dokumente nicht mehr erhalten sind, gilt nach einem päpstlichen Erlass offiziell das Jahr 1229 als STADTGRÜNDUNG. Um 1280 begannen die ersten Arbeiten zum Bau der heutigen Burg, und 1300 stand bereits der Dom. Die Geschichte war wechselvoll: Nach jener Verlegung des Verwaltungssitzes nach Helsinki 1812 hatten die Bürger eine verheerende BRANDKATASTROPHE im Jahr 1827 zu überstehen.

Heute ist Turku unverändert eine wichtige Hafenstadt, die sich zudem ökonomisch u.a. in der Hightech-Industrie zu etablieren verstand, ferner zwei Universitätsfakultäten und eine Handelshochschule besitzt und ihre touristischen Reize so gut darstellt, dass ihr reiches historisches und kulturelles Leben eine ganze Menge Besucher anlockt.

◎ **TOURISTENBÜRO**: Aurakatu 4, Tel. 02 – 262 7444, Fax 262 7679, im Internet: www.turkutouring.fi.

Ähnlich wie in Helsinki, gibt es in Turku eine Touristenkarte, die TURKU CARD, die freien Eintritt in Museen, die kostenfreie Nutzung des Nahverkehrs und Vergünstigungen in einigen Restaurants gewährt (für einen Tag: € 21, 2 Tage: € 28).

◎ **BURG VON TURKU**, Linnankatu 80, Tel. 02 – 262 0300. Mitte April bis Mitte September täglich 10–18 Uhr, sonst Di–So 10–15 Uhr.

Entstand im Laufe der Jahrhunderte als massive Feldsteinburg aus den Anfängen eines befestigten Soldatenlagers. Ihre glanzvollsten Tage erlebte sie Mitte des 16. Jhs. unter dem Herzog Johan. Aus dieser Zeit stammt der Renaissanceteil mit dem Königssaal.

Die AUSSTELLUNGEN präsentieren mittelalterliche Holzskulpturen, Glas, Porzellan und altes Spielzeug. Außerdem wird die Stadtgeschichte Turkus lebendig. Ein Café und Kellerrestaurant sorgen für das leibliche Wohl. Mittelalterlich aufgemachte Feste finden den richtigen Rahmen.

◎ **DOM VON TURKU**, Tuomionkirkkotori 20, Tel. 02 – 261 7100. Mitte April bis Mitte September täglich 9–20 Uhr, sonst 9–19 Uhr.

Zu der beeindruckenden mittelalterlichen HAUPTKIRCHE der lutherischen Kirche Finnlands gehören das Dommuseum und ein Sommercafé im Keller der Ursulakapelle. Im Jahr 2000 feierte der Dom 700 Jahre Bestehen. Es gehört zu den Traditionen Finnlands, dass vom Turm des Doms aus Jahr für Jahr der WEIHNACHTSFRIEDEN eingeläutet wird, während vom Rathausbalkon die Botschaft erklingt und via Radio und TV bis in die letzte Hütte Finnlands gelangt.

◎ **ABOA VETUS & ARS NOVA**, Itäinen Rantakatu 4–6, Tel. 02 – 250 0552. Etwa 10.4.–15.9. täglich 11–19 Uhr, sonst Di–So 11–19 Uhr. Eintritt (für beide Museen) € 9,50/7, Familienticket € 22.

Ein Zentrum des Wissens und der Kunst ist das einzigartige Museumspaar, am Ufer des Flusses Aura wunderbar gelegen. – Aboa Vetus zeigt uns die Schätze des mittelalterlichen Turku: wertvolle, gut erhaltene Ausgrabungen und Stadtstruktur-Funde. – Ars Nova ist auf moderne Kunst spezialisiert.

Das Konzept, zwei GEGENSÄTZLICHE Ausstellungen in einem Gebäude zu vereinen, ist allemal gelungen. Beide Museum organisieren wechselnde Ausstellungen sowie Führungen, auch auf Englisch.

◎ **HANDWERKSMUSEUM**, Luostarinmäki, Tel. 02 – 2620350. Von Mitte April bis Mitte September täglich 10–18 Uhr, sonst Di–So 10–15 Uhr.

In einem der wenigen Stadtteile, die der große Brand 1827 verschonte, blieben diese Häuser erhalten. Inzwischen restauriert, haben sich hier historische Werkstätten eingerichtet, wo rund 30 alte Handwerke gezeigt werden. Anlässlich der HANDWERKERTAGE wie auch im Rahmen sommerlicher FÜHRUNGEN können Sie den MeisterInnen bei ihrer Arbeit über die Schulter sehen.

◎ **SIBELIUS-MUSEUM**, Piispankatu 17, Tel. 02 – 215 4494. Di–So 11–16 Uhr, Mi zudem 18–20 Uhr. Eintritt € 3/1.

Das nach dem Komponisten benannte Museum ist vermutlich das einzige Musikmuseum in Finnland mit Sammlungen bedeutender Instrumente und Notenhandschriften.

◎ Eine junge Attraktion ist das **FORUM MARINUM** am Westufer des Aura-Flusses, Linnankatu 72, Tel. 02 – 282 9511. 1.5.–31.8. Mo–Do 10–18 Uhr, Fr–So 10–16 Uhr, sonst Di–So 10–18 Uhr. Eintritt € 6/3 (inklusive Museumsschiffe € 10/5).

Neben Ausstellungen zu Schifffahrt und maritimer Lebenswelt stehen besonders die Museumsschiffe im Mittelpunkt, allen voran der 100 Jahre alte Segler »Suomen Joutsen«, die hölzerne Dreimastbark »Sigyn« und das Minenschiff »Keihässalmi«.

◎ **ENKELITALO** (Engelrestaurant), Kauppiaskatu 16: Die Einrichtung ist himmlisch, der Kuchen ebenfalls.

◎ Turku ist eine wichtige Adresse für **FESTIVALS**. Das wohl bekannteste ist RUISROCK im Juli, das angeblich zweitälteste Rockfestival überhaupt. Etwa 6 Kilometer von der City entfernt toben auf Ruissalo, einem reizvollen Park- und Strandgelände, nationale und internationale Rockgrößen.

Das MITTELALTERFEST und das TURKU MUSIKFESTIVAL besinnen die Besucher auf die Entstehungszeit der Stadt, mit mittelalterlichem Markttreiben, Kammermusik sowie viel Stimmung an verschiedenen Orten Turkus.

◎ Schauen Sie sich auch in Turkus Umgebung um. **ZOOLANDIA**, Lieto, Eläintarhantie 51, Tel. 02 – 489 9500. 1.6.–15.8. täglich 10–19 Uhr, sonst 10–17 Uhr. Eintritt im Sommer € 15, Winter € 8/6 (nur Zoo).

Streichelzoo und Vogelhaus und Terrarium mit Tieren, denen man mit Respekt begegnet. Hier wohnt auch VANNI, Finnlands einziger Elefant. Kletterwand, Videospiele und Motorrennbahn komplettieren die (Kinder-) Unterhaltung im Sommer.

◎ Das östlich von Turku gelegene NAANTALI steht für schöne Holzhausarchitektur – eine Augenweide für Romantiker. Richtig bekannt geworden jedoch ist es dank der von Tove Jansson geschaffenen TROLLFIGUREN, der Mumins: **MUMINWELT** (Muumimaailma), Mannerheiminkatu 21, Tel. 02 – 511 1111. Von Mitte Juni bis Mitte August täglich 10–18 Uhr. Eintritt € 15.

Der den breitschnäuzigen, rundäugigen Märchenwesen gewidmete Freizeit- und Erlebnispark bezieht zwei Inseln und Gebäude im alten Stadtzentrum mit ein. Sommertheater, Piratenabenteuer, Muminleben – ein höchst kitschiges und heiß geliebtes Ausflugsziel für Kinder und Familien.

Register

Die Buchstaben ä und ö stehen im Finnischen am Ende des Alphabets und sind dementsprechend eingereiht.

ORTS-/SACHREGISTER

Lofoten
5. vollständig aktualisierte Auflage
mit neuen Wanderungen

Südschweden
plus Dalarna / Värmland
selbst entdecken
JUNO

PERSONENREGISTER

Bildnachweis

Jessika Kuehn-Velten, Heiner Labonde:
alle Abbildungen außer den unten aufgeführten

Finnische Zentrale für Tourismus:
Seite 97 unten

Gerald Frank:
Seite 273 unten

On The Rocks:
Seite 95

Finnland
Saimaa und Karelien
selbst entdecken

Kanuwandern
in Schweden